南方报业之路

NANFANGBAOYEZHILU

主编 ○ 杨兴锋

回顾南方日报60年走过的历程

全面总结近30年来改革发展的经验

探讨南方报业传媒集团未来的发展路向

南方日报出版社
NANFANG DAILY PRESS

图书在版编目（CIP）数据

南方报业之路 / 杨兴锋主编. —广州：南方日报出版社，2009.9
ISBN 978-7-80652-924-9

Ⅰ. 南… Ⅱ.杨… Ⅲ.报纸－新闻事业－体制改革－广州市 Ⅳ.G219.246.51

中国版本图书馆CIP数据核字（2009）第164104号

南方报业之路 杨兴锋 主编

出版发行：南方日报出版社
地　　址：广州市广州大道中289号
电　　话：（020）87373998-8502
经　　销：全国新华书店
印　　刷：广东信源彩色印务有限公司
开　　本：889mm×1194mm　1/16
印　　张：25
字　　数：500千字
版　　次：2009年10月第1版
印　　次：2009年10月第1次印刷
定　　价：68.00元

投稿热线：（020）87373998-8503　读者热线：（020）87373998-8502
网址：http://www.nanfangdaily.com.cn/press　http://www.southcn.com/ebook

目　录

报业南方

数字化时代南方报业聚合战略构想

南方报业传媒集团管委会主任、南方日报社社长　杨兴锋

经过改革开放以来30年的迅速发展，南方报业正处在数字化时代新一轮大发展的前夜。在这一新的历史起点上，深入、正确地分析自身的优势与不足，对集团今后的发展提出符合媒体市场实际与发展规律的战略构想，是十分必要的。

一、审视我们的发展历程：多品牌发展战略是集团市场实践的结晶

自20世纪90年代以来，南方报业积极因应形势的发展，实施“龙生龙，凤生凤”的多品牌发展战略，打造了一系列成功的子品牌媒体，并于1998年5月18日成立南方日报报业集团（2005年7月18日更名为南方报业传媒集团），目前达到“十一报六刊三个网站一个出版社”的规模，被同行誉为中国报业“定位最清晰、结构最合理，综合运营能力最强，在国内最具影响力”的报业传媒集团。

在此过程中，南方报业通过实施多品牌发展战略，依托《南方日报》几十年办报过程中积累起来的办刊经验和人才队伍，先后创办了《南方周末》、《南方都市报》等优秀子报；随着《南方周末》的日渐强大，又利用《南方周末》的人才和发行渠道等资源创办了《21世纪经济报道》、《南方人物周刊》等报刊；《南方都市报》派生出《南都周刊》、《风尚周报》等相关报刊，《21世纪经济报道》则孵化出《21世纪商业评论》、《商务旅行》、《理财周报》等系列报刊。这一战略的实施，使南方报业成功打造了在多个细分市场中处于领先地位的品牌媒体：《南方日报》在省级机关报中连续23年来其影响力、发行量和广告额都居于第一位；在周报方面，《南方周末》一纸风行20年，一直稳居周报的头把交椅；在都市类

报纸方面，《南方都市报》后来居上，2007年和2006年被国家新闻出版总署评定为全国晚报都市类报纸综合竞争力排名第一；在财经类报纸方面，《21世纪经济报道》稳居首位；在人物周刊类杂志方面，《南方人物周刊》居于前列；集团的其他报纸和杂志在各自的细分市场上也都有突出的表现。

这一战略的实施，使南方报业拥有抵御市场风险的强大动能。尽管从2005年以来传统媒体的发展速度出现了拐点，但南方报业依然保持了两位数的增长。在2007年激烈的市场竞争之中，南方报业依然保持了社会效益和经济效益双丰收的良好势头。一是集团的经营工作又上了一个新台阶。集团的总收入、广告收入以及净利润都保持了高速增长态势。二是集团大家族中又添了不少新成员，达到了“十一报六刊三个网站一个出版社”的规模。2007年，21世纪报系创办《理财周报》，与中央人民广播电台经济之声频道进行深度合作，集团和云南出版集团合作主办《云南信息报》，南方都市报数字报和南方周末网站2007年下半年以来陆续开通；同时，《南方日报》、《南方周末》和《南方都市报》均进行了新一轮改版，进一步贴近和占领了市场。三是积极推进文化体制改革。2007年10月省政府正式下文批复同意集团的转制方案，推动集团的转制工作进入实操阶段；南方网整体并入集团的工作即将完成，集团的五年战略规划工作也在有条不紊地推进。四是集团的基础建设翻开了新的一页。集团南海基地第一期工程基本完工和集团新大楼的开工，以及集团和南方月刊在北京与广州购置办公楼，集团的基础建设得到扎实的推进。五是集团品牌影响力进一步扩大。在2007年度“中国500最具价值品牌”排行榜上，集团旗下的《南方日报》、《南方都市报》、《南方周末》、《21世纪经济报道》四家报纸品牌价值，在未计“南方报业”主品牌价值的情况下达96.99亿元,比2006年增加约10亿元；2007年，集团继2002年度后再次获得“全国最受尊敬企业”称号（其间每年都入选“全国最受尊敬企业”50强）。

回顾以往的发展实践，可以说，集团通过实施多品牌发展战略，走出了一条裂变式的发展道路。这种“龙生龙，凤生凤”的裂变式发展模式，对于南方报业在平面媒体上的多品牌发展起到了至关重要的作用。这种发展模式之所以能够取得成功，是因为那个时期的南方报业主要是在相对单一、熟悉的平面媒体领域进行耕耘与拓展；原有媒体与裂变出的子媒体在产品形态、产品定位以及运营模式等方面的相似性，使得南方报业旗下媒体能够驾轻就熟地将其拥有的核心资源与核心能力进行复制与共享。这种发展模式实际上就是内生发展与差异性发展模式，是集团在激烈市场竞争中的实践结晶和宝贵财富，今后还要坚持和进一步发扬光大。

但是我们不能不看到，这种模式主要是依靠自身的积累而滚动发展的，对如何利用外部的资源加快自身的发展相对较少，而目前南方报业面临着在数字化时代相对陌生的业务领域进行跨媒体、跨行业、跨地域拓展的艰巨任务，要满足这种复杂任务对资源的要求，南方报业旗下原有单个媒体往往就显得捉襟见肘，需要在整个集团范围内进行资源整合；跨媒体拓展所需要的组织能力和业务经验也需要在整个集团范围内进行有效的交融、复制和共享；在新媒体领域，技术发展与市场变革的规模和速度都远远超过平面媒体，特别是市场化的商业网站的快速发展，对传统媒体形成巨大的挑战，南方报业作为一个平面媒体集团在涉足新媒体时，也必将会在更大的范围内面对更多强劲的竞争对手。由此可见，集团原有的裂变式发展模式不能够保证南方报业以比对手更快的速度实现跨越式发展，只有顺应形势转变战略理念，探索新的发展模式，才能产生更加强劲的发展能量。如果把眼光投向国外，差距与挑战更加明显。如美国的甘尼特公司不仅是上市公司，而且在全国拥有101份日报、300多份周报、17家电视台，2002年报纸发行总量755.4万份，2003年营业总收入67.11亿美元，报业总收入56.10亿美元。因此，在新的历史起点上，我们只有树立起强烈的忧患意识和长远的世界眼光，通过向国内外先进的传媒同行们学习，进一步解放思想、与时俱进，在战略和体制机制上不断创新，才能迎来新一轮的大发展。

二、实施媒体聚合战略：集团和旗下媒体将进一步释放强大发展动能

针对上述问题，为适应数字化时代和形势发展的需要，我们通过长时间认真系统的总结、调研与思考，提出了媒体聚合战略，就是要通过聚变式发展，走出一条与裂变式发展模式相关但不同的新的发展道路，以获得更好更优的发展动能和效益。

媒体聚合战略，简言之，就是通过集团旗下不同媒体形态的聚合、不同媒体品牌的聚合以及不同业务单元的聚合，将南方报业打造成为数字化时代国内实力最强、成长性最好、最具影响力和国际竞争力的跨媒体、跨行业、跨地域的传媒集团，更好地服务于国家的经济社会建设。其中所指的拓展，是在数字化时代的媒体拓展，既包括在原有平面媒体领域的继续拓展，目标是成为在本区域和国内拥有强大竞争力的平面媒体集团；也包括在网络媒体、移动媒体等新兴媒体领域的拓展，目标是成为拥有国内最具活力的新媒体的传媒集团；还包括在相关多元化领域的拓展，目标是成为中国最具成长性的传媒集团。

如果说，以往集团实施多媒体发展战略取得了良好成绩，就如同核裂变一样产生了强大的发展动能，那么在数字化时代和当前新的竞争形势与发展环境下，实施聚变式发展，必将为集团带来新的更大的发展活力与发展后劲，为集团整合资源、实现跨越式发展提供新的、更加广阔的舞台。

聚合战略作为一个复杂、艰巨、系统的工程，在实施过程中应处理好如下关系：一是处理好裂变与聚变的关系。我们必须清醒地认识到，“聚变”不是为了“聚变”而“聚变”，而是为了实现自身的科学发展和可持续发展而聚合。因此，要处理好裂变和聚变的关系。“裂变”是“聚变”的基础，“聚变”是“裂变”更高层次和境界的升华。目前，集团经过几十年的发展，已经完全具备了聚变的基础；同时，聚合战略应基于效率原则进行聚合，发挥好集团与旗下各系列报刊网社的两重积极性。二是处理好集团战略和各子报刊网社战略之间的关系。一方面，各子报刊网社的战略必须服从和符合集团的整体战略，集团各业务单元的子战略也要服从于集团的整体战略，集团人力资源战略、资本运营战略等各个职能战略也要服务于集团的整体战略；另一方面，集团的整体战略要考虑到旗下不同媒体的业务特点，必须能够包容各子报刊网社的战略，以实现集团战略和各子报刊网社战略的有机协调。三是集中资源于优势媒体，继续支持优势媒体做强做大做优，充分发挥市场机制的“优胜劣汰”作用，为集团的可持续发展打下坚实的微观基础。四是注意差异化定位和发展，避免内部同质竞争。

实施聚合战略要重点推进如下工作：一是要加强战略管理，建立起科学的业务沟通与协作机制、资源共享机制和利益协调与补偿机制。2007年我们在业务协作、报网互动上作了探索，取得了良好效果。2008年要在总结经验的基础上，进一步在上述机制的建设上取得突破，使效益最大化。二是要根据数字化时代多媒介不断融合的发展态势，积极探索多种媒介形式融合的具体路径和形式，逐步进入网络媒体、移动媒体和其他新兴媒体以及广电媒体；发挥我们的核心竞争力和基础优势，进一步深耕平面媒体，扩大与占领市场，通过全国市场和广东省市场两个维度上的跨地域发展，形成领先国内并在区域市场有压倒性优势的平面媒体群；要抓住南方网整体并入集团的契机，坚持统分结合的原则，通过整合集团旗下的南方网、奥一网和南方报业网等现有网络媒体资源，建立统一的技术实现平台；并将网络媒体与传统平面媒体有机融合，将在传统平面媒体上积累的核心能力迅速转移到网络媒体领域，做强做大旗下网络媒体，形成具有强大影响力的网络媒体集群；在集团核心竞争力的能力范围内适度进行相关多元化发展，在图书出版、商务印刷、信息服务等业务领域形成对集团新闻主业有效补充的相关产业集群；要进一步整合资源，构成富有张力和活力的完整的产业链和价值链，推动自身从平面媒体产品生产商向媒体内容提供商与信息服务商的转变，从报业集团向覆盖全媒体的传媒集团转变；释放集团和旗下媒体的强大生产力，推动集团实现又一轮大发展。三是要充分利用引进战略投资者和上市等多种融资手段以及建立战略协作伙伴等形式，逐步打通集团的资本通道，通过借力资本市场和外部资源，提升集团的核心竞争力。

三、理顺体制机制：聚合战略的实施和下一步新的大发展将获得良好的制度基础

理顺体制机制，是实施集团媒体聚合战略的关键性要素。目前，省政府已经批复同意南方报业传媒集团转制方案，这标志着集团的转制工作开始进入实操阶段。可以预见，通过改制等方式，建立起“产权清晰、权责明确、政企分开、管理科学”的现代企业制度和适应传媒业发展趋势与现代企业集团客观要求的“控之有序、分之有度”的母子公司体制，对于推动南方报业成为真正的市场主体，充分利用市场资源，提高管理效率，实施媒体聚合战略，更好地参与市场竞争和实现集团在数字化时代的发展壮大，具有重大意义。

改革开放以来，尤其是近10年来，南方报业传媒集团一直保持着高速健康发展态势。但是在发展过程中，政企不分、权责不明、管理不科学、重采编轻经营管理等体制性问题日渐突出，如不进行改革，将导致集团运转不畅、效益低下、市场化程度低与发展粗放、发展后劲不足等问题。可以说，目前采取的“事业单位企业化运作”方式已经不能很好地适应市场环境变化和自身发展的需要，这不仅在很大程度上制约着集团进一步做大做强做优，甚至会影响到集团的生存。因此，通过转制建立现代企业制度就成为我们的当务之急。

十六大以来，我国文化体制改革全面推开，相关政策不断出台，取得了显著成效。十七大报告中进一步提出了“要深化文化体制改革，完善扶持公益性文化事业、发展文化产业、鼓励文化创新的政策，营造有利于出精品、出人才、出效益的环境”。这不仅为我们的转制工作指明了方向，而且为我们的改革和转制提供了强有力的政策支持。我国20多年来的国有企业改革实践证明，企业只有建立起规范的现代企业制度才能实现可持续发展，这也从实践上为我们的改革指明了出路。国有企业在建立现代企业制度、加强管理以及实现集约化发展等改革方面业已取得的巨大成就与丰富的实践经验，也为我们的转制工作提供了很好的经验借鉴。

由于传媒业自身的特殊性以及传媒业改革的系统性、复杂性和艰巨性，集团转制必须坚持积极稳妥的渐进式改革的原则，既要体现改革的力度和魄力，也要考虑到传媒业改革的特殊性；既要坚持解放思想、实事求是、因地制宜的原则，也要坚持合法性原则，转制方案严格按照各项法律法规的规定程序执行，建立起规范健全的现代企业制度。在改制的过程中，要特别注意坚持党管舆论导向、党管媒体和党管干部的原则，牢牢掌握本集团重大事项的决策权、资产处置的控制权、宣传内容的终审权、主要领导干部的任免权等；坚持把社会效益放在首位，努力实现社会效益与经济效益的有机统一；坚持处理好改革、发展和稳定的关系，要以改革促发展，以稳定保障改革和发展，并以改革和发展的成果来巩固和强化稳定。这就要求转制方案既具有前瞻性，符合传媒业的发展趋势，有利于提高集团的效率和核心竞争力，同时又能很好地保护集体与员工的各项合法权益，保证集团各项工作的稳定和可持续发展。转制的总体思路要按照建立现代企业制度、采编经营两分开以及采取“一媒体一公司”的运营模式的指导原则来设计。通过转制，必将进一步释放制度的活力和生产力，并为南方报业的可持续发展和下一步的跨越式大发展打下坚实的制度基础。

解放思想是正确行动的先导。只要有利于集团的科学发展，有利于更好地坚持正确的舆论导向，有利于扩大与巩固党的新闻舆论阵地，我们都要深入探索。在南方报业处于数字化时代新一轮大发展前夜这个关键时期，我们尤其要坚持继续解放思想，不断学习，加强自主创新能力和意识，以科学发展的态度和方式，认真实施集团媒体聚合战略，在新一轮大发展中争当全国媒体领域科学发展的排头兵。

（本文原载于《南方传媒研究·第十一辑》，2008年2月）

南方日報
高度决定影响力
与共和国同龄　与南粤同成长
广东唯一全程记录60年来南粤发展变迁的主流大报
鳳舞南方　龍騰世界
南方日報
1949—2009

第壹篇 总论

南方日報
創刊號
廣州市軍管會成立
葉劍英賴傳珠分任正副主任
已開始派員進行接管各有關部門
南方大學即將招生
廣州人民廣播電台已於廿日開始播音
南進大軍所至 廣東殘匪紛紛潰退
中國人民解放軍佈告
一九四九年四月二十五日
廣州警備司令部成立
我軍進入廸化
人民解放軍到達廸化
新的中國，新的廣東
——本報發刊詞——

《南方日报》创刊号。

第一章 一个甲子的年轮

沧海横流，方显英雄本色；峥嵘甲子，且看凤舞南方。

“除了中国人民和华南人民的利益之外，我们没有别的利益。”60年前的雏凤初鸣，不仅吹响了“新的广东”在中华民族复兴征途上的第一声号角，更清晰地勾勒出南方报人世代为之坚守的风骨。

60年风风雨雨，几度花开几度花落，几许浅滩几许险滩，无论是创刊之初作为中共中央华南分局的机关报，还是后来作为广东省委机关报，南方日报始终以笔为犁，深耕南方热土，虔诚记录着这里的阴晴与圆缺、新生与消逝、悲欢与变迁，一圈圈沉淀成鲜活的广东年轮。一代代南方报人在南方日报的大舞台上，挥洒着青春和热血，奉献着智慧和激情，苦累甘如饴，铁笔载道义，为广东发展、国家发展和人民利益竭尽全力地鼓与呼。

60年前，新生的南方日报见证了中国和广东的新生；60年来，她与共和国和广东风雨兼程、共同成长。南方日报的60年，是与共和国同呼吸、共命运的60年，是与南粤大地这片热土血肉相连、相濡以沫的60年，也是秉持新闻改革、不断创新进取、逐步成为拥有十一报八刊三网站一出版社的报业传媒集团的60年。

60年，对一个人来说，已是耳顺之年；在习惯用大历史、大视野观察事物的人那里，或许不过是弹指一挥间；而对南方日报来说，那是60乘以365个日日夜夜的点点滴滴的全记录。如今，透过已然泛黄的报纸，我们重温南方日报60年来的不平凡历程，感受那些文字曾经拥有的激情和温度。

一、新的广东，新的南方

1949年10月1日，毛泽东主席在北京天安门城楼上向全世界庄严宣告：“中国人民从此站起来了。”随后，百万雄师迅猛南下，追歼国民党败军残部，广东全省解放，指日可待。

当年9月，在赣州举行的中共中央华南分局扩大会议决定：广州解放后立即创办南方日报作为中共中央华南分局机关报，党在香港办的《华商报》同时停

刊，组织该报的工作人员到广州，参加南方日报筹办工作。在此之前，《华商报》已接到香港工委的指示，进行了一系列筹备工作。而在赣州，会同大军南下的曾彦修等人也接受了参与创办南方日报的任务。据当时《华商报》代总编辑杨奇回忆，报纸的名称最初并不是叫《南方日报》，“考虑到它将是华南分局的机关报，不只是一个省的，不好叫《广东日报》，所以最初建议称为《珠海日报》”。

1949年10月14日，广州宣告解放，《华商报》翌日停刊，该报60多名工作人员当即取道东江游击区回广州参加南方日报筹办工作。《暂别了，亲爱的读者！》，10月15日，杨奇用这篇终刊词告别了香港。经过艰辛的“偷渡”，杨奇等人终于在10月21日赶到了广州。此时，华南分局已任命饶彰风为南方日报社社长，杨奇为副社长，曾彦修为总编辑。

刚刚解放的广州，百废待兴，筚路蓝缕，诸事维艰。经过21、22日两天的紧张工作，《南方日报》终于在23日呱呱坠地！除刊登《广州市军管会成立》、《广州警备司令部成立》等重要新闻外，特别引人注目的是那篇《新的中国，新的广东——本报发刊词》。

这篇文章是时任总编辑曾彦修精心撰写的，字里行间洋溢着革命激情，也充满了对未来的无限憧憬。他写道：“广州解放了，中国最后的一个头等大城市解放了，国民党匪帮在中国大陆上最后一个巢穴倾覆了”，“今后的广东是永远属于人民自己的广东了”，“一切都是新的：新的中国，新的广东，新的报纸诞生了，人民群众新的生活也开始了”。

创刊之初还有一个有趣的插曲，那就是有关南方日报报头。今天大家都知道，与广大读者相伴了60年的“南方日报”这四个遒劲有力的大字，是由毛泽东主席亲笔书写的。然而，很多人可能并不知道，从1949年10月23日创刊到1949年11月12日这21期报纸的报头，却不是毛主席所写。

原来早在广州解放前，叶剑英和方方即致电在北京的张云逸，请他转请毛主席题写《南方日报》的报头，由他带回广州。10月13日，毛主席便题写好了报头，并付送张云逸。但10月23日《南方日报》创刊时，张云逸仍在途中，无法将毛主席题写的报头字送到。经请示叶剑英同意后，报头字由时任华南分局宣传部副部长李凡夫先写暂用，因此从10月23日到11月12日这21期报纸的报头字，是李凡夫所写。

二、白手起家，蹒跚起步

南方日报创办之初，是在广州解放后接管的原国民党《中央日报》社址，位于广州光复中路（后改名为光明中路）48号。1950年，报社搬到沙面复兴路42号万国宝通银行旧址。1953年，一座新建的四层楼房矗立在西堤新基路，与广州文化公园相邻，它就是第一个全新建筑的南方日报社址。1968年，遭受“文革”冲击，三报合并后的南方日报搬到人民中路同乐路10号广州日报社址。1969年秋，报社又搬到东风路原广东工学院院址。后广东工学院回迁广州办学，南方日报不得不择地新建。1989

年7月1日，坐落在广州大道中289号的南方日报新址落成，南方日报终于结束了颠沛流离的生活，南方报人在这里欢庆了创刊40周年。而20年来，广州大道中289号的这个院落，也日益成为不少新闻学子的精神家园。

在中国新闻界，南方报业以敢于执笔直言、坚持舆论监督著称。这个传统，早在20世纪50年代创刊初期就已生根发芽。

那是一个物质贫乏与精神亢奋并存的年代。年轻的南方日报汇集了一批南北精英，开始崭露头角：从香港回来的“南派传奇报人”杨奇，跟随陶铸写《随行纪谈》的林里，创办羊城晚报的主将李超，晚年以“微音”评论传世的许实，还有杨繁、罗东、张大炜、何文……

还有一位前辈让南方报人至今感念：黄文俞。从1954年2月26日走进南方日报社，到1966年8月27日被关进“牛棚”，这位总编辑主政南方日报共计12年半，留下一句成为“报训”的箴言：“可以有不说出来的真话，但是不可以说假话。”

说真话不说假话，《南方日报》的批评报道风生水起。1950年2月，报纸创刊不久，便在头版显著位置批评了广州市税务局局长李十中，批评其官僚主义和强迫命令作风。当年4月，《南方日报》开辟“读者来信”专栏，专门反映群众的批评和建议。

1950年至1953年间，《南方日报》针对解放初期干部思想作风上存在的突

▶1978年12月党的十一届三中全会召开。▶早在1978年1月，《南方日报》发表6篇关于倡导农村新经济政策的文章，为解放干部思想，冲破各种阻力推进联产承包责任制，促进广东农业发展起了先导作用。

1978年，在第一棵种子下地之前，我们已经把新政策播洒在南方的土地。

南方日报 高度决定影响力

风起南方 领跑中国

出问题，如有的干部以功臣自居、特权思想严重，有的干部法制观念淡薄，捆绑殴打群众，有的干部官僚主义，铺张浪费，有的干部倒在“糖衣炮弹”面前，丧失立场等等，发表了100多篇批评县以上领导干部的稿件、来信、评论。

即便如此，《南方日报》却曾因批评报道不够有力而受到《人民日报》一再批评。1953年1月8日，人民日报社地方报纸组给南方日报社来函，批评《南方日报》开展批评与自我批评不够经常有力。同年2月1日，《人民日报》发表报纸工作述评，批评《南方日报》在反官僚主义斗争中，批评与自我批评工作做得不够，表现了很大的软弱性。2月12日，《人民日报》的报纸工作述评再次批评《南方日报》开展批评不力。

面对《人民日报》的批评，《南方日报》认真整改，因为报社本来就是非常赞同进行舆论监督的，《人民日报》的批评其实就是为《南方日报》开展舆论监督壮了胆。1953年2月27日，南方日报总编室作出《关于掌握典型大力开展批评工作的初步意见和计划》，提出开展批评要注意抓典型的问题。1956年9月1日，编辑部公布了《使报纸真正成为党和人民的喉舌》的改革方案，方针是大力开展批评，特别是自下而上的批评，积极开展自由讨论。

除了在导向上加强舆论监督，南方日报始终坚持党报的优良传统，即依靠群众办报，密切联系基层。1950年1月27日，《南方日报》创刊仅仅三个月，华南分局第一书记叶剑英就在分局宣传部工作会议上，作出了关于报纸下乡的指示，要求《南方日报》面向华南，加强报纸对地方工作特别是农民运动的指导。

1950年3月，报社开始在各专区设置地方记者，如潮汕专区、兴梅专区、惠阳专区、韶关专区、珠江专区、肇庆专区、湛江专区等等，后来又增设了海南行政区记者和广西记者。这就是早期地方记者站的雏形。这批地方记者，约占当时编辑部中层干部的一半以上，他们的任务，一是组织当地的报道，二是建立通讯站，培养通讯员成为党报的编外记者，为今后的长期报道打下基础。

今天的南方报业传媒集团，旗下有四家报纸年广告额超亿元，这和南方日报从创刊初期就孕育着强烈的市场意识不无关系。当时，报社汲取香港《华商报》的经验，一创刊便开辟了广告栏，刊登电影娱乐、文化书刊、工商业以及通告、启事等九大类广告。由于解放初期百废待兴，报社经费主要靠出售报纸和广告收入维持，那时的报社已经提出了“事业单位，企业管理”的主张，并在1949年12月成立广告科，制定了《广告刊登条例》。

自办发行如今已成为市场化报纸的主流发行方式，但是又有多少人知道，创刊初期的南方日报曾自办发行。当时，报社效仿《华商报》做法，组织了一支30多人的派报员队伍自办发行。一直到1950年5月1日在政务院新闻总署与中央邮电部“邮发合一”指示下，南方日报国内发行工作才划归邮电部门办理。“邮发”模式一直延续了近50年，1999年1月1日，南方日报又重回自办发行之路，牵一发而动全身，报社的服务意识、市场份额、广告收入、经济效益随即上了新台阶。

三、浮夸成风，曲折前进

1957年到“文化大革命”前夕的十年，党的工作在指导方针上出现严重失误，轻率地发动了“大跃进”和农村人民公社化运动。作为党委机关报的南方日报，也不可避免地受到了影响，在宣传报道“反右”、“大跃进”和人民公社化运动中，党报实事求是的传统遭到破坏，新闻真实性的原则也严重背离，成为鼓吹浮夸风、“共产风”的传声筒。

在1957年的“反右”宣传中，《南方日报》先后点名批判了郭翘然、罗翼群、云应霖、李洁之、沈秉强、林孔湘、冯乘铨、李沛文、廖冰兄、陈善文、陈卓凡等著名人士不下数十人，其他人士则难以数计。

1958年，广东各地和全国一样掀起了“大跃进”和人民公社化运动，报上宣传也是闻风而动。“番薯万斤县”、“番薯万斤专区”、“百万斤番薯试验田”的高产典型报道一个接一个，《巨型卫星上天，田北社中稻突破6万斤》、《人有多大的胆，地有多少的产》、《卫星上九天，英国抛后边》、《欢呼吃饭不要钱》诸如此类的报道和评论堂而皇之地出现在报纸上。

实事求是地讲，出现上述报道失误，和当时大的政治气候有着密切关系，很多时候报社是身不由己、违心地去宣传的。对这一点，我们当抱以“理解之同情”。即便如此，南方日报还是对“放卫星”给予了谨慎的抵制。在报道田北社巨型卫星之后，《南方日报》就遵照陶铸的决定，不再登高产卫星的稿子，新华社播发的也一概不登。还有一幕“尾声”：当年晚造收割基本结束时，报社忽然接到韶关记者站一篇稿子，报道韶关地区全区百亩水稻产量超万斤。怎么办？黄文俞生气地告诉记者站：“稿子送地委书记审，请他签字。他敢签，我就敢登！”

1961年8月，报社在顺德召开“神仙会”，发扬业务民主，敞开思想，总结前段报道工作，探讨新闻业务改革。当年9月，陶铸下乡检查工作，南方日报副总编辑林里等人随行，后在《南方日报》头版连续发表《随行纪谈》通讯27篇，对纠正前两年的左倾错误，解决人民群众的生活问题，起到了很好的指导作用，标志着党报实事求是传统的初步恢复。

这一时期，南方日报在事业上有了很大发展。1957年10月1日，《羊城晚报》创刊；1958年5月10日，《广东画报》创刊；1963年1月1日，《南方日报农村版》出版第一期（同年3月16日，根据陶铸的指示，农村版从第24期改为农民版），初步形成了南方日报系列报刊的格局。

四、“文革”十年，灾难深重

党中央在《关于建国以来党的若干历史问题的决议》中指出：“‘文化大革命’是一场由领导者错误发动，被反革命集团利用，给党、国家和各族人民带来严重灾难的内乱。”南方日报在这场浩劫中也历经磨难。

“文化大革命”开始不久，1966年7月间，报社编委会就受到冲击和大字报围攻。随后，南方日报被各种组织不断“夺权”，编号也改来改去，真可谓“城头变幻大王旗”。

1967年1月10日，在上海“一月风暴”影响下，报社一派群众组织“毛泽东思想南方日报工人造反总部”和“南方日报毛泽东思想革命造反联合总部”宣布“夺权”，并于11日将《南方日报》的编号改为“新1号”出版（共出版79期）。《南方日报农村版》和《广东画报》同时被迫停刊。

3月31日，省军管会派出军管小组进驻南方日报，将《南方日报》改为“广1号”出版（共出版146期）。

8月25日，报社另一派群众组织“南方日报红旗公社”和“东方红”宣布夺权，《南方日报》被迫停刊14天。9月7日出版《南方电讯》一期。9月8日改出《南方日报》“红1号”（共出版17期）。

9月25日，报社两派群众组织在军管小组领导下联合办报。《南方日报》改出“粤1号”（共出版148期）。

1968年2月21日，广东省革命委员会成立，《南方日报》改为广东省革命委员会机关报，出版编号又改为“第1号”开始。这一编号沿用到1977年12月31日。

上述报刊编号的乱象一直到1978年才得以反正。当年1月1日，《南方日报》恢复“文革”前沿用的出版编号，编号为10161号（含军管、省革委会机关报编号）。

“文革”十年，《南方日报》同全国其他报纸一样，只能看风办报，“小报抄大报，大报抄梁效”，狂热宣传阶级斗争，鼓吹“造反有理”，一些集中报道如“农业学大寨”、“工业学大庆”、“知青上山下乡”、“大批判”、“割资本主义尾巴”、“教育革命”等，滑入极左路线轨道，在报史上留下了不堪回首的一页。

五、改革开放，蓬勃发展

1976年粉碎“四人帮”以后，我国进入了新的发展时期，时代的变迁和命运的转折深深地影响并嵌入到南方日报的发展历程。尽管在初期受到“两个凡是”错误思想的影响，报纸的宣传报道出现了一些失误，但经过拨乱反正，解放思想，南方日报逐步恢复实事求是、“不讲假话”的优良传统，并伴随着中国改革开放的进程，不断推动报业改革，创造新经验，成为省级党报改革的领跑者。

这个时期，《南方日报》在拨乱反正、平反冤假错案、真理标准的讨论、思想解放、联产承包责任制等的宣传方面不遗余力，发挥了省委机关报的积极作用。随着党的十一届三中全会的召开，《南方日报》的报道重心也逐步转移到经济建设上来。广东作为改革开放的试验田和前沿地，三个经济特区深圳、珠海、汕头的兴办，“蛇口速度”，三来一补，打破“大锅饭”，资本市场，土地买卖，所有制辩论……为推动中国从计划经济向市场经济转轨，广东作出了有益的探索。而南方日报在改革取得这些重大突破的关口，都很好地贯彻了省委乃至党中央的意图，发挥了舆论主阵地的作用，对全省的工作开展都有重要而积极的意义。

▶1992年1月，小平同志第二次南巡，经过深圳、珠海等地。▶是年，从南方开始，掀起新一轮思想解放和经济发展的春风，春天的故事在全国不断传颂。

1992年，在第一朵红棉花开之前，我们已经用春天的故事传颂着南方的奇迹。

南方日报 高度决定影响力 风起南方 领跑中国

1978年对于《南方日报》而言有着特别的意义：一是开始大力宣传落实农村经济政策，为推行联产承包责任制鼓与呼；二是自我革新，创新办报，打破了当时“千报一面”的沉闷局面。

1978年1月中旬起，《南方日报》比较突出宣传落实农村经济政策。1月16日至20日连续刊登6篇《农村经济政策讲话》。同年10月至12月以及翌年1月至9月，《南方日报》关于农村政策的宣传落实一浪高过一浪，到1979年10月28日达到高潮。这天《南方日报》发表批评乳源瑶族自治县委禁止群众推行联产责任制的读者来信《如此“纠偏”真叫人想不通！》和乳源县委写给编辑部为自己行为辩护的信。这个报道引起了广泛而又热烈的争论，编辑部收到几百封读者来信。报纸连续选登其中几十封来信，并加以评论，对农村落实联产责任制，起到了积极的推动作用。

与此同时，报社开始思索如何“办好一张有特色的省报”的问题。1978年2月3日，报社党委向省委、省委宣传部写了《关于改进报纸工作的请示报告》，提出恢复和发扬党报的优良传统，改进宣传报道，革新版面，努力办出自己的特色。同年12月1日，报社党委写了《关于报社党委整风情况的报告》，决定从翌年元旦起，报纸要实现四个“60%”（地方稿占整张报纸版面的60%；农业报道及一版头条的农业报道，各占地方稿的60%；地方稿中新闻报道占60%）。根据这个报告，20日，报社党委发出《关于改进报纸工作的意见》，提出解放思想，大胆创新，突出特点，抓好四个“60%”、抓好反映群众呼声和要求的宣传报道。时任总编辑丁希凌在《新闻战线》1979年第5期发表《办出省报的特色来》，提出：“南方日报，是广东省委的机关报，自然要有广东的特色，南粤的风貌。”“不然的话，广东的读者看人民日报就够了，南方日报还有什么存在的必要！”对这一时期南方日报在打破“千报一面”方面的实践作出了系统的理论总结。

改革开放后，《南方日报》舆论监督的优良传统得以恢复，并不断提升。从“真理标准大讨论”开始，报纸的舆论监督经历了连续好几年的辉煌：每周至少有一篇批评报道发在头版，每年有四至五篇批评报道刊登在头版头条。当年，读者和业界对《南方日报》有两个评价，一是政策宣传做得好，二是批评报道搞得好。批评报道强化了《南方日报》的权威性、战斗性，成为《南方日报》的拳头产品。

这一时期，除了随着政治大气候的变化，报纸宣传报道重心随之转移之外，对南方日报发展具有关键意义的是报纸开始重拾新闻规律，按新闻规律办事。早在1977年11月，南方日报总编室便发出《关于改进版面工作的一些意见》，提出把一版办成要闻版，二、三版要多拼综合版，精编专版专栏，把时事版编成国内、国际综合版，今后不再出《工业学大庆》、《农业学大寨》专版。1982年更是提出要“放下机关报的架子”，强调要处理好指导性与新闻性

的关系，寓指导性于新闻性之中。在此指导思想下，《南方日报》更加贴近群众、贴近生活了，可读性也增加了，比过去更“活”了。

1987年以后，南方日报的新闻改革又有新突破，当年的报纸改革确定把加强群众性和服务性作为主攻方向，并从版面上和组织机构上采取措施，如成立社会生活部，专门负责编辑二版，让二版从头版“附属版”的地位中解脱出来，成为社会生活版，有了自己鲜明的个性。

在进行新闻改革探索的同时，《南方日报》也打破了“四个版看30年”的格局，不断扩张。1989年1月起，报纸逢星期六增加到八版。1993年1月1日，《南方日报》正式从4版增至8版。4月1日起，又进一步扩版到对开12版，并在全国机关报中率先天天出彩版。

除了《南方日报》主报获得长足进展，这个时期，系列报也纷纷复刊和创办，“龙生龙，凤生凤”的品牌发展战略初现雏形。

1980年3月1日，子报《广东农民报》（南方日报农村版）正式复刊。1994年1月1日，更名为《南方农村报》。

1984年2月11日，经过试刊两期后，子报《南方周末》正式出版。

1984年2月16日，子报《海外市场》创刊。1990年1月1日，停刊。1994年1月，复刊，改名为《海外市场报》。1995年3月29日，已试刊20期的《海外市场报》正式出版创刊号，向国内外发行。30日，在东方宾馆隆重举行首发式。

1985年1月20日，子报《花鸟世界报》创刊。

1995年3月30日，子报《南方都市报》举行试刊首发式。1997年1月1日，改出版日报。

1998年5月18日，南方日报报业集团宣告正式成立。

2001年1月1日，子报《21世纪经济报道》创刊。

六、新的起点，新的南方

2002年8月6日，《南方日报》进行全新改版后的第一天，一张以国际化、科学化报型、版型为视觉表现，以专业化、精致化新闻板块结构梳理为理念表征的全新《南方日报》呈现在读者面前。

提起改版的初衷，南方日报社社长、时任南方日报社总编辑杨兴锋充满了忧患意识：“2002年是中国入世后的第一年，传媒广告、发行方面的保护期只有5年。”“但党报过去由于办报体制、观念等方面的原因，一直很难走向市场。目前中国传媒政策正在发生微妙变化，都市类报纸以非主流形式占领主流市场的同时，作为中国报业主体的党报、机关报基本上还处于按兵不动的状态。”

正是基于此，南方日报提出“高度决定影响力”的办报理念，明确市场定位，以全新的思路抓主流新闻，打造华南地区权威主流政经媒体，实行差异化竞争战略，并在全国省级党报中率先启用720报型。

2003年8月6日，在第一次全新改版一年后，《南方日报》推出第二次改版，增加投资证券、IT通信、汽车、健

康、成才及旅游六大专业周刊，更专业、更实用、更市场，进一步强化政经媒体的特色，培育有效的目标市场。

2003年12月12日，第二次改版仅仅四个月后又第三次改版：实施梯次发展战略，增加珠三角新闻版块，强调做必读的民生新闻，更都市、更生活、更贴近；之后不宣而战，在广州、深圳、佛山、东莞等珠三角城市开了观察版，进一步落地扎根。

2005年5月30日，第四次改版，用“有高度的贴近”进一步梳理整合资源，通过“高度+本土+整合”的思路，提升信息加工的档次，让《南方日报》从过去简单的资讯提供者转变为“资讯管家、时事顾问、意见领袖”智慧型资讯提供者。

2006年3月28日，第五次改版，加强评论的力度，把时评扩大到每天半个版，提高主导舆论的能力；加大对广州、深圳、佛山、东莞等发达城市本地新闻的报道力度，进一步贴近中心城市的目标读者，加大了时政、文化的新闻报道力度。

2007年10月26日，第六次改版，在2002年报型改为720后进一步改为680报型，更挺拔更美观更方便阅读；设立深度报道组，开辟“深度”版、“政务”版和“网视”版；成立新媒体发展部，创办南方日报网。

通过这六次改版，南方日报用现代报业的运作机制和办报理念整合优势资源，坚持不懈地推动党报走向市场、做大做强，在激烈的市场竞争中坚守住了党报的舆论阵地，确立了引导舆论潮流的地位，获得了政治效益、社会效益、经济效益三丰收，探索出一条在市场经济条件下办好党报的新路子，带动了全国省级党报改革发展的热潮。提起这些成绩，南方日报总编辑王春芙表示，“我们已基本让读者形成了重大事件看南方日报、政策解读看南方日报、权威报道看南方日报的阅读习惯”，通过改版，“我们感受到改革的魅力，改革的甜头，改革的威力！”同样，“我们感受到了改革的张力，改革的压力，改革的潜力”。

“改革没有回头路。”2009年，时值南方日报迎来创刊60周年之际，报社正酝酿着七年之内的第七次改版。

在主报持续通过改版推动新闻改革的同时，子报子刊秉承“龙生龙，凤生凤”优生优育的滚动发展模式，也取得了长足进展。2003年11月11日，由光明日报报业集团与南方日报报业集团共同投资共同主办的《新京报》在北京创刊，开全国异地办报的先河，一出生就先声夺人。从2005年8月到2006年3月1日，从《南方体育》的停刊到《南都周刊》的诞生，南方报业内部实现了一次浴火重生式的凤凰涅槃。另外还有《西江日报》和《南方》杂志的加盟，入主深圳热线，合办《云南信息报》，南方日报的系列报刊人丁越来越兴旺。

2005年7月18日，南方日报报业集团更名为南方报业传媒集团，率先从报业集团迈向传媒集团，标志着南方报业实现了从报办集团到集团办报的转变，继续走在全国党报改革的前列。

第二章
从一张报纸到一个集团

天道酬勤。植根于岭南沃土，身处改革开放前沿的南方日报，在中国社会急剧转型、省级党报发展面临严峻挑战之际，勇立潮头，大胆改革，忘我工作，闯出了一条社会主义市场经济条件下确保省级党报主流权威地位的阳关道，成为新中国报业发展的一个风向标，在新中国的新闻事业发展史上写下了浓墨重彩的一笔。

忆往昔，“多少往事烟波里”；看今朝，“梧桐枝繁鸾凤舞”。如果说以前的《南方日报》是一枝独秀，如今的南方报业则是秀木成林。《南方日报》已经从一张“四个版看三十年”的报纸，壮大为一个拥有“十一报八刊三网站一出版社”的集团：1998年5月18日，在时任社长李孟昱的积极推动下，在报社全体同仁的努力下，南方日报报业集团宣告正式成立；2005年7月18日更名为南方报业传媒集团，被同行誉为中国报业“定位最清晰、结构最合理，综合运营能力最强，在国内最具影响力”的报业传媒集团。

如今的南方报业传媒集团，正以《南方日报》为旗舰，率领横跨不同领域、不同地域的众多品牌媒体在中国传媒海洋中劈波斩浪，南征北伐，气势恢弘，成就卓尔不凡。

一、秀木成林：各擅胜场的南方传媒军团

随着社会经济的发展，传媒市场经历了由卖方市场向买方市场的转变，市场细分，读者层次不同，需求不同，对报纸的要求自然也不一样。南方报业传媒集团顺应潮流，应时而变，在深耕传统平面媒体的同时，大步挺进新兴媒体，实现跨媒体、跨地区、跨行业经营上有突破性的进展。目前，成功构筑报纸、期刊和出版社、网络三大平台的立体化组合，拥有“十一报”：《南方日报》、《南方农村报》、《南方周末》、《南方都市报》、《21世纪经济报道》、《新京报》、《西江日报》、《云南信息报》、《南都周刊》、《风尚周报》、《理财周报》；“八刊”：《南方》、《城市画报》、《名牌》、《南方人物周刊》、《21世纪商业评论》、《商务旅行》、《鞋包世界》、《第一消费》；“三网站”：南方网、南方报业网、奥一网；“一出版社”：南方日报出版社。

以广东省委机关报《南方日报》为龙头，在各自领域各领风骚、各擅胜场的南方传媒军团，正逐渐向传媒业品牌集团的方向延伸，朝着打造国际文化传播业品牌的战略目标奋勇前行。

《南方日报》——高度决定影响力。作为广东省委机关报，在近60年的发展历程中，以其不可替代的权威性、公信力和高品质的主流新闻和深度报

道，确立华南地区主流政经媒体地位，是广东唯一主打高端读者群的权威政经大报。

《南方农村报》——为农民说话为农民服务。自1963年创办《南方日报农村版》之始便以关注“三农”为使命。尤其自豪的是，订报率90%以上是农民自愿自费订阅。

《南方周末》——记录时代进程。1984年创刊，25年来，“让无力者有力，让悲观者前行”脍炙人口，一纸风行，独步报林。2008年被中国传媒大学等单位主办的评选活动评为最具品牌的报纸，其中，《参考消息》第二，《人民日报》第三。

《南方都市报》——办中国最好的报纸。1995年试刊，两年后改出日报。是面向中国最富庶的珠三角地区主流人群所创办的综合类日报。2006年和2007年，国家新闻出版总署发布的全国晚报都市类报纸竞争力检测结果中，南方都市报连续两年名列综合竞争力第1名。

《21世纪经济报道》——彻底新闻彻底领先。2001年创刊。以分析国际形势、透视中国经济、观察行业动态、引导良性发展为目的。是中国最大的商业报纸媒体，是中国商业报纸的领导者。

《新京报》——负责报道一切。2003年创刊。是由光明日报主管、光明日报和南方日报两大报业集团联合主办的综合类大型城市日报，是中国首家获正式批准的跨地区联合办报试点，也是中国首家股份制结构的时政类报纸。

《西江日报》——看得更远，贴得更近。是中共肇庆市委机关报，1950年4月创刊，2006年西江日报加盟南方报业，开广东省报和地方党报战略合作先河，是广东文化体制改革的有益探索，也是全国文化体制改革的创新。2009年5月从加盟合作走向资产合作。

《云南信息报》——站得更高 看得更远。创刊于1985年，目前由南方报业传媒集团与云南出版集团公司联合打造，于2007年9月19日全新改版，开创昆滇报业品质新时代。

《南都周刊》——观点平衡世界。2006年创刊。一刊双报，《南都娱乐周刊》周三出版，《南都周刊》周五出版。面向城市主流精英读者。深度报道新鲜生猛，观点阐释厚重独到，财经报道切中时弊，娱乐新闻火辣劲爆。

《风尚周报》——提升品质生活。2006年创刊。是一份服务于中国新崛起的精英中产阶层，致力于提高他们的生活品质，呈现其生活品位的大型生活读物。

《理财周报》——中产家庭专业理财。2007年创刊。出生于中国资本市场重要转型期，开启了中国理财类媒体新纪元，刮起一股“你不理财，财不理你”的理财飓风。

《南方》——在创新中脱颖而出。是中共广东省委机关刊物，于2003年12月26日创刊，并于2007年1月成功从月刊改出半月刊，目前月发行量118万份，是全省各级公共决策者以及广大党员干部的学习平台、资讯中心、工作参谋。

《城市画报》——新生活引领者。由《广东画报》转变而来，创刊于1999年。是一本坚持原创精神的城市青年生活杂志，以反映现代都市年轻人生活形态以及生活方式为主要内容，是都市新生活的传播者。

《名牌》——开创精英时代。2004年创刊。中国唯一一本针对高端精英男性的泛时尚杂志，以开创中国的精英时代、缔造中国的精英阶层为己任。百分百精英立场，百分百原创主张，对内容和制作百分百苛求，使每一期都成为经典。

《南方人物周刊》——记录我们的命运。2004年创刊。关注“对中国的进步和我们的生活产生重大影响的人、在与命运的抗争中彰显人类的向善力量和深邃驳杂的人性魅力的人”，被誉为人物类媒体领导者。

《21世纪商业评论》——商业思想家。于2004年9月1日创刊，努力成为中国商业领袖的沟通平台和话语策源地，成为中国商业精英的知识伙伴。

《商务旅行》——中国第一本“Business+Travel”概念杂志，2007年创刊。为商务人士的因公差旅和个人旅行提供实用资讯，展现商务人士最佳的生活方式，让商务与旅行完美结合。

《鞋包世界》——全力打造中国鞋包类强势媒体。2009年5月首发。是我国第一本由国家新闻出版总署批准出版的鞋包时尚与资讯类杂志。每月分《鞋包世界•时尚》和《鞋包世界•资讯》出版。

《第一消费》——上班翻新闻，回家看广告。2009年9月8日正式创刊。大型免费家庭生活双周刊，囊括楼市、汽车、3C、时尚、理财、健康、休闲、综合等消费热点，满足市民家庭全方位生活消费需要。

南方网——指点南方，眼观天下。由国务院新闻办批准从事登载新闻业务的全国重点新闻网站（一类资质），于2001年12月13日正式开通，已建设成为“华南第一、国内一流、世界知名”的大型综合性新闻门户网站，已成为国内外网民认识、了解广东新闻信息的权威主渠道。

南方报业网——集团门户网站。2003年12月28日南方报业网改版开通，成为集新闻、资讯、个性化信息服务和电子商务于一体的集团门户网站。

奥一网——看见了一切。2005年8月，南方都市报正式入主深圳热线，吹响了传统媒体与网络媒体战略结合的号角。2006年1月11日，在对深圳热线改造的基础上，奥一网进行上线测试。南方报业传媒集团控股、南都报系旗下的深圳市奥一信息网有限公司，融网络媒体和传统媒体之长，致力于建设以新闻互动为核心的城市门户。

南方日报出版社——知识成就人生。1999年3月成立，“背靠大众传媒，面向传媒大众”，为社会开启知识的窗子，为读者引介新的生活观念，用真知影响和回馈社会。

二、木铎金声：做主流舆论的一面旗帜

“振兹木铎，唤醒国民；循环无已，亿万斯春”，是李宗仁在20世纪30年代初出版的《循环日报六十周年纪念特刊》上的署名题词。“人生代代无穷已，江月年年只相似。”由著名报人王韬创办并任主笔的《循环日报》早已成为中国新闻史上的一段佳话。因缘际会，南方日报2009年也迎来社庆60周

年。身逢内忧外患颠沛流离之乱世，王韬及其《循环日报》以“强中以攘外，诹远以师长，变法以自强”为宗旨，誓为国家强盛而呐喊。面对社会主义现代化建设和改革开放的伟大实践，南方日报及其系列子媒自创办之日始，就始终把坚持正确舆论导向作为报纸的生命线。

坚持做主流舆论的一面旗帜。做好政策宣传，为全省改革发展稳定提供有力的舆论支持；精心经营典型报道，营造积极健康向上的舆论环境，着力推动社会主义核心价值体系建设；加强舆论监督，推动社会转型……为业界创造了诸多可资借鉴的办报理念和改革经验，宣传工作也得到历任广东省委主要领导的充分肯定和广大读者的高度评价。

做政策宣传的一面旗帜。在经济社会发展的重大关头，南方日报及其系列子媒表现出高度的政治敏锐性，紧紧围绕广东省委的中心工作，反应迅捷，把握准确，发出权威声音，有效引导舆论，对统一全省广大干部群众的思想，贯彻落实省委工作部署，推动全省经济社会又好又快发展，发挥了积极作用。

早在南方日报创办不久，由于物资匮乏，长期存在的职工年底“双薪”无法实行。如果单发消息，容易煽起群众不满。当时报社领导曾彦修和杨奇决定配合消息发表社论《同甘共苦，渡过艰难》，从而掌握了舆论的主导地位，消解了部分群众的怨气。后来很多人都说：“如果没有那篇文章就真不好办，我们就是拿着报纸去做群众解释工作的。”

“四人帮”倒台后，由于长期受极左路线的影响以及“两个凡是”的束缚，广东有些地方对农村工作中的新问题、新情况认识不清。南方日报旗帜鲜明，密切联系广东实际，于1977年11月25日在头版刊出《沙坪公社坚决废止“土政策”》，深入批判农村工作中的极左路线，为贯彻十一届三中全会的路线、方针、政策扫除思想障碍。该报道在农村引起了强烈反响和连锁反应，打响了粉碎“四人帮”后农村经济政策宣传的第一炮。

改革开放以来，《南方日报》更是不用扬鞭自奋蹄，围绕国家和广东的中心工作和重大新闻事件，精心组织策划，以鲜明的报道主题、磅礴的宣传气势，形成舆论强音。中共十七大召开之际，推出《广东精彩喜传天下》、《神州巨变喜传天下》等系列报道和长篇述评《广东，奔向十七大》，开幕当天又出版十七大《号外》，为十七大的胜利召开营造了良好的气氛，充分展现了党报的风格，也体现了南方报人的政治责任和政治智慧。广东省委十届二次全会提出要以“新一轮思想大解放推动新一轮大发展”，围绕省委这一中心工作，《南方日报》加大宣传力度，掀起思想解放学习讨论的热潮，营造全社会参与解放思想学习讨论活动的热烈氛围。

子媒表现同样可圈可点。2008年2月29日，奥一网和《南方都市报》将“我为广东科学发展建言献策”网上征文中的10篇精华帖子集结成篇，出版专刊《岭南十拍》，得到中共中央政治局委员、广东省委书记汪洋的肯定：“你们砖拍得不错！”

做典型报道的一面旗帜。作为党和

政府、人民的耳目喉舌，通过典型报道，推动社会主义核心价值体系建设，巩固全党全国各族人民团结奋斗的共同思想基础，是南方日报及其系列子媒工作的题中应有之义。

2001年4月27日起，《南方日报》推出系列报道《三上巴别　为爱作证》，取得了巨大成功。报道对象易新群，被中宣部、解放军总政治部确定为全国性重大典型。中宣部阅评对《南方日报》关于易新群的报道给予高度评价，认为"《南方日报》把握住了这个典型的重要价值，多层次、全方位进行宣传……是可贵的"，广东省委宣传部也向全省宣传系统发出通报表扬。

2008年10月29日，广州市梅花街派出所驻南方日报社保安詹斌为追劫匪被车撞身亡。《南方日报》连续推出十几篇报道，不少于两次在头版报道（这在全国省级党报中是极为罕见的），大力宣扬英雄保安的见义勇为精神，一时间英雄保安的美名传遍南粤大地，广东省公安厅长要求全省政法干警弘扬"詹斌精神"。

一向被人误解为只有"投枪匕首"式报道的子媒《南方周末》，在2004年6月3日推出人物通讯《任长霞传奇》，24日又发表了记者采访手记《七天：触摸一个真实的任长霞》，两篇稿件尽力完整真实地还原了一个无私奉献、为民服务的英雄公安局长形象。报道出街后，引起强烈的社会反响，真正实现了新闻效益和社会效益的双丰收。

一篇篇发挥了巨大社会影响的典型报道，不断巩固壮大积极健康向上的主流舆论，大力促进社会稳定，为夺取全面建设小康社会新胜利提供强大的思想保证、舆论支持和文化条件，也充分展现了南方报业对党的新闻事业的忠诚和典型报道手法上的成熟。正如时任总编辑、现任社长杨兴锋在南方日报第五次改版动员会上所讲："我们的成熟……源自我们对时代大势的准确把握，更源自我们对自身社会责任的主动担当。"

做批评报道的一面旗帜。中国的现代化征途，是一处浪急滩险的三峡。通过批评报道，激浊扬清，促进问题解决，化解民众情绪，是包括南方报业传媒集团在内所有国内媒体义不容辞的责任和义务。近些年来，国际国内突发事件、时政大事增多，南方日报社坚持"高举旗帜、围绕大局、服务人民、改革创新"的总要求，把握好热点焦点问题和重大突发事件的报道，既能够按照新闻传播规律办事，又把握住正确的宣传基调，有效提高了舆论影响力和市场竞争力。

开展批评报道是《南方日报》的一个优良传统。早在1955年3月25日，《南方日报》便推出批评报道《黄秀珍对群众疾苦漠不关心》，点名道姓，言辞犀利。改革开放以后，随着社会转型大幕的徐徐拉开，南方日报积极赓续批评报道传统。尤其是在上世纪80年代和90年代之交，时任总编辑张琮力倡对违法违纪、贪污腐化等社会丑恶现象公开揭露，要求报纸旗帜鲜明地发挥舆论监督作用。由于批评报道做得好，1988年10月29日，中共广东省纪律检查委员会写信给报社，表扬其在惩腐倡廉报道中作出的贡献。1990年12月23日，广东省纪委再次来函勉励报社，并"再次向你们表示衷心的感谢和崇高的敬意！”

长江后浪推前浪。2003年4月25日，《南方都市报》推出《被收容者孙志刚之死》，举世震惊。同年6月18日，国务院常务会议原则通过《城市生活无着的流浪乞讨人员救助管理办法（草案）》，1982年5月国务院发布的《城市流浪乞讨人员收容遣送办法》同时废止。通过报道一个公民非正常死亡，导致一部法规的废除，这在共和国的历史上还是第一次。此后，《南方都市报》在这方面的表现可圈可点：重庆最牛钉子户、沈阳押钞员枪杀储户、连云港一副局长被检察院打死、华南虎还是纸老虎……不少新闻事件的报道都是《南方都市报》在领跑。

实践证明，舆论监督搞得好，是党和人民之福；忽视或者错误运用舆论监督，就会引来党和人民之祸。胡锦涛总书记在庆祝中国共产党成立85周年暨总结保持共产党员先进性教育活动大会上的讲话中明确提出：“要加强对党的领导机关和党员领导干部的监督，把党内监督与人大监督、政府专门机关监督、政协民主监督、民主党派监督、司法监督、群众监督、舆论监督等很好地结合起来，形成监督合力，提高监督效果。”

舆论监督过程中记者被刁难、被恐吓、被殴打，是家常便饭，甚至记者站被摘牌的事情也曾发生过。然而，南方报人没有放弃，没有消沉，没有偏激，没有被腐蚀，默默坚守着一个主流媒体的舆论监督阵地。正如原社长范以锦所说：“我们应该认真总结改革开放以来搞好舆论监督的经验，发挥‘主流媒体’在舆论监督中的应有作用，不能甘当新兴媒体的配角，更不能缺位。”

做民生新闻的一面旗帜。南方报业在新闻宣传中坚持以人为本，坚持贴近实际、贴近生活、贴近群众，把体现党的主张和反映人民心声统一起来，把坚持正确导向和通达社情民意统一起来，让更多的报道反映普通百姓呼声，增强了新闻报道的亲和力、吸引力、感染力。

以“高度决定影响力”为理念的《南方日报》，并不是不食人间烟火，相反，它强调要真切关注生活变化，“站在社会公正的立场，站在客观公平的角度，反映出真实的社情民意”。1997年，“博弈论”热兴起，普通人苦于理论艰涩深奥，《南方日报》适时推出专栏“博弈论平话”，连出100期，广受读者欢迎。2005年10月，广大群众普遍关心野菜“天绿香”有毒事件，通过广集资料、采访专家学者、了解市场需求等方面，为市民释疑解惑，《南方日报》提出“慎重食用”的权威性建议，体现了报纸的贴近性和亲和力。2008年9月4日推出系列报道《抚平代课教师之伤》，为广东5.2万代课教师争取公平待遇。

作为子媒的《南方都市报》，从创办之日起，就自觉地扎根都市民众，扎根民生新闻。1998年3月推出的泔水提炼潲水油流向食肆的报道，让“潲水油”在广州成为焦点话题。以此为发端，像致癌大米、南山计生中心无病诊出性病、放心早餐抽检细菌超标、背包党盘踞火车站专骗穷人等等民生题材的报道陆续出街，风行羊城。《南方都市报》

还率先在深圳、广州新闻版推出讣闻报道，一改过去传统人物报道高、大、全的模式，一改没有足够行政级别的人死后不上报纸的规矩，对新近去世的普通百姓的一生进行缅怀报道。

三、百尺竿头：蒸蒸日上的发展势头

2008年，《南方日报》广告实收1.8918亿元，创六次改版以来的新高，充分显示了六次改版所带来的强大生命力和市场影响力。

2009年，在全球金融危机的冲击之下，报业也不可能独善其身。前两个月整个南方报业传媒集团广告下滑20%。为此，集团采取多种策略应对危机：坚持走科学发展道路，各个报系之间实行资源整合；转变盈利模式，通过开展活动、论坛等模式来拉动广告；实现相关产业多元化，拓展上下游产业，包括房地产业；深化文化体制改革，包括预算制度、财务审批制度改革。目前已经取得了一定效果。

“我们对战胜金融危机很有信心。”杨兴锋社长的话语一如既往地铿锵有力。

2009年5月10日，南方日报社与西江日报社深化合作框架协议签约仪式在肇庆举行——这是南方报业传媒集团在金融危机的影响下逆势飞扬的最新例证。

在硬件设施方面，2008年9月28日，集团亮丽的新名片——南方传媒大厦顺利封顶。大厦以建筑的语言诠释着南方报业丰富的文化内涵。整个大楼按照建设部5A甲级标准设计，大厦地下3层，地上为双子塔楼，其中A座28层、B座23层，总高度100米，总建筑面积66600平方米，建成后不但能满足集团新闻采编业务等方面的要求，还能为集团向国际文化强势品牌方向发展提供硬件支持。

2008年5月18日，国内第一个传媒产业基地——南方报业传媒产业基地一期工程竣工，广东南方报业传媒集团有限公司印务分公司投产。这两条崭新的印刷生产线——这项在国内报纸印刷厂中开先河的10纸路印刷技术——启动之后，将实现同一时间全彩印刷《南方日报》40个版、《南方都市报》80个版。南方报业传媒产业基地，共占地320亩，一期工程占地20亩，投资超过2亿元，具备了目前国内一流的报业印刷能力。

集团的发展风生水起，员工幸福指数也水涨船高。集团员工收入的整体水平随着集团经济效益的提升而不断提高，员工的福利待遇也不断提高。就拿停车场来说，南方传媒大厦建有三层停车场，免费给集团员工使用。员工生日，集团还会组织生日party、出游等活动。每逢“五一”、元旦、春节等节日，还会组织游园活动。各种文体活动更是隔三差五举办。每年一度的员工体检，切实关心每一位员工的身心健康……

上下同心，其利断金。集团的品牌影响力越来越大。2001年，国家教育部组织、全国百万学子参与投票的“新世纪中国大学生就业首选企业”调查中，南方报业跻身50强，是唯一上榜的报业集团。2001年以来，北京大学企业管理案例研究中心“中国最受尊敬企业”评选中，南方报业连续七年入选50强。2008年，由世界品牌实验室和世界经济论坛联合发布的“中国500最具价值品牌”排行榜上，有《南方日报》、《南方周末》、《南方都市报》和《21世纪经济报道》四家上榜，在不计集团主品牌价值的情况下，四个上榜媒体品牌价值就达到124.64亿元，比2007年增加27.65亿元；2009年更是上升到了近160亿元。

“凤舞南方，龙腾天下”——南方日报历经60年的风雨苍黄，如同浴火重生的凤凰，得到了升华和洗礼，未来必将飞龙在天，翱翔全球传媒市场。

“南方报业传媒集团作为目前国内领先的传媒集团，在新一轮发展中将进一步解放思想，谋求科学发展，制定发展战略，最终成为国际一流、国内领先的传媒信息服务商。”这是现任社长杨兴锋的抱负。

这也是所有南方报人60年来矢志不移，并将继续为之奋斗的理想。

第三章
从多品牌战略到媒体聚合战略

“东风夜放花千树，更吹落，星如雨”。改革开放的春风吹皱了中国新闻事业的一池静水，随着新闻改革的不断深入，尤其是都市类报纸的强劲崛起，曾经“皇帝的女儿不愁嫁”的省级党报独霸市场的时代如不舍昼夜的东流水一去不复返。一时间，中国传媒市场百舸争流，有勇善谋者胜。

上兵伐谋。激流中的南方日报社自20世纪90年代以来，积极因应形势发展，抢占报业发展的品牌制高点，实施“龙生龙，凤生凤”的多品牌发展战略，打造了一系列成功的子品牌媒体，赢得社会和读者的广泛赞誉。

然而，逆水行舟不进则退。警报从来没有消逝，相反，更为激烈的短兵相接时代正在来临：网络等新兴媒体如水银泻地般的传播，广电媒体崛起对新闻、广告资源的争夺，以及加入WTO之后，中国媒体与国际传媒正面交锋的时间日近……如何有效地把自己做大做强？南方报业掌舵人杨兴锋创造性地提出“媒体聚合战略”，倡导“从核裂变到核聚变”，即从多品牌战略到媒体聚合战略的战略理念转型。集团将从产品运营到产业运营，从价值链扩张到产业链扩张，从滚动发展到整合发展，从媒体拓展到媒体融合等诸多方面，进行了一系列的探索与创新。

“两岸猿声啼不住，轻舟已过万重山。”不断创新品牌发展理念的南方报业传媒集团，必将在未来全媒体竞争时代中击水三千里，大展身手。

一、裂变：多品牌战略风生水起

早在“龙生龙，凤生凤”多品牌发展战略正式提出之前，为进一步满足读者的需求，南方报业就已经有意无意地开枝散叶，依托南方日报几十年办报过程中积累起来的办刊经验和人才队伍，先后创办了《南方农村报》和《南方周末》。

《南方农村报》在系列子报中资格最老。早在1963年1月1日，《南方农村报》的前身《南方日报农村版》（周二刊）就出版了第1期（后改名为《广东农民报》）。1994年1月1日，《广东农民报》更名为《南方农村报》。《南方农村报》历经四十多个春夏秋冬，始终以关注“三农”为使命，在全国的省级“农”字号报纸中可谓凤毛麟角。

改革开放之后，国门洞开，广东报业发展自然也先人一步，各种小报纷纷创刊，以满足读者被禁锢已久的猎奇心理。好景不长，《人民日报》刊发《广州街头报摊的怪现象》后，当时的中纪委常务副书记王鹤寿亲自来广州处理小报问题。在全国正开展清除精神污染的形势下，南方日报社逆向思考，于1984年2月11日正式创办了日后风行全国的《南方周末》（第一期试刊报名是《南方日报》星期六刊，后经集思广益，正式创刊时改为现名）。

“可以说创办《南方周末》标志着南方日报应对竞争自觉探索报纸滚动发展的开始，向着培育品牌的方向走来。”见证并开创南方报业多品牌战略辉煌的前任社长范以锦这样总结。

这时的南方日报正处在“大裂变”的初级阶段——品牌带动阶段（范以锦将多品牌战略分为两个阶段：品牌带动阶段和报系运营阶段）。在这个时期，南方日报社滚动发展的又一个亮点是创办《南方都市报》。

进入20世纪90年代之后，报业竞争日趋激烈，省级机关报的经营普遍滑坡。南方日报社未雨绸缪，推出《南方都市报》。经过一年多的试刊，于1997年1月1日改为全国刊号的综合类日报。几年时间里，《南方都市报》成为发行量上百万、在广州和深圳等珠三角中心城市具有重大影响力的报纸，创造了中国报业史上的奇迹。

进入新世纪，随着“办一份子报成功一份”，优质子品牌又催生了新的子报，为充分整合利用资源，“报系”概念应运而生。2001年1月1日，《21世纪经济报道》的创刊，既是《南方周末》品牌带动发展的结果，同时也意味着集团的多品牌战略进入了一个全面提升、全方位提速的报系运营阶段。2003年后，集团相继成立了21世纪报系、南方周末报系和南都报系。其中南方周末报系以《南方周末》为核心，旗下有《南方人物周刊》和《名牌》两个刊物；21世纪报系以《21世纪经济报道》为核心，旗下有《21世纪商业评论》、《商务旅行》、《理财周报》以及承包经营中央人民广播电台的第二套节目——经济之声；南都报系以《南方都市报》为核心，旗下有《南都周刊》、《风尚周报》、《云南信息报》、奥一网。

南方周末报系的滚动发展，主要致力于传播内容和受众层面的开拓。2003年8月1日，培育出的《名牌》杂志，继承《南方周末》深厚大气的一贯风格，从市场定位、办刊理念和运营思路等多个方面给中国男性杂志市场带来了全新的震撼，开启了男性杂志精英化进程。2004年6月15日，全国及南方报业集团各系列报的广告均有“一个‘人物’的诞生”的大字，正式宣告南方周末报系旗下《南方人物周刊》的诞生。到2005年底，《南方人物周刊》在全国近50个中心城市的发行总量达到36万册。如今，它已被誉为中国最具成长性的媒体。

南都报系深耕平面媒体。2003年11月，为了更好地在北京传媒业市场谋得一席之地，和光明日报报业集团联合创办了《新京报》；2007年9月19日，针对规模日渐扩大的昆明市传媒业市场，和云南出版集团联手经营《云南信息报》；针对娱乐类市场，2006年3月1日创办了《南都周刊》；针对中产阶层消费类市场，2006年10月1日创办了《风尚周报》。并把握传媒业报网互动的趋势，强力挺进新媒体，创办了奥一网、南都网。

三大报系的主报中，《21世纪经济报道》创办最晚，不过，三大报系中却是21世纪报系成立最早，运行机制最成熟，最符合现代企业理念。21世纪报系的裂变首先发生在平面媒体领域。2004

年9月1日，《21世纪经济报道》延伸出《21世纪商业评论》，借力“21世纪”已经形成的品牌影响力。2006年年底，《商务旅行》面世，它既是商业杂志，也是旅行杂志，是第一本真正意义上的本土高端商务旅行杂志，以全球化的观念和东方人的视角领先切入高端商务旅行类细分市场。2007年7月23日《理财周报》创刊，开启中国个人理财媒体的新纪元。另外，从2003年开始，《21世纪经济报道》还与数家知名出版社合作出版了《21世纪经济报道》精品丛书，这是对版面资源和新闻资源进行的二次开发。

同时，21世纪报系还积极向其他媒体形式扩张，实现从单纯的平面媒体延伸到跨媒体延伸的转变：建立包含21世纪网、21EDM（21俱乐部会员电子读物）、21世纪彩信手机报、21世纪WAP手机网站等四大业务平台，以多种媒体形式实现高品质财经新闻更快捷、更精准的传播。此外，21世纪报系还与中央人民广播电台达成战略合作联盟，联手合办中国最具影响力的财经广播“经济之声”。

在裂变过程中，各报系都找到了多品牌向广度、深度延伸的路子。如《21世纪经济报道》的品牌有了广泛的社会影响力之后，便利用“21世纪”的品牌效应，除办好“21世纪”的其他系列报纸之外，还举办冠名“21世纪”的房地产、金融等高层论坛。《南方周末》和《南方都市报》的系列子媒的强劲发展势头，也都体现了品牌理念的不断延伸和深化。

“龙生龙，凤生凤”这一多品牌发展战略的实施，使南方报业成功打造了在多个细分市场中处于领先地位的品牌媒体：在省级机关报中，《南方日报》连续20多年来影响力、发行量和广告额都居于第一位；在周报方面，《南方周末》一直稳居周报的头把交椅；在都市类报纸方面，《南方都市报》后来居上，多次被国家新闻出版总署评定为全国晚报都市类报纸综合竞争力排名第一；在财经类报纸方面，《21世纪经济报道》稳居首位；在人物周刊类杂志方面，《南方人物周刊》居于前列；集团的其他报纸和杂志在各自的细分市场上也都有突出的表现。

二、聚变：媒体聚合战略初露峥嵘

经过改革开放以来的迅速发展，南方报业正处在数字化时代新一轮大发展的前夜。在这一新的历史起点上，集团要实现又好又快的跨越式的发展，就必须转变战略理念，探索和实施新的发展战略、新的发展模式，才能产生更加强劲的发展动力。

如果说，以往集团实施多品牌发展战略取得了良好成绩，就如同核裂变一样产生了强大的发展动能，那么在新的竞争形势与发展环境下，就要核聚变，实施媒体聚合发展战略，为集团带来新的更大的发展活力与发展后劲，为实现跨越式发展提供新的更加广阔的舞台。

媒体聚合战略，简言之，就是通过集团旗下不同媒体形态的聚合、不同媒体品牌的聚合以及不同业务单元的聚合，将南方报业打造成为数字化时代国内实力最强、成长性最好、最具影响力和国际竞争力的跨媒体、跨行业、跨地域的传媒集团，更好地服务于国家的经济社会建设。

“聚合的目的是聚变，聚变的目的是扩张。”过去十年，多品牌战略的实施使集团发展风生水起，下一个十年，集团的各项事业还要迈上新的台阶，那就要走聚合发展的道路。最近两年，集团已经在聚合上做了不少工作，在不同媒体形态的聚合、不同媒体品牌的聚合以及不同业务单元的聚合上，进行了初步的尝试，取得了不错的成效。

媒体形态的聚合。数字化时代，相比网站，什么是报业优势？相比广电媒体，什么是报业特长？高人一筹之处往往在两者的交集之处，多媒体报道正越来越多地出现在采编实践之中，新闻业务形态也从以文字图片为主“两翼齐飞”开始向文字、图片、音视频“三位一体”的多媒体报道格局迈步。《南方日报》提升影响力，调整新闻信息产品生产方式的重大举措，即是努力由传统新闻产品生产为主向现代多媒体新闻信息业态拓展转型。

2009年“春运”，与往年不同，在广州火车站拎着摄像机四处拍摄的记者可能未必来自电视台而是来自报社。2009年1月11日上午11时20分，南方报业网挂上第一条南方日报记者摄制的春运视频报道，这标志集团旗舰南方日报进入文字、图片、视频多媒介立体式报道时代。此前，为深入反映三鹿事件引发的危机，南方都市报记者走进内蒙古呼伦贝尔大草原，深入调查乳业生产链条源头上的奶农现状，拍摄了视频调查作品。而深圳市海事局党组书记林嘉祥事件则是网友首先在奥一网上传视频，并迅速在网络传播，最终推动事件解决。

为了加强南方日报全媒体运作的协调领导，2009年5月25日，南方日报成立全媒体工作委员会。

未来，根据多媒介不断融合的发展态势，南方报业将致力于从平面媒体产品生产商向媒体内容提供商与信息服务商的转变，从报业集团向覆盖全媒体的传媒集团转变：

——发挥核心竞争力和基础优势，进一步深耕平面媒体，扩大与占领市场，通过全国市场和广东省市场两个维度上的跨地域发展，形成领先国内并在区域市场占压倒性优势的平面媒体群。

——积极探索多种媒介形式融合的具体路径和形式，逐步进入网络媒体、移动媒体和其他新兴媒体以及广电媒体；要抓住南方网整体并入集团的契机，加大报网融合力度，整合并做强做大旗下网络媒体，形成具有强大影响力的网络媒体集群。

——在集团核心竞争力的能力范围内适度进行相关多元化发展，在图书出版、商务印刷、信息服务等业务领域形成对集团新闻主业有效补充的相关产业集群，构建富有张力和活力的完整的产业链和价值链。

媒体品牌的聚合。报业以办报为中心、以媒体为主业，最大的资源是报纸新闻传播所积累的品牌。著名传媒学者喻国明说过：“做媒介实际上就是做品牌”。经过十多年的多品牌发展，南方报业已经拥有了不少在各行业、各区域乃至在全国拥有强大影响力的品牌，如今从多品牌战略到聚合性发展，是战略的调整也是发展理念的深化，要把整个集团带到一个更高的层面就必须将各方面的资源整合起来，将各方面的品牌力量汇集起来，这样才能进一步壮大集团，把南方报业传媒集团的金字招牌擦得更亮。

2007年中共十七大和广东省第十次党代会以及2008、2009年的全国“两会”，都是由集团统一队伍出征采访，各报刊记者既可以在联合采访中互相学习、互相帮忙，采访回来的信息相互交流，最后根据各报的特点推出各自所需的新闻，效果非常明显，各子媒也都从中尝到了聚合发展的甜头。

2008年北京奥运会举世瞩目。面对这一“史无前例”的新闻大战，集团旗下包括《南方日报》、《南方都市报》、《南方周末》等在内的报纸、杂志、网站、出版社早在北京奥运倒计时一周年时就已摩拳擦掌，投入重兵，掀起奥运报道热潮。奥运期间，更是组织近60人的报道团队扎营北京，从集团内部资源整合、新媒体新技术应用等多方面寻求合作，挖掘潜力，取得了较好的宣传效果。而南方报业传媒集团在奥运村的记者工作室也成了对外宣传集团形象的又一靓丽窗口。不仅是各个子媒，整个集团都在奥运新闻大战中赢得赞誉，赢得品牌加分。

业务单元的聚合。聚合的理念不仅仅停留在新闻采访上面，还要把它扩展到整个经营、行政管理，以及整个报业打造方面。

从经营来说，现在集团各系列报每年要在外面各自召开广告合作联谊会进行报业推广，所要请的公司派出的代表往往是同一个人，这样就要整合起来，同样一个活动由集团搭台、各子报刊共同来唱戏，从而节省成本和时间。再比如发行方面，现在在广州、深圳、珠三角一些地区，集团报刊的发行是由两个队伍在进行，虽然分工明确，各司其职，但还是难免会出现一些问题，进行必要的整合，不仅有利于发行质量的提高，也有利于整个集团发展战略的顺利推进。

“裂变”是“聚变”的基础，“聚变”是“裂变”的更高层次和境界的升华。聚变不是为了“聚变”而“聚变”，而是为了实现自身的科学发展和可持续发展而聚合。实践证明，基于效率原则进行聚合，能够发挥好集团与旗下各系列报刊网社的两重积极性。目前南方报业面临着在数字化时代相对陌生的业务领域进行跨媒体、跨行业、跨地域拓展的艰巨任务，要满足这种复杂任务对资源的要求，南方报业旗下原有单个媒体往往就显得捉襟见肘。顺应形势发展，通过在整个集团范围内进行资源整合，实施媒体聚合发展战略，已经给集团提供了新的发展能量。

成功的战略转型使得南方报业传媒集团保持着良好的发展势头。展望未来，杨兴锋社长充满信心：“南方报业的媒体聚合战略一定能顺利实施，取得良好效果，确立和保持强大的竞争优势，顺利实现战略目标。”

三、蜕变：传承创新生生不息

如果单论《南方日报》品牌发展，其历史在省级党报中可能是独一无二的：毛泽东题写报名，其后，邓小平、江泽民都为报纸题过词。连“文化大革命”期间，“四人帮”都指名道姓攻击《南方日报》为“放毒造谣”的报纸。

罗马不是一天建成的。推动南方日报不断发展壮大的创新力量其来有自：早在1950年12月，为加强抗美援朝的宣传报道，就特意起辟《抗美援朝特刊》；1953年“主人翁”办报时期，南方日报就按照新闻规律办党报，开展“出早报红旗竞赛”活动；1995年4月，时任总编辑刘陶在《中国记者》上发表文章《党报首先要扬自己之长》，发出了《南方日报》走市场化道路的先声。

正是因为能够在过去发展的基础上不断创新，应对内外部环境的变化，南方报业才能从多品牌发展战略顺利转型到媒体聚合战略，通过整合资源、机制创新和强力扩张，聚合集团旗下不同媒体形态、不同媒体品牌及不同业务单元，打造中国最有力的跨媒体、跨行业、跨地域的传媒集团。也正是因为有了南方报人生生不息的传承创新，使得集团的每一次转型都是一次蜕变，每一次蜕变都是一次跳跃式发展：从机关党报到报业集团，从报业集团到全媒体集团。

多品牌发展战略的实施，使集团从一个传统的省委机关报，转型为面向市场挑战，面对读者挑选的报业集团。

作为省委机关报的《南方日报》，先天优势明显：作为党和政府指导各项工作的重要舆论工具，党报具有“法定”地位，具有与生俱来的权威性和公信力。不过，随着经济社会的发展和市场机制的增强，党报的主流媒体地位受到来自传播市场的巨大挑战，曾经“风光无限好”的党报客观存在着一个面向市场重塑主流媒体形象和地位的过程。不言而喻，失去注意力资源就等于失去市场占有。当一个有着政治追求、承担着政治责任的媒体在市场上呈现弱势化趋势的时候，其政治影响力必然被边缘化，履行政治责任也就无从谈起。党报只有赢得更多市场，才有阵地，才能发挥影响力，才能更好地引导舆论。

回顾以往的发展实践，可以说，集团通过实施多品牌发展战略，走出了一条裂变式的发展道路。这种“龙生龙，凤生凤”的裂变式发展模式，对于南方报业在平面媒体上的多品牌发展起到了至关重要的作用。南方报业由此实现了从传统机关报转型为面向不同层次、不同地域的报业集团。

媒体聚合战略的实施，将使集团从一个初具规模的报业集团蜕变为国内领先、叫板国际的现代传媒集团。

集团在国内有一定的影响力，但放眼国外，差距与挑战明显。比如美国的甘尼特公司，不仅是上市公司，而且拥有101份日报、300多份周报、17家电视台，2002年报纸发行总量755.4万份，2003年营业总收入67.11亿美元，报业总收入56.10亿美元。再如，当今世界上规模最大、国际化程度最高的综合性传媒公司之一——新闻集团，控股英国40%的报纸，6张发行量最大的报纸（其中包括《泰晤士报》、《每日电讯》、《镜报》、《卫报》等），日总发行量达到2500万份；在澳大利亚，新闻集团也控制2/3的报纸；在美国，它拥有21世纪福克斯电影公司、福克斯网络和35家电视台，占全美电视台总数的40%；在拉美，默多克与3家电视台合作，通过卫星播送150套节目；在欧洲，默多克有天空电视台；在印度，有EETV；在中国，3500万个家庭可以通过卫星收看到默多克的电视节目。现在，新闻集团可以用7种语言，通过40多个频道向亚洲53个国家和地区提供娱乐和信息节目。

中国加入WTO之后，外国传媒巨头对我国市场虎视眈眈，觊觎良久，早已是一个不争的事实。而本土传媒与西方传媒集团的差距是全方位的，面临的挑战是多方面的，无论是整体规模、产业化程度、经营管理技术方面，还是人力资源、新闻业务方面。此外，“互联网无处不在，人们几乎可以用它完成一切：阅读、游戏、交际、购物、争论、恋爱……”美国学者李•西格尔的新书《对抗机器：电子哄客时代的人类生存》极力渲染信息化时代新媒体的巨大作用。毋庸置疑，新媒体的崛起对传统阅读方式提出了新的挑战，同时也进一步推动出版载体多元化地快速发展。传统媒体出身的南方报业，不可避免地会遭遇到冲击和挑战。

因此，在新的历史起点上，只有树立起强烈的忧患意识和长远的世界眼光，通过向国内外先进的传媒同行们学习，进一步解放思想、与时俱进，在战略和体制机制上不断传承创新，以科学发展的态度和方式，认真实施媒体聚合战略，才能从容面对外来传媒势力的挑战，巩固党的舆论阵地，在新一轮大发展中争当全国媒体领域科学发展的排头兵。

第四章
南方报业气质和发展经验

一、基本气质

“一顾倾人城，再顾倾人国”，是一个佳人气质的极致形态；“一顾驻足，再顾掏钱”，大概算一家报纸臻于化境的表现。疾风知劲草，烈火识真金。60年的白云苍狗，南方报业坚持风骨，卓然而立，在复杂多变、丰富多样的新闻实践中形成并将继续丰富自己的基本气质，这就是：担当、创新、包容、卓越。

1.担当

一个媒体要成为优秀的媒体，成为精神世界里真正的中流砥柱，就必须胸怀伟大的历史使命感和强烈的社会责任感。这就要求职业传媒人有所担当。不仅敢于担当，而且善于担当，可以说“担当”就是南方报业基本气质的底纹，是南方报人对国家和社会、对民族所必须履行社会责任的庄严的承诺。

2003年非典肆虐，广东疫情严重。那时，都不知道非典的病因在哪。不久，新华社发了国家某机构研究成果的报道《非典的元凶就是衣原体》。对此，广东的科学家有自己的看法，认为衣原体不可能致人于死地，非典的元凶应该是一种病毒。全国媒体都转发了新华社那篇报道，只有《南方日报》听了广东专家的意见，当天用一条稿件、两种声音的方式来刊登，将文章标题改为“非典元凶是衣原体吗？”，把新华社的稿子和广东专家意见放在一起，在全社会引起轩然大波。一个月后，研究成果逐步显示广东专家意见的正确性。这条新闻后来获得全国新闻奖一等奖。

媒体向社会大众提供的不是物质产品，而是新闻、信息及其他精神产品，肩负着舆论导向的重任，影响着社会生活的各个角落。因此，它的担当及它所要承担的社会责任也比一般的企业更为广泛和特殊；社会和人们对它的要求更为多元和复杂。作为广东省委机关报的《南方日报》，自觉担当起包括新闻、政治、社会、文化和经济等方面的社会责任，对自己报道的每一条新闻和传播的每一条信息的真实性负责，对自己所传播的舆论、意见和观点负责，对自己传播的内容的社会影响负责，对传承民族优秀文化和传统、构筑适应时代需要的社会主义核心价值体系、引导信息文化发展方向等方面负责，当然，还要履行自身的经济责任，包括依法经营，构建企业文明，保护员工合法权益等等。

正是因为敢于和善于担当，将社会责任放在首位，南方报业才能拥有广泛的公信力、影响力和生命力，才能成长为常青式的领袖企业。

2.创新

在南方报业的基本气质里面，创新是发展观的标志，它来源于对媒体社会使命和发展壮大媒体事业的追求，也是对社会大众需求的敏锐的感知，包含对瞬时即变的自我审视和领先一步的壮举。创新已经成为南方报业传媒文化的基因。从根本上说，南方报业不断取得的进步就在于学习和创新。因为勤奋学习才有思路，勇于创新才有出路。

从2002年开始到现在，《南方日报》先后六次改版，并正在酝酿第七次改版。改版后的《南方日报》以全新面貌屹立于中国报林，更专业、更广东、更市场、更权威，它采用与国际接轨的黄金报型，让一份党报做到了时尚化、生活化和市场化。高品质的报纸吸引了高品位的读者和高档次的广告。报纸改版后，也有少数人认为，这是“大报小办”，把严肃的事情变得不严肃了，但中共中央政治局常委李长春的亲笔批示是：“再接再厉，与时俱进”。而在读者调查中，90%以上的读者认为改版后的《南方日报》更好看，更挺拔。

《南方日报》的成功改版，既是对党报办报理念的全新思考和定位，对新闻产品从内容到形式的全新改进和包装，也是对现代报业制度建设和营销组织的全新探索和实践。《南方日报》的成功改版，创造了多项全国省级机关报之最，受到中央和省领导的关注与首肯，引发了全国省级党报新一轮的改革潮，一些省级党报相继进行了改版。中共中央政治局委员、时任广东省委书记张德江连续四年在南方日报的工作汇报上亲笔长篇批示，给予高度评价。这在南方日报的历史上，在广东新闻史上，都是前所未有的。

回顾历史，南方报业从产品创新起步，不断进行营销创新和经营创新；从组织创新起步，拓展到制度创新；从单个品牌媒体市场细分的创新起步，演化成对品牌媒体群运筹帷幄的产业创新。展望未来，南方报业将继续傲立于报业创新的潮头。

3.包容

包容就是要以海纳百川的态势，容纳来自五湖四海的人，推进蓬勃发展。“包容”用古人的话说，就是“和而不同”。对于南方报业，“包容”包括三个层次的含义：第一，把握正确的导向和积极探索之间的平衡，这种平衡的结果是和谐。版面内容上，既保持正确导向，又生动活泼。第二，强调文化的多样性与和谐，唯才是举，无论是个性张扬还是本性木讷，都能在南方报业一展拳脚。第三，强调多品牌、多元化发展的战略异同，处理好母报和子报整体战略之间的关系，使集团的发展处于和谐的状态之中。

“包容有多大，拥有就有多少。”南方报业保持创新活力和勇于担当的一个重要秘诀，就是包容年轻人，大胆、大量起用年轻人。年轻人冲劲足，但缺乏经验；思想敏锐，但比较偏激；敢说敢干，但容易犯错……南方报业传媒集团既大胆起用朝气蓬勃的年轻报人，又积极防止可能带来的差错，帮助年轻的职业报人，不断总结经验教训，继续茁壮成长，给每位年轻人一个既有竞争又有充分发挥空间的平台，力倡“和而不同”的和谐氛围。

对于有过失或犯错误的同志，也不一棍子打死，而是给他机会东山再起。曾有一个大学毕业不到一年的年轻人，双向选择后没有部门要他，面临下岗之际，集团领导亲自找他谈话，全面分析他的优缺点，鼓励他扬长避短，重新开始，同时亲自做某个部门领导的工作，给这个年轻人作了适当安排，事后证明，在适当的位置上，这个年轻人不失为一个人才；曾经有个同志违反纪律，擅自在境外媒体上发表论文，“对中国报业尤其是南方报业作片面的、违背事实的论述”，造成了不良影响，经研究决定令其停职检查，后来经过考察，也恢复了其职位。

4.卓越

卓越是一种境界，也是一种永远保持积极向上的姿态。可以说，南方报业的目标就是不断地追求卓越，永攀高峰。这种卓越意识就是要求南方报业的员工积极进取，发愤图强，不断超越自我，发挥百尺竿头、更进一步的突破力；这种卓越意识就是要求南方报业不断改版，不断改革，引领省级党报改革潮流；这种卓越意识就是要求南方报业不断提升战略，从多品牌战略阶段跨进目前的媒体聚合战略阶段。

员工卓越，精英团队撑起“党报再造工程”。社长杨兴锋获第六届（2004年）韬奋新闻奖；报社三年三获中国新闻奖：《千里接救中毒女工》荣获2003年第13届中国新闻奖系列报道三等奖，《非典型肺炎病原是衣原体？》荣获2004年第14届中国新闻奖一等奖，《“9+2”大潮涌珠江》荣获2005年第15届中国新闻奖三等奖；涌现出一批荣获“全国劳模”、“第二届中国女性文学奖”、“全国十佳新闻校对员”以及广东新闻“金枪奖”、广东新闻“金梭奖”、广东省“五一劳动奖章”、广东省“五四青年奖章”等荣誉和称号的先进人物；还有那些在自己的岗位上默默奉献的编辑记者，或是“白天黯然，晚上不朽”，或是“在感动中不惮前驱”。

办报卓越，走出一条省级党报发展的新路子。2002年8月6日，《南方日报》第一次全新改版，提出一个响亮的口号：“高度决定影响力”。历经六次改版，“高度决定影响力”的办报理念不胫而走，深入人心，引领了党报改革发展的潮流。成功改版以来，《南方日报》面貌焕然一新，展现了成熟的政经大报型态，进一步贴近、服务于目标读者，以更坚定的步伐走向市场。

发展战略卓越，首倡战略运营理念，从多品牌战略阶段顺利转型到目前的媒体聚合战略阶段。“龙生龙，凤生凤”的多品牌战略，历经十年，将南方报业打造成“定位最清晰、结构最合理，综合运营能力最强，在国内最具影响力”的报业传媒集团，新实施的媒体聚合战略，将把南方报业打造成为数字化时代国内实力最强、成长性最好、最具影响力和国际竞争力的跨媒体、跨行业、跨地域的传媒集团。

二、发展经验

《南方日报》作为中共广东省委机关报，始终围绕省委、省政府各个时期的中心任务，广泛深入宣传党的理论、路线、方针、政策，宣传中央、省委的重大决策部署，为广东省各项事业发展营造了良好的舆论环境，作出了重要贡献。

60年发展实践证明，南方报业的新闻工作队伍忠诚于党的新闻事业，是一支政治强、业务精、纪律严、作风正的队伍，是一支靠得住、有战斗力、能打硬仗的队伍。

60年发展实践证明，南方报业只有始终坚持正确的舆论导向，才能基业长青；只有始终坚持忠实传达“华南人民意志”，才能永葆活力；只有始终坚持与时俱进的办报方针，才能做强做大；只有始终坚持让优秀人才脱颖而出的用人机制，才能动力无穷。

1.只有始终坚持正确的舆论导向，才能基业长青

坚持正确的舆论导向，是党中央在新形势下对党的新闻宣传工作提出的根本指导方针，也是南方报业得以迅猛发展的生命线。

我国新闻媒体是党和人民的喉舌，具有鲜明的党性特征。毛泽东同志讲过，“搞新闻工作，要政治家办报”。邓小平同志讲过，“新闻宣传必须坚持党性原则”。江泽民同志曾指出：“在坚持党性原则上，新闻媒体不允许有任何的含糊和动摇。”胡锦涛总书记也曾强调：“舆论引导正确，利党利国利民；舆论引导错误，误党误国误民。”这些重要论述，鲜明地体现了马克思主义新闻观的实质，体现了坚持正确舆论导向的极端重要性。

南方报业深刻地认识到坚持正确的舆论导向，不仅是党委和政府对报纸的外在的要求，也是基于报社生存的需要，是基于对当下国情的认识。当前舆论环境复杂多变，能否正确引导社会舆论，是对新闻宣传工作的重大考验。南方报业始终坚持团结稳定鼓劲、正面宣传为主，以“政治家办报”的高度去关注那些党和政府重视、人民群众关心的问题，不断提高主流媒体的舆论引导能力，起到通达社情民意、疏导公众情绪的重要作用。2009年5月，广东省劳动保障厅厅长刘友君因涉嫌严重违纪被“双规”，消息传出翌日，《南方日报》便发布独家消息《我省社保基金保持安全完整》，尽消市民心底疑云，主导了舆论方向。

在涉及根本政治制度和国家利益的重大问题上，南方日报社更是旗帜鲜明，始终同党中央、广东省委保持高度一致，牢牢把握正确的舆论导向不动摇，做到不为浮云遮望眼、站稳脚跟不动摇。

坚持正确的舆论导向，并不意味着就不用遵循新闻规律，遗忘新闻理想。国务院农村发展研究中心原副主任张根生就曾善意提醒：“《南方日报》虽然是省委机关报，是党和人民的喉舌，但编辑记者要有独立思考的精神，不要人云亦云，一味‘跟风’，整天围着领导转，这样反而会迷失了应有的导向。”“可以有不说出来的真话，但绝不说假话”，历史证明，《南方日报》没有丢弃新闻理想的大旗。据南方日报第一任总编辑曾彦修回忆，1951年4月的一天，有记者带回有关方面交来的一张大罪状作为新闻，事关第二天要“大镇反”，处理一批人。然而该罪状不太具体，颇多政治术语，存在疑点。报社领导本着求真求实的态度，反复讨论，最后决定向上请示，叶帅问明情况后指示“大镇反”改期。薪火传承，非典时期南方日报的表现更是可圈可点。正是因为能够以高超的政治智慧，始终坚持在正确的

舆论导向基础上践行新闻理想，南方日报才会在全国省级党报中声望日隆、基业长青。

2.只有始终坚持忠实传达“华南人民意志”，才能永葆活力

“本报是中国共产党中央华南分局的机关报，也是华南人民意志的传达者。”60年前的发刊词旗帜鲜明地告诉世人，《南方日报》不仅是广东省委的机关报，同时也要把人民群众的愿望、要求、呼声反映给党和政府，从而沟通党、政府和人民群众之间的联系。

只有人民欢迎的报道，才有生机；只有人民拥戴的报纸，才有立足之地。60年来，《南方日报》与人民群众同呼吸共命运的立场从未改变，全心全意为人民服务的宗旨从未忘记。弘扬正气，开展舆论监督，推进社会和谐，竭尽全力为广东经济社会的发展和广东人民的福祉鼓与呼，是《南方日报》永葆活力的源泉。

60年来，《南方日报》传达了人民对善与美的追求和讴歌。新闻媒体是讴歌时代精神、弘扬文明新风、伸张社会正义的重要力量。《南方日报》大力弘扬社会主义核心价值观，努力营造积极健康的舆论氛围，为凝聚人心、化解危难以及社会进步提供重要的精神支撑。2001年，《南方日报》发现易新群，展现了这个新时期共产党人以天下为己任的高度责任感和使命感。2008年，《南方日报》连续推出十几篇报道，激浊扬清，在南粤大地上掀起一股学习“詹斌精神”的旋风。

60年来，《南方日报》传达了人民对丑与恶的愤怒与鞭挞。主流媒体开展批评报道，进行舆论监督，促进和加强党的建设及各项工作，是党报包括《南方日报》的优良传统。1950年2月，《南方日报》创刊后的第一个著名批评报道，就是在第一版显著位置批评了广州一名局长，批评其官僚主义和强迫命令作风，后来甚至刊登长文批评广州市政府……在《南方日报》的报道下，以权谋私者悻悻下台，腐败分子面临牢狱惩戒。南方日报原总编辑杨奇回忆道：“从南方报社一成立，就勇于推出批评报道，而且是典型的批评报道。这是响应中共中央的号召，也是革命的需要。我认为，直到今天，这个优良传统也是应当发扬的。”

60年来，《南方日报》传达了人民对和谐幸福生活的憧憬。1982年11月17日刊于头版头条的《一个“万斤户”的苦恼与欢乐》，使人们看到了农村改革的趋势与前景，感受到十一届三中全会富民政策的威力。2003年《鞋厂女工离奇瘫痪》、《千里接救中毒女工》等系列报道，给困境中的女工带来希望。

…………

当前改革正处在关键时期，《南方日报》将一如既往地表达人民声音，主导舆论方向，唱响“继续解放思想”的时代主旋律。

3.只有始终坚持与时俱进的办报方针，才能做强做大

“青菜萝卜，各有所爱”。随着社会的发展和时代的进步，受众对新闻资讯的需求从“被动接受”向“主动选择”转变，一家媒体已经很难同时满足所有人的需要，一种模式的报道方式已经不能适应新的受众心理，僵化的运营

体制已经不能适应形势的需要——南方日报因应社会发展，始终坚持与时俱进的办报方针，不断超越自我，实现跨越发展。

一是与时俱进办报刊。一方面，作为南方报业传媒集团的主报和“旗舰”媒体，南方日报近年来持续地、积极地推进新闻改革、报纸改革，七年六次改版（即将进行第七次改版），用现代报业的运作机制和办报理念整合优势资源，坚持不懈地推动党报走向市场，在激烈的市场竞争中坚守住党报的舆论阵地，带动了全国省级党报改革发展的热潮。另一方面，南方日报在这些年的发展中，以“多品牌战略”滚动发展，成长为一个集团；在新的时代挑战来临之际，适时启动媒体聚合战略，为实现集团长远的战略愿景打下坚实的基础。

二是报道手法与时俱进。政策宣传文件化、工作报道概念化、会议报道模式化、典型报道脸谱化等现象，已如明日黄花，引不起读者多大的阅读兴趣。《南方日报》不断改进，丰富报道形式、报道手法，实现新闻宣传作品题材多样化、形式多样化、风格多样化。2004年报道首届泛珠三角区域合作论坛就是一个很好的例子。开幕前夕，在头版“南方观察”栏目推出了总题为“‘小—大—泛’的系统观”的系列评论，营造良好的舆论氛围；论坛期间，重点经营《来自泛珠三角区域合作与发展论坛的思考》一组系列深度报道和“今日嘉宾”栏目；并在“南方观察”专栏经营好一组言论《透视“9+2洽谈会”》。“在泛珠三角论坛的报道中，《南方日报》精心策划，全方位、多视角、立体化地进行纵深报道，取得了非常好的宣传效果和社会效果。”中共中央政治局委员、时任广东省委书记张德江如此赞道。

三是运营机制与时俱进。随着形势发展和文化体制改革的深入开展，南方日报改变机关报办报作风，用时代要求审视新闻宣传工作，按照新闻传播规律办事，实现采编和经营“两分开”，“分而不断，联而不乱”，创新设置报社内部组织架构，在全国范围内第一家设立运营办公室（现在是运营委员会），做好联动保障工作，形成合力。另外，在原有的南方日报社委会之外，新建南方报业传媒集团党委会、管委会和编辑委员会，新组建南方报业传媒集团公司，设立董事会及经理班子，形成以产权为纽带的企业集团，构建集团党委领导和法人治理结构相结合的新的领导体制，形成规范的公司治理结构，在改革中加速发展现代企业制度。

4.只有始终坚持让优秀人才脱颖而出的用人机制，才能动力无穷

“报业的竞争说到底是人才的竞争，如果你在人才上输给别人，短期内可能感觉不到，可是你的后劲，你的可持续性发展就得不到保证。”现任社长杨兴锋如是说。正是一支靠得住、有战斗力、能打硬仗的队伍，给南方报业60年来的发展提供了源源不断的动力支持。

作为中国报业的“黄埔军校”，南方报业传媒集团朝气蓬勃、勇于创新的品牌形象与使优秀人才得以脱颖而出的用人机制有着莫大的关系。前任社长范以锦说过：“要大胆使用年轻人才，在

他们风华正茂、最能发挥作用的时候，就把他们用在运作报业的关键岗位上去，给他们提供施展才华的广阔舞台，这样做既有利于年轻人才快速成长，又有利于集团事业的快速发展。”在南方报业的旗帜下，凝聚了一批年轻有为的骨干。集团旗下各个报纸以及集团职能部门的管理人员，也大都以30多岁的年轻同志为主，这在国内报业集团当中是不多见的。

南方报业追求人才流动的“泉涌效应”，即形成良好的培养人才和吸引人才的机制，在少量人才流出的同时，大量新的人才不断从内部涌现出来，优秀人才不断从外部流入，保持集团人力资源的流动性，保持其队伍的生机和活力。就像一泓不停喷涌的清泉，虽然流出一些泉水，但新的泉水不断涌入，源头的活水不断流入。其主要经验有以下三条：

一是谁出主意，就谁来干。在创办新的报刊的时候，人才识别和使用标准的把握就非常关键。谁提出办报方案，集团经过考察后觉得方案可行，提议人德才兼备，有能力把握好办报方向和经营方向，就让他办。南方报业传媒集团下的《21世纪经济报道》、《南方人物周刊》以及《南都周刊》等都是采用了这个方法。

二是营造平台吸引人。在目前国内媒体行业中，南方报业的薪酬水平并不是最高的，然而南方报业在传媒人才市场上的吸引力，却远远超出所能提供的薪酬水平。业界公认，在南方报业，潜能将得到充分的发掘，知识和技能将得到快速的提高，职业价值能够得到充分的体现。

三是内部自由流动，肥水先流自家田。人才在集团内部合理流动，既体现了以人为本的用人理念，又有利于人力资源在集团内部的合理配置。

“雄关漫道真如铁，而今迈步从头越。”经验的灯塔已经给南方报业未来的发展指明了前进的方向和要避免的礁石，南方报业将继续履行党报使命，继往开来，为繁荣中国新闻事业和促进广东经济社会大发展作出新的贡献。

第贰篇 新闻采编改革

NANFANG DAILY 南方日報

高度决定影响力

增城乙炔厂爆炸 记者采访被殴

今年洪水卷走 我国 1360 亿

日宣布将处理 吉林遗弃化武

巴拉迪与 IAEA 获诺贝尔和平奖

卡米拉要同 查尔斯离婚?

统一或曲线收购 健力宝股权

中国首办20国集团部长级会议

胡锦涛将出席 开幕式并演讲

十六届五中全会今日召开 将审议“十一五”规划建议

新增财力倾斜三农

详见 05 版

我7000人旅游团 今起赴泰国

将为该国增加 500 万美元收入

黄金周盘点

详见 07、08 版

广州今年不提倡 重阳登高白云山

冷空气入粤 早晚转清凉

神六装上发射架剑指苍穹

本报记者进入发射基地现场见证重大历史时刻

神六飞天

大漠小镇 世界焦点

东风航天城探营

箭在弦上 恋恋不舍

神六运载火箭总设计师刘竹生接受本报专访

本报推出 有奖竞猜

详见 02、03 版

中国参与空客 A350 项目

将承担 5% 设计制造工作

粒径小于 3 纳米

南方日报特派记者抵达“神六”发射基地。

第一章 概　述

2万多期《南方日报》，一部广东历史底稿，一段报人创业故事。

从1949年10月23日创刊起，《南方日报》随着共和国的成长而成长，随着广东经济社会的发展而发展，到如今已从一张报纸，发展壮大成为以平面媒体经营为主、拥有十一报八刊三网一社的大型传媒集团。

60年来，多少读者在这里感受岭南大地风姿绰约，细读改革发展风起云涌；60年来，多少南方报人在这里奉献了、挥洒着青春汗水，繁衍了、承袭着独特基因。

南方，不经意间已成一个特殊的符号。

一、新闻内容：以专业铸报格

铁肩担道义，专业铸报格。

60年的《南方日报》，60年的专业主义追求。庄重的形式，凝练的格调，厚实的内容，薪火相传，直至今天。

《南方日报》的专业，源自深入，源自贴近。

早在1950年1月27日，中共中央华南分局第一书记叶剑英在华南分局宣传部工作会议上作出了关于报纸下乡的指示，要求《南方日报》面向华南，加强报纸对地方工作，特别是对农民运动的指导作用。3月中旬，南方日报在各专区设置地方记者。《南方日报》把根深深地扎在了华南，《南方日报》的发展与华南地区的发展紧密相连。到如今，以广州、深圳、佛山、东莞等发达城市为着力点，《南方日报》实施更精准的本土化服务，有高度地贴近，使《南方日报》在南粤大地焕发勃勃生机。

《南方日报》的专业，源自文风的改进，源自变革的勇气。

自创刊之日起，《南方日报》一直以来没有停止过对报道文风的改进，没有停下过对内容变革的追求，真正使新闻成为报纸的主体。到2002年8月6日，《南方日报》全新改版。新版《南方日报》以政经新闻为主体，响亮地提出“高度决定影响力”，立足于成为华南主流政经大报，在版面结构上分为时政、经济、文体三大块，按报道领域、地域和阅读顺序，从新闻至专题层层深入，突出党报特色、广东特色。其后再经数次改版，成熟的政经大报型态悄然确立。

《南方日报》的专业，源自信念的坚实，源自追求的执著。

1965年11月26日，南方日报编委会发出《当前报道要敢于开展批评》的文件，强调要坚决执行省委关于在报纸上开展批评的指示，要敢于批评，要坚持和发展开展批评的经验。“可以有不说出来的真话，但是不可以说假话。”这句南方前辈黄文俞留下的“报训”，让一代代南方报人胸臆激荡。正是“说真话”的勇气使然，《南方日报》的批评报道风生水起，以独特声音凸显南方风骨；正是不说假话的坚持使然，《南方日报》赢得社会各界的尊敬，在意见的传播中成为影响时代的强音。

《南方日报》专业主义的追求，在先后创办的各个子报子刊中也体现得淋漓尽致：《南方农村报》自1963年创办起便以关注“三农”为使命；《南方周末》秉承新闻专业主义的理念，以对现实生活的真实呈现和理性思考成为中国的意见高地；《南方都市报》以时代进程的记录者、现代社会的培育者、公民意识的启蒙者这样的社会角色定位，坚持对社会现实进行不懈的人文关怀与锐利注视；面对机会成本较高的核心受众，《21世纪经济报道》则以分析国际形势、透视中国经济、观察行业动态、引导良性发展为目的，注重的是有效信息的传递……

不浮华，不媚俗，不煽情炒作，不哗众取宠。在“南方”这个大家庭里，独立思考受到尊崇，专业的信念自始至终被坚守。

二、新闻形态：以权威树公信

站在真相的最前面，逼近现场的最中间。

60年的《南方日报》，以新闻见证广东巨大变迁，以报道记录广东发展历程。这部历史的草稿，不但以完整而一脉相承，更以呈现形态的独特而珍贵。

《南方日报》的独特，在于其机关报的身份。

“本报是中国共产党中央华南分局的机关报；也是华南人民意志的传达者，除了中国人民和华南人民的利益之外，我们没有别的利益……”从创刊之日起，《南方日报》就定位为中共中央华南分局机关报。1955年7月，华南分局撤销，中共广东省委成立，《南方日报》成为中共广东省委机关报。早在1950年9月11日，广东省人民政府就通令各地，《南方日报》登载省人民政府各项法令、指示、决定等，均与省人民政府直接发出的公文同属有效。权威、高端的机关报定位，使《南方日报》在一个甲子的发展历程中充满“定力”，形成了以领导者、决策者、管理者、投资者、经营者、研究者为主的核心读者群，在新闻形态上也形成了《南方日报》独特的气质——权威性和公信力。

《南方日报》的独特，在于南方报人的责任。

当年创刊伊始，南方报人就在不断探索报纸版面结构的改变和内容构成的变化，以强烈的责任意识满足省委宣传报道的需要，满足读者文化生活的需求。还在1949年12月，《南方日报》就意识到要增加报纸的篇幅和内容，每日出一大张半、六个版，除扩大广东、广西、香港、澳门及海外的新闻通讯篇幅外，第五版为专刊，包括《文献》、《苏联介绍》、《广东青年》、《广州妇女》、《文艺专刊》等。1993年1月1日，南方日报正式从对开4版增至对开8版，并于3个月后的4月1日进一步扩版到对开12版，增辟了《都市生活》、《房地产》等专版，并在全国机关报中率先天天出彩版。到1998年1月增扩至对开16版，再到2002年8月再次改版，开始日出20版，周末32版，重新定位，以“高度决定影响力”为改革理念，重磅出击。

《南方日报》的独特，在于南方报人的创新。

新闻本身要真实客观，但是新闻传播的方式却有巨大的创新空间，通过独到的角度选择、采编技巧和包装手法，每条新闻都可以拥有独家的个性。以深度见长的宏观报道、以全方位扫描为手段的组合报道、以笔锋犀利著称的批评报道等各种报道形式的大量出现，为《南方日报》不断注入新鲜的活力。尤其是近年来，经过数度改版，南方报人锐意创新，精心打造出了更多新闻精品。如配合重大事件推出重大特刊、结合社会经济发展重大节点推出重大系列报道，以及面向珠三角的日报化观察、行业周刊等，都在不同程度上体现了《南方日报》的改版理念，擦亮了《南方日报》的品牌，给读者留下了深刻的印象。

进入信息化时代，《南方日报》在数字化领域也不缺位。1997年1月26日，《南方日报》正式向视聆通网发布新闻；2005年8月，《南方日报》推出手机报纸，分为WAP版和彩信版；2008年2月28日，面对网络读者需求、面对新媒体挑战而建立的新平台——南方报网（www.nfdaily.cn）正式上线。至此，《南方日报》在新闻形态上，实现了不同平台、不同时段全方位满足不同读者的需要。

《南方日报》的独特气质，同样在系列报中薪火相传。作为《南方周末》拳头产品的新闻调查，就是以深入、深刻还原真相为己任，不但为报纸自身的发展带来巨大的推动力，这种文体还被国内其他媒体大量效仿，在全国各地的媒体落地生根，开花结果；为了平衡甚至打破西方媒体的话语霸权，《21世纪经济报道》在2008年专门成立了国际部，分别在英国、美国、南非、新加坡等地建立了海外记者团队，将报道视野从国内延伸到国际。

三、新闻流程：以革新促发展

作为一种文化产品，报纸新闻依照一定的流程得以生产。笼统来说，它包括纸张采购、新闻采编、印刷发行等前后相连的一系列环节。在这一生产流程中，采编流程居于核心地位。

或被动跟随技术的脚步，或主动调整应对市场的挑战，60年来，随着南方日报不断发展壮大，报纸的生产流程也不断发生着变化。而每次流程革新的背后，其实就是中国报业嬗变、前进的缩影。

从1949年10月下旬《南方日报》创刊后确立的社长负责制，到适应社会进步而不断调整的采编部门架构，从采编业务的全过程质量监控，到依托技术进步大大释放的生产力，流程变革对南方日报的改革发展同样功不可没。

1987年，世界上第一张采用计算机组版、整版输出的中文报纸在经济日报印刷厂诞生，中国报业开始告别“铅与火”，延续近百年的中国传统出版印刷行业面临彻底改造。两年后的1989年10月下旬，南方日报从日本购进一组两台池贝高斯高速印报机并投入使用，《南方日报》也从此告别了铅印，拣字工人和拼版师傅被组版员所代替。

到1992年12月3日，《南方日报》新闻采编技术网络工程（首期）基本完成，部分投入试开通，编辑、记者开始“告别纸和笔”的第一步。根据这一计算机系统，整个采编流程，从采访、写稿、编辑、传送、审定、签发直到组版、发排，全部实现了电脑化管理，这标志着《南方日报》新闻处理手段现代化进入了新阶段。1998年6月18日，《南方日报》采编现代化技术改造项目通过新闻出版署和国家经贸委组织的竣工验收。据专家评价，南方日报采编现代化技术领先全国，为全国报业实现采编出版现代化起了示范作用。

采编流程计算机管理系统并没有颠覆或者大规模更改新闻采编的原有流程。它更多的意义在于将报社已有的采编流程加以固化和规范。借助计算机网络的便利，编辑部的指挥和把关得以前移。

如果说20世纪末之前，技术是报业流程变革的第一推动力，那么进入21世纪以后，业务整合则掀起了《南方日报》的又一次业务流程再造高潮，其中2002年8月6日的《南方日报》全新改版是标志性事件，当时出台了包括《南方日报版面结构整合计划书》、《南方日报采编架构整合计划书》、《南方日报新报型出版计划书》、《南方日报采编考评方案》等，在省级党报受到市场严峻挑战的情况下化被动为主动，在制度上奠定了《南方日报》如今的流程结构，提高生产效率，满足读者需要。

如今，新媒体发展的日新月异，使得媒体之间的竞争日益激烈。在新闻采集和编辑加工环节，更加重视新闻信息资源的充分利用，通过对新闻信息资源的深度开发，合理配置，实现新闻信息的整合传播，显得更为迫切。南方日报敏锐地洞察到了这一发展趋势，在南方报业传媒集团媒体聚合战略框架下，不同媒体形态的聚合、不同媒体品牌的聚合、不同业务单元的聚合，又为《南方日报》原有的流程格局带来了新一轮变革的动力。包括全国“两会”、2008年奥运会等大型采访，《南方日报》打破部门界限，实施资源聚合，取得了一系列成功的经验，在数字化时代和当前新的竞争形势与发展环境下，无疑将为《南方日报》带来新的更强的发展活力与更大的发展后劲。

四、新闻理念：以战略赢未来

南方日报的发展得益于广东的发展，南方日报的辉煌来源于广东的辉煌。

经济体制改革引起的社会生态环境变化是推动南方日报变革的深层动力。改革开放以来，广东取得了令世人瞩目的巨大成就，初步实现了国民经济工业化和社会城市化的历史大跨越，成为引领中国改革开放的先行地区。得解放思想、改革开放风气之先，《南方日报》见证着广东经济社会的巨大变迁，自身也进行了多次新闻改革，取得了飞速的发展，正以前所未有的决心和动力向更高的高峰攀登。从这个层面上来看，南方日报的发展历程，其实就是思想不断解放的过程；南方日报今天的崛起，就是改革开放不断深化的缩影。其核心，无疑就是新闻理念的不断变革和更新。

理念变革和更新是一种模式与体系的转型，是一种内在系统的蜕变，是一种自我的超越。

早在1956年9月1日，《南方日报》公布题为“使报纸真正成为党和人民的喉舌”的改革报纸方案。这次改革方针为：大力开展批评，特别是自下而上的批评；积极地主动地开展自由讨论；在做好中心工作报道的前提下扩大报道范围等，克服报纸的脱离群众倾向，使报纸适应于国家由革命风暴时期到集中力量进行社会主义建设时期的转变，使报纸真正成为党和人民的喉舌。

在60年的发展历程中，无论是报道内容还是表现形式，无论是传播载体还是传播效果，无论是事业发展还是产业兴起，南方日报都实现了从量的积累到质的转变，在这些变化中发挥引领、先导作用的是南方报人与时俱进、不断超越的新闻理念。

这些理念的变革和更新，有变领导意识为受众观念，有变意识形态功能为产业属性，有变地方眼界为全球视野，有变战术手段为战略眼光。这些变革如今看来似乎微不足道、习以为常，但在特定历史阶段却难能可贵。有的在特定背景下孕育形成，影响深远；有的已成广泛共识，几乎淡出了人们的记忆。这些变化起止时间不一，影响大小各异，产生的背景不尽相同，但都在《南方日报》60年新闻历史上留下深刻的印迹。

2002年8月6日，经过深思熟虑，《南方日报》高调亮出“高度决定影响力”的全新办报理念全面改版，坚持以导向为生命，以内容为核心，以品牌拓展为手段，进一步深化党报走市场的改革，牢固奠定了华南地区主流政经媒体的地位。与此同时，南方日报还依托南方报业传媒集团的成立，创造性地以报系概念进行目标市场扩张和覆盖，逐步形成了“南方周末报系”、“21世纪报系”和“南都报系”，实现从政经类、财经类、都市类、生活类，从周报、日报、杂志、网站进行多形态发展，全面实施跨区域、跨平台的多元品牌拓展战略，在报业大发展的战略机遇期里，为报社乃至整个集团发展赢得了宝贵的经验和时间。

为适应数字化时代和形势发展的需要，以《南方日报》为航母的南方报业传媒集团近年来通过认真系统的总结、调研与思考，发展战略果断转型——从“多品牌战略”转向“媒体聚合战略”，即通过聚变式发展，走出一条与以往裂变式发展模式相关但不同的新的发展道路，为集团整合资源，实现跨越式、可持续发展提供新的、更广阔的舞台。

60年风雨砥砺，60年风雨兼程，从子报的孕育发展到报系的成长壮大，从一份报纸走向一个报业集团，《南方日报》变的是新闻采集方式和呈现载体，不变的是对新闻的执著和追求；更新的是技术手段和新闻理念，传承的是专业气质和创新基因。这种变与不变，尽在人们眼前，更在读者心底，历久而常新，年远而醇和。

第二章
南方日报：勇立潮头唱大风

南方日报向来锐意改革，勇于创新，以孜孜不怠的精神使自身事业不断壮大，成为广东新闻界的一面旗帜。

1977年，《南方日报》就提出把一版改成要闻版，二、三版多拼综合版，把时事版编成国内、国际综合版；1985年，一、二版改版，一版由各部供稿，要闻部负责编版；1989年，《南方日报》再次提出改革一版，要求加强报纸的新闻性、时效性、思想性和可读性。

2002年8月6日进行新一轮的全新改版，首先提出“高度决定影响力”的全新办报理念，从理念、内容到形式，进行了全新的变革，开启了影响深刻的党报再造工程。

近年来，南方日报在采编实践中不断探索，力求党报在激烈的市场竞争中立于不败之地。她探索如何做足做活主流新闻，探索一版的改革，探索打入区域市场，探索大时政、大经济、大文化运作思路，探索报料新闻与深度报道的融合，探索建设统一的报纸视觉形象……

在南方日报60周岁之际，她的探索仍未停止，下一步将进行的是报网融合、全媒体运作等应对新媒体挑战的全新探索。南方报人深知在新闻改革方面求索无止境，唯有执著追求，永不言倦，永不停步，方能立于潮头而不倒。

第一节 打造有影响力的要闻

《南方日报》在“高度决定影响力”的全新办报理念指引下，先后进行了六次改版，通过增设重点版、深度版、政务版等新版面，为目标读者比较精准地提供“有影响力的要闻”，逐渐实现“影响有影响力的人”的目标。也是从这时起，要闻版块发生了重大的变化。

一、做足做强做活主流新闻

2002年首次全新改版以来，《南方日报》一直努力做好做大主流新闻，这一做法也受到国内同行的肯定。

如何做好主流新闻？现实情况是不少机关报对主流严肃新闻采取被动接受的做法，随便应付。改版后的《南方日报》否定了被动接受的做法，而是采取主动出击、主动配合，按新闻规律进行报道的积极进取的精神做足做强主流新闻。

2003年7月29日，《南方日报》在要闻版选登《学习时报》一篇重要综述：《中央领导在关注什么》。当天头版头条是胡锦涛主持的总结抗击非典经验重要会议新闻，这篇综述紧接头条突出的标题导读，链接要闻第二版头条详细报道。选编这篇文章，是南方日报创新采编理念使然，文章刊出后，在主流读者中产生良好反应。

《南方日报》为什么选用这篇稿？因为该稿综合报道了新一届中央政治局五次集体学习的情况，内容为主流读者所关注。选编此稿可以显现省委机关报的境界和高度。

南方日报在“高度决定影响力”的办报理念指导下办报，因此做足做强主流新闻，为主流读者提供高品质的服务成了必然的选择。像《学习时报》这类报道很自然地纳入编辑的视野。《南方日报》必须针对主流读者的需求，一次又一次强烈点击主流读者的关注点和兴奋点，报纸的“高度”和“影响力”，就会变得实实在在。

在实践中，《南方日报》认为仅仅将主流新闻做足做强还不够，还必须做有高度的贴近，也就是说要将主流新闻做活。

时任总编辑、现任社长杨兴锋总结了做足做活主流新闻的八个基本做法：一是在突出新闻性上下工夫，二是在强化信息意识上下工夫，三是在包装上下工夫，四是在发挥组合报道的威力上下工夫，五是在经营会议报道上下工夫，六是在介入社会生活上下工夫，七是在吸引读者参与互动上下工夫，八是在加强新闻策划上下工夫。

党报的优势在于拥有都市类报纸、晚报类报纸等其他媒体难以拥有的官方资源，但也带来劣势：会议新闻多，读者不满意。

如何盘活“官方新闻”，把“官方新闻”做成高端读者爱看、想看、必看的主流新闻，是摆在南方日报采编人员面前的一道大考题。

《南方日报》全新改版以来，在盘活“官方新闻”方面至少有三种做法：出版号外，策划解读特刊，推出系列报道。

2002年11月8日，十六大召开。《南方日报》认为十六大新闻报道，无疑是当时最大的主流新闻，也与《南方日报》的定位十分相符，没有理由不拿出版面把它做大做足，没有理由不全力以赴。

当天中午1时30分，十六大开幕两个小时左右，《南方日报》推出了十六大开幕的号外。十六大闭幕时，《南方日报》再推出号外。这是在《南方日报》历史上罕见的连续两期号外。11月18日，《南方日报》再推出16个版的《十六大报告解读特刊》。

2009年7月16日广东省委召开十届五次全会，当天出版的《南方日报》的头版头条《经济回暖的能量来自哪里？》对广东经济发展的成绩、形势和前景作了深度剖析和展望。A02版用一个整版做回眸，《广东唱响“吉祥三保”战危机》紧扣当前形势，从亮点、典型切入，用鲜活的事例印证省委决策的正确。A03版做高端访谈，请国际知名权威专家分析“双转移”的战略意义，有针对性地配合省委全会。报道受到省委领导的充分肯定。

17日，《南方日报》用8个版，多角度、多方面突出报道省委全会的召开，并以“科学发展战危机”为主题，紧紧围绕上半年GDP增长7.1%的最新数据，当前经济企稳回暖好于预期的形势以及下一步发展前景和战略，分别以“委员热议”、“会场传真”、“高端访谈”等形式，以“三驾马车”、“形势分析”、“转变作风”、“转型升级”、“自主创新”等专题，推出形式多样的特别报道，既有让读者如临会场体验到全会热烈氛围的现场报道，又有观点与智慧精彩碰撞的深度与厚度。

此外，还组织了对新加坡中华总商会会长张松声、南洋理工大学校长徐冠林、“新加坡规划之父”刘太格、新加坡著名物流公司叶水福集团主席兼总裁叶进国等的专访文章，围绕广东正在进行的转型升级和新加坡的发展经验，审视广东建设现代产业体系的战略和实践，为广东下一步产业转型和自主创新出谋划策。这一系列的报道充分将主流新闻做足做强做活，为省委全会的召开营造了主流强势舆论。

二、不拘一格选头条

党报要闻版难办，要闻版头条内容单一、形式呆板、体裁千篇一律，是多年来颇令人头痛的顽疾。

报纸改革千头万绪，但有一个“命门”是无论如何也绕不过去的，那就是头版。

鉴于头版是一张报纸的统帅和心脏，《南方日报》没有“遇见红灯绕道走”，每次改版都会直面现实，对头版动手术，尤其是对头版头条的仔细甄别和千挑万选，号称“头版工程”和“头条工程”。

“不拘一格选头条，选好头条、主照，是每天的第一要务。”《南方日报》第六次改版时，要闻编辑中心在《南方日报要闻版块编辑大纲》中正式明确：“党和政府要着力解决、涉及千家万户的国计民生新闻，理所当然应成为头版头条的主角。”

要闻编辑中心在实践中确实是以《编辑大纲》的要求，做到了不拘一格选头条。

以2007年8月6日到8月12日《南方日报》头版头条为例，这一周除8月7日是领导人活动以外，其他均是时事政经新闻和社会民生新闻：如《充分发扬党内民主的成功实践》、《365天，倒数开始！》、《广东能源安全再添有力保障》、《沪深股市总市值首超GDP总量》、《企业退休养老金今年涨至963元》、《湛江暴雨成灾　直升机冲锋舟驰援》。

2008年3月11日，时逢全国“两会”，这一天的头条就是“两会”新闻，其中的三栏大图——时任最高人民法院院长肖扬仰天大笑的照片显得特别抢眼。此举被广东省委书记汪洋盛赞：“肖扬在广东团里留下的照片，那种‘仰天长笑’的味道，非常人性化地展示了共和国首席大法官的喜怒哀乐。”“我们的报纸敢发这样的照片，就是思想解放的表现。”

当晚值班主任表示：“其实一切流程都很正常，用这张照片完全就是因为它有新闻价值，选这张图就是从新闻规律的角度来考虑的。”

选好头条更要尊重新闻的传播规律。2009年7月13日，《南方日报》以500年一遇日全食做头条：《6分1秒，本世纪最长日全食》并配通栏图片。8月6日的头版以国际热点新闻做头条：《朝鲜释放两名美国女记者》并配4栏大图片。这样突出处理受众关注的国内国际热点新闻，作为省委机关报实属不易。

《南方日报》能不拘一格选头条的动力还来自报社领导的重视和支持。

总编辑王春芙在一次采前会上说："头版是一张报纸的脸面，头条就是脸面上的眼睛。一年有365个头版头条，除了非登不可的重大会议、领导人重大活动新闻和全国重大新闻以外，大约还有180到200个头条是掌握在我们自己手里的。这些头条怎么运作，怎么选题，怎么处理，大有文章可做。一些工作性强的报道如果一定要上头版头条，记者就要想法写活，写出新闻性、贴近性和可读性。还有一部分真正有新闻价值的，大家要千方百计去抓，例如这个星期二的《用'基因导弹'剿灭'癌干细胞'》，还有'关微'系列报道的两个头条，都很有新闻价值。"他还要求各个业务部门、各个记者站都要抓头版头条，并能形成争上头版头条的业务氛围。

三、争夺新闻第一解释权

在当今信息海量的时代，报纸多方面、多层次整合新闻资源显得尤为重要。与网络相比，在即时性方面报纸存在先天不足，报纸在争抢新闻的第一落点时无法与网络媒体竞争，报纸能做好的就是拼新闻的第二落点，也就是争夺新闻的第一解释权，做好新闻的解读及深度报道。报纸唯有发挥自己的特点，把突发新闻、动态新闻做出深度来，才能保持竞争优势。

为了应对新媒体的竞争，南方日报频频出招：第5次改版时，在原有的《要闻》版的基础上，新开辟《重点》版；第6次改版时开辟《政务》版、《时政南方眼》栏目，主要目的就是，做深做透当天的重大政经新闻，尤其是关系到广东发展全局的重大政经新闻，让读者看了觉得解渴过瘾，在留住报纸原有读者的基础上尽可能吸引新读者。

每年的"中央一号文件"都会出台重大的"三农"新闻，2009年也不例外。2009年2月1日，新华社授权播发《中共中央国务院关于2009年促进农业稳定发展农民持续增收的若干意见》。2月2日，《南方日报》头版发导读《坚决防止农民收入徘徊》，同时拿出A02版、A03版刊登全文。2月3日《南方日报》又推出"中央一号文件解读"特别报道，时政新闻中心和经济新闻中心分别从不同角度请专家进行深入解读。当天在A10版《时政南方眼》刊发《广东省管县改革时机已到》；在《南方财富》刊登两个整版的解读，并以"落实一号文件 广东快马加鞭"做好本省的落地新闻，内容涉及民生、农业信贷、农业保险、投资机会等诸多方面，分别站在农民、相关政府部门和投资人士的角度为他们解释文件中包含的重要政策信息。

另一个经典案例是《规划纲要》解读。《珠江三角洲地区改革发展规划纲要》2009年1月8日在北京正式发布。各大网站已抢先发布消息，报纸如何做到后发制人、吸引读者？《南方日报》采取"头版+重点版+特别报道"的形式，以有质量、有分量的深读新闻取胜。

1月9日，《南方日报》头版头条刊发《珠三角先行先试继续为全国"探路"》并精心导读；A03《重点》版则瞄准当天举行的国务院新闻办公室的新闻发布会，详细报道国家发改委副主任杜鹰、广东省委常委、常务副省长黄龙云在发布会的新闻亮点——《珠三角引擎带动“环珠”“泛珠”发展》。此外，A09—A16版又用8个整版，从新战略、新定位、新起点、新体系等8个方面，对国家新战略《珠三角地区改革发展规划纲要》进行全方位解读。头版消息沿用党报的传统操作方法，高屋建瓴，总揽全局；重点版内容源自当天的新闻发布会，侧重新闻的时效性，也体现重点版的操作思路——选取当天发生的、新鲜热辣的重大新闻；后面8个版的解读则是提前策划，利用党报的资源、专家优势，全面深入解读。三记组合拳各不相同，各有优势，同时击出，后发制人，紧紧抓住高端读者。

第二节　以思想深度提升党报高度

中国共产党是一个高度重视理论建设的政党。作为机关报的《南方日报》，理所当然地把理论评论作为自己的旗帜和灵魂。在60年的发展历程中，无论国内国际形势如何变化，无论报纸形态和新闻理念如何变化，加强理论评论建设一直没变。这些年来，随着“高度决定影响力”口号的提出，报社对理论评论的认识进一步深化，对理论评论的改革也不断深化，不断以思想深度提升党报高度。

自20世纪90年代中期以来，南方日报理论宣传的改革及其成效，是南方日报采编改革中的一大亮点。在内容上，一改以往理论宣传惯有的“大、空、泛”的弊端，突出“新、实、近”的特点；在形式上，力戒居高临下式、严肃呆板的“我讲你听我打你通”式的说教，追求通俗化和贴近性，从普通读者的角度、以说老百姓身边事的形式增强理论宣传的效果。由此，《南方日报》的理论宣传漾开了一股清新的气息，为广大读者喜闻乐见，被专家学者和党政干部所追捧。这种改革探索的成功，还体现在打破了一直以来报纸理论版无缘新闻奖的纪录，屡获中国新闻奖和广东新闻奖：1996年，理论专栏“活个明白——经济学告诉你”荣获广东新闻奖一等奖；1998年，理论专栏“博弈论平话”再获广东新闻奖一等奖；2000年，理论专栏“野史新说”获得广东新闻奖二等奖；2005年，理论专栏“热门话题”问鼎国内新闻最高奖中国新闻奖，荣获第十六届中国新闻奖的“中国新闻名专栏”奖。

一、开理论大众化之路，创理论宣传通俗化特色

理论宣传是党报的特色，也是党报的政治优势，承担着“用科学的理论武装人”的任务。报纸理论宣传要为读者所接受、所信服，进而取得良好的宣传效果，必须使理论文章能吸引读者，让读者喜闻乐见，显然，起码要有人看才谈得上效果。而在过去很长一段时间里，理论宣传给世人的印象，或是脱离实际、脱离群众，讲一些空泛的大道理；或是严肃有余、活泼不足，板着面孔教训人。久而久之，读者对理论宣传形成了一种思维定式：理论文章没看头。要使报纸理论宣传从没看头变为有看头，很重要的一点是要解决理论宣传大众化、通俗化的问题。

报纸是通俗读物，它面对的是不同阶层、不同职业、不同文化层次和不同年龄结构的普通大众。因此，报纸在进行理论宣传时，首先要想到广大的普通读者，理论文章要尽量贴近现实，贴近生活，贴近群众，要从读者的角度或从读者的身边事说起，以小见大、由浅入深去阐述问题。另一方面，报纸也有别于专业学术刊物，报纸理论宣传在论题选择上的新闻性和大众化，是报纸理论宣传的特点。可见，报纸理论宣传的通俗化是由报纸的特点以及报纸理论宣传的特点所决定的。

基于这样的认识，《南方日报》从1995年开始策划理论宣传通俗化。经过精心准备，在1996年第一期的理论版《新论丛》上，以“本报理论部”的名义发表文章，明确提出“让理论走向大众”的口号，从此树起了“让理论走向大众”的大旗，形成了理论宣传通俗化的特色。报纸理论宣传通俗化、大众化包括三个方面的含义：一是贴近现实，善于从热点问题切入开展理论宣传，以理论的方式为现实服务；二是贴近群众，善于从群众身边的小事出发讲大道理，从读者的思路出发去阐述问题；三是从内容到形式生动活泼，体裁多样，文章短小精悍。如此，理论版一改以往枯燥、呆板的习气，变得活了起来，当时开设的一系列贴近生活、贴近群众、知识性、通俗化的理论专栏如“活个明白——经济学告诉你”、“给个说法——法律保护你”、“博弈论平话”、“野史新说”等，以传播市场经济新知识和法律知识为宗旨，通过分析日常生活中的某一现象或一个故事，阐明其中所包含的经济学或法学原理。每篇文章千来字，短小精悍，语言通俗，讲的都是普通老百姓日常生活中的事情，读者读来熟悉，读后弄懂了一个经济学或法学常识，因而受到了广大读者的追捧。

二、遵循报纸理论宣传规律，突出理论宣传的新闻性

进入21世纪，南方日报在加强和改进报纸理论宣传方面从未停止过探索的脚步，在近年来的一系列创新中，以“热门话题”为代表的热点专题形式的理论宣传广受读者好评，它抓住了报纸受众的理论需求特点和报纸理论宣传的特殊规律，在报纸理论宣传的内容和形式上锐意创新，突出了理论宣传的新闻性，很好地落实了“三贴近”原则，形成了自己鲜明的特色，增强了理论宣传的吸引力和说服力，收到了很好的宣传效果。“热门话题”专栏是南方日报加强和改进报纸理论宣传的又一成功尝试。

报纸理论宣传虽然有别于新闻报道，但它毕竟是新闻纸的一部分，必须与新闻纸的身份相吻合，也要遵循新闻传播自身的规律，新、快、准同样决定着报纸理论宣传的生命力。报纸理论宣传通过突出新闻性，与整张报纸融为一体，而不是“躲进小楼成一统”，然后不得不走向“边缘化”。可以说，突出新闻性是报纸理论宣传的一条规律。报纸理论宣传要做到既与整张报纸相协调，又能吸引读者眼球，收到更好的宣传效果，就必须及时关注中央和省的政策动向，关注党和政府的中心工作，关注重大新闻事件，关注社会热点，关注民生，在其中挖掘理论宣传的选题、确定理论宣传的内容。以热点专题的形式做党报理论宣传，是《南方日报》2002年8月改版以后的一个新尝试，它紧扣改革开放和现代化建设这一时代主题，密切配合省委、省政府的中心工作，密切关注新近的社会热点和理论热点，以一版一个专题的形式，分别请若干专家围绕专题展开多角度、多层次、全方位的理论剖析。专版上的文章要求短小精悍，不强求观点一致，允许不同观点的碰撞，旨在为读者形成自己的判断提供一种思路。专题同时链接名词解释、背景资料等相关信息，方便读者充分了解专题的来龙去脉。热点专题形式的理论宣传主题鲜明，信息量大、手法丰富多彩，将所探讨问题做深做透，具有一种明显的聚集效应和强化效应，提升了整张报纸的高度。同时，热点专题形式的理论宣传既及时传播了中央和省委、省政府的大政方针，有力地服务中心工作，又解答了群众普遍关心的热点难点问题，充分发挥了党报理论宣传解疑释惑的功能，实现了权威性、指导性、可读性的有机结合。“热门话题”探讨的内容或是政策热点，或是工作热点，或是理论热点，或是生活热点，无论是领导干部、企业管理者或是普通老百姓，都能从中找到跟自己密切相关的内容，这样的理论宣传自然能抓住读者。可以说，热点专题形式是报纸理论宣传落实“三贴近”方针的一个很好的载体，大大增强了理论宣传的针对性、实效性和吸引力。

“热门话题”专栏已成为《南方日报》理论宣传的一大特色，成为《南方日报》增强党报影响力的一个拳头产品。

三、让评论声音更权威，是增强党报影响力的法宝

2002年8月，《南方日报》重大改版之前，评论往往是“配”的角色，国家的重大纪念日发生时，或者报社推出规模较大的通讯时，上面往往布置“加”一篇评论，例行公事的味道更浓一些，或者是从形式上强调报道的重要。彼时一版有两个言论栏目，一个是“周日漫笔”，基本还能做到每周刊发一篇；另一个“直言录”，连续缺席月余也属正常，完全可有可无，形同补白。客观地讲，这也是当时各报的一种普遍状况，评论普遍没有得到重视。

2002年8月报纸第一次改版，一版开始有固定的“时评”专栏，每周刊发4—5篇，取材根据当日的重要新闻，凸显了时评的时效性。在A叠中，每周有一个整版的“观点”，每期以三条“南方论坛”主打纵论国内，以两条“直言录”评点省内新闻，此外还有不拘时效、近似杂文的“漫笔”和独一无二的“今古齐观”专栏，由新闻起兴，佐以大量的历史掌故，或来自正史，或来自野史笔记，熔思想性、学术性、趣味性于一炉。“观点·评论”版思想深刻，张弛有度，抨击时弊，激浊扬清，在省内外影响广泛，一举奠定了南方日报在全国同行中的显著地位。在接下来的几次改版中，评论在版面上的分量越来越重。先是重要评论在一版的位置不变，同时在二版开设“南方时评”，每天刊出两条；然后是二版半个版，栏目增多，有“南方论坛”、“直言”、“画说”、“来论”、“网友说话”等。业界影响力与日俱增，几乎每天都有评论被新华网、人民网、中国新闻网等权威网站采用，央视“朝闻天下”以及“马斌读报”经常摘读。“观点·评论”版前置后，取而代之的是“策论”版，容纳深度评论文章，突出思想深度、专业视角。值得大书一笔的是，《南方日报》还不定期推出“岳音”文章，属于鸿篇巨制，选题重大，篇幅巨大，每篇占半个版，产生重大影响的有《继续当好排头兵》、《论“转轨”》、《论“三种意识”》、《论“保增长”》、《论“保就业”》等。

2006年12月31日，在这个年度工作日的最后一天，中共中央政治局委员、时任广东省委书记张德江在当天《南方日报》二版评论位置旁边亲笔批示。在充分肯定南方日报“激情地宣传美好未来，凝聚人心，鼓舞士气，为建设经济强省、文化大省、法治社会、和谐广东，实现全省人民的富裕安康作出了突出贡献”的同时，对其理论评论也作出了高度评价：“南方日报的言论建设上了新台阶，主题鲜明，论述严谨，很好地发挥了正确舆论的导向作用。切记，言论是报纸的灵魂。”7年来的改版实践证明，南方日报的言论建设已经当之无愧地成为全国省级党报言论的排头兵。

新闻是客观的记述，评论是主观的言说，是对新闻的深化，体现出来的是报纸的立场。在报纸新闻“同质化”日趋严重的情况下，让评论的声音更权威，无疑是增强党报影响力的一个重要法宝，有足够分量的言论才能在市场中占领战略高地。国外的成熟媒体无不把评论摆在最重要的位置，纽约时报的社论部是一个特殊的部门，特殊在“这个部门的主编，从地位上讲与总编辑相当，他不受总编辑节制而直接归发行人领导”；并且，“这种将新闻与评论严格分开的做法，在美国被很多报纸采用”；而“这样做的目的，是为了使新闻更加客观公正，使评论更加独立自主”。

南方日报的评论改革之路，形式上始终秉承着继承创新的原则，内容上也始终保持着一贯的敏锐洞察力。今后，继续抢占舆论高地，引导舆论风潮，树立舆论标杆，将是南方日报评论的不懈追求。

第三节　经营有高度又贴近的时政新闻

南方日报时政报道的领域，涵盖意识形态和上层建筑，其联系单位包括省委及其所有部门、省政府及其社会管理部门、省人大、省政协、部队政法战线、科教卫战线、群众团体等等。60年来，主要负责时政报道的部门经历多次分合演变，从2003年起形成现在的时政新闻中心。

时政报道的特殊性质，决定了其在南方日报的独特地位。在《南方日报》每天的见报稿中，时政报道占据了很大比例。它们充分体现了南方日报作为中共广东省委机关报的职责与作用。2007年，南方日报时政新闻中心荣获“全国五一劳动奖状”。这是南方日报60年来首次获此殊荣。

一、围绕中心，服务大局，培育具有党报核心竞争力的新闻产品

南方日报的时政报道，记录了新中国、新广东60年的风雨历程，见证了国家的逐步开放、民主政治的不断推进。60年来，一种薪火传承不息，一根红线贯穿始终。

一种薪火：60年前呱呱坠地的发刊词——《新的中国，新的广东》中一句充满年轻力量的宣告："本报是中国共产党中央华南分局的机关报，也是华南人民意志的传达者。除了中国人民和华南人民的利益之外，我们没有别的利益。"

一根红线："政治家办报"，这是毛泽东在20世纪50年代提出来的，成为党报办报方针，也是南方日报时政报道的"指挥棒"。

早在创刊初期，南方日报遇到难以定夺的棘手稿件时，总能从广东发展稳定的大局出发进行处理，有的稿件甚至连夜电话请示时任广东省政府主席的叶剑英，由他亲自把关，现场拍板。60年来，南方日报始终与党和国家的大政方针保持高度一致，紧紧围绕中央和省委、省政府的中心工作，坚持正确的舆论导向，坚持团结、稳定、鼓劲，正面宣传为主的方针，注意从政治上、政策上、导向上、宣传格调上把好关、把好度，在每一个历史发展的关键关头发挥了强大的舆论导向作用。

比如，南方日报历来重视教育报道。1959年，广东高考成绩从解放初的全国前几名掉到第22名，陶铸提出16个字："奇耻大辱，大题大做，大声疾呼，大张旗鼓"。南方日报立即行动，记者深入基层采访，既重点报道梅州《贯彻党的教育方针的一面红旗》等典型，也在头版批评电白、台山等地乱停课，大造大抓教育的舆论，引起社会震动。后来大家都认为，1960年是广东教育发展的里程碑，南方日报立了一个大功。到了21世纪初期，广东教育面临奋起直追、跨越发展的重大课题。2003年初，时政新闻中心抓住时机，为建设教育强省鼓与呼。教育记者到浙江深入采访考察，写出"走马浙江探索广东教育大发展"系列报道，推出"广东高教论坛"引来数百名专家、学者、社会各界有识之士的关注，集中有价值的意见、建议数十万字，为省委、省政府客观科学决策，起到了积极作用。

政法报道是新闻竞争必争之地。南方日报善于抓住省委机关报的资源优势，在大案要案的报道上独领风骚。改革开放初期震动全国的海丰县委书记王仲走私案，只有南方日报记者现场直击整个执法过程，独家报道《王仲伏法记》震撼人心、教育干部。世纪之交，号称"中国破产第一案"的广东国际信托投资公司破产案震惊世界，传言四起，广东信用遭遇质疑。这时南方日报以大量严肃、权威报道澄清视听、稳定大局。在破产程序终结后，马上组成大型报道团队，与司法部门紧密沟通，连续作战，于是有了长篇全景式通讯《中国破产第一案始末》，再配6个版重磅报道，揭秘"省政府为何不出手相救"、"债权人为何普感满意"以及"办案五虎将细说幕后"，引起强烈反响，成为对广国投案最充分、最权威的报道，成为被各方引用的重要“文献”。

21世纪以来，随着改革的深入，社会转型期矛盾逐渐显露，公共突发事件频繁发生，如何既维护大局稳定，又坚持独立思考，成为考验“政治家办报”艺术的重大课题。2003年抗击非典时，《南方日报》的一则消息《非典型肺炎病原是衣原体？》堪称典范。

它报道的是抗击非典斗争中一起非常著名的事件——围绕非典病原是否为衣原体而展开的争论。当时几乎全世界所有媒体都报道新华社的“权威消息”，称国家疾控中心发现非典病原是衣原体。只有《南方日报》例外，但处理非常客观、巧妙，前半段报道国家疾控中心的结论，后半段报道广东专家的不同意见。为了避免太刺眼，策略性地将稿子发在第三版。事实证明，广东专家是对的，正是因为坚持正确的诊治方案，广东才创造了全球最低的病死率。因此，这篇没有发在头版、只有数百字的简短消息，却获得了中国新闻奖一等奖。专家评点，报道不唯上、不唯书、只唯实，坚持真理，体现了“政治家办报”的巨大勇气与高超技巧。

二、大时政：全国大事，广东元素；广东新闻，全国视野

在坚持“政治家办报”、唱响主旋律、打好主动仗的同时，南方日报积极探索，提出了一个新理念——要经营“大时政”，经营高品质的、具有现代政治理念的报道。

所谓“大时政”，就是跳出一域一地的限制，强调“全国大事，广东元素；广东新闻，全国视野”，以更多元的角度来丰富报道元素，以更可读的内容产品彰显《南方日报》的高端定位，牢牢吸引住核心读者群。

第一，经营“大时政”，就要“用新闻手段做宣传”。

过去，时政报道中有大量常规的会议新闻、领导活动新闻，往往套路化，充斥着“领导强调”、“会议指出”，言语无味、面目陈腐。

南方日报的对策是突出新闻性，强化信息意识，鼓励记者从会议新闻、常规新闻里面抓“活鱼”，用鲜活的事实说话，以生动的道理服人。努力使党报时政报道的权威性、严肃性、真实性与贴近性、生动性、可读性相统一，使时政报道拥有更多的读者、更大的发展空间，从而更有效地影响舆论、主导舆论。

对外事报道的改造“升级”，就是一个成功案例。传统的做法就是报道某某领导会见了某某客人，如此而已，很少想到对这些资源进行深度开发。从2009年起，南方日报与省外办联手开办“外眼探粤”专栏，对外国政要及海内外知名人士进行高端访谈，适时推出针对广东现实而策划的看世界的相关深度话题。比如，独家专访新加坡国务资政吴作栋，畅谈“金融危机下，产业升级该加快还是放慢”，紧扣热点、介绍经验、力挺广东。这是对外事报道的一次重大创新，也是给机关报输入现代政治报道血液的重要探索。

改良“典型报道”，也是南方日报的一大动作。传统的典型报道往往因为说教味浓和“高、大、全”，让读者反感。怎样在新时期新形势下做好人物报道，让典型的事迹和精神真正感人肺腑，深入人心，是时政新闻业务攻关的一大课题。

在长期探索中，南方日报时政新闻中心逐渐总结了一套人物典型的报道方法。这就是以新闻事件为载体，在事件中见人，摒弃“高、大、全”，强调导向的主导性和记者的主体性，贴近生活、贴近读者。近年来，按这一思路，南方日报在抗非硝烟中推出钟南山，在印度洋海啸灾难中推出了到泰国救援的医生周东，还有笑对癌魔热心奉献的好军人易新群，以及好医生王玲、李冠芬……这些名字家喻户晓，成为新时期感动广东、感动中国的美丽音符。

比如，《南方日报》在抗非战役中最早推出大型人物通讯《激流中的南山》，钟南山那句“做好疾病防治就是医生最大的政治”，一改传统英模人物的空话套话，以真实的人格魅力赢得读者信服。

第二，经营“大时政”，要以“有高度的贴近”吸引读者。

南方日报提出，报道的“高度”绝不是高高在上、空中楼阁，而是建立在深厚的民生、民意基础之上的。既用党的方针、政策宣传群众、教育群众、鼓舞群众，又要树立服务群众的观念，注重从读者的角度去思考问题。

如报道全国“两会”，以“经营国计、贴近民生”为基本原则，以“国计”导航，关注“民生”，由“民生”切入，提炼“国计”。还创新性地运用多种新闻采编手段，摒弃简单的新闻思维，用消息、图片、导读、图表、链接、相关背景等各种新闻手段，把新闻的深度、广度、厚度一网打尽。

此外，探索严肃政治报道“轻松化”。这是“软化”政治硬新闻，“有高度的贴近”吸引读者的一种尝试。

这种尝试主要在“两会”报道中进行。2008年是换届之年，南方日报在“两会”开幕前夕就抛出“两会已无吴敬琏，谁来接棒当炮手”的议题，闭幕时评出五大炮手：张茵（前女首富炮轰“劳动合同法是‘铁饭碗’”）、李金华（卸任审计长炮轰“发改委儿子孙子最多”）、钟南山（炮轰“医改‘老是狼来了’”）、葛剑雄（炮轰“铁道部春运表现不及格”）、穆麒茹（炮轰“钉子户抬高房价”）。这个炮手榜被全国报纸、网站、电视台纷纷转载。“两会炮手”作为一种现象、一种期待，成为普通民众讨论“两会”的基本词语之一。2009年“两会”期间，全国媒体都继续热炒“炮手”。

新闻轻松化是一种载体，能有效地提高严肃新闻的“回头率”。表面上热热闹闹，其实背后隐藏着一个非常深刻的主题——代表、委员如何履职？我们的人民代表大会与政治协商制度该怎么走？如何更好发挥代表、委员的作用？

所以，政治报道的轻松化，本身是时代进步的产物。只有当一个国家的政治是可以预期的，并且政治人物愿意遵守既定的规则，确保公民的权利不受损害，政治报道的娱乐化才真正有社会价值。政治报道大有可为。南方报人要充满感情，满怀激情，做出品位，做出感觉。

第三，经营“大时政”，还要勇于

突破一省一域限制，用“世界眼光”、“全国视野”读懂广东。

南方日报既关注国际、国内重大时政领域动向，又及时做好新闻“落地”，解析其对广东的影响。比如，1997年香港回归，2007年香港回归10周年，南方日报均派出强大报道阵容，以消息、通讯、特刊等多种形式重点报道盛况，分析“香港的变与不变”、“粤港合作如何开新局”等深度话题。又如，2009年初，新栏目“时政南方眼”第一期和第二期，分别关注“60后正省”和“70后正厅”，全国数千媒体转载。公检法 “三长”异地大交流的报道，又让《南方日报》受到热捧，多家市场化媒体纷纷转载。

第四，经营“大时政”，要开拓创新，打造高品质的政治报道。

长期以来，面对都市报、晚报的挤逼，机关报感到压力重重，产生一种错误观念：政治报道就是工作报道，是阻碍机关报走市场的负担。2002年，《南方日报》首次改版，提出了“高度决定影响力”的办报理念，致力办成一份新型党报。在时政报道方面，大胆破除过去 “会议新闻”、“典型宣传”的陈腐面貌，走差异化竞争的路子，不与都市类报纸争市井新闻、八卦新闻之长短，强调经营高品质政治报道，满足主流读者群对政治信息的需求，使政治报道成为具有党报核心竞争力的新闻产品。

事实上，政治报道对于机关报来说是优势而非劣势！机关报先天地与政治权威部门发生关系，先天地具有获取权威政治信息的便利途径，这是非机关报类媒体渴望而不可得的优势，机关报一定要珍惜并充分发挥出来，形成自己独特的核心竞争力。

三、整合各方资源，为在新媒体环境下打赢大兵团会战探路

南方日报采编部门的架构是既分兵把守，又协同作战。在实施大兵团作战中，需要有一个部门作为联结枢纽，综合各方力量，起到“发动机”的作用。时政新闻中心就承担了这一角色。

近年来，时政新闻中心牵头组织的重大新闻战役包括党的全国代表大会、全国“两会”、全省“两会”、省委全会，也包括纪念小平百年诞辰、纪念抗战胜利60周年、神舟飞天、汶川地震、纪念新中国成立60周年，等等。

时政新闻中心的“大综合”功能具体来说分为三个阶段：新闻大战前，时政新闻中心经常牵头思考、讨论、撰写报道方案；新闻大战中，派出骨干记者，充当领队和主力；新闻大战后，又牵头总结，形成制度财富。

“两会”报道历来是《南方日报》的拳头产品，是时政记者的实战练兵场，更是对履行大综合职责的全面检验。尤其是全国“两会”报道，报道内容涵盖政治、经济、社会、文化等几乎所有的新闻领域。在此前提下，时政新闻中心切实承担起牵头组织的职责。每年全国“两会”报道小组的领队和部分主力记者都出自时政新闻中心，策划方案也是由时政新闻中心提出后，再经过部门、报社、报道小组和领导小组等不同层次的充分讨论、改进完善。一线采访中，时政新闻中心能够有效统筹多部门合作，协调团队人员，整合安排采访力量，既发挥记者的单兵作战能力，又形成团队作战的规模效应。这些有针对性的措施，使得“两会”报道有点有面，亮点纷呈，奏响了这一重大政治事件的最强音。

包括“两会”在内重大新闻事件的采访报道是当前新闻竞争环境下检验媒体实力的最佳平台，是直接检验时政报道水平的残酷战场。落脚到时政报道上，把大综合的功能全面发挥出来，在报道的各个领域展现南方品牌的实力，成为决定战役成败的关键。对这些报道，时政新闻中心总是高度重视，将视角提升到大时政的高度，在组织策划、采访报道、编辑见报过程中，切实承担起大综合的职责，让大综合的效应真正落实到报道质量的提高上来。既圆满完成了规定动作，体现了高度的政治责任感，又成功做出自选动作，打了一个又一个漂亮仗。

当前，新的媒体环境为新闻竞争带来了新的变化，使竞争更加激烈、更为立体、更多要求。首先，传统媒体自身的市场化发展越来越深入，平面媒体之间争夺新闻资源、市场资源的斗争屡屡发生，党报要走向市场所面临的严峻形势可想而知。其次，新兴媒体的兴起，尤其是网络媒体强势介入，数字、无线技术的高度发达，压缩了平面媒体的生存空间。第三，政治、经济、社会各领域的全方位开放，使得单一的新闻事件被放在一个更为宽广的空间中进行考量，这就要求《南方日报》的时政报道要具备更为开阔的视野、更为全面的角度和更加雄厚的实力。

那么，究竟该如何应对这种种挑战，如何在重重压力下找到党报发展的突破口，又如何打破单一兵种作战的限制，实现时政报道的大兵团作战？回答是联动，这是当前时政报道的主要选择，也是南方报业传媒集团实施聚合战略的现实途径。通过联动，进一步激活了时政报道的大综合效应，使大综合有了扎实的立脚点。

一是报社内部的部门联动，包括统筹采编的前后联动。在每场重大的时政报道战役中，首先强调的是不同采访部门、采访部门与编辑部门、采编部门与行政后勤部门的有效联动，切实整合报社内部资源。在此基础上，通过策划方案和统筹人员实现前方特派记者与后方驻守记者、记者与编辑之间的密切联系。同时，充分发挥采前会、采编协调会和编前会的作用，实现从策划到采访再到编辑的紧密结合，实现采编机制的高效运转。

例如，神舟飞天系列报道，时政新闻中心与兄弟部门协同作战，以周密的策划合理安排采访和编辑力量，并以前方记者的尖刀突破带后方整合的材料，使得《南方日报》的神舟飞天报道在众多实力雄厚的媒体中立了起来。

二是集团内部联动，有效整合各系列报的优质资源。南方日报与集团旗下的南方都市报、南方周末、21世纪经济报道、南方杂志、南方网等报、刊、网各自具有独特的优势，在报社聚合战略的带动下，时政报道采取了有效整合各系列报优质资源的方式，紧密协作，取长补短，形成集团作战态势。

以全国“两会”为例，集团内部联动注重发挥各自优势，实现资源共享，互通有无。经过不断探索，联动机制已经初步建立起来："两会"期间的例会制度，打破了各报、刊、网之间的分割，各单位领队每天按时召开碰头会，沟通情况，整合资源；重点选题协作制度，以具体的选题分工协作实现联动，合理安排采访力量，避免重复劳动，节约人力成本；采访资源和稿件共享制度，有效整合各系列报的权威采访资源，建立统一发稿平台，以各取所需、保留特色的方式实现资源的共享。

三是兄弟媒体的横向联动。南方日报是广东省委机关报，南方报业传媒集团是中国最有影响力的传媒集团之一。充分发挥南方日报的品牌优势，加大与兄弟省份机关报、兄弟媒体的横向联动，寻求新闻借力，实现跨地域媒体资源的整合，能够有效提高异地时政报道的效率，大大拓展报道空间，最终形成南方日报的报道优势。

例如，汶川地震一周年系列报道，时政新闻中心重点借力四川日报，用活四川当地媒体资源，形成党报联动、资源共享的良好局面。报道启动前，两报针对具体的采访线索、媒体活动进行了深入交流，确定了"党报联动·请恩人回四川"、"侨心居建设巡礼活动"、"情寄天堂"等纪念活动。四川日报还全力为南方日报赴川采访记者提供各种便利。这种合作效果超过预期，不仅打开了报道空间，提升了报道品质，也扩大了南方日报的品牌影响力。

2007年纪念香港回归10周年，南方日报携手凤凰卫视共同报道，并以此为新的起点，建立全面合作战略伙伴关系。此举让"两只凤凰"共同舞动在香江上空，使两大领域中的优质品牌实现了资源整合，既在香港回归报道中强强联手，共享各种资源，又为未来更深层次的合作发展打下基础。"两只凤凰"的携手，至今仍是业界佳话。

四是与新兴媒体的立体式联动。新兴媒体的崛起势不可当，南方日报作为主流平面媒体当借势而为，全面整合新兴媒体资源，走出一条立体联动之路。

早在2006年，南方日报就在全国"两会"报道中创新报道手法，大胆引进新媒体进行报网互动的全新试验，与南方网、奥一网等推出了"网尽两会"专题，将网络直播室直接设在了北京。后来，又在此基础上做出进一步尝试，内接南方网、南方报业网、奥一网，外联网易，打造全新的、影响力更大的报网互动，充分发挥传统媒体与新媒体的双重优势。

目前，与新兴媒体的立体互动已经体现在各种重大新闻和热点新闻报道当中，报纸、网络、视频多管齐下，丰富了报道形式，充实了报道内涵，为读者提供了多种体验渠道。

四、介入社会生活，将党报政治优势转化为巨大社会影响力

南方日报在探索党报改革过程中，提出了以影响力标准检验新闻改革的观点，认为舆论影响实施能力是衡量新闻媒介实力和能力的最终指标。正是从这一点出发，时政新闻中心充分调动整合社会资源，发挥自身政治优势和人才优势，不断地抓住一些新闻事件，积极介入社会生活，以一次次的"小影响"、"中影响"，积聚成无可替代的巨大的

政治影响力和社会影响力，确立《南方日报》时政报道的龙头地位。

近年来，时政新闻中心的记者情系国脉民瘼，不仅用笔墨鼓与呼，更深入基层、牵线搭桥、协调助困，参与打造了“健康直通车”、“南方扶贫救困贴心工程”等响当当的品牌，策划报道了“斜塘村搬迁”和“救助叶红妹”等感人肺腑的事件，赢得了良好的社会效益。

在2005年先进性教育的热潮中，南方日报率先联合南方医科大学，启动“南方扶贫救困贴心工程”。活动形式多样，包括五大方面：设立“特困病人救治资金”，免费培训乡村医生，捐款捐物帮带基层医院，组织三支医疗队送医送药，开发一批扶贫成果。

后来，南方电网也加入进来。三家“南方”强强联合，五万余名党员慷慨解囊，捐款百万余元设立专项资金，在三年内对百个贫困村进行饮用水改造行动，为党和政府分忧，为农民兄弟解困。“从前争水打破桶，如今用水不出门”，清澈的自来水流进来，肇庆市高要湖塘村沸腾了，连州赤塘六村村民奔走相告……在三家“南方”通力合作、解忧济困的背后，是时政新闻中心记者的多次下乡协调、积极牵线搭桥。

热心公益，积极行动，一直是时政新闻中心的优良传统。“健康直通车”就是以时政新闻中心作为主要沟通纽带，南方日报与团省委、省卫生厅等单位联合打造的又一成功品牌。活动自2001年11月启动以来，通过广东青年医药卫生志愿者的扶贫接力行动，致力改善广东省贫困地区缺医少药、患病就医难和倡导健康生活理念。经过5年的成功运作，已成为广东医疗扶贫、医疗援助的代名词，也是广东医疗界志愿者从事医疗公益活动的重要平台，

其广为称道的代表作有“斜塘村搬迁”。2002年，“健康直通车”开到清远市斜塘村，发现该村生存条件恶劣，村里男子不少壮年早逝，仅剩下孤儿寡母，被称为“短命村”。专家们通过实地考察，终于揭开了秘密——原来，该村地势低洼，唯一的水井污染严重！《南方日报》就此开辟专栏连续报道，引起强烈反响。深圳金威啤酒有限公司等单位迅速响应，帮村民兴建健康新村，在中秋前圆了他们的搬迁梦。不再喝污染水的村民，逐渐治好了病。他们激动万分地给省领导写信，并委托记者转交。时任广东省委书记的李长春同志当即批示，要求全社会都关心困难群众。

多年来，时政新闻中心积极介入社会生活，冀望通过这些浸润着苦难、善良、热切的文字，通过这些联合主办的爱心扶贫接力行动，唤起更多生活在富裕中的广东人，去关注和帮助我们省、我们国家的困难群众。

一次次沧海横流，一回回大浪淘沙，一幕幕战火硝烟，一个个平凡感动。南方日报辉煌60年，成就了“南方时政”的响亮品牌。翻检一页页报纸，一篇篇新近的时政名篇正延续着60年南方时政的血脉与辉煌：

《非典型肺炎病原是衣原体？》与《千里接救中毒女工》、《为了一个受伤弟兄》分获中国新闻奖一、三等奖，《“千里寻找中毒女工”系列报道》、

《广东率先搭建公平教育平台》报道以及“时政视点”栏目获广东新闻奖一等奖……

第四节 大众财经时代的党报政经报道

自1978年党的工作重心转向经济建设以来，经济报道在党报的宣传报道工作中逐渐占据了重要的主导地位；进入21世纪以来，随着大众财经时代的到来，经济话题逐渐成为大众茶余饭后议论的核心问题之一，经济报道的受众面迅速扩大，其关注度与影响力与日俱增，成为各大媒体吸引受众的重要报道领域。在这样的时代背景下，如何搞好经济报道，成为党报如何在日趋激烈的新闻竞争中脱颖而出的重大课题。

一、经济报道的四个演进阶段

要清晰地界定南方日报在政经大报框架下的党报经济报道有什么创新之举，首先要明确一纵一横两条主线构成的坐标系：纵线是南方日报党报经济报道60年间的演进史，横线是进入21世纪以来各类媒体特别是纸质媒体经济报道发展的大的趋势。

先看南方日报经济报道60年的演进史。

60年来《南方日报》的经济报道可粗略划分为四个阶段：第一阶段从1949年创刊到1978年十一届三中全会召开，第二阶段从1978年到1996年11月农业部、工交部、财贸部三个部门整合为经济部，第三阶段从1996年11月到2002年8月《南方日报》全面改版并确定华南主流政经大报的定位，第四阶段从2002年改版至今。

第一阶段是计划经济时代的经济报道，这个阶段的经济报道更多地从属于时政报道，具体可细分为政策宣传、成就报道、农业、工商专业报道等品种。这个阶段虽然并没有突出的经济报道的概念，但是在近30年的新闻实践里，《南方日报》的三大传统优势报道品种——政策宣传、批评报道和提问题的报道（深度报道）——已经浮出水面，其中政策宣传报道和提问题的报道里有相当一部分正是以后经济报道中政经报道的雏形，这两类报道的历史积累是今天《南方日报》经济报道特别是政经报道善于把握政策、善于抓住热点难点问题、富有气势的鲜明特点的底蕴所在。其中，最值得一提的是发表于1960年9至10月的一组规模达到27篇的系列政论性通讯《随行纪谈》。这组政论性通讯发表后引起了巨大的反响，并很快结集成书出版，多次重印，是20世纪60年代中国新闻史上最有影响的一组政论通讯和调查性报道，并在今后几十年里，对《南方日报》的政经报道产生了持久而深远的影响。

第二阶段是计划经济向市场经济转型阶段的经济报道。这一阶段突出的特点有两个：一是政策宣传特别是农村政策宣传取得了突出成就，在全国产生了重大影响。在报道形式上，多采用连续报道和组合报道的形式，围绕着焦点问题广泛发动各个层次的读者深入开展讨论，通过报道来推动问题的解决，体现了党报政策宣传报道极强的战斗性。二是农业、工交、财贸等专业经济报道逐

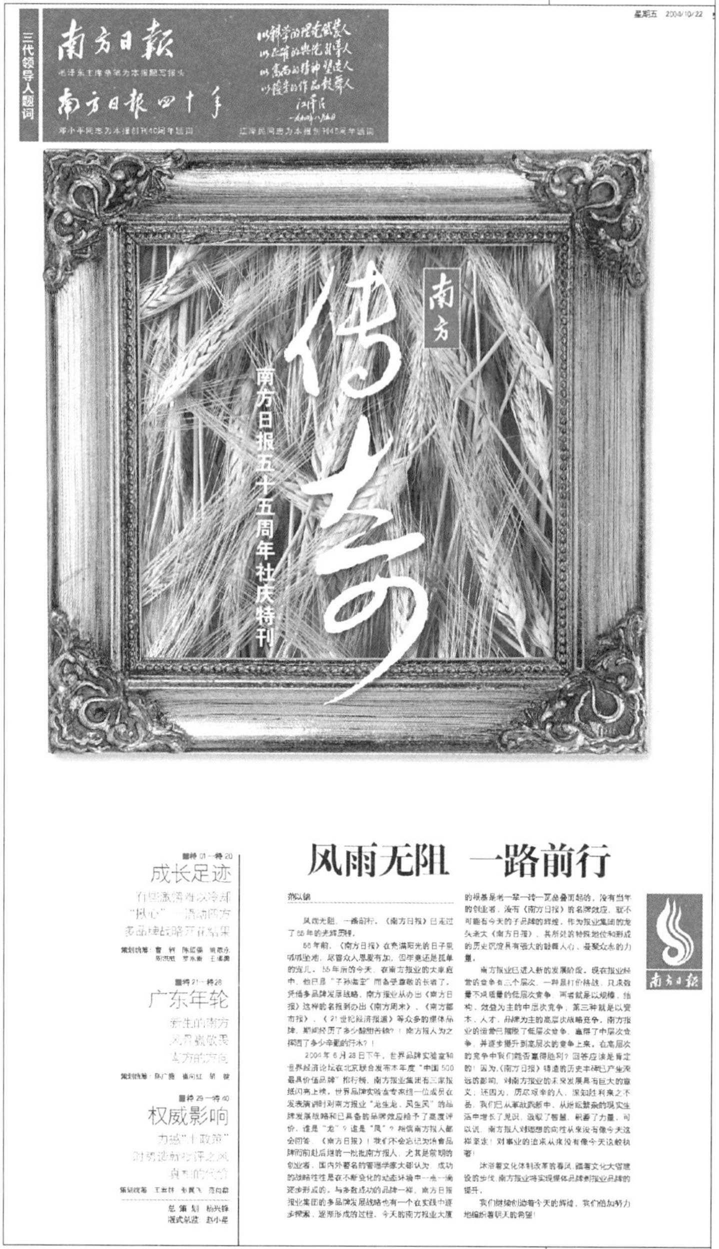

《南方日报》五十五周年社庆特刊。

渐深化、成型，并渐次细分出宏观经济报道、中观经济报道（行业报道和区域经济报道）、企业报道等细化的经济报道品种。

第三阶段是社会主义市场经济体制确立并逐渐构建阶段的经济报道。这一阶段，市场化媒体的经济报道模式开始对党报经济报道的模式产生日益深化的影响。相对而言，南方日报在第二阶段的后期仍沿用农业、工交、财贸这样按计划经济时代的战线进行划分的组织架构来开展经济报道，已与市场经济的要求不相适应。因而，南方日报在1996年底在全国党报系统较早开始了组织架构的调整：将农业部、工交部、财贸部合并组建为经济部。在此基础上，一方面，继承南方日报几十年来重视政策宣传和成就报道的优良传统，在政经报道上继续有较优秀的表现，并推出了在全国产生较大影响的《当前经济形势怎样看》为代表的提问题的深度报道；另一方面，整合原来分散的专业经济报道版面，逐步形成了统一的经济版块，开始了市场经济条件下经济报道专业化之路。

第四阶段是《南方日报》全面改版、提出打造华南主流政经大报的新定位后的经济报道。这个阶段是南方日报既继承党报经济报道的优良传统，又学习市场化媒体经济报道的成功经验，并在二者的基础上进行全面创新、形成富有特色的党报经济报道新格局的阶段。

二、政务资源不是包袱是优势

自20世纪90年代市场化的媒体逐渐成长，并渐次对党报形成越来越大的挑战之后，党报的改革特别是采编方面的创新就逐渐提上了日程。《南方日报》2002年8月6日开启的全新改版，正是在全国党报中最早对这种新形势新要求进行全面回应的范例。而《南方日报》经济报道特别是政经报道的创新，则是《南方日报》全新改版的急先锋。

《南方日报》政经报道的继承与创新，集中体现在以下方面：

《南方日报》鲜明地提出要成为广东经济发展的新闻发布者，而且是第一发布者乃至独家发布者的目标，明确了“党务政务信息是资源而不是包袱”的理念，从而化被动地处理党务政务信息、完成宣传报道任务为主动地获取党务政务信息，通过提早介入、精心策划、深度解读来处理好党务政务信息，将落实宣传任务与挖掘新闻热点、设置新闻议题巧妙地结合起来，达到“领导满意、读者满意”的双赢效果。对报纸而言，树立这样的理念的直接收益则在于保持了对党务政务信息的第一发布权乃至独家发布权，为在新的报业竞争格局下增强党报的权威性奠定了坚实的基础。

在十多年以前，党报是党政机关发布党务政务信息的无可置疑的第一纸质媒体乃至唯一纸质媒体。但近十多年以来，这种局面或多或少地发生了变化：目前，一个城市的报纸多达十数家，像广州市，本土的综合性日报就多达6家，对党政机关来说，机关报虽然从总体而言是发布信息的首选媒体，但绝不是唯一的媒体；而在相当程度上来说，对很多部门的相当部分的信息发布工作而言，机关报只是众多信息发布平台中平等的一员。在这种情况下，机关报对党务政务信息的第一发布权乃至于独家发布权，并不是天然存在的，而更多要靠对信息处理的独到性和信息传播的高效性来赢得党政机关的信任和支持。

《南方日报》改版以来在政经报道领域的独家报道没有随着传媒竞争的激化而减少，反而有所增多，正是得益于上述理念的树立和贯彻。近八年来，这方面的成功案例较多。

案例一，在2003年，南方日报经过努力，恢复了中断多年的列席省政府常务会议的资格，从而得以在第一时间了解到省政府的重大经济决策，并获得提早策划、提早组织报道的时间提前量，在重大政策出台时同步推出深度的解读。

案例二，中国人民银行广州分行每月都撰有对广东省当月金融形势的分析文章，但鉴于金融数据的敏感性，一般不对媒体公布。经过南方日报经济新闻中心跑线记者的长期努力，人行广州分行答应让《南方日报》尝试对外改发刊登。南方日报记者编辑凭着过硬的政治素质和金融业务知识，运用丰富的编辑手段，对人行广州分行的数据进行了准确而恰当的处理，新闻刊登出来后，各方面反应良好。于是，人行广州分行决定将此类信息每月交给南方日报独家发布。起初，这类专业性很强的信息并没有引起其他媒体的强烈关注，但在2006年股市热潮到来之后，中国进入大众财经时代，由权威部门发布的第一手财经信息日益成为各大媒体抢夺的重要新闻资源。

案例三，自2001年开始，省统计局、省经贸局联合评选广东企业50强和广东工业企业50强，南方日报了解到相关情况后，主动地介入到了其评选的前期工作当中，并争取到了独家发布权。

经过八年六次改版的努力，《南方日报》政经报道巩固和强化了在省内重大政经信息发布第一渠道乃至唯一渠道的地位，强化了权威部门“重大信息发布、重大信息解读找南方日报，找南方日报放心”的习惯，也强化了读者“重大政经新闻看《南方日报》”的阅读习惯，对党报通过增强权威性来赢得报业竞争起到重要的作用。

三、成为广东经济发展的权威解释者

《南方日报》政经报道的继承与创新，体现在《南方日报》不管时代如何演进，都善于根据当时的形势做好提问题的经济深度报道上。每当到了一个经济热点、难点问题频出的阶段，都敢于去正视难题、善于去选择难题，通过辩证的思维去对纷繁复杂、观点不一乃至争议较大的经济难点进行有理有据的分析，从而起到了党委政府满意、业内人士受启发、读者解渴的多赢的传播效果。

最典型的案例，莫过于1998年和2008年两次金融危机之后，《南方日报》都推出了一组影响较大的对宏观经济形势进行辩证分析的述评性文章。

1997年，亚洲金融危机爆发后，广东乃至全国出现了由卖方市场到买方市场的重大转折，消费市场和资本市场的运动规律因此出现了前所未有的变化，国家宏观调控的难度骤然加大。在这样的复杂局面下，人们对经济形势的看法出现了很大的分歧，各种说法，莫衷一是。针对这些问题，经过近一个月的调查和思考，《南方日报》在1998年1月推出了一组总题为“当前形势怎么看”的报道，包括《速度是快还是慢》、《消费市场是冷还是热》、《银根松了还是紧了》、《等饭吃还是找饭吃》和《粮食多了还是少了》等五篇述评。报道推出后，由于其敢于直面热点难点问题而又言之成理、论之有据，而受到了上上下下各方面的好评。中央有关部门说它是“一组在难点、热点问题上下了工夫的好报道”。在全国省级党报总编辑会上，这组报道受到时任中宣部长丁关根的肯定和赞扬。

无独有偶。一场于2007年底发端于美国的国际金融危机在2008年迅速席卷全球，对中国经济特别是外向度非常高的广东经济造成了巨大的冲击。如何正确评估国内外经济形势？如何在困难的情况下引导社会各界树立战胜危机的信心？2008年底，南方日报再次派出精干的报道小组，经过一个多月的深入采访，推出了《化危为机看广东》的系列述评式通讯，对广东如何化危为机作了富有前瞻性的深入探讨。《化危为机看广东》共由四篇述评组成，分别是《危与机的辨析：世界经济大调整酝酿大机遇》、《内与外的重构：内需驱动力不断加强》、《被动与主动的转换：抢占开放型经济主动权》和《舍与得的消长：化市场压力为产业升级动力》。四篇述评，共探讨了四组辩证概念，提出了广东化危为机的努力方向，针对性、思辨性非常强，富有说服力和感染力，一经推出便引起了读者的强烈关注，并受到了中宣部和省委宣传部阅评小组的高度肯定。

在全新改版这8年以来，《南方日报》推出的类似《化危为机看广东》的针对性很强的政经报道还有很多。比如，2001年，针对中国入世是利大还是弊大的问题，推出了《广东抢占入世先机》的报道来释疑。在2005年12月，国家统计局公布了各省市区GDP数据调

整的结果，广东GDP大幅调高，在欣喜之余，广东人对数据的调整产生了多种多样的复杂心态：有的为“甩掉追兵”而如释重负，有的为“老大更大”而兴奋不已，但也有人对GDP数据大幅调高感到不解。针对这一复杂的情况，《南方日报》及时发表题为“科学发展天地宽——论正确看待GDP调整”的评论，明确提出，“统计方法的变化、统计指标的完善和统计力量的加强，是此次中国GDP调高的主要原因”，广东服务业相对发达，务实精神突出，数据相对调得更高事出有因，但对此应以平常心视之，GDP数据的调整，最大的意义在于使广东摆脱了“谁是老大”的GDP之争，转换发展思维有了更大的腾挪空间，“科学发展天地宽”，“自扰本不必，自满要不得，自励最可贵”。———这样的基调，对如何正确看待GDP数据的调整，无疑起到了非常及时、非常到位的引导作用，党报经济报道作为权威解释者和方向引领者的角色得到了全方位的展示。

四、站在应有的高度上包装广东

对于包装广东的内涵，时任总编辑杨兴锋在其《高度决定影响力》一书里亦作了明确的界定：所谓包装广东，是指记者编辑要调用个人的积累，在众多新闻素材里挖掘具有趋势性的新闻题材进行报道，并对新闻现象背后的本质进行概括和提炼，挖出“新闻眼”，包装出一个有利于推介广东的概念来。

不难看出，南方日报所提倡的“包装广东”，主要包括以下三个环节：一是如何从浩如烟海的信息里挖掘有新闻性的素材；二是如何提炼“新闻眼”；三是如何调用各种丰富的新闻手段对新闻素材进行“包装”，使新闻更易读，更必读。

包装广东，是党报经济报道特别是政经报道的一个重大课题，也是改版8年来《南方日报》政经报道创新的着力点之一。

2002年4月26日，《南方日报》在头版头条推出一篇题为“东西南北中 招商到广东”的报道，就是“包装广东”的力作。文章抓住了近半年来平均每周就有一个内地招商团来粤“淘金”的这样一个新闻现象，联系20世纪80年代百万民工涌南粤时流传的一句话“东西南北中，发财到广东”，敏锐地意识到：从80年代劳动力等生产要素涌进广东，到21世纪之初，全国到广东招商，广东的资本要素要流往全国，这是一个重大的经济态势的转换，具有重大的新闻价值。经过这样一番分析，“东西南北中 招商到广东”的新概念、新闻眼就呼之欲出了。报道刊出后，在社会各界引起了较强烈的反响，这句话也很快成为新的流行语。

类似的通过整合新闻素材、挖掘新闻眼而成功地包装了广东的区域形象的报道还很多，比较典型的如2004年推出的《珠三角：全国最大高新技术产业带》、2006年七八两月分别推出的“透视广东单位GDP能耗全国最低”和“呼唤环保拐点”为总题的两组系列深度报道，等等。

除了为广东作整体包装之外，近8年来，南方日报还通过推出重磅区域经济报道、与地方联合举办区域发展论坛等方式为泛珠三角、大珠三角、环珠三角、红三角、广东各市县做过大量的包装工作，这也是《南方日报》政经报道不断开拓广度与深度所作的一种努力。其中，从“寒极”变“热土”的清远、绿色崛起中的梅州、后发河源、惠民之州、南海虎威，广东21个地级以上市当前所创出的一张张亮丽的名片中，都活跃着《南方日报》的身影。

南方日报近年来通过出特刊、搞连续报道等多种形式对中国国际中小企业博览会所作的成功包装则是另外一个典型的例子。如2009年9月新鲜出炉的《会战中小企》，不仅对本次中博会的特点作了全面展示，更着重从全球、全国的角度梳理金融危机爆发后中小企业面临的机遇和挑战，突出报道了广东全省上下协力、多管齐下为中小企业发展扩宽空间。9月22日，中共中央政治局委员、广东省委书记汪洋考察中博会时充分地肯定了南方报业传媒集团为广东中小企业应对国际金融危机营造良好舆论氛围所作的工作和努力：“报纸就是要善于谋势、善于造势、善于谋划，你们都做到了！”

五、创新手段做好成就报道

自2002年以来，南方日报在成就报道上大的创新之举很多，试举最有代表性的几个例子如下：

2002年4月3日到5月21日，为迎接广东省第九次党代会，南方日报启动了“十大新闻大家评”的活动，由读者推荐候选新闻，然后由报社与专家共同确定15件正式的候选新闻，经过读者投票评选后，最后评选出省第八次党代会以来的十大新闻，并以出版特刊的形式对“十大新闻”进行解读。十大新闻中每一则新闻用4个版进行解读，其中，头版统一切割成专家文章、新闻回放、新闻背景、新闻纵深和导读五大块，其他版面则在统一的前提下鼓励创新，使整个特刊看上去既有统一的风格又各有特色。这种操作方法，既充分地反映了广东省第八次党代会以来的成就，又符合新闻报道的规律，使宣传性、历史性的材料变得鲜活起来，同时，还给了读者充分的参与空间，与报社形成了密切的互动。“十大新闻大家评”的报道推出后，受到了社会各界的广泛好评。此后，评选广东十大新闻，成为南方日报一年一度的宣传报道活动，打出了自己的品牌。

2004年是新中国成立55周年，在又一个成就报道的关键节点上，南方日报在继承原有的注重成就报道的新闻性和历史感的基础上，进一步确立了“以小见大、从人民群众生活中能感受到的变化去反映时代变迁”的报道理念，推出了总题为“55：广东年轮”的国庆55周年系列报道。每篇报道切割为“主稿”、“图说”、“数说”、“历程”、“专家说”、“百姓说”等六部分，既有宏大的历史场景，也有身边的百姓故事，既有说服力很强的数据分析，也有生动的影像记录，既有专家的理性总结，亦有记者的细微观察，新闻媒体作为“历史的记录者、时代的观察家”的角色发挥得淋漓尽致。

2005年末到2006年初，则是“十五”计划收官、“十一五”规划启动之年。为了做好“十五”期间的成就报道，南方日报再辟新路，选择了十多个“十五”期间对广东社会经济文化影响最大的重大工程项目建设、文化项目建设作为报道的切入点，推出了一组总题为“‘十五’大手笔”的成就报道。报道的模式为“1+1”：在一版重要位置写一篇新闻性很强的消息，在后面的版面链接一整版的对过去五年成就的立体报道。一组十多篇的“十五”成就报道，最终变成了驱动记者去挖掘十多条鲜活新闻的源动力，变成了大量的有分量的新闻乃至独家新闻的盛宴。

五年一个轮回。2007年5月，广东省第九次党代会将在广州召开。南方日报在这轮成就报道方面又将如何创新？经过反复讨论，南方日报祭出了两个新招：第一招，让成就报道“动”起来，由静态的报道变为动态的报道。“动”起来，自然就有了新闻性。于是，报社精心策划了名为“南方百名记者看南粤”的大型报道活动，从20个角度报道广东五年来的巨变。总部和记者站的百名记者共同深入全省各地的企业、高校、科研机构和寻常百姓中间，挖掘他们身边的典型故事，并遵循“个案故事——群体故事——故事背后的经济社会变迁”的三部曲的结构，由点及面，由感性的描述转入理性的总结。让读者读了觉得既亲切又富有启发性。第二招，根据对“发展取得的成就，根源在于理念的转变；而理念的转变，最直观也最深刻地体现在工作用语、生活用语、流行用语的转变上”的深刻认知，精心挑选了近百个近五年来流行起来的关键词，用解读关键词、讲述关键词背后的新闻故事的方法来反映广东五年来的成就，并据此编辑出版了112版《广东科学发展辞典》特刊。这个特刊与由“南方百名记者看南粤”报道所集结而成的《使命》一书，一起装进了广东省第十次党代会的材料袋，送到了每一位党代表的手上，受到了他们的高度赞扬。

南方日报
NANFANG DAILY
A05 新机场15日再演练
A05 天文大潮连现三天
A06 最大假烟窝点被端
美国中情局长辞职 A08
欧佩克将增产原油 A09
罗品超93岁演荆轲 A11
泛珠三角区域合作与发展论坛
PAN-PRD REGIONAL COOPERATION & DEVELOPMENT FORUM
合作发展 共创未来
PROSPERITY THROUGH PARTNERSHIP
首届泛珠三角区域合作与发展论坛胜利闭幕
“9+2”签署合作框架协议
明确十个具体合作领域 张德江等举杯共同庆祝
聚焦泛珠三角合作
社论
合作发展 共创未来
——热烈祝贺泛珠三角区域合作与发展论坛胜利闭幕
论坛取得六大成果
A02版全文解读《泛珠三角区域合作框架协议》
“9+2”政府首脑各抒己见论合作
黄华华：广东将发挥三大作用
澳门中联办举行早餐会
四川省长请缨下届论坛
省政府昨举行晚宴招待四方嘉宾
共祝泛珠三角美好未来
黄华华表示广东将认真落实协议

《南方日报》成功报道泛珠三角区域合作与发展论坛。

第五节　主流政经媒体的大文化报道探索

经过2002年以来的多次改版，南方日报给予文化娱乐报道更大的空间，明确提出“大文化”的办报方向。

“大文化”意味着文化在一张报纸

中的分量越来越重。随着中国经济的持续增长，老百姓对精神文化生活的需求越来越高也越来越丰富，文化娱乐已成为大众生活的重要组成部分。这使报业的新闻竞争从时政经济领域进一步扩展到文化领域，文化不再是可有可无的“报屁股”，而是和时政、经济一起成为一张报纸打造核心竞争力、提升新闻品质的三条主要生命线。

“大文化”要求文体新闻中心全方位创新。从部门重组、版面设置、采编策划到资源聚合，报纸文化新闻生产的每一个环节都需要重新考量。

一、打破副刊和新闻之间的“篱笆”

传统上报纸一直分成两块：新闻和副刊。新闻强调真实确凿，为报纸招客，是老大，是顶梁柱；副刊突出审美娱乐，为报纸留客，是灵魂，是向心力。它们从诞生的那一天开始，就形成了自己相对独立的风格，各显其能，各尽所长。

但是这种“两分法”也容易让副刊和新闻“老死不相往来”，尤其是副刊如果过于强调文艺和虚构，往往变成世外桃源的“隐士”，沉迷于风花雪月，远离时代和生活，同时远离今天读者的阅读趣味，导致影响力下降甚至萎缩。

“大文化”就是要创新报纸副刊的旧有模式，打破副刊和新闻之间的“篱笆”，让副刊更多地踩着新闻的“鼓点”扣紧时代的脉搏。

2002年《南方日报》第一次改版，首先进行组织的创新，将以前的文艺部、综合副刊部和体育部合并新成立文体新闻中心，为“大文化”扫除体制的障碍。文艺副刊、文化、娱乐、体育新闻的采编全部归并到文体中心，人员、版面统一调配，以前副刊、娱乐、体育“三张皮”变成文体“一张皮”，文化在报社内部不再自我割裂，迈开了副刊和新闻融合的第一步。

在版面设置上，《南方日报》副刊在“真”和“新”上下工夫。“真”要求副刊避虚就实，像新闻一样关注生活；“新”要求副刊增强时间观念，像新闻一样强调当下。为此，副刊适当减少文学虚构作品的版面，增加闲趣、情感、人物等反映老百姓日常生活真实故事的版面；创办《文化周刊》，对文化界的大事进行深度报道，发出南方日报高端权威的声音；新设《读书周刊》等介于副刊和新闻之间的专刊；同时与一些重大的新闻事件同步，比如在汶川大地震和北京奥运会期间，文体新闻中心分别策划了两次诗歌专题，让副刊呼应新闻，给新闻带来宽度的拓展和深度的挖掘。

“大文化”下的“副刊新闻化”打破了副刊和新闻之间的“篱笆”，顺应报纸发展的客观规律，尊重读者的阅读需求，以至于副刊与新闻，也可以说是文学与新闻，最终达致融合与统一。

二、接续岭南历史记忆的文化担当

作为广东省委机关报，南方日报在华南主流政经大报的定位下经营“大文化”，近几年连续策划了《广东历史文化行》、《岭南记忆》等大型系列报道，有意识地关注广东深厚的历史文化传统，接续岭南文脉的历史记忆，在广东媒体中独树一帜，体现了“大文化”

下的文化担当。

回望广东的历史长河，这里诞生过与王阳明齐名的一代大儒陈白沙，近代以来的康有为、梁启超、孙中山更是中国文化史上的高峰。行走在广东的城乡，在现代化和全球化的巨轮轰轰碾过之后，还能发现许多在中原地区消逝的传统，更多地遗留着古中国的神韵，从某种意义上，广东是“礼失求诸野”的“野”。

可惜，一笔笔灿若星辰的历史文化遗产，在省内外至今寂寂无名，有些地方片面追求经济增长，疏于对文化传统的保护，全省至少有2/3的文物保护单位没有得到良好的开发利用，粤绣、咸水歌等许多有浓郁岭南风情的特色文化濒危。

作为华南地区主流政经大报，看到这些广东“压箱底的宝贝”被漠视和毁弃，文体新闻中心的同志在痛心之余更产生了强烈的紧迫感：重拾岭南这块土地和先祖遗留给我们的丰厚馈赠，这是回答“何谓广东人”的立足之本，更是处于社会转型期的广东人通往安身立命的必由之路。

在一个追求功利的时代氛围中，面对文化新闻娱乐化的趋势，把偏居在日常生活中的文化传统打捞出来，是一件需要热情、理性和坚持的事情。正如同文化建设不能拔苗助长，文体新闻中心做这一系列的文化报道，希望不争论，不炒作，不偏激，尽可能以专业的态度、理性的精神，拨开时间的烟云，把被破坏的这些历史文化珍宝的碎片拼接完整，发现它们在今天生活中的价值。

在这样的认知下，为了让报道可亲可感，文体新闻中心在采编和传播的每一个细节都注重创新。以《岭南记忆》为例，中心在策划之初就特别强调，报道要以读者为本，要做到图文并茂，可读可感，通过精美的图片和有呼吸、体温、色彩的文字，在民间生活的场域里，生动重现这些非物质文化遗产之美。大家一致认为，只有摆脱枯燥乏味的样式，把“非遗”具象化为一段美好的音符、一段极富感染力的舞蹈，才能让人由衷地感觉到“原来我们和这些事物并不像想象的遥远”。

为让报道更为亲切、可读、深入人心，南方日报文体新闻中心、视觉新闻中心等部门经过反复讨论，最后统一了认识：不管时代如何改变，人们对美好生活的追求不会变。非物质文化遗产最重要的功能，就是承载人们对于美好生活的愿望。如果从这个角度提炼广东非物质文化遗产中蕴涵的“精神气候”，呈现“非遗”在历史记忆和现实生活中的点滴细节，容易唤起读者的共鸣，勾起他们了解并走进这些非物质文化遗产的兴趣——也就是说，首先打动人心，而后吸引更多的人投入行动。这样，实际上就达到了保护广东非物质文化遗产的目的。

在这一认识统领之下，文体新闻中心最终确定了与以往媒体此类报道截然不同的方式：改变单一突出知识性的做法，而是将新闻性、艺术性、文学性和知识性统一，以“美文+美图”的形式，给读者美的享受。具体而言是，1. 强调视觉冲击力，图片张扬美的细节；2. 以文学笔法结合新闻写法，以情感人，以美动人；3. 原生态记录，以真实打动人，不空谈保护；4.突出遗产和现代人生活的联系。

在传播手段上，《岭南记忆》尝试用全媒体、多渠道传播手段，扩大系列报道影响力。以往报纸的传播，一般是单靠采编完成稿件，再由报纸版面呈现给读者。这样做的结果，是记者采访中的大量照片与素材无法与读者见面，影响力难以扩大。此次报道中，南方日报与天涯社区、新浪网、凤凰网等多家网站合作互动，尝试用文字、摄影、视频、网络和路面推广等全媒体传播手段，多渠道扩大系列报道的影响力。网站的专题，弥补了报纸版面不足的遗憾，可以更全面、更深入地留下记者的采访与思考，更能让无数关心“非遗”的网友即时互动，共同回忆那些流淌过生命的瞬间记忆。

三、培养“深耕”的策划意识

作为一个报人，创新在文体新闻中心的工作中可谓无时不在。

小到提炼标题、设计版面，大到考评体系、运营机制，创新体现在报业生产的每一个环节。报纸的创新能力，就是报纸的市场竞争力，持续的创新能力是一张报纸在激烈竞争中立于不败之地的根本。南方报业企业文化八个字：创新、包容、担当、卓越，创新精神早已溶入南方报业流动的精神血液。正是因为创新精神得到了淋漓尽致的发挥，南方报业才能领跑今天中国的平面媒体。

当前媒体竞争激烈，南方日报经营“大文化”，要有“深耕”意识，力争策划日常化和制度化，实际上就是时时绷紧创新的神经。

回顾这几年《南方日报》文体副刊的报道，文体新闻中心之所以能取得一些影响，都是因为有意识地抓住新闻热点“深耕”，精心策划。这些策划有以下几个特点：

一是抓住时代脉搏。如广东历史文化行系列报道，广东省委刚提出“建设文化大省”，南方日报就把目光投向梳理广东丰厚的历史文化资源，为当前文化建设提炼可资借鉴的文化传统。尤其在全球化浪潮冲击下，经济的竞争已经深层次地演变为文化竞争的时代条件下，全面挖掘广东本土优秀文化成为广东全社会的强烈诉求，南方日报策划的广东历史文化行正是顺应了这股时代潮流，所以取得了空前的反响。

二是紧跟社会热点。这几年文体新闻中心获得南方日报社好评的新闻作品和版面，无一例外都是围绕社会热点策划。如“南海Ⅰ号打捞全程追踪”、“一个人和抑郁症的战争”、“独家探班《梅兰芳》”、“《我这三十年》文化名人系列专访”等，或是关注度很高的文化热点事件，或是人们熟视却没有深究的文化现象，或是万众瞩目的电影大片，或是家喻户晓的文化名人，都具有很高的知名度。抓住有影响力的新闻热点，并挖掘这些热点背后的社会意义，应是文体新闻中心日常“大文化”新闻选题策划的主要来源。

三是创新包装形式。除了在内容上追求思想和深度，文体新闻中心策划的重点选题，还应有轻松、好看的包装形式。这几年文体新闻中心在这方面做得比较好的是几次年终报道，如《红红火火过旺年》、《2005超级娱乐》、

《2006娱乐浮世绘》、《2007年度娱乐大考》、《2007文化盘点》等，由于在形式上精心设计，很容易吸引人的眼球。文体新闻中心在日常报道中的一些专题策划，如果充分运用图片、图表、漫画或者插图，在栏目设计上多动些脑筋，在形式上追求悦人耳目，也往往会赢得读者好评。尤其是娱乐版，在某种程度上版面的包装形式甚至和内容一样重要。包装是文体新闻中心经营“大文化”新闻影响力的重要手段。

四、解读时代的心灵密码

作为一个时代的心灵记录，文化娱乐报道在某种程度上是一个时代的“心灵史”。

在这个意义上，新近流行的文艺作品，就是这个时代的“文化密码”，反映了多数人的文化价值观，是人们认识当前社会的“文化标本”。密切关注老百姓喜闻乐见的文化娱乐产品和文化名人，让文化“越界”和社会紧密联系，是“大文化”新闻的本质要求。

这几年《南方日报》的文化报道被业界公认领先广州同城媒体，文化报道最大的创新就是视野不再局限在广东，而是关注全国有影响的文化事件和文化人物，通过他们解读这个时代的心灵密码。

文化版确定选题的首要依据是影响力。文体新闻中心一直坚持关注文化名人，策划了“大家有约”系列专访，连续推出了余秋雨、王蒙、贾平凹、白先勇、柏杨、李敖、易中天、于丹、余华等文化名人的独家专访，被各大网站广泛转载，取得了很大的社会反响。同时也密切关注全国有影响的文化事件，独家采访了《江泽民传》的作者库恩等，在巴金、廖冰兄、浩然、魏巍等文化名人去世时，精心策划纪念专题，都受到了读者的好评。

走出广东，抓住有影响力的人和事，再经营出高度和深度，成为文体新闻中心这几年在文化新闻报道中摸索出的一条成功经验。

在全国省委机关报中，只有南方日报办《娱乐周刊》。一向以正装示人的党报不避媚俗之嫌搞娱乐，因为南方报人相信，无论时代如何改变，人们对影视、音乐、美术、文学、戏剧等文化艺术生活的需求不会改变；无论形而上的内容如何改变，人们对精神家园的眷恋不会改变；无论娱乐的方式如何改变，人们对快乐、幽默、轻松的天然喜爱不会改变。

党报办娱乐版，困难更多地存在于方法论，既要好看又要有格调，文体新闻中心创新的办法是“乐而不淫”：做到幽默而不是恶俗，关怀而不是窥视，有格调而不是拿腔拿调。

在选题上，文体新闻中心重点关注公务员和白领爱看的有艺术价值的娱乐作品和有艺术追求的明星，独家探班《梅兰芳》、《落叶归根》、《赤壁》等大制作，独家专访了赵本山、李幼斌、汪涵、王宝强等最受老百姓喜爱的明星，使《南方日报》的娱乐新闻跟着街谈巷议的热点走。设置“疯狂的舌头”、“参考消息”等栏目，通过有趣的点评，增强可读性；在同城媒体中首办《图酷》版，用新闻图片故事化的手段增强娱乐效果。而一旦碰到“艳照门”、“杨丽娟追星”等已成为社会事件的娱乐新闻，则约请相关的权威专家深入解读事件背后的社会意义，并配发高水准的言论体现《南方日报》的“高度”。

党报办娱乐版，南方日报还是蹒跚起步，但因为有了娱乐版和《娱乐周刊》，读者评价《南方日报》变得更亲切更年轻也更好看了。

第六节　争夺区域市场，党报走市场的必由之路

为有效探索党报走市场之路，2003年12月12日，南方日报推出《珠三角新闻》，拉开南方日报珠三角战略大幕。近6年来，南方日报珠三角新闻中心积极探索省级党报走市场之路，取得了丰硕成果。

一、“得珠三角者得天下”

20世纪90年代后期，我国的报刊市场发生很大变化，都市类报纸异军突起，省级党报遭遇严峻挑战，影响力锐减、发行下滑、广告下挫，特别是在中心城市，省级党报的生存空间已被挤压到“喘不过气来了”的地步。《南方日报》也不例外，发行、广告均受到较大冲击。如何应对如此困局，成了全国各省级党报老总们伤头伤神的头等大事。经过8个月的调研，南方日报于2002年8月6日全新改扩版，确立“高度决定影响力”的办报理念，决意将南方日报打造成为华南地区主流政经媒体。

实践证明，南方日报此次改版取得巨大成功，社会影响力和市场竞争力都得到大大的提升。南方日报乘势而上，于2003年8月6日再度改版，增设了投资、IT、汽车、旅游、健康、成长六大专业周刊，目光瞄向市场热点。

如此改革还不够。省级党报肩负探索走市场之路的重任，这不仅是落实“三贴近”的要求，也是报纸自身发展的必然需求。珠三角是中国经济最活跃的地区之一，见证着中国改革开放的辉煌，而且进步仍在继续。时任总编辑杨兴锋多次指出：“得珠三角者得天下”，南方日报走市场，不可能放弃珠三角这一重要阵地。事实上，对珠三角新闻和市场的争夺，近年来也一直是省级媒体与各地方媒体改革发展的重中之重。

南方日报珠三角新闻中心的成立以及《珠三角新闻》版的创办，正是在这样的背景下诞生的。她一出生，就扮演着在新时期探索省级党报走市场的排头兵这一重要角色。

二、以最适合党报定位的民生新闻贴近珠三角

南方日报要通过什么样的新闻来贴近珠三角各级城市？

在竞争理论里，企业要成功，要不靠差异化，要不靠低成本扩张。南方日报不可能走低成本扩张之路，只能靠差异化赢得竞争。2002年改版前的广东报刊市场上，综合类报纸有七八家，如果南方日报走同质化道路，那么也只能是这七八家的一分子；如果走差异化之路，就跟它们拉开了差距。南方日报提出了“高度决定影响力”的办报理念，解决了报纸的定位、报纸的品质、报纸

面向的读者的问题。

南方日报的定位决定了珠三角新闻在贴近珠三角各级城市的时候，不应该采取都市类报纸以社会新闻主打的新闻操作模式，而必须坚持做“最适合党报定位的新闻”。也就是说，南方日报贴近珠三角，不是一味地迎合本土，而是在熟悉本土特性的基础上，发挥南方日报“主流和权威”的核心竞争力，实现“有高度的贴近”。

明确了珠三角做“最适合党报定位的新闻”，南方日报提出做“最适合新闻规律的新闻”，这就是要按新闻规律办事，要按做新闻的方式来做宣传。

怎么做？“必读的民生新闻”是突破口！

“民生新闻”往往给人误会并等同于“社会新闻”。事实上，“民生新闻”既是一种报道的题材，更是一种处理和包装新闻的立场和视角。民生新闻可以分成大民生新闻和小民生新闻两种。小民生新闻指的是与读者生活直接相关的题材，比如说天气冷了，菜价贵了等等一类；大民生新闻，则是那种未必与民生直接相关，但完全可以从民生角度出发来阐释，找到相关点，找到切合点的新闻，其领域十分宽泛，政治、经济、文化、体育无所不包。

政府宣传不能回避，经济报道不可丢弃。贴近珠三角，不能仅停留在“小民生”新闻上的贴近，对政府部门传递出来的“大民生”政策、规章、动作等新闻，更要“有高度地贴近”。正是站在“大民生新闻”的立场，对珠三角各级政府的宣传，按照党报的定位去解读，按照新闻规律的要求去操作，因此，《珠三角新闻》版扣住了读者的关注点，宣传的效果通过新闻的形式得以最有效地展现。

做“必读的民生新闻”，成为南方日报《珠三角新闻》版贴近各级城市的有效切入点及核心竞争力所在。经过采编的共同努力，《珠三角新闻》版在开办短短几个月里，就先后推出一批在珠三角各地读者群中引起强烈关注的必读民生新闻，比如广州的《市场九成豆腐姓“黑”》、《儿童中铅毒还是有人中钱毒？》、《越秀区全城搜寻165名退休职工》、《为三千双特困户寻找住房》，深圳的《鹏城河水越来越黑，怎么办？》、《银商之争》，佛山的车改以及南海并镇报道，东莞的《民生八问》、《私家车非法搞运营》，等等。

《珠三角新闻》版还特别重视面向整个珠三角的新闻报道。珠三角新闻中心的决策者认为，加强面向整个珠三角新闻的策划报道，是体现南方日报“有高度的贴近”的重大操作思路，是南方日报应对珠三角新闻竞争的差异化手段。做好做足面向整个珠三角新闻的策划报道，在新闻“落地”的同时提供更开阔的视野，将“本土”与“深度”、“高度”有机地结合，形成南方日报的差异化竞争优势，给南方日报贴近二级市场找准了一条行之有效的路子。比如推出的《我家何时用上直饮水？》、《“六不准”难挡南下民工潮》、《交通拥堵：城市之痛》、《流浪乞讨，城市不得不说的痛》、《楼巴，想说爱你不容易》、《LNG，珠三角期待2006》等面向整个珠三角的策划报道，以更开阔的视角审视珠三角这片生机勃勃的热土在发展过程中共同面对的现实话题，从更有高度的广阔层面探索珠三角城市群在现代化进程所需应对的发展瓶颈。

实践证明，在做“最适合党报定位的新闻”、“最适合新闻规律的新闻”的指引下，做好必读的“小民生新闻”和“大民生新闻”，是南方日报新时期探索党报走市场的核心竞争力和有效模式。

三、《观察》+《视窗》：南方日报在珠三角全面落地

开辟《珠三角新闻》版，实施珠三角战略，是全新的改革思路。南方日报谨慎、稳妥推进这一改革，先期以8个版的规模介入珠三角新闻报道，其中除了封面版外，广州版2个，深圳版2个，佛山、东莞各1个，惠州、中山、珠海、肇庆、江门五市综合新闻版1个（后来调整为五市周一至周五轮流各占1个版）。

然而，就凭着每天1—2个版的本地新闻，南方日报要在珠三角各级城市真正“落地”有很大困难。因为，在日益强调本土即主流的时代，用这么一点版面与地市级几个版甚至十几个版的当地新闻版“打拼”，是不太现实的。在详细调研和深入研究后，珠三角新闻中心决定逐步摸索新路径：在继续经营好《珠三角新闻》版的同时，从2004年6月起，陆续推出佛山、东莞、深圳、江门四地《观察》周刊。

南方日报始终牢记党报走市场的关键在于确认自己的核心竞争力所在，必须考虑可持续发展问题。创办更加贴近各级城市的《观察》周刊，就是始终坚持南方日报的新闻品质至上原则，在加强本土新闻报道的同时，更加要求做出新闻的深度和高度。四个《观察》周刊创办以来，分别做出了一些在当地甚至在整个珠三角都颇具影响力的新闻，比如佛山的“村改居”、反倾销等报道，东莞的“升级”、“谁在妖魔化台商”等报道，深圳的《执政为民在深圳》、《黑外卖“四宗罪”》等报道。始终坚持以独家的新闻视角、独家的处理方式，加强对本地新闻的资源整合，做深做透本地新闻，是南方日报贴近各级城市的制胜法宝。

最大最有力的“变阵”发生在2006年3月28日，《珠三角新闻》版里的广州、深圳、佛山、东莞等4个地方专版，分别更名为《广州新闻》、《深圳观察》、《佛山观察》和《东莞观察》，分别扩大并“独立”——逢周二到周五，每天各出4至12个版。随后，《江门观察》也由周刊“变阵”为周二刊。2007年9月6日，《中山观察》推出。由此，南方日报以上述六大《观察》为平台，继续坚持“大民生”的理念和操作方式，更加强调“本土”和“专业”，从而全面进入珠三角各级市场。

改革继续朝前。珠三角新闻中心认识到，社会化程度越高，区域化特征越明显；市场化程度越高，市场划分更精细；规模化趋势越强烈，专业化分工更明确。报纸只有进一步贴近细分了的读者和市场，更加专业化，才能真正“落地”，才能成为市场的强者。为此，南方日报在继续做好六大市级《观察》的基础上，衍生出深圳的宝安、龙岗，佛山的禅城、顺德、南海、三水，东莞的沿海、东部，中山的小榄等《视窗》周刊，以及广州的荔湾、海珠，佛山的高明、容桂，东莞的塘厦等新闻专版。树状结构的新闻产品，使南方日报在珠三角各级城市牢牢地扎根、成长并开花、结果。

四、特刊+活动：以最适合区域市场的新闻撬动市场

南方日报以积极进取的姿态主动进入珠三角城市，以一系列改革贴近市场，触动了当地媒体的改革神经，同时也激发了他们的改革热情。南方日报要想保住在珠三角城市的"地盘"并不断"开疆拓土"，获得社会效益和经济效益的双赢，就必须继续奔跑、不断创新。

打造地方区域版块，这是报业扩张的手段之一。怎样让南方日报的核心竞争力在贴近各级城市的进程中绽放得更加突出，更加被市场认可，成了珠三角新闻中心上上下下更进一步思考的问题。经不断探索，在总结做"最适合党报定位的新闻"、"最适合新闻规律的新闻"成功经验的基础上，"做最适合区域市场的新闻"的理念便水到渠成地诞生了。

基于此，珠三角新闻中心首先对系列《观察》和《视窗》的版面设置进行了调整：按照专业化的要求、区域市场的特点和各版块的主攻方向设置专版。如《深圳观察》的《财富周刊》设置了《教育》、《资讯》等专版，逐步有效地介入深圳行业市场，在扩大影响力的同时不断扩大商业广告份额。《佛山观察》为因应广佛同城化的需要，设置《广佛财富》周刊，全面介入广佛一体化市场，目前，该周刊已逐步产生影响和良好效益。此外，《东莞观察》、《江门观察》、《中山观察》等也不断针对市场变化调整行业版面，从而更精准地撬动区域市场。

"包装珠三角"、"包装区域市场"是珠三角新闻中心及各记者站常用的重要手段。南方日报走市场始终应该牢记自身的核心竞争力和根本的优势，那就是其高度和权威，是对主流政经报道的独树一帜。在实践中，探索出以大型特刊"有效包装"市场的方法。其中，珠三角各地特刊的巨大竞争力应该表现在对主流政经的深度报道和全面包装，这就是南方日报区别于其他报纸的最大特色，也成了南方日报差异化竞争的着力点。

南方日报珠三角新闻中心这几年推出的《南海虎威》系列特刊、《珠三角竞争力年度报告》，以及《创意禅城》、《顺德龙腾》、《激荡西江》、《三水新动力》、《佛山风雅颂》、《深圳向前》、《东莞软实力》、《文明中山》、《江门年度大赏》等众多特刊，均为南方日报贴近珠三角各级城市进行了有益的探索和实践。

除了出版特刊，举办活动也是这几年珠三角新闻中心不断尝试、运用的以新闻带动市场的策略之一。通过举办论坛、房展、车展等活动，既扩大了南方日报在读者中的影响力，也给经营带来不错的效益。近年来，南方日报珠三角新闻中心已举办了"佛山反倾销论坛"、"珠三角房地产高峰论坛"、"深圳文化领袖论坛"、"广佛肇高峰论坛"、"东莞十大明星楼盘评选"、

"五邑永不落幕的车展"、"江门车模大赛"、"中山车展"等数十场活动，形成新闻报道与市场经营的双赢格局。

"深耕珠三角"！南方日报社社长杨兴锋一再要求：必须深化珠三角战略，这是南方日报进一步发展壮大的根本。6年的实践使南方日报确立"必读民生新闻"的操作理念，做"最适合的新闻"（最适合党报定位、最适合新闻规律和最适合区域市场的新闻），南方日报在珠三角各市实现了新闻的贴近；珠三角地区的报纸发行量增长十几万份，南方日报的影响力渗透到包括广州、深圳等中心城市在内的珠三角各市、区、街道、社区和行业市场；广告市场取得有效的开拓，珠三角新闻中心下属9个记者站（办事处）的广告额从2003年的400多万元增至2008年的6200多万元。

第七节　批评报道的大局意识和道义担当

新闻总是与时代息息相关。不仅新闻的内容和形式会打上深深的时代烙印，连新闻的思维、专有词语、生长环境，乃至新闻机构的沿革，都无不随着时代的前行而流变不居。因此新闻是一个可以怀旧但决不可恋旧的领域，这一点往往让新闻人又爱又恨。

采访线索直接来自读者和群众的新闻一直是南方日报新闻族类中的重要一员。来自群众的新闻最鲜活也最尖锐，最直接地反映着现实生活中的矛盾与冲突，无论是从增强权威性还是可读性的角度，无论是谈到机关报为群众鼓与呼的责任和"三贴近"的原则，还是谋划党报走市场打造报业旗舰的突破，此类新闻都是报纸的必选项。

随着时代的发展和南方日报改革的推进，此类新闻的内容、形式以及相应机构的设置，也在不断地演进，特别是南方日报改版以来，此类新闻涵盖的内容更加丰富，形式也更加灵活。

曾经，报社负责接待群众来信来访的部门叫做群工部，全称群众工作部。此时南方日报"机关"的色彩还比较浓厚，不仅要办报，还要担负做群众工作，为群众解决难题的责任。此时的群工部更像是政府的信访部门。据老同志回忆，"文革"刚结束时，群工部每天收到的信可以装几麻袋，主要是一些要求平反冤假错案的材料。

群工部后改称读者来信部，机关的色彩淡了一些，更强调报纸与读者的关系，从侧重于做群众工作转变为侧重于做新闻，从主观色彩较浓的反映群众呼声到更注重新闻事实的客观准确，以理性的态度促成事件的解决。当时此类新闻统称为批评报道。

一、批评报道的光辉岁月

20世纪80年代和90年代，南方日报迎来了批评报道的一个高潮，《"三菱"万里旅行记》、《张副主任的"本事"和"花园别墅"》、《林敬宜到本报深圳记者站闹事》、《海丰县原县委书记王仲利用职权攫取大量走私物资被责令停职交待》、《群众揭发信挫败了弄权作假者图谋》，以及后来的化州市领导以权谋房、广州某公司骗取高考落榜生数千万元、雷州"7·11"海难事件、雷州市水利局官职"大批发"、恩平市人事局长抗洪时携家眷临阵脱逃等一系列在全省乃至全国都有较大影响的批评报道相继见报。中国新闻奖也拿了好几个。

那时的南方日报成了广东新闻界搞批评、揭黑幕的标杆单位。而读者来信部的记者也成为报社同事羡慕的对象——他们虽然每天下乡弄得灰头土脸，但总是能拿回“猛料”。

总结起来，铸就辉煌应有以下几个原因：

一是报社的重视。当时报社将批评报道作为南方日报的三个拳头产品之一重点培育，几乎每隔一段时间就有批评报道可以站上《南方日报》头版头条的位置，这对记者的鼓舞是不言而喻的。而一旦抓到了重大新闻，则整个报社的力量都会被动员起来，连续报道。以雷州“7・11”海难中水产局渔政船见死不救事件的报道为例，《南方日报》从率先披露到最后公布有关部门的查处结果，半个多月时间里每天在一版都有事件的相关报道，前方记者采访当事人，后方的同事则采访省有关部门、专家，编发读者来信，老总亲自配发评论。没有报社的后援，仅凭记者的热情是很难造成那样大的声势的。

二是当时南方日报对批评报道的认识和理论建设方面确实是先人一步的。提出批评报道也要按新闻规律办事，也要讲时效性和可读性。以事件性报道为主，同时也要客观理性和观点平衡，不能高高在上和过于情绪化，应抓住主要矛盾，不纠缠于细枝末节，稿件要简洁，抓领导机关和老百姓的共同关注点，以利于事件的解决。

这些原则不仅让南方日报的批评报道取得了成功，而且避免了因细节不准确和语言过激可能引发的麻烦。当时读者来信部虽然搞了很多批评报道，被批评对象有受处分撤职的，甚至有进监狱的，但几乎没有被人告过，原因就在于采写都比较扎实，事实依据准确。

三是当时整个社会的氛围也是有利于批评报道的。当时无论是新闻界本身还是社会大众，都热切欢迎和期望批评报道，老百姓非常相信甚至于迷信新闻媒体的作用，认为很多事一见报就能解决。当时民间也活跃着一批很有能量的报料人，掌握着很多内幕，不断地向新闻单位报料。

四是当时的读者来信部的确会聚了一批既有新闻理想又踏实肯干，同时又有较高理论水平和文字功底的新闻人。

20世纪90年代，不仅是《南方日报》的批评报道搞得有声有色，各个新闻单位都在努力推出有影响的批评报道，中央电视台的“焦点访谈”，南方周末的批评报道，广东电视台的“新闻纵横”等栏目也都是一时之盛，说90年代是新闻界的“批评报道时代”也不为过。

一个所谓“时代”的出现总是有着各种因素的作用，是要讲些因缘际会的。随着社会现实与思潮以及环境的变化，这个“时代”渐渐褪色也是很自然的事情，不必太多的留恋，好在总有一个新的时代在前面等着我们。

进入21世纪，批评报道这种形式也在演变和丰富。连“批评报道”这个名词也在逐渐淡化，起而代之的是舆论监督报道。舆论监督报道无疑是脱胎于批评报道，但又不简单等同。从内容上看，它比批评报道有更广泛的外延，除了批评，还包括质疑和建议；从词义上看，它少了一些火药味和咄咄逼人的气势，更适合新时代的表述习惯。

二、“南方热线”拉近了党报和读者的距离

2000年前后，“报料新闻”这一名词开始浮出水面，并迅速风靡了整个广东新闻界，各报纸、电台、电视台纷纷设立了自己的报料热线。报料新闻并不是一种新的新闻式样，而是从新闻来源方面进行的定义，主要是指读者通过打电话的方式给新闻单位提供线索而来的新闻。报料新闻的繁荣与手机等现代通信技术的普及密不可分，与此同时，读者来信来访的数量却在逐渐下降。

一时之间，媒体如同发现了新的宝藏，新闻线索变得如此之广，几乎每一个路人都是潜在的通讯员。群众的报料五花八门，包含了各种新闻素材。但电话报料即时性的特点，决定了媒体得力最多、做得最多的还是突发事件新闻。

南方日报是较早设立报料电话的新闻单位之一。早在1997年，广州新闻部就开始在报纸上公布新闻热线电话和记者的BP机号码，设立“欢迎你呼我”专栏，专做报料新闻。1998年，南方日报在采编中心设立了“南方热线”，作为全报社的报料电话向读者公布。以前，读者来信部的同事虽然也经常接到读者打来电话反映情况，但并没有设立专门的热线电话。

“报料新闻”也起到舆论监督的作用，与20世纪90年代不同的是，读者与报社的联系更方便，更直接了。

“南方热线”设立以后，进一步拉近了党报和读者的距离，读者反映问题也更加方便，一批贴近群众、较有影响的民生和舆论监督新闻也就此诞生。不过由于此时对报料新闻的特点还处在摸索阶段，存在一些制度上的不完善，比如由记者值班接听报料电话，记者接到“猛料”却无法马上去采访，更重要的是没有设立报料人的奖励制度，导致读者对街头突发事件的报料积极性不高，来电反映的基本还是其自身遇到的问题。热线电话没有充分发挥其即时性的特点，基本上成为来信来访的一种补充。

三、报料新闻是舆论监督之源

南方日报从2002年8月6日进行了全新的改版，开始探索党报走市场的路子，提出了“高度决定影响力”的办报理念。此时都市类报纸的报料新闻已搞得如火如荼。这些都市类报纸建立了对报料人的奖励制度，极大激发了市民报料的积极性，特别是社会突发事件的报料剧增，突发事件新闻也渐渐成为报料新闻的主角。

在这种情况下，对于南方日报还要不要保留报料新闻却引发了一场争论。有观点认为，既然办报理念是“高度决定影响力”，那就集中精力做好政经新闻算了，那些琐碎的报料新闻不要也罢。但报社领导认为，报料新闻是发生在百姓身边的新闻，老百姓关注度高，党报要走市场就不应放弃这一与读者关系密切的新闻。何况随着新通信技术的发展，读者来信来访的数量在萎缩，电话报料成为读者与报社联系的主要渠道，如果丢掉这一块，舆论监督也会成为无源之水。新闻的“高”与“低”不仅在于新闻事件的大小，更在于新闻的视角和做新闻的手法，南方日报的报料新闻同样可以做出“高度”。

2004年，南方日报同时设立了呼叫工作室和快速反应工作室，专门负责报料新闻工作。

呼叫工作室隶属于行政部，招聘专职的接线员负责报料电话的接听和记录，再将电话内容上传到内部的报料平台上，而快速反应工作室属于编辑部，主要负责报料新闻的采写工作。两部门分工合作，都是24小时全天候运作。同时出台了报料人的奖励办法等基本制度。

这些符合报料新闻特性的相关部门和基本制度的建立，让南方日报的报料新闻出现了崭新的局面。南方日报读者的积极性被调动起来，每天的报料条数平均能达到80多条，多的时候100多条，这些数字对一份都市类报纸也许不算什么，但对省委机关报来说却是难能可贵。南方日报与读者的距离第一次如此贴近，沟通第一次如此便捷迅速。各地特别是广州发生的重大突发事件南方日报一般都可以接到报料，而记者无论在什么时间接到报料通知，都会第一时间赶到现场采访，毫不逊色于都市类报纸。南方日报之前经常漏报重大突发新闻的短板得到了弥补。

为保证报料新闻的人员配备，报社每年都从招来的大学毕业生中选派人员补充快速反应工作室。年青人热情高体力好，更适合24小时随时出动的报料新闻工作，艰苦的采访也磨炼了人，为报社培养了一批优秀的后备人才。报社还为报料新闻配备了专车和专职的摄影记者，保证了时效性。除专门的报料新闻记者，报社各部门和各记者站的人员也都积极配合，值班社委每天过问报料新闻的情况。

在采写报料新闻中，采编人员也遵循了做有“高度”的报料新闻的原则，更注重深层原因的追问和反映有关部门对事件的处理。在对一起塌楼事件的报道中，在对现场进行描写的同时，记者重点采访了房管局等相关部门，追问楼房倒塌的原因以及防止类似事件发生的措施；在采访一起中学校长为报复家长杀死自己学生的恶性案件中，记者采访了“杀人”校长的熟人和老乡，全面反映了杀人者的经历和性格，让读者了解其全貌，了解其杀人的真正动机和原因。

2007年7月，南方日报接到一则新奇的报料，报料人是一名抢夺团体的成员，却因读了报纸上一位警察的英雄事迹而被感动，决心改邪归正，给报社打电话想要揭发抢夺团伙的内幕。南方日报在经过暗访证实了报料人的说法之后，没有贸然发稿，而是与公安部门取得了联系，得到他们的支持。根据报料人的线索对团伙成员采取了抓捕行为，此时稿件才开始见报，报道不仅有报料人的故事，还有警方抓捕行动的描写，并逐步将报道引向流动人员管理、建立有效救助机制等深层次问题。整个系列报道既有可读性，又反映了主流政经大报的权威性和社会责任感。

目前，南方日报舆论监督报道的工作实际上分成了几块。原来老读者来信部的人员在并入地方新闻中心之后，仍然在通过来信来访以及记者已建立的联系发掘着线索，或通过内参或通过“民意”等版面继续着舆论监督的工作。而新成立的机动部的记者也在从电话报料中发现舆论监督线索。同时其他部门的记者也不时会有一些这方面的报道。舆论监督进入一种分散化、常态化、理性化的状态。

从读者来信来访到电话报料，南方日报与读者沟通联系的形式一直在演进，然而服务于读者，做直接来自读者的新闻、做读者身边新闻的拳拳之心始终如一。

第八节　做有深度的报料新闻

在党报系统中，机动记者部是一个“异类”，它是报社唯一不跑线的新闻采访部门，没有了线条的滋养和羁绊，它能跳出某个具体领域，跳出单一条线，站在更高、更宽、更洒脱的视野上来报道。它的存在类似于军队中的特种兵，要做的是报社新闻报道的排头兵。

但同时，机动记者部又因为没有条线，很容易成为无源之水，无本之木，失去生存的基础，从而归于沉寂。南方日报机动记者部所经历的几次沉浮暗合的就是这样一个逻辑。

南方日报在近十几年来，一直在探索机动记者的设置，机动记者设置的变化也反映了报纸改革的一种轨迹。

这种轨迹就是报纸尤其是党报如何一步步从当年的计划经济体制走到现在的相对比较健全的市场经济体制的过程。当年的机动记者组为什么一有报道，就会被别人指责踩了人家的线，而现在却鲜有人说，你踩了他的线。这中间正体现的是一种市场逻辑。

南方日报一直在探索机动记者的设置也说明了南方日报一直以来对新闻的不懈追求。实际上，在20世纪90年代，邓小平视察南方以后，不少报社尤其是党报都设置了机动记者部，但多数都没有能坚持下来，除去线索来源问题以外，更重要的原因是对党报要不要更多追求新闻性存在摇摆的现象。

一、市场经济促使南方日报创设机动记者组

南方日报成立机动记者部（组）其实是市场经济兴起之后才有的事情。在原来计划经济体制下，报纸的设置也是“计划”的，每个条线都有相对应的部门，不多也不少。

所做的报道也是强调作为机关报，代表党委的宣传指导功能，宣传党的路线方针政策，又反映群众的声音，在这个互动里面起到了指导工作的作用。在计划经济时代，除去条块，可以独立操作的新闻空间非常小，自然也没有机动记者部（组）存在的必要。

转折来自1992年邓小平视察南方，自此之后，市场经济大潮开始席卷中国，尤其是在处于改革开放前沿的广东，市场经济与报业改革更是风头正劲。

在这个时候，原来按照条块分割的报社部门设置渐渐出现了不能适应这种变化的情况，设置一个超脱于各个部门与条线的部门显得迫切起来。

20世纪90年代初，在参与全国“两

会”报道时，南方日报开设了“广东厅在沉思”栏目，实现了当时全国“两会”深度报道的突破，报道在当时反响很大。还有一组报道，是为印证当时广东省委书记谢非同志提出的设立珠三角经济区设想，时任南方日报编委的杨兴锋带着5位记者在珠三角跑了一圈，花了一个多月，写下了《珠江三角洲经济区走笔》系列报道，这组报道出来后同样影响非常大。

由于当时报社各部门都在埋头跑日常新闻，但要体现南方日报的特色，体现省委机关报的影响力，还是要靠深度报道。通过这两个事例，报社坚定了设立机动记者组的决心。

于是，南方日报于1994年成立了机动记者组。机动记者组的成立，在广东新闻界引起了较大反响，当时只要有重大的新闻策划报道，报社都交给机动记者组做。带队的往往是老总，所做的报道很有分量，基本上是头版头条。那时机动记者组虽然兵力少，但抓了一批好题目。

由于当时刚刚由计划经济体制转向市场经济体制，条块分割的观念根深蒂固，机动记者组运作实为不易。

二、深度与报料有机结合，打造党报新闻报道排头兵

进入21世纪，新闻竞争环境已经与原来有很大的不同，市场化媒体已经兴起，即使是广州的报纸，大家报道的范围也不仅仅是局限于广东一省一地了。

南方日报机动记者部也遵循新闻与市场规律，试图从跑线利益纠葛相对较轻的全国新闻与策划新闻着手来运作，尽量避免与跑线部门发生冲突。当时的机动记者部开始纳入报料新闻，但当时的报料主要还是由机动记者部记录后分流到各个跑线部门，只有别人不跑的料，才由机动记者来跑。

但这显然不能满足机动记者部的胃口，也不符合成立机动记者部的初衷。由此，机动记者部开始策划一些重大报道，把视野扩大至全国，打了几场新闻大仗，无论是西部大开发采访、迎接新千年系列报道，还是三峡移民报道，都产生了较大的影响。这些报道为南方日报的新闻品质提高作出积极贡献，也为机动记者部赢得了更大的生存空间。

但后来报社实施大部门制，成立了一个当时南方日报最大的部门——区域新闻中心，这个中心囊括了很多的部门，机动记者部也被并入了这个中心，另称为专题工作室与呼叫新闻工作室。

2007年10月，《南方日报》进行第六次改版。此时，加强南方日报的深度报道的呼声再次赢得了大家的认同。

杨兴锋社长在总结当前媒体竞争趋势的时候判断，当下媒体竞争的核心有八个字：迅速、海量、互动、深度。他认为，在这八个字中前六个字都被以互联网为代表的新媒体所占有了，平面媒体能占有的只能是深度。

因此，南方日报再次成立机动记者部。该部门依然是兼顾做深度报道与报料新闻，部门再细分为深度报道组与突发新闻组，协同负责深度报道与报料新闻。

此次机动记者部的成立，彻底把新闻视野放大，在全国性甚至全球性的大事件中，保持敏锐的反应能力和强悍的报道能力。重大事件除了保证不缺席，还追求第一解释权和第一叙述权。争取让党报在众声嘈杂中能发出明确且响亮的声音。

在新闻产品结构链上，打造出了“一般报料新闻——重大突发新闻——南方调查——深度报道——内参”的产品结构体系。不仅深化了报料新闻的层次，也从一定程度上解决了深度报道选题来源的问题。

机动记者部对深度报道的选题理念是：扎根广东，关切中国。紧追热点，透视冰点。特别是坚持做“广东深度”。 广东是南方日报的根。在广东，南方日报既有丰富的新闻报道线索，也有便捷的采访条件，更有强大的报道影响力。

机动记者部主要从以下几个方面入手挖掘广东的新闻选题：

一是密切关注新闻报料。利用机动记者部负责全省报料新闻的优势，挖掘报料新闻中的深度题材。

二是密切联系跑线记者。与南方周末等报纸不同，南方日报的新闻资源多掌握在跑线记者手中，他们对广东的各行各业都很熟悉，不少新闻线索都是从他们这里来的。

三是注意到广东省各个地市论坛抓题目。借助这些论坛的线索，机动记者部重点打造了“网视焦点”栏目。

四是与南方农村报展开密切合作。南方农村报关注基层，与他们合作，明显地延伸了机关报深度报道的新闻触角。

近两年的实践证明，什么时候很好地坚持了上面四条，什么时候的广东深度报道就会做得比较出彩。

舆论监督曾是南方日报的“三大拳头产品”之一，而深度新闻的本质属性之一就是调查新闻。实践证明，具有舆论监督性质的调查报道是最有威力的深度报道。

报社为深度新闻开设了具有舆论监督功能的“南方调查”子栏目，先后推出了《联合国友好理事会疑为“洋人牙防组”》、《信用卡套现的秘密江湖》、《广东中小企业遭遇离奇跨省追罚》等大量舆论监督报道。

《南方日报》刊发《广东中小企业遭遇离奇跨省追罚》一稿后，引起了湖南省委、省政府的高度重视，该省主管工商的副省长特别邀请南方日报记者前去调查整治情况，一批涉案官员被撤职。

《联合国友好理事会疑为“洋人牙防组”》一稿刊出后，联合国专门调查有关情况，并在《南方日报》上澄清联合国友好理事会与联合国无关。

《从SARS果子狸到红烧果子狸》一稿刊出后，广东有关方面展开了大规模的拯救野生动物行动，严查贩卖野生动物的违法行为，关闭了涉案的动物交易市场。

《20年恶疾谜团笼罩廉江小村》一稿在当地引起巨大反响，该市市委书记等主要领导第二天就赶到报道中的癌症村考察，并立即组织有关方面给村民检查病情，还按照村民意愿，承诺解决村庄的问题。

《广东江河水》是一个系列深度报道，记者们经过四个多月艰苦采访，走遍了广东所有大江大河，行程数千公里，呈现出一条条江河的真实现状以及沿岸居民的生存百态，并对其“病理”逐一问诊，客观、理性探讨广东江河水的治理。报道还启动了“文字+视频+网络”方式，不仅仅有文字、图片，更有视频和网络报道，通过全媒体扩大了深度报道的影响。

报料与深度结合，解决了深度报道的一些信息来源，同时，南方日报坚持做有深度的报料新闻，以及突发新闻的深度透视，并把视野开拓到国内、国际。

《为什么一场风暴夺走这么多生命？》、《阜阳：怪病背后的怪状》、《杀人者陈文真灰色少年史》、《珠海“杀人”泥头车事件中的心理末路》、《北江河盗》、《夺命9路车公共安全之镜》等作品是《南方日报》做此类报道的典型作品。

此类报道，首先是具有重大突发新闻的特点，同时又具有深度报道的可延展性，值得花力气做深做透，因此必须抢在第一时间告诉读者突发新闻背后的东西。

尤其以《为什么一场风暴夺走这么多生命？》这篇稿件为代表。为什么一场风暴夺走这么多生命？这是缅甸风暴发生后，全世界的疑问。《南方日报》作为中国媒体，率先向世界回答这个问题。这也就是为什么这篇文章刊出后，能马上占据各大网站的头版重要位置的原因。这是一次以生命为赌注的亲历式采访，具备突发新闻报道应具有的勇敢、迅速、准确、全面的全部品质，这对一份地方党报来说难能可贵。

杨兴锋社长说，机动记者部把报料和深度结合起来，一方面是解决了报料新闻的短板，南方日报的报料新闻，不是就事论事，而是力求做出深度；同时，又解决了深度新闻的选题来源，机动记者部可以从报料线索中发掘深度选题。

经过一年多的努力，机动记者部全力打造的“深度”栏目获得了广东新闻奖一等奖。在报料新闻上，南方日报开省级党报先河，创设了《报料》新闻版，每天刊登大量鲜活的社会新闻。

三、用新闻说话，用业绩说话

南方日报自从1994年成立机动记者组以来，经过几次的改革，参与机动记者部工作的编辑记者，归纳出了五个方面的经验。

1.机动记者部的工作要用新闻说话，用业绩说话。干出了成绩之后，大家认可了，部门的生存与发展空间就会宽松很多。因为在南方日报的资源谱系中，机动记者部是最没有资源的部门之一，这个部门必须得到报社领导的高度重视，并进行一定采编资源的倾斜，才能取得大的成绩。

2.一定要有积极有为的思想。不能缩手缩脚，不能因为怕踩线，怕得罪人就放弃对新闻的追求和努力。既然在机动记者部的位置上，就是要去冲和闯的，怕得罪人，想省事，就干不好。

3.要强化策划意识、精品意识、深度意识。因为其他部门是各守一方，报社的目的就是要让机动记者部用一种特别的视角把一些相关部门都在做，但是他们单独做又不太全面的东西做深做透。机动记者部的记者虽然没有丰富的线条资源，却有可以自主灵活支配的时间资源，可以扩大视野，精耕细作。机动记者部的记者，要有能力跳出广东这个区域，有能力跳出各个单一领域，有能力跳出一般具体事件，面向国内、国际，面向未来，甚至回头看，写出有历史纵深的稿件来，发掘其独特的新闻价值。

4. 要敢于创新。要研究现代传媒发展的最新特点，不断创新新闻报道的品种。比如，报料新闻，是原来没有的，先设一个电话，然后接受报料，变成一个重要的新闻类别。现在，机动记者部要在新媒体上率先尝试，重点做好滚动报道。目前，南方日报几乎天天都有突发的滚动报道即时上网。

5. 人才是关键。机动记者部是一个对人才"依存度"很高的部门。一个题目交给不同的人去做结果肯定不一样。没有一个题目不能做成"深度"，关键是写得怎么样，讲了什么故事，打了什么标题，做出了什么版面，核心问题就是人才。从这个意义上讲，机动记者部是特殊岗位锻造特殊人才。具体算起来，机动部的人员规模一直都不大，但为报社贡献了不少人才。从社长到社委，从系列报总编辑到部门主任，不少都是从机动记者部走出来的。

考察机动记者部发展的过程，可以发现这样一个现象，那就是到机动记者部工作的记者多有对新闻理想的执著追求，这种追求促进了记者的新闻创作欲望，而良好的新闻业务氛围，给了有新闻理想的记者成长的空间，提升了报纸的新闻品质，并推动了党报新闻改革，促进了报纸走向市场。

第九节 强化视觉设计元素，打造高端品牌形象

南方日报的视觉新闻中心以及视觉观念，形成于2003年，成熟于2005年。从架构上来说，这个集合了新闻摄影记者、图片编辑、版式设计、图表制作、插图甚至电子报、报纸形象广告等所有视觉设计元素的部门是南方日报最年轻的新生力量，但它的核心摄影部门和美编部门却是很"古老"了，只不过，在一直受文人思维左右办报理念的报社中，这两个部门向来难逃被分来归去的命运。直到2003年，摄影记者仍是要闻部的成员，而美编是跟随各自版面分属于不同的部门。

一、易读悦读理念催生视觉新闻中心

2000年以后，全国各地蓬勃发展的都市报以大图短文，强烈的视觉冲击力占领了纸质媒体的大半江山。而原先的党报系统也面临越来越市场化的竞争。读者不愿意再看黑压压，新闻不经梳理的版面，他们需要更具有亲和力更易于阅读的报纸。于是，大视觉的运作方式应运而生。

2005年，南方日报视觉新闻中心正式成立，它的建立和完善是南方日报自2002年起的改版的产物。

南方日报在2002年8月6日第一次全面改版时，确立了"高度决定影响力"的办报理念，配合这一理念，从党报定位、运作机制以及版面风格上，进行了一系列配套改革。南方日报在党报系统率先尝试了版面设计的改革，最早引入"窄报"的概念。同时设立了图片总

监、版式总监。改革的版面刚一出来，就广受好评。大胆的第一步是走对了。但是，几年实践下来，问题来了：版面设计质量和风格不稳定，图片选用标准不清晰。文字编辑主导的版面编排经常遭遇个人因素影响。要改变这一境况，改革就得更彻底。

"大视觉"引自企业VI理念、产品包装设计流程手法，它整合了新闻摄影、图片编辑、版式设计、图表制作、插图甚至电子报、报纸形象广告等所有视觉设计元素，以更为专业化的岗位设置、高效化的出版流程及与之相配套的培训、考核、奖罚机制，整体打造报纸的视觉形象品牌。

视觉不是文字报道的辅助工具，而是将新闻产品真正完成的最后一道工序，即如何让读者最充分接受的最后把关者。所以，视觉新闻中心并不是新闻采访的配合部门，而是将新闻生产与总装"出厂"密切衔接的生产部门，它的职责就是出色地包装报纸产品。将图片、视觉设计与版式美编放在同一个框架内进行整合。它们有着同一目标，即如何让读者更容易接受《南方日报》的报道，实现从易读到悦读的转变提升；同时，它们在具体操作中又是有矛盾的，图片与图表、绘图争夺着同一块阵地，性质不同，严格来讲，没有重要性的区别，只有适合领域与表现的区别。如何让它们以最适合的姿态出现，需要权威的制衡。视觉新闻中心所需承担的作用，就是将这几股力量进行有机整合、巧妙制衡，让视觉的效果在报纸上最大化地发挥。

视觉新闻中心集合了原来分散在各编辑部门中的版式设计人员，成立版式工作室，再与原有的管理摄影记者的摄影工作室、管理图片编辑的图片工作室进行整合，成为一个对报纸的视觉包装部分有实际话语权的业务部门。

组建这个中心首先碰到的是精简人员。

2004年前，南方日报每做一个版面除了需要责编，还要美编和排版员。随着电脑操作技术的简化，越来越多的版面制作可以由责编和美编自行完成。因此，通过对年轻工人的再培训和自愿转岗，以及引进更为先进的电脑排版，南方日报将原美编和组版岗位合二为一，所有设计版式直接与责任编辑沟通后设计版面并自己操作，大大提高了组版效率，同时也充分发挥了人力资源潜力，降低了整体出版成本。

第二件事是培养精英化队伍。

视觉新闻中心一直有令人骄傲的专业学习氛围。许多年轻的摄影记者在岗位上实践、交流、学习进步。他们的作品很快就在全国甚至世界级新闻摄影赛中崭露头角，也有人成为国内有名的摄影艺术家。版式加入后，也秉承了这样的传统，注意培养高水平的专业制图、插图人员，从专业培训到考评打分，尽量提供有利于专业发挥的空间，不断完善版式设计人员的知识构成。目前版式设计工作室具有专业制图、插图能力的近10人，并培养和网罗了一支符合《南方日报》版式风格气质的强大插图作者队伍。

摄影记者里组建了机动组。机动组的概念，是将摄影记者的精干力量抽出来，他们不用"跑线"疲于应付日常新闻，平时可以集中精力做一些需要时间完成的图片专题，当遇到大的新闻事件时，他们也是“奔赴前线”的第一人选。这种精英化的操作，让南方日报在许多重大新闻策划与报道中，都走在了全国同行的前列。

二、越来越瘦的报纸

南方日报最直观的变化显然是“变瘦”了，从760到720，再到现在的680，变的不单是尺寸，更是先进的设计理念，还有节省了的成本。

南方日报的视觉形象、版式风格定位为“简明大气、严谨典雅”。

世界流行减肥，报纸也是。不过，审美的标准也是在潜移默化里慢慢改变的。

国际化报型是指美国《纽约时报》等国际知名主流报纸近似黄金分割比（长宽比例为0.6225，680厘米宽）的报型，比国内传统大报通用的对开报型（760厘米宽）显得瘦长，一般叫“窄报”。2002年南方日报将新报型改为720厘米宽（2007年10月26日，南方日报进一步瘦身为680厘米宽），在外形上显得更挺拔、美观，是中国第一家选用“黄金报型”的党报。

一开始的时候，瘦了的《南方日报》让老读者有些不适应，投诉也是有的，内部也有过犹疑。不过，就像现在女孩追求无止尽的瘦一样，如今的680窄报也成了时尚高端的象征。

目前国内外众多报纸的“瘦身运动”，其动力决不仅仅是因为“黄金报型，方便阅读”，也因为它能确确实实节省纸张成本。

三、为什么《南方日报》要选择宋体

每当遇到特别的突发事件报道，总有编辑提出：“为什么我们不用超粗黑的字体做标题？”

“那样不是更醒目吗？”“别的报纸都是这样做的啊？”“南方日报的设计是不是太寡淡了，没办法让我们突出新闻。”

但是，事实证明，超黑体并不能为《南方日报》争取到读者。

一家明智的报纸是不会去做别人的追随者的。“仿效你的主要竞争对手的设计形式，几乎没有机会超越对手。”

20世纪90年代开始，简文大图粗题的都市类报纸崛起，超粗黑以其超强的视觉冲击力像旋风一样横扫中国报纸。以《南方都市报》、《都市快报》、《北京青年报》开始，直到晚报、党报全部一边倒，照葫芦画瓢，全国一片黑。

在各报千篇一律地采用强烈的粗黑标题时，它的视觉强迫性、虚张声势的不足，已令读者产生阅读麻木、审美疲劳。到了2003年，这股风开始弱了下来；风向转了，一股清新秀雅的版式设计风脱颖而出。

《南方日报》、《新京报》的宋体和《东方早报》的黑体，都是中国报纸最为传统也是毫不张扬的字体；经济类报纸的创刊也不约而同选择了清秀的宋体或黑体……

吸引一位新顾客要比留住一位老顾客付出的代价高4—7倍；很难想象，一份缺乏稳定的忠诚读者群的报纸如何在市场上保持强大的竞争力。频繁大规模改版使报纸的版面表现为一种流动性的视觉结构，既不利于新读者形成稳固的阅读习惯，也会让老读者总有不踏实感。

“南方日报要做中国主流政经媒体的标准制定者”，要引领风气之先，在同城其他五家日报均以超粗黑系列做主字体的竞争市场中，南方日报绝不能放弃自己引领建立的鲜明风格，目前应该做的是比跟随者走得更快更坚决，而不是在犹疑反复中成为别人的追随者。

这两年，世界变化快，纸质媒体受到了前所未有的挑战。这个载体也许会慢慢式微，但这个载体之上的内容——

新闻和新闻运作包装的手法不会过时。

视觉新闻中心也在这两年开始储备新媒体人才：网页设计与制作、动画3D设计、视频拍摄与制作，新闻图片与图表上网已经成为常规操作。尤其在视频突发新闻的即时报道上做了有益的探索。

第三章

南方农村报：中国最市场化的农村报纸

南方日報 農村版

見面的話

粉碎美帝国主义和蒋匪帮对大陆进行骚扰破坏的罪恶計划

我省沿海軍民全部歼灭 九股武装特务

人民民主专政的強大威力

敌人又一次新的冒险行动

敌人来一批就消灭一批

省人委、省軍区联合发布命令

嘉奖歼灭武装特务的民兵和群众

小言论

向英勇的沿海軍民学习

1963年1月1日创刊的《南方日报农村版》。

《南方农村报》是南方报业传媒集团的第一张系列报纸，创办于1963年1月1日，那时叫《南方日报农村版》，“文革”期间被迫停刊。1980年2月2日，复刊更名为《广东农民报》。复刊后发行量飙升，最高曾达到56万份。1994年1月2日，《广东农民报》更名为《南方农村报》至今。

《南方农村报》以“新农村推动力”为办报宗旨，坚持“为农民说话，为农业服务”，是一份农民自费订阅率达90％的报纸，在南粤农村地区具有不可替代的影响力，是南方日报培育出来的第一个有影响力的子品牌。

《南方农村报》现在一周出版3期，逢二、四、六出版，为四开16版，从2008年2月起，基本每周扩版一次，扩为24版，内容分为新闻、经济、文娱副刊三大版块。

在《南方农村报》40多年的发展历程中，历经创办期、繁荣期、下滑期、转折期、中兴期等五个阶段，目前正处于中兴期。考察这几个阶段的新闻表现，可以发现一个基本规律：何时做到了以农民的阅读需求为导向，去生产制作新闻内容，那么《南方农村报》的事业就会得到发展，反之则会受到挫折。由这个规律又引申出另一个规律：报纸必须根据时代、社会和经济环境的变化，调整自己的办报方向和新闻理念，因为处在不同时代和社会环境中的农民，其阅读需求是在不断变化的，报纸只有改革创新才可能满足他们的需要。

第一节　帮助大家搞好生产，办好人民公社

1963年1月，南方日报社创办“农村版”作为《南方日报》的补充，这就是

现《南方农村报》的前身。她是由当时的中共中央中南局第一书记、广东省委第一书记陶铸提议创办的，由于当时新闻纸十分紧缺，他要求办一份短小精悍的报纸，办一份农民看得懂的报纸，发行到生产队，办给农村基层干部看，并指示基层干部要找人“读给农民听”。

《南方日报农村版》创立初期，面向广东农村地区的人民公社社员发行，目的是通过“讲农村工作的方针，政策，表扬好人好事，批评缺点错误，帮助大家提高社会主义觉悟，帮助大家搞好生产，办好人民公社”。与当时的报纸一样，《南方日报农村版》主要是起政治宣传方面的作用。办报经费仰赖地方财政，版式简单，刊登的大部分稿件是新华社稿，包括新华社转发的《人民日报》、《解放军报》、《红旗》杂志的社论、评论、文章，少量地方稿也基本上是各界群众、各派别组织对中央每次运动部署的反应报道，各类头面人物的政治表态文章，以及一些集会消息等，内容单一。受“文革”冲击，该报于1967年被迫停刊。

第二节　乐为群众服务，敢为群众说话

“文革”结束后，《南方日报农村版》于1980年2月更名为《广东农民报》进行试刊，1980年3月1日正式出版《广东农民报》，每周一期，四开八版，逢周六出版，报纸订价为每份5分钱，每月0.2元，交省邮电发行。1981年1月，《广东农民报》增加出版期数，一周两期，逢周二、六出版，报纸订费为每月0.4元，按季收订，也可破季订阅。1983年，报纸出版改为一周三期，四开八版，逢每周三、五、日出版，售价每份8分钱，订价每月1.4元。1989年初，每份报纸订价调整为0.2元，每月2.6元。

与创办初期相比，《广东农民报》更加注重版式内容的更新，报纸宣称“乐为群众服务，敢为群众说话”，读者对象是农民和农村干部，主要的任务是宣传党的路线、方针和政策，反映农民的意见和要求，传播生产经验，普及科学知识，活跃农村文化生活，促进农业现代化建设。

可以说，《广东农民报》是中国最早走市场化路线的报纸之一，这表现在三个方面：

第一，根据农民的需求不断在新闻

1994年1月2日，《广东农民报》更名为《南方农村报》。

南方农村报
NANFANG NONGCUN BAO
为农民提供优质的精神食粮
服务广大农民 推进农村建设
'93农业：让人欢喜让人忧
热点追踪
新年景·新面貌·新期待
“都市村庄”新旋律
减轻农民负担从何着手

方面推陈出新。

复刊伊始，《广东农民报》就设有“政策问答”、“农工商生财之道”、“致富论坛”、“经营管理经验谈”、“农贸市场”、“气象台”、“读者来信”、“科学文化”、“生活顾问”、“国外农情”、“文娱和体育”等专版专栏，以及《岭南》文艺副刊。

报纸头版内容多是介绍各地的先进经验并进行倡导，报道广东省对农村政策的贯彻情况，并经常利用“政策问答”栏目，针对农村政策为读者释疑解惑。

《广东农民报》复刊初期稿件大量采用读者来信，内容大部分是反映各地人民公社生产的情况，也对一些坑农事件进行批评报道。

随着农村形势的发展，1983年，《广东农民报》开始刊登农民致富消息并大力推广各地农村科学种养技术，会议报道逐渐淡化。头版设立“榕荫小议”栏目对社会问题进行议论；副刊包括“艺海体坛”和“读写漫谈”栏目，介绍电影电视剧、拍摄花絮和演员轶事，并设一周电视要目栏目；刊登小说和散文、诗歌、对联等。

《广东农民报》在政策解读、学习科学技术、教农民致富和弘扬传统文化方面贴近读者的生产生活，受到读者的欢迎。许多农村中小学教师把报纸当作教学参考材料来阅读，农村知识青年可以在报纸上找到自己爱看的内容。时值1983年的元旦，许多县和公社、农场在劳动模范或专业户的代表大会上，给每个代表奖订一年的《广东农民报》，农村各单位和个人也争相征订《广东农民报》作为新年礼物送给亲戚朋友。这都说明了《广东农民报》受欢迎的程度。

随着改革开放的深入，至1987年，《广东农民报》对乡镇企业、投资经营管理的报道明显增多，党政会议要闻几乎从头版完全消失。

第二，利用邮电渠道向广东省及周边地区农民征订。

据资料显示，至1983年底，《广东农民报》的私人订户已经达到报纸总订户的2/3，发行量比1982年翻了一番，期发行量增加了11万多份。发行覆盖广东全省及周边湘、赣、桂、琼、闽等省区，至1988年最高发行量达56万多份，农民自费订报率达90%以上。

第三，结合新闻内容开发广告。

刚刚复刊，《广东农民报》就在版面刊登信托贸易、机械、农机、五金加工、体育用品、医药等方面的广告。后来，报纸又陆续增设了“生财之道”、“信息短波”、“新品种”等栏目，刊登的多是农资、医疗和技术培训方面的广告。

可以说，整个20世纪80年代和90年代初是《广东农民报》的繁荣时期。分析其繁荣的原因，主要有如下几个：

1.20世纪80年代和90年代初，是农村改革和农村经济大发展时期。土地联产承包责任制的实施和农产品商品化的实现，为农民通过农业创富释放了巨大的空间，政策、科技和投入成为这一时期农村发展经济的“三大依靠”，一批农业新品种、新技术受到农民的热烈追捧，也让介绍这些新品种、新技术及相关市场信息的报纸广受欢迎。

2.地市机关报、都市报还没有兴

起，电视等大众媒体在农村还未普及，农民报生存空间没有受到挤压；当时在广东全省发行的省级报纸只有《南方日报》、《羊城晚报》、《广东农民报》等几家，人们的媒介选择比较有限。

第三节　逆市场化带来的教训

随着社会步入信息时代，报纸竞争日趋激烈，进入20世纪90年代以来，为了在夹缝中生存，全国各地的农民报纷纷改版。为了更好地纳入“南方”系列，1994年，《广东农民报》更名为现在的《南方农村报》。为响应宣传部门和文化部门提出的“主旋律与多样性的统一”主张，1994年1月2日开始，《南方农村报》按照大报的样式，把每周三期四开八版的报纸改成每周三期的对开报纸，逢周三、周五出四版，周日出八版，每年定价为52元，俗称“大报”时期。1997年，报纸改对开为四开，开始出现彩色版面，全年定价为82.4元。

与上个阶段坚持市场化理念相反，这个阶段的新闻操作出现了逆市场化的倾向。

1994年改成“大报”后，《南方农村报》提出办成一张“高格调而又通俗的报纸”。在坚持“主旋律”上，把宣传党的路线、方针、政策作为“营养餐”中的主菜，把报纸的“要闻”版用作宣传主旋律的地盘，报道多是党政机关干部和先进劳动模范事迹的宣传，舆论监督报道极少。报纸在保持原有的一些栏目外，增设了“热点追踪”、“祖国各地”、“市场纵横”、“消费指南”、“天南地北”、“环球农业”、“家庭百事”、“市镇风情”、“卫生顾问”、“道德与法制”、“画廊”等栏目。

曾有研究者抽取《南方农村报》1995年4月、1996年6月、1997年11月和1998年12月共50期的头版头条（共50篇）作分析，发现近90%是宣传时政、先进人物事迹、先进生产经验和政绩工程的报道，政策宣传报道成了主导新闻产品，而反映农村实际问题的报道和批评报道仅占一成左右。虽然报纸宣称“为农民提供丰富的文化营养餐”，但是在新闻报道上却与当时的农村情况不甚符合，关于农民的报道处于边缘化的状态。

《南方农村报》这种宣传报道方式一直延续到1998年底，虽然从1997年1月开始由对开大报恢复成四开小报，但是在“反映农民群众呼声”的报道方式上并没有改变，采编手法简单粗糙，理念与实践脱节。

《南方农村报》逐步陷入困境，发行量急剧下降，从鼎盛时期的56万多份跌至1999年的10多万份。

造成《南方农村报》衰落的外部原因是：从20世纪90年代开始，经济改革的重心转向城市，农村经济日益“边缘化”，农民收入增长缓慢，购买力下降；随着地市报、县市报的兴起，以及电视等新兴媒体在农村发展势头表现强劲，农民可选择的媒介产品逐渐增多；另外，随着20世纪90年代中后期城市化和工业化进程的加快，农村人口涌进城市，80年代的读者纷纷老去，年轻的读者又还没有培育起来。

就《南方农村报》自身来说，这一

时期，报纸定位不能与时俱进，报道不能切合农村和农民的需要，办成了简单的宣传品，被一部分农民读者遗弃了；报纸名称和规格变化太大，发行渠道单一，提价让负担加重、增收渐难的农民难以接受。

第四节　专门为农民说话，专业为农业服务

痛定思痛。跌到谷底的南方农村报，再次明确了报纸的定位：专门为农民说话，专业为农业服务。这个定位的调整，基于对现实形势的清醒判断：

一是在长期的城乡二元结构体制下，农民的弱势地位难以轻易改变。这在当时，集中表现在农民负担过重，农民土地权利易受侵害，农民民主权利存在缺失，农民在教育、医疗、养老等方面没有保障，农民的生产、生活环境受到越来越严重的破坏。维护农民的合法、合理权益，必然是农民的迫切要求，针对社会上没有专门为农民说话的媒体，《南方农村报》主张"专门为农民说话"。

二是谋生发展是农民的当务之急，发展现代农业，增加农民收入是他们最需要的，在某种程度上说，这比维权更加急迫。无论城市化、工业化发展到何种程度，农业都有其应有的地位。当时，农业结构调整已经带来了积极效果，表现在优质稻、蔬菜、水果、花卉和药材等经济作物种植面积增加，畜牧业、水产业发展平稳。"九五"期间，广东省农民收入方面值得注意的现象是，财富在向少部分有相当规模的种养专业大户集中，而以最保守的10%统计，广东种养大户也在100万户以上。农业中除粮食生产外，其他行业已高度产业化和市场化，例如，畜牧行业、水产行业、花卉行业、水果行业、蔬菜行业等已充分产业化和市场化。因此，当时的南方农村报管理层认为，应该更加关注农民在生活和生产发展方面的需要，为农村读者提供农产品品种、农业技术、市场信息、产业新闻等服务。

从上述判断出发，南方农村报对受众重新进行了定位，即以经济实力和求知欲相对较强的种养专业户、农科员、农村中的意见领袖和农资经销商为主要受众，以乡村干部、县以上各级机关农口线官员、开拓农村市场的各类企业主和经销商，以及农村问题研究者为值得争取的受众。因为种养专业户、农村中的意见领袖们和农资经销商是报纸的衣食来源，抓住了他们就不愁发行和广告；其他人群在农村社会或更广泛的涉农领域拥有话语权，得到他们的认可就可扩大报纸的有效影响力，转换成社会效益和经济效益。

在内容制作、采编队伍和发行渠道建设等方面，南方农村报重新回到了市场化操作的轨道上。

1. 根据农民的需要，《南方农村报》有了时政社会新闻、农村经济和文化娱乐三大版块的设置。这种安排，全面考虑了农民对政策信息、法律信息、科技信息、市场信息和娱乐信息等多方面的需求。

从1999年开始，《南方农村报》开始出现大量的批评报道，这种报道风格延续至2005年前后。其间，报纸就一直

把农民最关心、最直接、最现实的利益问题作为新闻首要选题，题材包括农村土地征收和经营权流转问题、生猪购销问题、涉农收费与农民负担、教育乱收费、村民自治、集体资产问题、环保问题、镇村组织腐败、假劣农资问题等等。报道题材涉及领域广泛，深入农村的最底层。可以说，批评报道是《南方农村报》这一时期的最大特色，报道以密度大、力度猛而著称，但由于涉及的题材是“三农”问题，基本上仍然获得宣传部门的肯定。

2000年7月，《南方农村报》进行了大规模的改扩版，报纸由原来的每周32个版增至48个版，其中设50％版面为彩版，每期都推出《农科专刊》（4个版）。另外，周二、周四推出《经济专刊》（4个版），周六推出《生活专刊》（4个版），定价维持在每月10元，全年订价为120元。2003年3月，《生活专刊》被取消，一批长期在读者中口碑甚好的专版保留了下来，包括《家庭》、《文化室》、《读与写》、《热土》、《幽默与漫画》以及《娱乐》等。《南方农村报》副刊版块以短小精悍、乡土味浓、活泼有趣、耐人寻味为特色，多年来读者认可度甚高。也是在这一轮改革中，《经济专刊》与《农科专刊》合并改版为《农村财富》，开始尝试以新闻的理念与手段介入操作农产业领域的报道，打造《南方农村报》与时政社会新闻并驾齐驱的另一翼，称之为农财新闻。《农村财富》设有《水果》、《蔬菜》、《畜牧》、《水产》、《作物》、《价格》等专版，力求提供农民在生产经营活动过程中普遍需要的内容。从2002年开始，陆续以“专业增页”的形式扩充产品形态，满足市场细分以及目标读者的需要。2002年3月，《养殖宝典》创刊，是国内养殖产业链上唯一成功地以新闻操作为主打的出版物，在行业杂志中体现明显的差异化战略。

2. 报社的采编队伍也发生了重要的变化，平均年龄大大降低，而工作活力大大增强。在此期间，与新闻理念相适应，南方农村报主动加强了队伍建设，开始向社会招聘人才，将一批有活力的年轻人推上了一线工作岗位。队伍的知识结构也渐趋合理，既有中文、新闻等人文科学背景的，也有经济与农业相关各学科的人才。由于采编队伍大力落实新的新闻理念，《南方农村报》的新闻质量得到了稳步提升，其中2003年送评广东新闻奖的5件作品，就有4件获奖，并涵盖一、二、三等奖，其中《农村税费改革系列报道》获得一等奖。

3. 1999年，《南方农村报》加入南方报业自办发行网络，随后又发展零售业务，由单一邮发转为多渠道发行。

《南方农村报》通过几年的舆论监督，在维护农民合法权益和服务读者生产方面做得比较充分，使报纸重塑了公信力和影响力，赢得了广大农民的厚爱。从2001年起，在没有党委宣传部门发文要求订阅的情况下，《南方农村报》的发行量逐步回升，至2005年初，发行量已比1999年的低谷增长了1.5倍以上，读者自费订报率达90％，广告收入也逐年增加。

第五节 新农村推动力

《南方农村报》所面向的大环境已经发生了变化。

以取消农业税和建设新农村为标志，从2005年起，中国农村从总体上进入了一个新阶段，即由被城市汲取资金、人才和土地的失血阶段，进入了“工业反哺农业，城市支持农村”的补血阶段。

这个阶段的广东农村有以下几个主要特点：农业各项基础设施建设薄弱的状况仍未有根本性的好转，各级政府对此尚未形成固定的投入机制；农村各项社会事业发展滞后的状况仍未有根本性的好转，各级政府的投入远远不能满足现实的需求；农民通过各种途径增收困难的状况仍未有根本性的好转，受自然灾害和市场波动的影响较大；农村民主、法制、文化建设徘徊不前的状况仍未有根本性的好转，政府在为农民松绑、放权方面的制度变革远远落后于农民的期待。

以上4个特点，归结到农民权益方面，就是农民应有权益未落实及已有权益受侵害的状况仍未有根本性的好转，尤其表现在农民在农村城镇化、工业化和农业产业化、现代化过程中，仅有的生存资源容易受到侵犯和基本权益难以得到保障，农民维权途径缺失和效果不彰的状况仍然比较严重。

“新农村推动力”口号的提出，是《南方农村报》办报理念和实践发生调整的标志。

从2005年年底开始，《南方农村报》提出了“新农村推动力”的口号，并将它固定在报头的下面。这个口号的提出，标志着《南方农村报》由态度鲜明的批评者，逐渐转变成为新农村建设的参与者和推动者。有必要指出的是，《南方农村报》所理解的“新农村”的本质是：农民具有公民的地位和权利，农业市场化的同时享受政府补贴，农村享用适当的公共产品和公共服务。

要成为“新农村推动力”，报纸就要有社会和行业影响力，所以，南方农村报对内又提出了“打造影响力”的目标。

一、以制度建设为先导，为新闻改革保驾护航

新闻专业主义，已为南方农村报采编团队所追求和践行。所谓新闻专业主义，是一种在新闻工作过程中不被政治强权和经济利益所干涉的独立精神，也包含对新闻专业操作和职业规范的较高要求。

为了实现专业主义，南方农村报推行了编辑主导制、记者分线制、好稿重酬制、编辑记者轮流评报制、编辑记者轮岗制等系列制度，将培养人才和提高业务结合起来进行，以实现“两个良性循环”：南方农村报的发展进入良性循环，报社员工的职业人生进入良性循环。

二、在时政、社会新闻操作方面，更强调建设性

“新农村推动力”在时政、社会新闻方面的内涵，可以表述如下：

守望农民利益，启智育能，监督权势，促进善治。具体解释为：报纸深切

关注农民的利益并为改善他们的境遇进行呼吁，通过报道新闻和政策法律对农民进行公民教育并提升他们的能力，对公权力和其他强势人群侵害农民权益的行为进行监督，引导社会各方与政府合作管理农村公共生活，促进公共利益最大化。

在为农民呼吁的时候，《南方农村报》采取“维权、平权、赋权”的思路，即现行法律、政策已给予农民的权利，报纸帮助他们维护和落实这部分权利；市民享有而农民没有的权利，报纸要为农民争取与市民平等的权利；农民是国家的公民，如果农民还未享有作为一个公民应具的权利，或者现阶段农民由于历史原因需要一些特别的权利才能改变其弱势地位，报纸还呼吁给农民赋权。

在帮助农民维权方面，《南方农村报》把监督惠农政策在基层的落实情况作为重点，这既是回应最近几年惠农政策在基层遭遇“跑、冒、滴、漏”的现实，也是基于在现有体制框架内借助上层力量解决问题的考虑。这类报道，有效地促进了农民权益的改善，获得了农民的信赖，也逐渐取得高层政府的认可。

《南方农村报》通过关注社会热点、焦点等重大问题，来实现上述操作。这些问题，包括征地拆迁、环保、集体资产处置、就业、物价、贫穷（增收、失收）、食品（饮水）安全、公权力腐败（失职、滥权等）、教育、社会稳定、惠农政策的遭遇、民主（选举）、医疗卫生、养老、自然灾害等。

这个阶段，尽管《南方农村报》的批评报道数量有所减少，但质量却得到了提高。跟前一个阶段的批评报道相比，更加注重把握社会背景和掌握国家政策，从事件的社会背景、公共性、延展性、冲突性、制度性和可解决性等方面考虑，用政策和证据说话，做出富有建设性的采访报道。

三、评论专版的开设，试图实现“让农民说话”

从2007年1月开始，《南方农村报》迈出了从“为农民说话”到“让农民说话”的关键一步，率先在全国农村类报纸中每期开设《评论》专版，以此为基地拓展农民的言论空间。这个“评论”版，除了刊登一些重要的政策评论和重大的时事评论，还专门向农民开放，开设“农民记者”、“批评与回应”、“读者评报”和“老谭点题”，让农民读者讲述自己的身边事和对公共事件、公共问题的看法，以及对《南方农村报》报道的意见、建议。

四、在经济新闻操作方面，更强调专业性和有用性

经过几年的铺垫，从2005年开始，《农村财富》版块在新闻方面的操作已经成型，全面引入新闻操作理念介入农村政经、产经以及农村金融领域，大大地拓宽了新闻报道的范围与视野，同时保留修正了作为传统特色的服务功能，逐渐廓清了办报思路。瞄准经济新闻、民生新闻的切入点与突破口。

农产业本身具有公共性与主流性的特点，农财新闻一方面并不局限于做“农业新闻”，而是在农经领域对食品

安全、重大动物疫病、农产业转型等社会普遍问题给予深切关注。另一方面，适应中国农业的生产方式，提供直接服务于农业生产所需要的功能性产品。《南方农村报》保留传播实用性生产技术的功能，这方面的内容是生产者获得生存和发展的技术与艺术的渠道。农财新闻的改革包括：一、扩宽服务的定义；二、提高服务的质量。首先，把产经分析、经济维权纳入主要报道范畴；其次，技术服务绕过了一些常见的误区，包括"四季歌"式的简单重复，以及"泛技术化"，它要求灵活、快速、准确，把关注的目光从单一的生产环节扩展到整条产业链。

《农村财富》的采编理念是：做最有影响力的行业发言人，提供最有用的农业创富生意经。凡是农经领域的新闻，作为专业媒体，要求做到反应最快，报道的事实准确、分析全面、论述翔实。经过梳理和分析的信息以读者的需求为出发点，以有效性、实用性、贴近性为指向，全面关注农业产业链，包括上游的种苗，中游的饲料与添加剂、农药、兽药、农业装备，下游的种植产品、养殖产品。在版面设置上，《农村财富》版块沿袭了上一个阶段按产业划分的成功做法，还开辟了《农化》、《饲料》、《动保》、《合作社》、《农村金融》等版面，专业细分更加明显，市场触角更加广泛。

把专业优势转化为行业优势，把行业优势转化为影响力优势。通过报道见证行业成长，把握产业规律，一批记者、编辑在行业内伸展触角，凭着对某个行业的深入了解，成为细分行业的专家甚至是"大腕"。

这个时期南方农村报陆续推出了一批"专业增页"，产品形态更加丰富。有一些是在特定时期而推出的。比如在猪业面临"集约化养猪以来最大浩劫"的时候，出版发行《猪业革命》，揭示猪业究竟出了什么问题，将如何走向；有一些是针对热点产业的解读，比如《柑桔·金吉》、《桉树产业报告》；有一些是及时跟进产业新的增长点，比如《华南有机肥一本通》、《南方肥料市场透视》；还有一些是专门针对某一类细分市场，比如《植保宝典》、《养殖宝典》。其中《养殖宝典》自2002年3月以来每月出版一期，每期约80个版，它回归媒体价值的内容设计在行业媒体中出类拔萃。除了《养殖宝典》早年经过短暂的培育期，其他专业增页的推出，基本上都事先经过商业评估，有盈利、有市场才会执行操作。

从2005年以来，《南方农村报》对农产业这一新闻富矿进行了深耕，推出了大量的好作品。其中影响最大的，当数食品安全领域的系列报道，包括有关"孔雀石绿"、"苏丹红"、"三聚氰胺"和"瘦肉精"的报道等。关于三聚氰胺在饲料中添加的报道，为全国最早，引起了行业和社会的巨大震动，并推动了相关检测标准的变革。

五、两轮改扩版，让《南方农村报》成为一份全面面向农村市场并具有一定深度的报纸

从2008年2月开始，《南方农村报》进行了一轮改扩版，每周四为扩版日，由16个版增至24个版。同时，在版面

设置上进行了调整，增设了《观察》、《调查》、《焦点》、《民生》、《医疗卫生》、《汽车》、《理财》、《广西农业》和《海南农业》版等。这次改扩版主要有四个特点：更民生、更实用、更丰富、更耐读，在增加服务性和贴近性的同时，更强调做深做透公众关注的重大问题、重要事件，挖掘更多的事实真相，展现更大的新闻价值。

2009年2月，《南方农村报》又进行了新一轮改版。这次改版的重要举措之一，就是将原来单独出版的《摩托》版、《汽车》版整合到一起，并借助"家电下乡"的东风，新设了《家电》版和《通信》版，共同组成《消费周刊》，逢周四出版。宗旨是：沟通城乡，快乐生活。这也标志着，《南方农村报》在2005年12月开办《新农村车市》版3年多后，重新切入农民生活消费领域的努力获得了初步成功，并试图在这个领域取得更多成果。另外，随着农民专业合作社和农村金融在农民生产生活中发挥越来越重要的作用，《南方农村报》在此次改版中又推出了《合作社》和《农村金融》专版，以主要满足农民读者对两个领域政策和信息等方面的专业需要。

六、加强新闻推广，通过网络、电视扩大社会影响力和区域影响力

从2005年开始，《南方农村报》开始尝试通过网络传播扩大报纸的影响力。经过几年的摸索，报社在2008年设置了新闻推广专员职位，由专人负责向全国门户、地方门户、地方论坛等网站和电视台推广报纸的原创新闻，扩大了报道的影响力，推动了问题的解决。与打造县域影响力的阶段目标相适应，《南方农村报》特别强调通过网络加强在地方论坛的新闻推广。

经过这几年的努力，南方农村报已经全面走上了中兴之路，采编和经营形成了良性循环。新闻品质在原来较高水平的基础上，得到了进一步的巩固提升。2008年送评广东新闻奖的5件作品全部获奖，涵盖一、二、三等奖，其中《三聚氰胺系列报道》获得一等奖，被推荐参评中国新闻奖。高品质的内容为报纸带来了较高的美誉度和忠诚度，2009年1月，尽管报纸的年订价由120元提至150元，尽管广东农民2008年增收困难，但发行量几乎没有变化，只下降了2—3个百分点；而到了6月，年初失去的发行量又全部补了回来。这不能不归功于新闻改革。

第四章

南方周末报系：为中国新闻界树立风向标

“创新”与“改革”一直被南方周末视为立报之本。从最初的创办开始，即是为了拓展机关报的功能，在全国率先走向“周末报”市场。其后一直因应时代变化，不断调整自身定位，由娱乐新闻到报告文学到舆论监督到时政报道，在这过程中，在副刊的创新、经济报道的变革、特稿写作的探索等诸多方面为中国新闻界树立了风向标。可以说，没有改革创新就没有南方周末。

2003年南方周末创办《名牌》杂志，2004年创办《南方人物周刊》，2007年创办官方网站infzm.com，各具特色，互为补充，并成为各自领域的领先者，由此形成今天的“南方周末报系”。

第一节 《南方周末》：一纸风行

创刊初期，《南方周末》以娱乐休闲新闻为主，是对其时人性复苏、人们由单调的精神生活走向社会多元的一种自觉把握。

其后社会开始更多地反思民族的历史和未来，报告文学形成热潮。《南方周末》发表了许多有影响的作品，如《邓小平1967—1973在江西》、《倪献策外传》等。

1999年《南方周末》新年特刊，新年献词《总有一种力量让我们泪流满面》成为经典。

20世纪80年代末期，《南方周末》的关注点从娱乐明星转向普通民众，带有报告文学性质的长篇新闻报道出现，如1988年发表的《一位女研究生被拐卖始末》，引起很大反响，获当年中国新闻奖的特等奖。

90年代以后，《南方周末》逐渐将报道重点转向转型期的社会问题、突发的新闻事件及其深度报道上，在反腐、社会公平、消费者权益保护、“三农”问题及一些焦点事件的调查等方面发表了一大批影响巨大的文章，如《乡党委书记含泪上书　国务院领导动情批复》、《三位诺贝尔科学家指斥中国核酸营养品》、《山西“割舌事件”真相调查》等。这些报道切中了当时社会的主要问题，并进行了有力量有锐度的呈现，引起了广泛共鸣。《南方周末》渐成“一纸风行”之势。

进入21世纪，社会已从简单的情绪宣泄转向需要利益协调、理性建设的层面，《南方周末》也以一种更成熟更负责任的态度观照现实、记录时代。这期间的报道，更注重现实关怀，更注重挖掘事物深层次的发展逻辑，因而更显理性的力量。如《苏共亡党十年祭》、《最富争议的市委书记》（仇和报道）等文章，引发了人们对于社会变革和时代进程的深度思考。

《南方周末》的报道是对人们精神生活的拓展，是对现实生活的真实呈现和理性思考，使一大批读者的观念获得了现代意义上的启蒙，对推动中国社会进步做出了一个负责任媒体的应有贡献。

一、新闻报道

《南方周末》自1984年诞生起，就一直追随时代的步伐不断进化，最早是一份以刊登文摘稿件及娱乐新闻为主的报纸。1995年，在“新闻主攻，副刊主守”的竞争策略下，开始向新闻转型，这是迈向综合性新闻大报的决定性一步，也奠定了后来所具有的“为弱势群体呛声和争权利”的全国性形象和声誉的基础。正是在这样的背景下，南方周末网罗了全国各地有理想、有热情、有干劲的优秀记者，秉承新闻专业主义的理念，种植和收割了一垅垅营养丰满的新闻食粮，也开创了南方周末群星璀璨的“名记时代”。

正是在一群新闻人的齐心协力之下，《南方周末》的新闻报道不断开拓出新疆界。2007年，基于“在这里，读懂中国”的新理念，南方周末新闻部整合了原来国内时政新闻和国际新闻的资源，提出了时局新闻的概念，成功催生了时局版块。至此，形成了包括头条新闻、特稿、调查、观察、法治、民生、写真和时局新闻等众多产品的全新格局。

从新闻的写法上看，从最早做娱乐新闻的文学描写手法，到半新闻半文学的报告文学写法，到最终达到新闻专业主义的目标，即穷尽一切角度来观察和刻画新闻事件，不让任何先入为主的价值判断损害新闻事件本身的丰富性，在此基础上，强调对事件的深度发掘，还强调从微观全方位呈现事件、人性的丰富和微妙。是批判性的报道，还是中立呈现事件的整个进程，根据新闻事件本身的属性来选择和确定。简单说，新闻专业主义是一个客观性的底线加上无限丰富的呈现可能性，还有南方周末一贯坚持的平民视角。在这条道路上，南方周末仍在不断探索。

具体到各个新闻类型，调查报道是南方周末的拳头产品，体现了对新闻深度可能性的探索，尽一切可能挖掘事件的来龙去脉：种种奥妙，种种转折，尤其是那些被其他媒体忽略的部分、那些事件相关方不愿让媒体知道的部分。这需要记者做大量的实地采访和调查工作，有时还会遭遇一些风险。在头版上，常常有两类调查报道，一类是影响力大、可读性强的大案要案报道，另一类是涉及公共安全的突发性事件报道。南方周末的新闻调查，被许多其他媒体效仿，在全国各地的媒体落地生根，开花结果，这是南方周末对中国媒体的贡献。

法治报道的前身是1997年出现的“人与法”栏目，最初是用社会新闻的操作手法，报道个人的遭遇尤其是对他们不公平的遭遇，他们与政府、与法律的碰撞，他们对“矫正性正义”的不懈追求，体现了南方周末对微观制度进步的关注。这些报道常常引起轰动，以至于“人与法”版块成为当时《南方周末》的“第二头版”。这个栏目后来改名为“法制”，以进一步把这一报道领域与其他社会新闻区分开来。进入21世纪，倡导建立法治国家，“法制”版块也顺势改名为“法治”，除了坚持原来“人与法”栏目对微观层面普通人与法律的遭际的关注，“法治”也拓展了宏观层面的报道，在重大法律题材上发出自己的声音，用建设性的眼光报道中国法律制度上的变革或需要面临的变革。

时局新闻的前身是两个，一个是国内时政新闻，一个是国际新闻。国内时政新闻有过两个方向的路径探索。一个是报道基层和地方各种事件和制度上的实践，另一个是报道最高领导层、中央部委的各种政策行为，关注政治、权力、制度和时局。国际新闻最早从2000年开始，慢慢形成了《南方周末》的报道特色，在重要的世界性事件面前，《南方周末》要关注、要报道、要发声。随着这两个部分整合成一个全新的时局版块，以“在这里，读懂中国”的理念来观照，探索国内和国际报道的无缝对接，这种对接不仅仅体现在偶尔的个别的新闻事件上，还应该体现在方法论上，即中国问题很多时候不仅仅是中国问题，可能是一个普遍性的问题，从全球的视角去看，我们能通过读懂世界来读懂中国。同时，国际报道亦有对“中国视角”的强调，有“重建中国人的天下观”的追求。

2002年创立的城市版块，是特稿、特别报道的前身，也是南方周末当时的一个新探索。特稿强调讲故事，强调文本之美，探索表达的无限可能，进行“对抗时间的写作”。诞生以来，涌现了一大批高质量的作品。对许多读者来说，从其中感受到个人生活遭际乃至人性的丰富性。

民生新闻前身是“消费广场”，报道消费品的问题尤其是消费者权益的问题，如对食品质量安全的报道，对电信垄断的监督。现在的民生新闻更丰富，不仅仅报道普通的消费品问题，还报道政府提供的特殊消费品（一些是公共品）、政府垄断产品的问题，并延伸到对制度的思考。

图片报道是南方周末的一个新探索，用一组图片来反映一个新闻事件或新闻现象，有些题材，图片比文字更能体现新闻的本质。《南方周末》的图片报道显示出了视角的独特与专业的精湛，更重要的，是与报纸人文关怀气质一致的风格。

二、经济报道

从1992年12月11日“经济与人”版创办至今，《南方周末》的经济报道已走过16年半的历程，版面由1个发展到8个，人员由1个增加到20个，内容由社会经济新闻到公司产业报道再到政经产经财经全覆盖并走向融会贯通，外加专家学者的专栏文章，可谓一报在手，便可纵览一周经济大事。

如今，经济新闻已经成为中国新闻业竞争最充分的领域，《南方周末》经济版的影响力和定位也有所变化，但南方周末始终保持着一个国内一流的经济新闻采编团队，并且随着时间推移，《南方周末》的经济版越来越体现出“从容、理性、平和、冷静”的精神气质。

1.社会经济新闻阶段（1992—1997年）

“经济与人”版是在1992年初邓小平南方谈话掀起经济建设高潮和当年10月中共十四大确立社会主义市场经济体制的背景下创办的。《南方周末》当时共8个版，希望这个新创的版能“抓住经济改革、经济建设、经济生活中新鲜的人和事，经济转轨中的热点、难点、疑点和人们普遍关心的敏感话题，力求做到经济与文化、经济与生活的有机结合，深度与文采兼备、思辨与可读性兼备”。

由于没有自己的专职记者，早期的“经济与人”以约外稿为主。严肃或宏大的题材，如《俄罗斯经济改革考察记》、《中国首富村揭秘》、《复关：阻力与希望同在》，由杨继绳、王志纲、方进玉等新华社的名记们担纲。改革前沿的新闻事件，则约当地媒体的同行操刀，如《重庆针织总厂破产前后》、《上海爆发“BP”机大混战》。南方周末记者间或在“经济与人”上客串一把，写的多是新出现的社会经济现象，如《外资专卖店冲击五羊城》、《广州的士怎么了》、《深圳房屋装修市场扫描》等。

这一阶段的《南方周末》经济版，社会经济新闻是明显的特色。新现象、新观念、新人物，及时、有趣、可读，与当时板着脸说话的主流经济报道大不相同。

2.“新经济”的酝酿和爆发（1998—2000年）

1997年后，《南方周末》经济版对家电业的追踪报道给读者留下了深刻印象，《打工皇帝为何出走》、《彩电大王世纪豪赌》是其中的代表作。

多年摸索，南方周末总结出一套“南派财经”的操作路数：“通过文体与包装将新闻效应放大，注重以内在冲突与矛盾的展开揭示商业逻辑，非常善于讲故事，但不是虚构式的，而是将通过采访拿到的核心材料以秘法炼制，不肯以粗糙底色示人，对文字的重视与逻辑链条、调查过程并行。”

1999年，南方周末开始组建经济报道团队，在每周一期的“经济”版（由“经济与人”更名而来）之外推出4个版的“新经济”增刊。2000年4月之后，“新经济”开始以独立的子品牌形象每周刊出，4个版分别为“封面、财经、业界、IT”。2000年8月，南方周末正式成立经济新闻部。

随着人员的增加和版面的扩张，

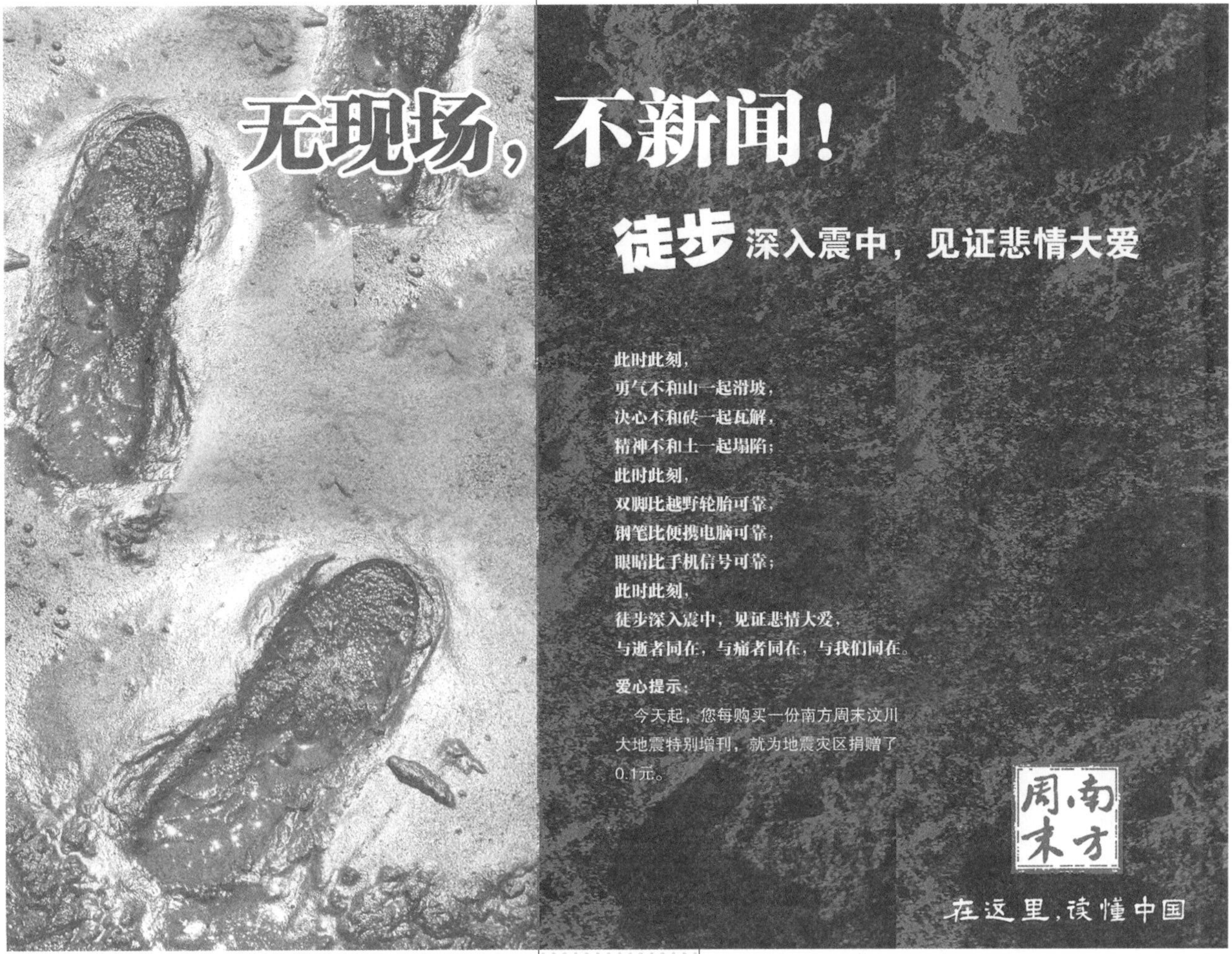

汶川大地震期间，南方周末报道团队第一时间徒步进入震区，报纸为此喊出了“无现场，不新闻”的口号。

《南方周末》经济报道的内容和风格也开始多元化。家电之外，“新经济”还对电脑、股市、互联网给予了密集报道。尤其是互联网，《南方周末》的报道深深楔入了这个行业。

出色的文本、超越同行一大截的专业判断、对热点行业和热门公司的深度介入，在财经类媒体集体崛起之前，《南方周末》的经济报道以其鲜明的特点，一时领风气之先。

3.向全业务模式拓展（2001—2004年）

2000年底，以南方周末的人员为班底，南方日报报业集团创办了财经报纸《21世纪经济报道》。2001年4月，北京的《经济观察报》创刊。在此前后，《财经》由月刊改为半月刊，《中国经营报》由周刊改为周二刊。一直到2004年10月上海的《第一财经日报》创刊，4年间，经济类报刊经历了一段爆发期。作为一份综合类周报，《南方周末》的经济报道面临着全新的竞争环境。

南方周末的选择是迎难而上，不仅没有减少经济报道的分量，反而通过两次扩版，在2004年将经济版增加到8个，使之占到报纸总版面的1/4。新增版面中，除汽车、金融、趋势等新闻版面外，还有刊登专家学者文章的“观点”

版。

扩张后的《南方周末》经济版，报道范围从传统的公司产业题材，拓展到宏观政策、区域经济、金融贸易等领域，形成了产经主打，财经、政经并重的全业务模式。这一时期的代表性报道有：《进口大豆冲击3000万豆农》、《上海地产泡沫若隐若现》、《解读国家审计署审计报告》、《美国世行集团融资黑幕调查》、《百年张裕曲线MBO调查》、《入世三周年，四问龙永图》等。

同一时期的观点版也时有亮点，陈志武、杨小凯等后来蜚声国内的海归学者，最初都选择了《南方周末》作为面向大众的平台。

4.重新确立特色和优势（2005—2008年）

随着财经类报刊的进一步发展壮大，《南方周末》经济版的规模劣势愈发突出，这迫使其经济部再度思考自己的核心竞争力之所在和自己的价值观、读者定位、报道重点、报道原则。

《南方周末》的宗旨是“在这里，读懂中国”，与此对应，《南方周末》经济报道的读者定位是“关心中国经济转轨、经济走势和经济现象的人”，这样的人往往理性而视野开阔，并且或多或少都存有一些理想主义情怀，他们读报的动机是关心，而不是实用、不是利益切身相关。因此，《南方周末》的经济报道强调趋势性、宏观性，强调公共事件、公共福利、公众人物。

这一阶段，《南方周末》经济版在报道方向上着力开拓了政经题材，这一方面是因为国家大事、制度变迁、宏观趋势，是符合《南方周末》整体气质的、与《南方周末》整体读者有着最大交集的报道领域；另一方面是因为世界上没有哪个国家的政府像中国政府这样掌握着如此庞大的经济资源，没有哪个国家的政府能像中国政府这样左右着经济的运行，因此，政经报道——对政府的经济决策、政府自身和政府影响下的经济活动、经济现象和经济趋势的报道，在中国有着举足轻重的地位。

在行业企业的报道上，南方周末日益将重点集中在地产、能源、金融等几个新兴行业，并将“发掘商业逻辑、讲述商业故事、净化商业环境、改善商业伦理”作为自己的报道宗旨。

新增的“财富”版则定位在“人”上，通过记录、还原、解剖那些财富故事中的大人物与小人物、创造者和毁灭者，来满足读者对财富人物的好奇心，同时探求财富的聚散之道。

在报道形态上，除了常规的事件性报道之外，观察和综述这两种新文体在《南方周末》经济版得到发育。尤其是复合性、长时段、多跨度（非单一事件、跨越长时段、政经产经财经相融合）的观察类稿件，逐渐垒起了同行难以跨越的门槛。但是，这类报道尚未稳定地、经常性地出现在《南方周末》经济版上。另一方面，由于人才断档，调查性报道这个曾经的利器有所衰落。

这一时期的“原富”版（原“观点”版）也培育起一批高质量的新作者，如肖耿、孙涤、朱伟一等，逐步营造起一个“经济思想的高地”。

这一时期的代表性报道有：“石雪案”系列报道、山西矿权改革系列报道、《可怕的牛奶》、《向西25000里：非洲梦、中国梦》、《中国式财富地图》、《2007：财富中国的清明上河图》、《西南水电大跃进——“八个三峡筹划开建”》、《捐款门始末》、《外资审批窝案调查》、《三十年中国人收入流变》等。

5.未来的方向

互联网已经深刻地改变了信息从制造到发布到传播的整个链条，纸质媒体在互联网时代如何生存，已经日益成为一个现实问题。

在互联网时代，读者最大的烦恼就是如何在浩瀚的信息海洋中迅速找到高质量的信息。因此，愈是信息爆炸，拥有公信力的高质量信息就愈有价值，这信息可能是事实，也可能是判断，而刊载它们的媒体，就是品牌媒体。信息在互联网世界以接近零成本和光速传播，如果能够分享传播收益，品牌媒体的日子将比互联网普及前更加好过。

对《南方周末》的经济版，这意味着什么呢？让选题更抓人、让报道更准确、让判断更深刻，让“南方周末”标志下的信息附加值更高，这就是努力的方向。而要做到这一点，就必须大量阅读，形成得以触及复杂现实世界本质的分析框架，然后是对身心平衡都有很高要求的密集采访，将理论和现实互相印证，最后是痛苦煎熬后呈现出来的流畅乃至优美的文本。

这样的信息，就是一种稀缺资源。无论放在哪个时代，它都会“物以稀为贵”。

三、文化报道

《南方周末》原本就是文化出身的报纸。首任主编即由南方日报文艺部主任兼任。《南方周末》的最初本色亦是文化娱乐，但是介入新闻并成为新闻先进者之后，新闻成了《南方周末》的主流，文化渐居次席。南方周末有新闻部副刊部之分，其后有新闻经济副刊之分。20世纪末叶，《南方周末》版面频频刷新，一度有“三新”鼎立，新经济、新文化、新生活各自成军。新文化、新生活都是副刊部的方阵。“三新”取消之后，副刊部亦演变为文化部。文化新闻与文化副刊合力构成文化版块，目前是8个版的规模。

文化副刊的传统版面是阅读和写作。写作版的前身叫“芳草地”，“新文化”版块时期，“写作”之名取代了传统的“芳草地”。“芳草地”曾经网罗了国内第一流的小说家、诗人和杂文家。名家专栏成为副刊高地。但是专栏版，则是新生活范畴的一块专版。专栏版吸纳了网络时代和准网络时代的重要的新锐作家和写手。目前的写作版是兼容了“芳草地”和“专栏”的经验。阅读版尝试过各种文体、题材和取向，目前采取的方向是偏重人文社科类著作的书评为主。

“往事”版出现在《南方周末》“副刊”封面版的几率最高。该版亦是《南方周末》的品牌版面之一。它创立之初有一个更醒目的版题：“解密”。它的创立，距今已有十多年了。与其他媒体的同类版面不同的是，《南方周末》的“往事”有自己的大脉络，有更明确的肌理，距离当下更切近。

科学版的创立亦有10年之久了。实事求是地说，没有一家纸媒的科学版可以保持《南方周末》“科学”的职业水准。当然，依然保有科学的纸媒也稀缺至极了。比较反讽的是，在科学高速发展的今天，科学反而成为纸媒的稀缺元素。

曾经创造了很杰出的成绩但是已经消失或者暂时消退的版面中，有《百姓记事》和《地理》。《百姓记事》亦是《南方周末》的招牌版面，它的无数草根色彩浓烈的短章，从摇篮到墓地等系列征文，给《南方周末》读者留下了难忘的印象。博客时代开始并兴盛之后，传统的《百姓记事》如何与时俱进成为一个具有挑战性的课题。在未回应妥帖之前，《百姓记事》暂时从《南方周末》隐退了。

很多年里，专业的文化新闻版只有一个“艺林”版。而后它被改为“艺术”版。“新文化”版块诞生之后，其封面版和艺术版成为文化新闻仅有的两个固定版面。如今的文化新闻有4个固定版面，拥有10余个版题，或者说，承担着文化范畴内十数个领域的观察和报道的责任。这其中包括电影、电视、音乐、戏剧、艺术、文学、设计、学术、摄影等等。从诺贝尔文学奖的颁奖现场，到戛纳电影节、威尼斯电影节、柏林电影节，都留下南方周末记者的身影。

四、评论

在《南方周末》25年报史上，2007年6月21日，可以算作一个特别的日子。从这天起，《南方周末》在新闻、经济、文化三大版块之外，又诞生了一个崭新的版块——评论。

在此之前，《南方周末》并非没有言论版面，事实上，头版的“方舟评论”、里面的“众议”版、“视点”版与散见于各版块的评论栏目或版面不仅独具气度与品位，而且，世纪之交的“时事纵横”等评论版一度引领全国媒体时评风尚，影响巨大。但是，与评论在一家报社应有的地位与功用相比，与国内媒体纷纷增设时评的风起云涌之势相较，《南方周末》的相关评论内容不仅需要整合、集纳而规模化，还应该调适结构、完善功能，进行大举改革。

基于以下三点考虑，南方周末编委会做出在编制上增设评论部、在版面上增设评论版块的决策：其一，言论向来为报纸的灵魂与旗帜，必须旗帜鲜明地发出自己的声音；其二，观点可以变卖点，精心经营的评论版块，应能成为南方周末新的亮点与效益增长点；其三，独立设置评论版块（四个版），符合现代报业新闻报道与新闻评论两翼齐飞、区分客观报道与主观评论的大趋势。

好的开始是成功的一半。改版动议之初，筹备人员志存高远，以不鸣则已一鸣惊人的姿态，将“打造中国意见高地”作为评论版块的目标。参照国内外近现代大报的成功范例，研判未来报业评论的发展趋势，继承南方周末既有的优秀因子，结合以周为期的周报实际，全新设计出如下评论样式：

一版即评论版块封面刊载代社论性质的“方舟评论”，每期两篇，选题来自社论委员会讨论，主要由南方周末评论员撰写。另外，对突发新闻以“南周快评”快速反应，对可“戏说”的时事则以活泼、谐趣的“周末茶座”娓娓道来，二者皆为“方舟评论”之补充。文字之外，每期还在固定位置刊出“漫画一针”，展示以画笔评点时事的独特魅力。如果说以上栏目代表的是《南方周末》的立场，那么头版大篇幅的“读者来信”则呈现读者对近期《南方周末》报道与评论的回馈，以及读者对身边事的独到见解，以使整个评论头版呈现一派编读互动的生气。

二版为自由谈，此乃评论版块不可或缺的专栏版面。三版为大参考，此为“策论”性质的版面，突出建设性、前瞻性，篇幅可长，以补一、二版短平快评论之缺憾。四版为评中评，除具备观点集纳功能外，还对集纳来的观点再加工再评点。常设栏目有“一周高论”，评选一周来国内报刊登载的“值得记住”的好评论，为其排定名次并点明入选理由；“围观中国”撷取、点评国外主流报刊评论中国时事的观点；“第一争议”则综合评述一周来最受关注且分歧较大的焦点话题。文字之外，另有“点画魁”栏目，分别选出一周来国内、国外各一幅上佳时事漫画。

如此每期四个版的架构，呈现出长枪短炮、图文并茂、编读互动、亦庄亦谐、原唱翻唱往来呼应的灵动姿态，不仅消减了读者的阅读疲劳度，还为观点表达提供了尽可能多的技术施展空间。甫一出街，即引起读者和业界关注，并成为不少媒体借鉴乃至模仿的对象。

但是，单凭形式上的创新，尚不足以在群雄逐鹿的观点市场上安身立命，也难逃新不过数期的宿命。而要真正实现“打造中国意见高地”的评论改版目标，新，就必须始终贯穿于内容之中。

针对国内媒体评论的现状，南方周末在各个栏目的选题方向与实际操作上拟定出彰显其独特气质的差异化竞争策略。

以有社评性质的评论版块头版“方舟评论”而论，鉴于《南方周末》以周为出版频率，其社评自然需要一种与每日一次的社评大不相同的节奏，因此在选题上，《南方周末》有意舍弃一事一议、就事论事的日报式模式，摒弃鸡毛蒜皮的闲聊，着眼于从一周大事中选取最受关注的焦点新闻展开评论，或者将一周中有影响的并且具有相近性质的几件时事予以总揽式串讲，又或者开掘那些被很多人忽视或视为小事但却别具价值的新闻事件大书特书。这样的选题定位最明显地体现在南方周末社论委员会每周一次的方舟评论选题会上，在这里，社评委们都力求将前一周的新闻置于历史长河与中国乃至全球化的时空背景之中，抉发其意义半径，努力为读者提供一种在广阔视野中的认知附加值，以便读者“在这里，读懂中国”。

而在其他栏目或版面的操作上，这样的思路也一以贯之。

比如，《南方周末》痛感国内时事漫画流于琐碎的极度欠发达现状，力图赋予其应有的评论高度和思想深度，为此选题首先要有大气度、大格局。《南方周末》甚至将其视作以画面呈现的另一种形式的社论，事实上，用心经营的漫画也常常收到一画胜千言的功效。

又比如自由谈版，虽然在文体上属于惯常的专栏定位，但南方周末力求在作者的发掘上体现与众不同的特质，婉拒了偏重学术、文风晦涩的专业学者，舍弃在国内报刊频繁投稿但却内蕴不足的时评写手，把更大力气放在开拓那些与南方周末气质相投的新人上，甚至在平常看来不属于媒体评论圈的作者上，例如中学生、医生、民工等群体，他们独具洞见兼有个人体验的评论往往大受读者欢迎。

而大参考版与评中评版，其预见与观点总揽的特性，则本身就是扬周报之所长，但南方周末仍然注重在选题上抓大放小，凸显品位，以使追随者模仿者难以超越，其中评中评版每年年终的“年度中国十大评论”的评选，已在媒体界和读者中建立口碑与公信。

日常操作之外，一期四个版的规模也为大型评论专题策划提供了空间。每年年初以年度猜想形式出现的趋势分析专题，即“开年十大猜”，已成为评论版块的新年保留节目；2008年国庆推出的“我和我的国家”的专题策划，以“国家为我做了什么”、“我为国家做了什么”、“国家还能为我做什么”、“我还能为国家做什么”等四个设问以及各阶层人士共同回答的全新形式，试图厘清国家与公民之间的关系，这一策划引起了较大的社会反响。

选题与操作之外，更能彰显《南方周末》评论独特气质的还在于它的理念。南方周末认为“启蒙”仍是中国大众媒体不绝的使命，南方周末秉持“有可以不说的真话，但绝不说假话”，南方周末保持独立、公正、理性、建设性的姿态，南方周末信奉自由、民主、平等、法治、人权等人类共同的文明价值，南方周末力图拓展尽可能大的言说空间，南方周末也冷静地认知国情，理解国家渐进的步履，所有这些，都一以贯之于各个栏目各篇文章之中，保证了虽然评论体裁千变万化但整个评论版块却能始终保有统一的精神内核。

改版两年来，新生的评论版块取得了初步成功，被读者评为《南方周末》最受欢迎的版块，实现了南方周末编委会关于评论要成为南方周末新的亮点与增长点的改革构想。但评论版块依然还有进一步改版的必要，而其不变的目标，就是一直成为中国的意见高地。

五、版式

《南方周末》的版式改革可以大致划分为四个阶段：

第一阶段（1984—1990年），创刊期。正处在中国改革开放初期，人们对趣味性、娱乐性阅读的需求渐渐增强，《南方周末》的版式希望做出不同于党报的活泼感，于是版面上多了些花边、小插图之类的装饰，但由于排版还是铅字排版，印刷也只能是套红。所以想做多些变化也是比较受制约，加上多少还是受传统排版方式的影响，版式结构为穿插式排法，文与文、文与图、文与标题等版面元素之间都是穿插处理，紧密相扣，铺满整个版面。

第二阶段（1991—1995年），开拓期。随着市场经济的发展，文化产业也兴盛起来，人们的思想越来越活跃，于是报纸内容越来越追求市场化。版式也随之更加活跃大胆，经常使用夸张、刺激的视觉形式充斥版面，比如：美女、红唇、尖刀、猛兽等图片、插画布局于版面。非常冲击市场，尤其对于以往受党报影响太深的北方市场，更是不得了的刺激。那时《南方周末》引领了这一版式风格，这一风格也成为很多内地媒体纷纷效仿的榜样。这一时期也仍然是铅字排版，套红印刷，但是在套版方法上增强了变化。

第三阶段（1996—2000年），改革期。《南方周末》开始转型，以“爱心、正义、理性、良知”为核心理念。内容重点转向关注百姓民生、维护百姓权益尤其是对底层人群的关爱，监督政府及管理层的表现。故而，版式开始转向理性，版式加强新闻化，标题字体多用黑体系列，加强重量感。头版头条渐渐成为抢占市场的主要武器，版面通常可以做得很大气、舒展，且此时的排版技术改进为电脑照排，彩色印刷也开始使用了，于是，使得设计版面时更加容易让版面元素（文、图、标题等）趋于模块化、规整化。但是这段时间是没有美术编辑岗位的，所以各版面编辑自己按照自己的喜好编排，形成了整份报纸版式风格缺乏整体性的状态。

第四阶段（2001—2009年），视觉品牌建立及调整期。《南方周末》开始对报纸的字体、字号、图片的使用等版面细节进行统一规范，尤其版面开始大胆使用留白元素，版面逐渐显出现代气息。报纸版式更加模块化，内容编排更条理更清晰，版式设计开始追求愉悦的阅读感觉。2002年初，建立了作为企业的VI视觉系统，于是，《南方周末》有了自己的标志、标准色、辅助图形，以及一系列统一的应用项目：办公用品、礼品、纸袋、雨伞、广告标牌等等。在这个基础上，2002年3月，《南方周末》进行了一次比较大的改版，将版面划分为4个版块：新闻、经济、文化、城市，产生了4个封面版。在版式设计上也真正开始建立统一的视觉品牌形象。报纸有了在VI视觉基础上的提升式改版。版式上也在统一的色调上，图文在模块化基础上做得更加富于变化，尤其有了城市版块可以充分发挥。但报纸总体形象还是以新闻为龙头，版式讲求新闻重量感，经济和文化版面则既讲求新闻的朴素、重量感，又讲求阅读的雅致、轻松感，因此报纸版式呈现出整体统一，而各版块又各具风格，呈现出有节奏的系统版式格局。

到了2007年，南方周末又先后设立了评论版块和时局版块。版块结构变得更加丰富，版式又做了一些调整，变得更加理性，更加讲究细节。

《南方周末》版式设计经过了这些年的实践摸索，已经渐渐形成了自己独特的风格。它是随着《南方周末》报纸定位的变化，从创刊时的周末娱乐性办报理念出发，到“爱心、理性、正义、良知”，到“深入成就深度”，到“记录时代进程”，再到“在这里，读懂中国”，版式风格越来越趋向理性、庄重、大气、雅致。并且逐渐融入符合汉文本图形化美学原理，比如：标题和少部分文字段落使用竖排；图文结构经常使用不均衡中找均衡的构成关系和中国人很擅长的卯榫结构来布局版面元素，使得正文、标题、图片、报头报眉、留白、广告这些版面元素相互作用、支撑、咬合、排列，形成特有的《南方周末》版式风格。

《名牌》创刊号。

在这个阶段里，《南方周末》的版式设计作品获得了很多新闻版面评比奖项。比如：2004年得到了全国新闻版面银奖，2007年获得广东省新闻版面金奖等等。

第二节　《名牌》：全息解读精英生活

到2009年8月，《名牌》杂志就已经创刊6周年了。岁月飞度，但是在一个拥有60年历史的报业集团里，这不过是其时间刻度上的1/10而已。6年光景，《名牌》杂志的采编团队经历了人员的交替，在采编方向上，虽经过中间的数度调整和探索，但其“精英男性杂志”的定位，综合性、全息性地切入中国精英阶层生活各个块面的报道方式，则彰然延续，是为《名牌》杂志的立刊之本。

任何一个媒体，从最初的创刊面世，都必须清晰地设定其“理想读者”，每一次出版发行，都是在寻找它的理想读者，接近、触摸舞台下观众的面目和灵魂，是与它的追随者的定期约会。对于一本采取精准发行、定向推广的高端纸质媒体而言，越能深入地接触、服务于其理想读者的内心，就越知道自己的路怎么走。

返回“初心”，《名牌》对读者群的设定是：“生于激情澎湃之时，长于革故鼎新之中，经历过价值观选择的痛苦，也正受着创富刺激、变革困惑和声色诱惑。他们是这个社会的中坚，他们的品位与追求将决定这个国家未来的基色。”如此，《名牌》即是“为28—40岁、受过高等教育、事业相对成功的男性办的一本杂志”（《名牌》发刊词：“爱其爱，梦其梦，担当其所担当”）。6年前，创办者带着《南方周末》一贯的理想主义和精神气韵，在集团6楼拥挤的老办公室里创办这本精英男性杂志时，开启了一次富有浪漫主义色彩的冒险征途。这一征途，从采编的角度而言，无疑形成对高端时尚杂志圈的冲击，为时尚媒体提供了富有南方色彩的视角和另一种样式的可能；而对于以报纸立基的南方报业传媒集团来说，则是一个新媒体品种的丰富和向一个更精细市场的迈进。无论成败得失，它对于新富阶层的接近和触发，为全方位打量高端时尚杂志市场累积了经验，甚至教训。

6年，作为一本面世以来追随者众，

办刊思路不断被其他媒体借鉴、参考乃至复制的媒体，作为一本应时而变却内核不散的杂志，《名牌》的内容一直坚持的就是：做一本呈现人性的杂志。

进入21世纪的中国，经济的勃兴培育了日益庞大的新富阶层，他们在物质上呈现出巨大的消费欲望，同时在精神追求上也处于强烈的意识空窗期。《名牌》杂志从2003年最初提出的“开创精英时代”，到2004年提出的“精英领导时尚”及此后倡导的洞察时局、安放身心、优雅生活，无不是在精英阶层的物质生活及精神生活上大做文章，而流淌于字里行间的，则是对人性、欲望的观察和体贴。

在物质报道层面，《名牌》一方面以常规栏目的操作，涉及精英阶层生活的各个物质环节，如私人飞机、游艇、汽车、名表、服装、男性配饰、高端地产、美酒、美食等等。在物质领域，《名牌》杂志较早地开创出以人言物、对物质报道赋予人文底色的思路，既紧跟新品迭出的时尚潮流，又掌控人文主义的报道方向，为业界所称道。精英阶层的消费具有私密性、定制化的特点，同时又将消费作为社交的工具和品位的象征，因此，把握他们的阅读需求，以多元的方式，或风格顾问或社交指南的形式呈现，以为读者提供资讯和观点。从某种程度上来说，《名牌》杂志首先是一本社交杂志。

最重要的是，《名牌》杂志在全国同类媒体中率先对豪富阶层的生活方式进行全方位深入而细致的报道，揭秘中国权贵们不为人知的生活、休闲模式。基本保证每期操作类似《揭秘劳斯莱斯中国车主》、《私人飞机白皮书》、《解码京城四大俱乐部》这样重磅级的专题，从不同维度解析、展示富人们的高端物质生活形态。自始至终关注经济社会中处于财富、权力金字塔最顶尖的人群，锁定关注最有影响力、最热点的族群，为新晋阶层提供有效的生活参照系，不仅是《名牌》的读者所关心的，也为21世纪的中国顶级精英们画像存证。

进入中国新富阶层的精神领域，也是《名牌》采编所坚持的方向。急剧变化的社会，创富冲动背后的精神现象，活跃的经济活动所带来的思想、价值观的驳杂等等，是《名牌》所要面对的和负责诠解的时代命题。《名牌》从不甘心仅仅做一个商品性的媒体产品，同时更坚持做一个提供价值观的媒体，一个时代的思想归纳者和一个人群的意见表达者。如《心灯》专题、《孔子世家》专题等等，就较能传达出这种立意。南方报业的整体成功，一个最主要的原因即在于旗下媒体，均不仅仅是资讯提供商，而是价值、观点的策源地。可以说，即便是一本相对窄众、形态时尚的杂志，《名牌》亦尽量承继南方报业的精神血脉，这也塑造了《名牌》迥异于其他同质媒体的独特面貌。也基于此，《名牌》杂志甚至一度在时政领域里做了大量的功课，比如以整体华人的视野，常年关注两岸关系，如2004年3月号，以280页的巨幅篇章，在其时全国视台湾问题为媒体禁区之际，最先全景式地报道台湾；2005年9月号，以马英九当选国民党主席为契机，制作“谁识马英九”大型专题；其后又突破重重困难，组团赴台遍访王金平、关中、苏起、王建煊等泛蓝政治要角及台湾的诸多重量级意见领袖；陈水扁陷入贪腐案时，又推出"台湾命运大推演"等反思华人社区民主制度的专题……这看似是溢出了一本泛时尚杂志的外延，却无形中为杂志寻找到了异于他者的道路。

有温柔敦厚，也有金刚怒目，全在于对人性复杂性的尊重和解读。作为一本以全息解读精英生活为己任的杂志，《名牌》6年来建立并丰富了自己"人性"的叙事框架，即诠释"掌控世界，安放身心"的"大道"版块，表现"极致生活，此生有梦"的"极乐"版块，展示"爱恨情仇，精彩人生"的"他们"版块，呈现"美人尤物，亦真亦幻"的"她们"版块，以及"穿越历史，优雅处世"的"时间"版块和"俯仰宇宙，行之天下"的"空间"版块。以探寻"精英男性的六大梦想"为采编总纲：1.他们是站在世界巅峰的男人。解析他们的权势密码，探寻他们的成功之道，呈现他们的内在价值观，是《名牌》的第一层要义。2.他们是引领潮流的男人。报道他们奢华而不失品位的生活方式，提供极品的物质享受，透析他们对高雅之物的迷恋，是《名牌》的第二层要义。3.他们是精彩纷呈的男人。以多元的价值，展现他们人生的不同面相，他们的成败得失，他们的喜怒哀乐，是《名牌》的第三层要义。4.他们是性情的男人。而她们是妻子、是情人，是红颜知己。品鉴美人，是《名牌》的第四层要义。5.他们是站在历史坐标上的男人。时间对他们是紧迫，也是闲适；是从历史深处寻找动力，也是从当下寻求慰藉。推崇优雅和智慧，是《名牌》的第五层要义。6.他们是在行走中思考、在思考中品味的男人。空间不仅在他们脚下，他们心神中的空间更为辽阔无际。展示无垠的天地，展示他们的胸中宏图，是《名牌》的第六层要义。

也许，《名牌》的经验卑之无甚高论，但是它以人性为纲，相信有一天，它一定会成为精英阶层物质生活和精神生活的最佳载体。

第三节　《南方人物周刊》：重新打量每个生命

2004年6月，《南方人物周刊》创刊，至今正好5年的历程。经过5年的实践，它的专业化程度日逐成熟，它在报道的丰富性和多样性上，提供了一些值得借鉴的文本和经验。

一、世事有多繁复　人心就有多微妙

人物报道是许多记者心向往之的一种报道体，世界再大，终究由人组成，世事再繁复，都由人所铸就，把人说透了，真相也就水到渠成。但在以奉"客观真实"为圭臬的新闻报道中，人物报道又可能是主观色彩最浓的一种报道体。

首先，对人物的选择，就包含了记者的价值判断，为什么要做这个人，从什么角度做，不仅基于新闻价值的理解，也暗含了不同媒体的核心价值和市场选择；而在对人物的采访中，仅凭与采访对象的对答，你很难确认它的真实性，他可能说出了部分真实而遮蔽了难

言之隐，他也可能用大话、套话、假话来掩盖真实；同时，记者也不可能不投以自我的道德取舍，哪怕你坚守说出真相为原则，都可能有意无意地流露出主观的情感色彩。因而，从主客观两方面而言，人物报道都是距离新闻真实性原则最远的一种报道体。

如果我们承认这种客观事实，就必须找到一条最为接近人物真实呈现的路径；找到在新闻采访中最为客观的方法论，才能最大限度地接近人物本身。

长久以来，我们对人的认识囿于一种二元对立的判断，手持非黑即白的道德画笔，要么把人神化，要么把人鬼化，好人好到极致，恶人恶到极点，这种脸谱化、妖魔化的认识论，体现在新闻报道中，就有正面和负面人物之分，表扬稿和批评稿之分，人性自身的善与恶，被撕裂为两半，分别披在所谓“好人”和“坏人”的身上；更为荒谬的是，出于某种政治和利益的需要，不顾客观真实，为某些人大涂油彩或大泼脏水，使得当下的新闻报道，表扬某些人比批评某些人要付出更危险的代价（政客和商人的不断落马成为这一观点的最好注脚），批评某些人比表扬某些人更具有获利的先机（大量封口费的产生来源于此）。

重新打量每个生命，这是《南方人物周刊》创刊以来所一直秉承的对人的认识理念。《南方人物周刊》希望一改过往的二元对立的认识论，把人还原到人性原点上，抛弃意识形态化的功利性和道德的简单化，回归到人物应有的多元、复杂、善恶并存、变化莫测的基点上。可以想见，世事有多繁复，人心就有多微妙，在对人的认识上，我们只有心怀谦卑敬畏又冷峻谨慎，才能更接近人物的本性，才能最大限度地还原人物的真实来。

理念无疑是思想的指南，方法则是行动的利器，器物层面的方法论可以使记者的采访进入一个良性的轨道，而掘进到人物的内心和实质。就人物采写的方法论而言，因其记者个性的不同常常呈现出不同的样式，但大致可定位在从人的本性出发，进而推及到人的职业属性，最终拓展到人的社会属性。

性格决定命运。人之所以千差万别，性格起了决定性的作用。不同性格的人在同一事件面前会表现出各自

《南方人物周刊》创刊号。

的独特性，这对记者采访人物具有指导性的意义。所以，面对面的采访给了记者一个最直观的印象记忆，他的形象、气质、谈吐及一些小小的细节，不仅使记者对人物有一个直接的性格判断，而且会在记者后来的写作中成为影像的记忆，成为开启人物为什么而做的动因和钥匙。

人出生于某个阶层、长期从事某种职业会在其身上烙下与其他阶层和职业不同的价值观、行为方式、思维个性和思想情感，从阶层和职业属性入手是把握人物特质的一条捷径。所以，人物记者也常常分线，他们可以在长期的专业采访中成为某一行业的准专家，可以最有效地直抵人物的内心世界。就是说术业有专攻，采访时政人物要从政治利益考量，采访财经人物要着眼商业诉求的最大化，采访文化人物更看重他对世界的观察感知，采访艺术家则要捕捉他对人生的表达方式等等，这样你才能呈现不同人物的不同特质来。

《南方人物周刊》中国2008魅力榜封面。

但人最终还是社会的一分子，无论他的性格如何，职业所坚持的价值观和思维方式如何，他都带有这个时代的烙印。观察一个人，我们常常要把他放在大的时代背景下，放在与他相关的同时代的人物中进行比较鉴别，既要找到人物的个性和职业属性，又要看到时代的潮流是如何改变了人生的轨迹。人就是在这种有限的规范中，展现出不同的命运，它既是时代的，又是个人的，既能看到人物个性的张扬和命运的陡转，又能呈现时代的风云流变，这无疑就是一篇好的人物报道。

二、人物报道的五种文体

1.调查

相对于事件性调查报道，人物调查报道的难度要更大一些。

它要在新闻事件中找到清晰的人物指向，有些事件因其群体性和复杂性难以确定以某一人物为切入点进行调查；二来人物调查多指向“问题人物”和“政治人物”，前者常常一出事便被刑拘，后者官至某级别就回避媒体，面对面的采访成为一种奢望，其他人更是唯恐避之不及而拒绝采访，这无疑增加了调查的难度；三是人物调查常因人性的复杂和忌讳难以做到准确、深入。

但它的优势在于，人物调查可以有

效地回答“WHY”，当人物成为事件的动因，对人物的所作所为追根溯源可以把事件的来龙去脉梳理出来。同时，人物在事件中的心理和情感可以成为另一视角增添调查的手段，从不同的角度探究事件的过程。

2.叙事

叙事体是人物报道中最常见的写作文本。人物的前世今生最适合以故事化的方式娓娓道来，面对面的采访以最贴近的方式还原人物的性格和气质，最切近的提问可以直指人物的内心和思想，综合各方面的报道加上现场采访使叙事体相对而言成为一种写作难度较小的报道体。

但它的出彩难度也就随之加大，因为你的采访很难成为独家，之前的各类报道也对你的文章设置了门槛，这对记者采访的视角和深度提出了更高的要求。

3.评述

评述体的写作在多数情况下，是因采访不到当事人而不得已为之的文体。大致有三种情况：一是采访对象拒绝而不得不做外围采访，这类人多属名流（政界和商界尤甚）或刻意低调者；二是被刑拘的“问题人物”；三是已过世的人物。

这类文体的难度相对较大。一是它要做大量的外围采访才能一步步接近人物原型；二要从大量的资料中或过去的采访中找取自己当下所需要的素材；三是要有历史的视野，从人物的时代背景下找到人物的位置，并作出价值判断。由于文体可以夹叙夹议，在都做不到专访的情况下，每个人的评述就可能有自己的选材，自己的角度；它不仅提供事实，还有观点，它在客观叙述中带有记者较强的价值判断，文中所流露的主观色彩既可能强化文本的情感，也有可能带着个人的主见，是一种较难把握的文体。

4.对话

对话日益成为人物报道中常见的一种文体。它多数出现在对名人的专访上。因为名人的故事已经广为人知，人们更想知道他们的内心世界和对各种问题的看法，对话体可以直指核心，又能看到不同记者的提问呈现出采访对象不同的层面。这看似简单的写法却考验着记者的实力，问题的设置体现了记者对采访对象的把握能力，现场的提问考验记者的掌控力，其间的即兴交流更能看出记者的敏锐，而后期的结构调整则是一个浓缩精华的过程。

有业内人士质疑对话体中采访对象回答问题的真诚度，这种单一的信息源如不加以求证，其真实性的确打了折扣。在国外大刊中，都有调查员去专门核实细节，来确保文章的真实性，这对国内的新闻从业者是个借鉴。

5.特稿

当“新新闻主义”把文学手法引入新闻报道体后，这种被称为“特稿”的文体成了新闻报道中独具魅力的文本，带来了新闻写作的一场革命。

而特稿的写作常常就是一篇人物报道，通常它都有一个好的故事和这个故事所潜藏的时代内涵，记者以文学写作手法来调度他所采访到的素材并融入对社会问题的判断，其结构的设置、细节的描写和语言的运用都体现了文学的生动和丰富。这种强烈的故事性和文学性在阅读上具有特别的吸引力，同时葆有记者对时代的深度思考和思想贡献。

但在以追求客观准确的新闻写作中，这样的文体也备受争议，如果记者把握不好，容易落入虚构的假象和主观情感的泛滥中，因而对记者有更高的功力要求。

第四节　南方周末网站（infzm.com）：进军新媒体

南方周末以建设网站为进军新媒体事业的切入点，选择以“infzm.com”作为域名，寓意是：

1.“i”是“信息时代”（Information）的缩写，已被广泛接受，“nfzm”作为“南方周末”的拼音缩写，在读者中也享有很高的认可度；

2.“i”的发音与汉语“爱”相同，在传播中可享“爱南方周末”之结果；

3.5个英语字符的短域名属于最理想的易记、易传播域名。

2007年10月，infzm.com开始试运行。

正式上线的网站，除建设高质量的南方周末电子版之外，还积极探索报网互动方法。发布了第一篇网站专稿及第一个独家视频——“华南虎”追踪，以每日多次更新的快讯、独家视频采访、刊发于报纸的深度报道等，搭配成立体结构的组合报道。在对“厦门PX”事件的关注中，记者从前方及时发回市民代表与政府官员座谈的现场报道，填补了当时国内对这一热点事件所需资讯的空白。

作为网站传播的一个重要补充，南方周末手机报彩信版也于2007年10月正式上线。

2007年11月，infzm.com论坛开设《Mangazine·名牌》专区，开始了整合报系资源发展新媒体的探索，《南方人物周刊》论坛专区也于次月上线。

南方周末官方网站infzm.com于2007年12月13日正式上线。除在试运行阶段所提供的内容和服务外，还开发了独特的用户系统和高效的投票系统。注册用户在上线首周就轻松过万。

南方周末在国内外享有广泛声誉的“年度人物”评选，与网站上线系列活动成功结合在一起。年度人物评选的网络投票部分，历年与新浪等门户网站合作，参与人数均为3万—4万人次。首次由南方周末网站自行操作的网络投票，取得了前所未有的反响，最终有超过40万人次参与了该年度的网络投票。“到南方周末网站投票去！”的帖子遍布国内大小论坛和博客。网友参与投票的热情，甚至一度耗尽了厦门市的IP资源。

2008年1月，网站整合网络资源，并结合地理定位等技术，推出了能及时形象反映新闻发生地点的“时局地图”。

网站论坛开设活动专区和“原创贴图区”，并结合报纸在国内引起巨大反响的“代课教师”、“黑砖窑”等重头报道，举办了“2008和谐春节 让黑窑工母亲过个好年”、“师道尊严，人道尊严——关注‘最后的代课教师’”等网络交流会，取得了巨大反响。

2008年5月6日，网站自主设计开发的全站系统正式上线。网站改版后拥有内容管理、统一认证、互动社区、网摘等四大功能模块，注册用户突破10万，日平均PV达60万。配合新系统上线，网站对视觉体系进行了整体刷新，用户访问质量实现了飞跃式提高。从2008年5月开始，平均每日访问infzm.com网站的用户，会阅读站内11—13个页面，停留时间超过12分钟，均高于同类网站的平均水平3倍以上。

2008年7月，网站进行产品调整，博客和论坛暂时关闭进行技术升级。

2008年10月专栏系统上线，网站注册用户数突破20万人，日平均PV超过100万，最高PV达250万。

2009年1月民调中心上线，结合报纸新闻中所反映的焦点问题，以严谨的技术手段，在网友中进行舆论走势调查，受到网友的热烈欢迎，并成为海内外众多媒体纷纷引用的权威参考数据。

2009年2月，中国企业社会责任研究中心网页上线，并相继与南方周末相关部门密切合作，推出了多项针对企业乃至行业的市场调查。“南方周末·汽车顾客满意度调查”推出了系列组合调查，其中包含了50个主客观问题在内的问卷，回收完整有效的样本5521份，远高于国内近年包括门户网站在内的各种网络同类调查数倍。“南方周末”作为在国内深具权威性和公信力的品牌，影响力成功延伸至网络平台。

第五章

南都报系：十年榕树已长成

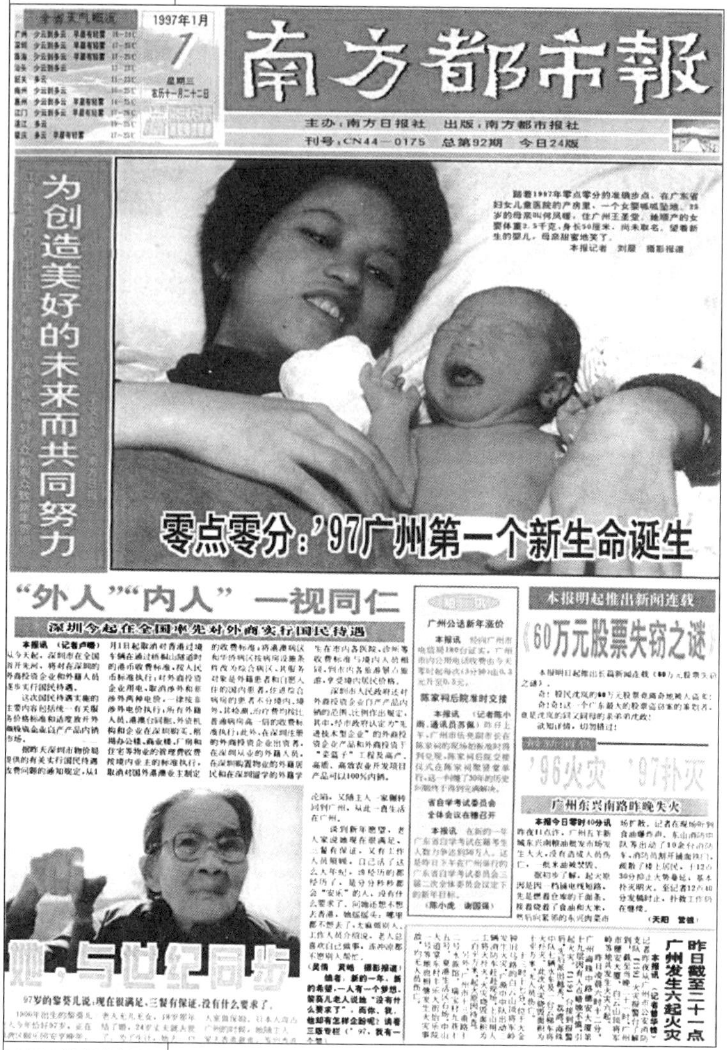
南方都市報
1997年1月 1 星期三 农历十一月二十二日
主办：南方日报社 出版：南方都市报社
刊号：CN44－0175 总第92期 今日24版
为创造美好的未来而共同努力
零点零分：'97广州第一个新生命诞生
"外人""内人"一视同仁
深圳今起在全国率先对外商实行国民待遇
本报明起推出新闻连载
《60万元股票失窃之谜》
'96火灾 '97扑灾
广州东兴南路昨晚失火
她，与世纪同步

《南方都市报》创刊号。

《南方都市报》作为一张后起的综合类日报，在这过去的十余年有着相当不错的发展速度，从社会影响到经济规模都有很大跃升，被视为中国报业的代表性品牌之一，也成为行业发展的标杆之一。她与她所处的时代不可分割，文化理念与时代精神的投射在南都的发展历程中起着关键的作用。

第一节　十年口号，南都轨迹

要理顺《南方都市报》这张报纸与其时代的关系，一条不错的解码钥匙是南都的口号。这十年间的口号很好地映射出南都的轨迹。

一、1997年——南方都市报，看了都说好

这一口号，质朴而稚嫩，实际上体现了南都在这一草创阶段对可读性的追求，是一个市场新入者的典型诉求。

1997年创办日报之初，南方都市报也经历过一段与当时新兴的都市类日报相同的发展阶段，因为在办报方法上要有别于传统的机关报，从尽快吸引读者打开市场站稳脚跟的着眼点出发，对报纸的可读性有较多的强调，对社会新闻较为重视，独家新闻——《工厂老板要求职工打50只死苍蝇（还要分清公母）才能领工资》等社会新闻都曾轰动一时；在英国戴安娜王妃车祸遇难的第二天，《南方都市报》更是以三个版的规模报道了这一世界大事，当时国内报纸都仅仅是转发了新华社一条400字不到的消息！这也成为广州乃至全国国际新闻报道的经典范例。像当时的独家连续报道《变性丽人的情爱悲歌》，就更有代表性，它所包含的猎奇色彩自然是不能讳言的。相比而言，像香港回归、十五

大等重大时政新闻，《南方都市报》在既缺资源也缺实力又缺经验的情况下，无法有所作为。但是，从对日本驻秘鲁大使馆人质事件、戴安娜报道、世界杯十强赛报道等等可以看到，早期《南方都市报》既带有一般都市类日报的特点，但实际上又已表现出了与别的同类报纸不同的境界与追求，是要重新定义“新闻”与新闻价值，而不是简单的哗众取宠。

二、1998年——大众的声音

这一口号，实际上反映了《南方都市报》在有那么一点“横空出世”、在市场上表现出了那么点与众不同的冲击力后，开始自觉地寻求市场定位、读者定位。“大众”概念，固然是显示作为一张都市报类媒体惯有的面向大众，放低身段的姿态，但其有别于前一个口号急于赢得读者喝彩的心态就是，它隐含了南都对媒体社会责任感的追求。

也正是在1998年3月，《南方都市报》推出了揭露不法分子用泔水提炼潲水油供应食肆的舆论监督报道。该报道在广州引起了强烈的震荡，也引起卫生工商部门的高度重视，一时成为城中焦点话题。这组报道也成为早期《南方都市报》新闻舆论监督的代表作，初步显示出南方都市报关心市民生活为百姓说话的特质。也就在这一年，南方都市报在抗洪之后率先做了为灾区大学生圆梦的大型策划。

而在当年的六七月份，《南方都市报》在国内日报中率先扩版制作世界杯特刊，这显示出南方都市报敏锐的市场嗅觉。作为一张有志于建立广泛巨大影响力的日报，《南方都市报》能够准确地把握读者的阅读诉求，将自己与大众联结在一起。从这一时期开始，《南方都市报》在广州的发行量和知名度得到大幅提高。而其实这样的一种市场嗅觉，说到底其实来源于与广大读者的“同声同气”。有个实际的例子很能说明问题：就在这一年的3月底，同城另一报业集团创办一份新的日报，直接争抢早报市场，而挟其财势，一开始可谓来势汹汹，几乎做到了一周之内全城皆知的效果（与《南方都市报》的艰难起步完全不同），而它上来就标榜“中产”“白领”，而到今天，两条道路谁成谁败，自然是由读者由市场作出最公正的评判。

三、1999年——南方都市报，你要我也要

这口号也够口语的，好像又回到1997年那种层次了，但它却含有深刻的转变。就是《南方都市报》已自觉地从对可读性的单一诉求转向对必读性的追求。此时的《南方都市报》不想再游走于另类与边缘，不满足于个别群体个别人的欣赏与叫好，不想仅仅作为读者茶余饭后的消遣读物，而是希望介入社会各个层面并被更广泛地接受，成为人们的生活必需品。

1999年正值千禧交接之际，《南方都市报》推出了横贯全年，每天两个跨版彩版的历史回顾专题系列报道——《一日看百年》特刊。这一具有深厚历史与文化底蕴的专题，不仅吸引了大批追捧的读者，而且有力地提升了《南方都市报》在读者心目中的品格形象。

《南方都市报》不再是一张只讲求趣味性可读性的“俗”的小报，它的雅的一面也得到充分的显现。1999年8月27日，《南方都市报》以六个版的规模推出《广州小变大盘点》的专题报道，集中报道广州市在当时广东省委书记李长春的直接推动下进行的“一年一小变”城市建设与改造及整治脏乱差的成果。这是南方都市报首次以这样的巨大规模介入市政宣传报道，这也是南方都市报有意识地将正面宣传报道与都市报自身特色相融合的范例。这组报道比本地所有其他媒体包括市委机关报等都要领先一步。同年《南方都市报》还以近十个版的容量集中报道了广州地铁的开通，又开创了“天天财富”版，成为综合类日报中首先将经济报道独立出来的报纸。在这一年年底，《南方都市报》又作了十个版的《深圳：辉煌1999》的年终总结报道，对深圳在这一年取得的辉煌成就作了深入全面的报道。这一切不是偶然的，不是一招半式的博懵，而是向社会生活主流的自觉靠拢与介入。从这一年开始，年轻的南方都市报就已经有意识地在提升自己的报格，在拓展自己的办报思路，可以说自此，南方都市报已经迈出了转型的步伐。巧合中可能也有必然性的是，就在这一年的4月，南方都市报实现当月盈利，同时1999年也成为南都首个盈利年。

四、2000年——我来了，我看见，我征服

恺撒大帝的豪言，展示出的是一个初尝成功的媒体新锐的张扬豪迈，以及一丝丝的志得意满。

在这一年，新年伊始，南方都市报即作惊人之举，以四开的48个版的报纸从原来的0.5元/份提价至1元一份，成为当时国内单价最高的综合类日报，别人视为南都自杀行为的提价却是南都提升发行质量、重新定位读者、市场整合的自信之举；在这一年，南方都市报将触须伸向深圳，开辟第二战场，在这里，将恺撒的名言演绎得淋漓尽致；而且，这一“双城”故事，成为南都向珠三角城市延展的榕树战略的发端。在这一年的年底，南方都市报推出破纪录的228版、日广告收入达到800万元的财富白皮书，显示了强劲的上升之势。

五、2001年——办中国最好的报纸

这最后成了南都的核心口号，成为南方都市报上下的崇高目标，而这一目标也宣示着，南方都市报人将对自己对这份报纸提出更高的要求。南方都市报给自己作了长远定位，一言以蔽之仍是“责任”二字。身处中国转型期的时代大潮，南方都市报作为一个已拥有一定社会知名度与市场实力的媒体，并不只想做一份赚了钱吃香喝辣的“印刷品”，而是希望做一张真正的报纸，希望做中国报业新闻业中最好的一个，成为这个社会进步的一股力量。其实，是不是“最好”并不是南都最关心的，南都最关心的是“办”。

2001年8月17日《南方都市报》以一整叠16个版的特刊作了《惊变广州——广州中变专题报道》，承继小变大盘点的思路，再次率先对广州三年一中变的成果进行全景报道，而且特别租用了直升机航拍广州新貌，再次轰动全城，并由此引出了一条“广州一日游”的新的游览线路。在建党80周年的时候，南方都市报充分体现自己的特色，将系列报道做得有声有色。就连娱乐版也连续一个月推出《红色感动中国》专题报道，通过对优秀文艺作品的贯穿回顾，展现了建党80年的光辉历程。而在这一年，对“9·11”的报道，南方都市报连续一个多星期以A叠整叠用以报道“9·11”事件，其表现与影响显然也成为报纸媒体中的佼佼者。

六、2002年——改变使人进步

这一口号是合乎逻辑的一种必然。这种改变1999年就已开始，此时实际上是南方都市报将自己向主流大报迈进的战略正式向社会向读者公开，也是南方都市报彻底改变传统意义上的都市报小报作风的宣言。在这一年，南方都市报建立起了对自己的转型目标的比较完整的认识，那就是一张“负责任的主流大报”。

大报：首先在经济实力，有很高的很好的经营业绩，并且有巨大的办报规模发行规模；当然更重要的是另一方面的实力，对应的姑且叫做“政治实力”（其实并不准确），那就是报纸所具有的关注度、公信力及影响力。用开本来区分大报小报当然不值一驳，大报小报在国内显然是个政治概念；传统中机关报才是大报，其余的全是小报的出身论血统论成分论也难令人认同；当然，发行量也不应成为唯一的指标，否则《太阳报》就该是大报了；小报，无论它发行量多大，它都是以“感官刺激”作为第一诉求，就新闻报道而言，它始终强调的是最能直接调起、刺激读者身体官能兴奋的元素并乐于将之突出甚至放大；而大报，它的关注度、公信力、影响力则是建基于眼界的宽广与眼光的深刻，它带来的是思想的触动与生活的变革。

主流：“体制内的”，南方都市报是体制内的，是省委机关报南方日报报业集团（现在是南方报业传媒集团）的子报，是现有的宣传思想体系中的一分子，南都所有的改革、创新都是在这一框架之内，所有的宣传报道包括舆论监督也都是在这一框架之内；当然，主流不是随大流，不是要抹杀都市报的特色个性，重走机关报的老路。另一方面，主流就意味着不是辅助性的补充性的，而是主导性的，是有能力与力量树立与倡导主流价值观，其报道内容与读者层面都有着普遍性与代表性，即从报道内容上以对社会具有广泛或深层意义的新闻为报道重点，读者群体代表社会中坚力量。而更重要的，主流更意味着先进性，所追求的是一种对社会发展的持续、深入的推动力量，主流报纸所秉持倡导的核心理念价值观必须是与这个时代这个国家这个社会及中央领导班子对物质文明精神文明政治文明整个改革发展前进的思路、方向、大势吻合的。

而负责任，当然就是对报道负责，对读者负责，对社会负责，对身处时代变革大潮中传媒的使命负责。

所说的主流新闻，像诺贝尔奖得主蒙代尔广州行，像广州地理的系列报道，像华语电影音乐大奖的创办都可算其中。在这一年，南方都市报还在全国日报中率先设立了每天都有的时评版，这是南方都市报有意识谋求社会影响力的重要举措，同时也是整个报纸从单纯追求外在冲击力向追求内在吸引力转变的一个具体表现。

最具标志性意义的，可能要算2002年11月的党的十六大的报道。南方都市报围绕十六大召开而作的中共一大至十五大的历史回顾系列、金婚老共产党员系列、广东公安英烈系列及十六大期间的系列等专题报道，都成为震撼读者的主旋律报道。特别是在十六大闭幕当天，南方都市报出版了其出报历史上首份号外，以号外形式对中国政治大事作最及时的报道，当时在地方非机关日报中是唯一的。一张“地方性小报”对国家最重大政治新闻的高度关注与全面介入，标志着南方都市报已和那些游离于国家社会生活核心之外的边缘的另类的“小报”完全不可同日而语，完成了它的由蛹而蝶的蜕变。

七、2003年——主流就是力量

南都不仅改变成功，而且显现了这种改变的力量。2004年初，南方都市报在北京分别领取新浪、搜狐两大门户网站评出的2003年度传媒奖的时候，当孙志刚的老父亲对南都代表不断念叨着“谢谢”的时候，南方都市报真正体现着她不可多得的价值与力量。

2003年上半年的三大报道，显示着南方都市报转型目标已初步实现。年初，“深圳你被抛弃了吗”的连续报道，充分展现了南方都市报在捕捉新闻热点的敏锐的同时对舆论导向又把握精准的水平。南方都市报在这一个本来对深圳整个城市来说都是有点负面影响的新闻报道中，拿捏到位，始终贯彻以正面的舆论引导人的思想，把这一重大思考引向只要深圳人不自弃就没有谁能抛弃深圳这一昂扬的主旋律上。而最终牵线搭桥成功，促成于幼军市长与网文作者呙中校的会面对话，更是显现了一份有影响力的主流媒体所应该承担的作为政府与市民沟通桥梁的良好的作用。而且现在回过头来看，这一报道也显示了南都作为传统媒体对网络这一新兴媒体平台作用的先知先觉。而在非典暴发的数月里，南方都市报本着高度的社会责任感，与本省其他媒体一道及时报道疫情，对辟清谣言稳定人心起到了关键作用。而在此期间，南方都市报又表现出了一份负责任的主流大报所应有的独立求真的品格。在新华社发布北京专家对非典病因的判断后，南方都市报并不盲从，而是本着尊重科学对读者负责的态度，披露广东医学专家对此的不同看法。而事实证明广东专家是正确的。在“两会”期间南方都市报又采访了卫生部副部长朱庆军，独家披露了当时非典并未被有效控制呼吁全球合作的新闻。而事实同样证明南方都市报的报道是负责任的。最后就是孙志刚案的报道。2003年4月25日，南方都市报刊登了长篇通讯《被收容者孙志刚之死》，这篇报道翔实准确地叙述了湖北大学生孙志刚在广州因忘带身份证而被收容的三天里被殴打致死的事实。该篇报道在国内外引起了巨大反响，而最终直接责任人分别被判刑，相关责任人分别被作行政处分。更具意义的是，在6月18日温家宝总理主持的国务院常务会议上，废止了行使20多年的收容遣送办法，改为救助办法。一篇新闻报道最终改变了国家一部法规，这在中国新闻史上是前所未有的。孙志刚案的报道，显示出了南方都市报勇于承担媒体所应有的舆论监督的职责。这三大报道说明，南方都市报在把握正确舆论导向上已相当成熟，已充分表现出一份主流大报在社会生活中的巨大影响力与推动力。

这种力量，还超出了南都自身。这一年，《新京报》诞生，恰恰接续了南方都市报已达到的发展高度，直接跳过了都市类报纸初期的诸多的摸爬阶段，"一出生就风华正茂"。《新京报》的创办，被誉为是南方传媒的"北伐"，是南方基因的一次有效繁衍与传播。

八、2004年——成熟源自责任

这是南都艰难的一年。这个口号，不是迫于压力的妥协表态，而是高峰之上的自省自节自制。成熟，既是对南都进入收获期的判断，更是对南都自身的期许。作为年度口号，成熟是中心词，但"责任"绝对是贯穿南都发展始终的核心，是立身之源、苦难之源，是进步之源、成功之源，是一切之源。

2004年，《南方都市报》时评版改版，可以说是南方都市报办报上走向成熟的标志。这是南方都市报又完成了一次升级换代。将原来的时评版改造成"社论"版与"个论"版，不是简单地换一张皮，社论版作为《南方都市报》唯一一个完全不接受广告的版面，全年每天一篇社论（甚至两篇），南都在报纸发展上又走在了前头。这种创新领先意义还不是最可看重的，更可看重的是南都社论所体现出的报社的思想、立场及其旗帜性意义，也就是它对于读者的意义。同时，改版后在社论引领之下，"街谈"的亲民，"推荐"的眼光，"来论来信"的众说纷纭及个论版专家学者的精辟多元，共同搭建了一个公共言说思考的平台，这是其最大的对外的社会价值。而对内，整个评论版确立了《南方都市报》的"整体性格"，资讯本身是没有思想的，更无所谓性格，但报纸是有思想的，有性格的。如果想要了解《南方都市报》现在的性格以及南都希望自己应有怎样的性格，就细细琢磨她的评论版吧——公允而不中庸，包容而不纵容，智慧而不势利，成熟而不迟暮，内敛而不怯懦，开放而不狂放，深透而不尖刻，认真而不较真，幽默而不滑稽。这显然是一种成熟负责的性格特征。

这一年，南方都市报出版了《八年》一书，相对系统地对南都创办日报八年来的成败得失进行了总结。而当时南都对这本书的要求就是避免早期在对外宣传上有时候存在的某种张扬夸饰的风格，以"信史"为宗，其中甚至对《南方都市报》曾经的报道失误（打工少女被逼卖淫、广州列十大污染城市等）都有反省。

而从整体意义而言，南方都市报在那么艰难的一年里，人心没有散，队伍没有垮，脚步没有停，品质没有变，要说成熟，这就是真正的成熟。

九、2005年——品牌决定价值

2004年底到2005年初，南都对创办日报八周年进行了庆贺与回顾，对南方都市报成败得失、核心竞争力进行了一番深入探寻。这一口号，便是这番探寻的高度浓缩。南都之“成”，根子便在其办报精神理念所打造的报纸品牌。

对于南都品牌，这年思考点着力点有几方面。

一是品牌创造价值。南方都市报所建立的品牌与声望应该能给集团给南都报系带来更为巨大的经营价值。将2005年名为南都的“经营年”可能也并不为过。而南都在整个行业受整体环境影响而使成本急增、广告盘子缩减的情况下广告营业额“逆市飘红”，发行量更是大幅增长，正是对这一口号的最好注脚。

二是警惕品牌的透支与堕落。经营任务的加大，品牌在这一年成为南都的一大隐忧。无论内部外部，无论读者客户，都对南都过量的一些品相极差的广告表示不满。这种品相上的伤害固然显而易见，但更糟的是，它在员工心中传达着赚钱至上的逻辑。如果说，这种劣质广告是在对南都的品牌透支的话，那需要警惕的另一种倾向可能可以说是品牌堕落了。直接“卖新闻”、“卖报道”的情况（以新闻面目出现的广告稿件、版面）已时有出现，而一些部门一些个人还存在将报纸将报道“工具化”的想法：南方都市报要么是糖果，要么是大棒，给广告就新闻吹捧，不给广告就批评报道。这种倾向对南方都市报无论采编还是经营都是腐蚀性极强的，急功近利杀鸡取卵毒化气氛，颠覆南都以品牌营销的核心经营之道。

南方都市报当然要赚钱，也必须赚钱。问题是靠什么赚钱？品牌！就是说，必须营销南方都市报的独特价值，而不是别的。以珠三角为例，2005年，南都正式完成了2+5的珠三角城市的榕树式发展布局，也就意味着南都在七个城市同时要与当地的媒体竞争。如果比政治关系地缘优势人脉关系，当地报纸比南都强多了，更不用说南方日报；如果比投入规模，如果拼版面多少就能决定胜负，经济实力不差的对手在这些城市弄个百八十版甚至更多也不是什么难事。南都的优势当然在于八年多所营造的品牌辐射力，在于员工受南都企业文化的熏陶浸染，在于南都的团队能够做众多的独特策划，而别人做不了，还在于其A叠的评论重点深度等等B叠娱乐副刊C叠经济报道别人的难以企及。

三是品牌的拓展与延伸。南都在这一年开始涉足网络，商谈深圳热线的合作；开始酝酿派生出《南都周刊》和《TOP风尚》。

十、2006年——品位成就地位

既然是做负责任的主流大报，既然是要做伟大的报纸，那么，从报纸品相到报道内容到经营模式，都不应该是低俗化的下三滥的。当然，这里的品位，还是指对读者负责，对社会负责，对时代负责，不媚权，不媚钱，不媚众，不媚俗，而并不是脱离群众抛弃底层追求曲高和寡孤芳自赏的所谓“高端”。有意思的是，南都恰是在这一年，第一次登上了由国家新闻出版总署监测评定的全国都市报晚报类媒体综合竞争力排行榜榜首的位置。

南都报系在这年初步建立。奥一网正式上线，《南都周刊》与《风尚周报》正式创办。

十年的日报历程，曲折纷繁，一言难尽，但梳理之下，却发现在这些口号引领之下，一路走来，绝非误打误撞而全有路径可循。早年的口号，颇似无意而定，并未刻意而为，竟与南都当时的发展水平、阶段诉求丝丝入扣，互为印证。而自2002年始，南方都市报方“有意识”有针对性地构想每年的口号，并且形成了相对稳定的句式。就在这无意与有意之间，南都已从当初一张16个版、发行两三万份的广州城里的一张小报，成长为今天密集覆盖小珠三角城市群，日均超百版，发行量达一百数十万份且影响力辐射全国的主流大报。重温这口号的变迁与报纸的演进，倒也是颇可玩味，令人感喟。

第二节 南都两段论

不过，上述的“口号之旅”只是更多地在微观上显示着“有南都特色的中国都市报发展路径”中的一年一个脚印，而如果要更好地叩应“时代”之义，作一个更宏观的提炼会更为清晰。南都其实在她的前十年中，又可以分成两大阶段：前五年经济阶段，后五年“政治”阶段。

追溯1997—2002年。这是都市类报纸在中国勃兴的五年，这种勃兴，更多的是体现在经济层面的市场占有上。南都由周报改出日报后就分析过，第一年（1997年）解决“有与无”的问题（奠基工作），第二年解决“生与死”的问题（市场生存），第三年解决“上与下”的问题（拼力进位解决温饱），第四年解决“大与小”的问题（由边缘走向主流），第五年解决“强与弱”的问题（走向强大建成现代企业）。这基本上就是南都的行进轨迹，当然，有许多是交错叠行或是齐头并进的，而且有的是需要一个相当长的时间来完成，不可能一年一事那么清晰界定。基于实际发展，第四、五项可以稍调个次序，就是先解决强弱，再解决大小。有无，生死，上下，强弱，其实都可以说更多的是围绕一张报纸的经济实力经济地位来展开的。南都的前五年可以说基本解决了这四项任务：从创刊艰难求存，到站稳脚跟开始盈利，再拉开与同城同级媒体的距离，在经营规模、发行量、报纸规模上紧追乃至超越原来处于市场前列的《羊城晚报》，成为南方报业传媒集团的经济增长点甚至是经济支柱，以一子报与中国经济实力最强的广州日报报业集团、深圳特区报业集团乃至珠三角城市媒体诸侯分庭抗礼……2001年，南都提出了“办中国最好的报纸”，这其实是经营部门在做宣传册子时提出的。所谓“最好”也更多是围绕经营工作而言，后来才确定为南都的终极目标与核心办报口号。经济意义转向社会政治意义，这样一个过程，恰恰反映了南都这种由经济而“政治”的过渡。

而在此后的五年，就应该是南方都市报在完成了初步市场占有、取得一定经济地位之后，谋求并初步确立其政治地位（社会话语权）的五年。经济命题基本解决，摆在南都面前的课题便是“大与小”了。所谓边缘走向主流，所谓小报到大报的转型，其实质就是对社会话语权、政治地位的诉求。

2002年是一道分水岭。

2002年南都的年度口号就是“改变使人进步”，也是在这一年提出“从强大走向伟大”的。这一年，南都创立社管会下编委会、经委会、行委会三驾马车并行的组织架构，颠覆传统报纸编委会一揽天下的旧有格局，是传统报社向真正现代企业运营的重要转变；这一年，南都在全国综合日报中率先创立时评版并创设深度版；这一年，十六大召开，南都不仅大篇幅报道了十六大，更在闭幕当天出版了号外。上文已阐述了十六大号外的标志性意义；而设立时评版则是没有那么显性但意义尤为深远的举动。在此之前，不可否认的是，都市类报纸在解决有无生死等问题时，基本上都在剑走偏锋，寻找固有市场中的薄弱点发力，所以社会新闻（尤其是奇闻怪事、法制案件等）、娱乐新闻、体育新闻都是着力点，这也确实为都市报赢得读者占领市场迅速发展产生了积极作用。而在不少同类媒体还在满足固守于这种状况的时候，南都首先有了改变的自觉。发出自己的声音，真正影响与推动国家现代化与社会进步的进程，时评，便是这种驱动力之下最直接的产物。而深度报道，同样是南都在不满足于都市类日报习惯及擅长的短平快报道的浅层效应之后的转向。“强大走向伟大”的提出，便可以说是对这种驱动力的自然而然的呼应与总结。

为什么是南都，为什么是在十六大召开的2002年？

内因：因为“南方”这个名字。南方不仅是一个阵地，一面旗帜，还是一组基因，深入血脉与精神，它是一个场，身处其间者，少政客而多报人。很多人都在寻找南方报业传媒集团成功的秘诀，但可能人们会更多地注目于近十年来她的轨迹。但前社长范以锦的《南方报业战略》一书里，却在这外在的喧嚣与热闹之后，以他三十多年的南方报人的阅历进行了更核心的追索，给出了“终极答案”。在《南方报业的文化密码》一节中，将“南方”超越出地理区域及经济范畴，在精神层面与文化层面给予了解读，而给人印象更深的，则是“基因”这个词。这个词很好地描述了“南方”由一份《南方日报》发轫而至南方日报报业集团再到南方报业传媒集团这种时代变迁、规模衍生之下一些不变的、代代相传的东西。从《南方日报》对新闻理想、舆论监督、社会责任的坚执，到《南方周末》、《南方都市报》、《21世纪经济报道》等系列报对社会现实不懈的人文关怀与锐利注视，都不是无源之水，无本之木。一代代南方人秉承着这种基因并薪火相传，将“理想”、“职业感”“道义”等等内容附丽于“南方”之上。

外因：势，与整个国家的现代化进程即物质文明、精神文明特别是政治文明的发展之势密不可分；而且，读者的因素也是不可忽略的，读者的水平层次及权利意识公民意识也都在提升之中。

用一句以前用得比较滥俗但却很贴切的话说就是，这是“时代的召唤”。

有了2002年的改变，才会有2003年的高潮。“深圳你被抛弃了吗”的策划，非典报道，都广受赞誉。孙志刚案的报道，在南都的社会影响上放上了最显赫最厚重的一块砝码，但也招致最为严厉并超出以往行政管理手段的打压。

这种打压有一定的效果，一是直接打击了团队中的精英，二是在相当长的时间里南都在报道上不得不相对地收敛锋芒，三是减缓了南都更快速扩张的势头，四是引起南都内部某种程度的分化。2004、2005年，对南都来说，发展速度相对缓慢，自我疗伤与元气恢复都是一种“内耗”，前两年的爆发式增长势头不复存在。

所幸的是，这种打击还不是致命的，这种停滞也只是相对的。南都反而将这段时间作为内功修为的时机，变得成熟而内敛，但骨子里的精神没变。2006年设立南都新闻报道奖，就是对南都理念的重申与再确立。两届年度大奖分别颁给了“寻访抗战老兵”与“重庆彭水诗案”。还有一件事对南都来说，其意义并不亚于孙志刚报道，那就是2004年4月《南方都市报》时评版的改版，社论版与个论版的确立，是真正奠定《南方都市报》时评此后之方向、今日之规模，并赢得巨大社会话语权影响力的基石。

也正是这样的一段相对没那么高歌猛进的时间，反而使南都人可以更冷静清晰地思考南方都市报的使命、价值与意义。办中国最好的报纸，“最好”仅仅是孙志刚案这样的报道吗？办负责任的主流大报，负责任，仅仅是舆论监督批评报道吗？所谋求的政治话语权、社会影响力该如何体现，仅仅是沾沾自喜于主要官员每天都看《南方都市报》的社论吗？怎样才真正算“从强大走向伟大”，仅仅是满足于得到竞争力排行榜第一，又或是争得了所谓的报业广告额的第一把交椅？影响力、话语权、最好、责任、伟大，所有的这些，其实最终都将落实到南方都市报的一个社会角色定位上，那就是——时代进程的记录者，现代社会的培育者，公民意识的启蒙者。

这不是一蹴而就的事情，也不是暴风骤雨的对抗与革命，是水滴石穿，是集腋成裘，是潜移默化，是润物无声，是呼应着时代、国家前进脚步的长途跋涉。

南都也正是凭这样的信念，承担着这样的社会角色，作为推动中国社会进步的一股重要力量走过了十年，站上了中国媒体的话语高点。从十五大的无所作为，到十六大的侧面介入，到2007年，南都的十七大报道，高端访谈，关键词解读，国是开讲，会客室……凡此种种，指点江山，引领思潮，独领风骚！仅此为例，便可清晰描画南都十年由“小”而“大”、由低而高的K线图。而整个十七大专题报道，获得了2007年度广东新闻奖的一等奖。这样的一种时政专题报道而不是社会新闻报道题材，由南都而不是党委机关报来获得官方的那么高的奖项，这怕是不多见的。当然，南都人并不为此得意自喜，觉得就此跻身庙堂，只是咂摸个中意味，主流，官方，民间，媒体，各种关系的交融演进确实耐人寻味，对南都在这个时代这个社会中的定位与价值实现也自有让人会心之处。

第三节　南都新起点：2007

2007年，南都，进入了她第二个十年期。

2007年，南都二次创业的元年。

一、南都网实现报道形式与报道影响的立体化

前面说到，南方都市报早在2005年即通过介入创办奥一网进行新媒体战略及报网互动的探索。而在2007年，南都设立数字传媒部，南都网nddaily.com于8月10日正式上线，并同时推出了南都数字报完全版与精华版。区别于奥一网的商业网站性质及城市门户的定位，南都网旨在打造南都报系的“官方网站”，从而实现南方都市报报道形式的全面变革。

与一般的报纸网站简单将报纸PDF版面罗列摆放不同，南都网涵盖数字报、南都播报、多媒体（视频、音频）报道及读者俱乐部，由此成为南方都市报纸面到地面、线上到线下融会贯通的一个平台。即时报道、立体报道、互动反馈、活动组织等等都成为可能，突破了传统纸媒单一、平面的采访与报道样式，纸媒报道在即时性互动性上的“软肋”得到补强，而由此带来的自然是，南方都市报的报道影响也更为立体化。

有了这样的一个立体平台，南方都市报各采编部门也相应作出了调整。视觉中心增设摄像记者，对重大新闻开始实现视频采访报道；而时事新闻中心则建立重大突发新闻应急及报网互动机制。在非突发而且是全国性的新闻题材上，这一报道模式同样得到了很好的应用。在陕西“纸老虎”这个本来就具有极强网络传播性质的新闻中，南都的整个追踪报道过程，在南都网上都有最及时的呈现，南都网还就此制作电子专题。而在前方记者得到虎照原型可能是一张年画的消息后，在初步核实后即在南都播报中发布，成为第一家公布这一重大进展的专业媒体。而记者随后对事件关键人物（关克）的采访及找到年画生产厂家的消息也都是在南都网第一时间滚动播报，南都网还利用多媒体技术，将虎图及年画作了直观的比对。

南都网也充分利用网络平台及网络手段，整合或重组报纸内容，制作了多个专题电子杂志，使南都报道有了更为集中更为立体影响面更广的二次传播。这些数字产品，不仅在南都网、奥一网上呈现，更作为一个完整的产品，挂在许多商业门户网站，带来巨大的点击量浏览量。像香港十年影像特辑，华南虎照事件特辑，中国水危机特辑等等。

南都网、数字报等的出现，使得南都的报网互动更为密切，每个报道领域，报网互动的理念都更加成为一种自觉，报道形式乃至报道思维模式都有更为根本性的改变。同时，也使南都的报道影响、品牌价值从传统读者圈延伸到网络受众群体。

二、公众论坛、社区论坛、财金论坛及各专项论坛举办

说2007年是南方都市报的“论坛年”绝不夸张。媒体参与办论坛并不算什么新创举，但这年南方都市报如此频繁地举办论坛却是有其内在的逻辑，那就是论坛某种程度上已成为南都报道的一种模式，从形式到内容都是报道的组成部分，从而使南都的报道与影响在纸媒平面与网络空间及社会生活层面完全贯通了，并使“南都”成为会聚精英、

吸聚人气的一个品牌中心。

岭南大讲坛·公众论坛，原为广东省委宣传部与广东省社科联主办，自2007年6月始，由南都承办，南都拥有对论坛议题、嘉宾邀请的自主权。南都则充分发挥近年在打造时评版特别是个人言论专栏的“个论”版的过程中所积累的智力名家资源，把握时事热度与思想深度，凸显建设公民社会与培育公民意识的宗旨，每周一期，先后邀请了梁文道、吴思、孙立平、葛剑雄、王选、徐友渔、秋风、展江、王康、许纪霖、杨锦麟、于建嵘、资中筠、朱学勤、金雁等众多知名专家学者来穗演讲，演讲现场听众踊跃，互动积极，网上进行图文直播，其后则在报纸作专题报道，每期都得到最广泛最立体的传播。据GOOGLE及百度等的数据显示，岭南大讲坛·公众论坛的网络转载率为论坛类的第一位。而中宣部在当年9月28日《宣传工作》中亦刊文表扬岭南大讲坛，指出创新点在于媒体办论坛多方共赢。

如果说公众论坛具有更高端更人文的特点，那么南都在广州主办的社区论坛则具有了更贴近更民生的特点。它同样在另一个层面上成为作为一张大众城市综合日报内容建设品牌建设的重要组成部分。这年的社区论坛共举办20余场，深入到广州多个老城区、新社区及商业中心，围绕市民衣食住行等等民生话题进行讨论，同样带来了极高的民众参与度与关注度。值得一提的是，社区论坛还与南方电视台联动刊播，使南都报道的影响面延伸到电视媒体。

适应近年特别是当年股市基金行情的火热及民众投资理财热情的高涨，南都于6月开始创设主办“南都财金论坛”，邀请财经金融界的专家行家，围绕投资理财热点疑点难点进行探讨，将专业知识平民化，将垄断资源公开化。这年该论坛共举办8场，9月15日举行的“罗杰斯广东行”是国际金融大腕罗杰斯中国巡讲的首站，无论在规模上还是规格上都可以说代表了南都财金论坛的高端水准，奠定了南都财金论坛在华南地区的号召力与影响力。

除此三大主题系列论坛外，南都这年还结合一些专题报道主办了多个专项论坛。尤其是在十七大闭幕之后，顺延南都十七大报道的声势，10月24日在北京主办了“国是论衡·历史新起点”高峰论坛，集合了30多名国内政经两界的知名智囊、学者、专家，围绕十七大，纵论中国当下发展路径，成为南都这年最高规格最具分量的专项论坛；其后，南都又结合“中国水危机”大型专题报道，分别在北京、广州召开中国水危机与公共政策高峰论坛及中国水危机与企业公民责任论坛。

毫无疑问，这一系列的论坛，都使南都从内容制作到价值传播的空间得到了巨大的延展，传统纸媒的单一局限被有效突破。这是报纸如何挖掘使用其资源，进行影响力营销的很好的方式。

三、深圳改扩版及售价提为2元

南都在深圳报纸售价提为2元，肯定是中国报业发展变化的一件大事，深圳提价，石破天惊。虽然有论者大惊失色，认为南都在自杀，对手则狂喜以为有机可乘。实际效果征订上升约15%，零售则依然稳稳守在第一位。这个结果与报款的收益都还不是南都最看重的。为南都甚至为中国报业探索报纸价格向成本靠拢向价值回归、寻找高度依赖广告补贴发行之外的盈利逻辑，用价值战打赢价格战，这才是功莫大焉。南都也可借此部分地跳出发行巨亏的束缚，有了更广阔的施展空间。

四、云南信息报的改扩版跨区域办报模式新尝试

南方报业传媒集团与云南出版集团公司联合投资，于2007年9月19日对《云南信息报》进行改版，具体的实际操作由南都来主导。这是继《新京报》创办后，南方报业及南都在跨区域办报上的又一动作。南都参与并主导《云南信息报》的改扩版，极大地提升了云南信息报的办报水平与运营水平，反过来说，这同样是使南都的资源与品牌得到了跨区域的利用与延展。与新京报完全"自立门户另起炉灶"的模式不同，新的云南信息报背靠南方报业这棵大树，在采编上思路上坚决打南方牌，尤其是南都牌。在版面上，充分整合利用南都资源，走低成本扩张之路，报纸版面设置向南都看齐，时评、国内、国际、娱乐、体育、副刊版面80%左右内容基本共享南都同天内容（为此特别设置了综合编辑中心），经济新闻、城市杂志也是在整合南都相关内容的基础上，进行本地化操作。而在重大新闻报道上利用南都优势，如十七大报道、嫦娥一号报道、中国水危机系列等等。这种优势是广东本地媒体所无法企及的，新一届政治局常委亮相当天，《云南信息报》完全复制《南方都市报》版面推出《十七大号外》，填补了云南当地报业的一项空白。

这样的一种操作模式，合理有效地借用了南方报业及南都的品牌优势资源优势，迅速在广东本地形成了差异化竞争，拉开与广东本地媒体的距离。而同时，南方报业特别是南都的内容影响力品牌号召力也迅速在云南当地得到认可与确立。

2007年，是南都报系大发展的一年，拥有了3.5份报刊（《南方都市报》、《南都周刊》、《风尚周报》、《云南信息报》）1.9个网站（南都网、奥一网）的南都报系，在接下来的日子里，将更具媒体综合竞争能力。

1997——2002——2007，十五大——十六大——十七大，南都出生——转型——超越，南都命运已与中国脉搏紧密相连，这仅仅是一种巧合吗？

第四节　变局2008

2008年必然是这个变革的时代的一个重要节点。

仅以国内论，汶川地震、奥运、神七以及像台湾地区领导人的更替等等重大事件，还有就是改革开放30周年这个意义重大的时间点，也都在标示着中国的改变与变革。

变革的时代必然伴随着媒体的变革。相比于新闻事件的惊心动魄，波澜起伏，媒体的改变可能更像是日积月累水到渠成。但无疑，2008年对于中国媒体，或者可以说是完成量变到质变的一年，是变局的一年。

这一变局的标志，不是具体的哪个新闻事件哪个媒体哪个报道，而是胡锦涛总书记考察人民日报讲话时提出“形成舆论引导新格局”。胡总书记是这样论述的：“第四，必须加强主流媒体建设和新兴媒体建设，形成舆论引导新格局。要从社会舆论多层次的实际出发，把握媒体分众化、对象化的新趋势，以党报党刊、电台电视台为主，整合都市类媒体、网络媒体等多种宣传资源，努力构建定位明确、特色鲜明、功能互补、覆盖广泛的舆论引导新格局。”

虽然这段话在整个讲话中只是放在第四部分，虽然还只是说“舆论引导新格局”而没有直接说“媒体新格局”，虽然还是作了“主流媒体”与“新兴媒体”的区隔，且还是强调了“要把发展主流媒体作为战略重点，加大支持力度，扩大覆盖面和影响力”，但这依然是党的最高层面首次将都市类媒体（报纸）、网络媒体与党报党刊党台等传统意义上的“主流媒体”相提并论，视为媒体格局中非常重要的力量，而不再是过往对都市类媒体定义的仅仅是党报党刊的附属与补充。

这应该不算是过度解读，当“舆论引导能力”被作为新闻宣传的又一重大要求提出的时候，当“以人为本”的原则引入新闻宣传由此必然带来对受众感受为核心的社会影响力的强调的时候，原有的媒体格局观必然变化。作为一个佐证的，就是十年间，都市类报纸从被命名为含有某种贬义的“小报小刊”，到近两年相对中性的“子报子刊”的微妙转变。

都市类媒体、网络媒体之所以获得如此前所未有的肯定和重视，肯定不能视为天上掉馅饼的一种恩赐，而是时代变革演进、受众需求变化及新闻舆论自身规律共同作用的结果，当然从另一种意义上这也是都市类媒体（南都绝对是其中最为关键的力量之一）、网络媒体在近十年来在推动社会变革中，所付出的不懈的努力、所承担的责任、所表现出的力量的必然结果。

回到主题，单看2008年，仅以南都为例，所说的变局，确实有更显著的表现。

一、南都更全面地报道社会重大新闻，更积极主动地介入传统“主流媒体”报道垄断领域，其十年积聚的在市场、在受众方面的优势得到更有效的发挥，舆论引导能力更为凸显

在年初雪灾的报道中，各地都市报配合各地政府部门，及时处置面临的春运压力，营造了良好的舆论氛围，发挥了积极的引导作用。从1月28日到2月5日，《南方都市报》连续几天在社论头条刊发社论文章，对天灾灾害成因、政府应急体系的迅速启动、运输部门的应对措施、灾难中的感人事迹等等进行正面评价，呼吁社会各界增强信心和勇气，共同战胜灾害。

汶川地震，南都和全国有责任感的媒体一起冲向了最前线！南方都市报第一时间派出的一线记者组在震区一直工作到5月底。在这期间，做了《北川大营救》、《大撤离》、《防疫》、《安置区》、《学殇》、《消失的村庄》等系列报道。而南都在地震发生后的两星期，每天都推出32版的地震新闻专叠，其中包括一些用心之作：5月13日的号外

《震撼中国》；5月14日率先用黑白报头向遇难者表示哀悼，并暂停当天的娱乐报道和消费杂志，且将当天所有的零售报款捐献给灾区；后来还推出《汶川七日祭》、《大爱》等特刊；再后来还制作了“平民英雄谱”这样的独特而感人的访谈专栏……

这种对社会的介入，不仅止于报道，南都在抗击两大灾害中同样组织参与了众多的救援募捐活动。此不赘述。

2008年适逢改革开放30年，南都及各地众多都市报一起，为此进行了不遗余力的宣传报道。南方都市报以此作为贯穿全年的大型主题报道，分“人物口述史”、“30年30人30事”、“血路反思”等多个系列，陆续推出共约160篇报道，呈现波澜壮阔的时代，对先行者表达敬意，为失败者树立碑刻，给继续前行者以力量和勇气，打造出完整的中国30年时代进程录。

此外还有美国大选、台湾地区领导人选举及陈江会等，这些本来被传统中央级主流媒体垄断的报道领域，都市类媒体也有越来越大的投入及表现。为得到第一手的新闻信息，南方都市报派出了自己的记者，亲赴美国、台湾地区，进行实地采访，极大地提高了新闻报道的品质和现场感，取得了较好的传播效果。

二、南都与网络媒体之间互相联动、互为补充、互为促进甚至互相融合的力度加强，两股新兴力量的结合构成了更为强大的“舆论引导能力”

“周老虎”事件总算获得了一个相对令人满意的结局。在事件的发展过程中，网络媒体与都市类媒体利用各自的传播特点互相推动，共同促进“虎照”真相慢慢浮出水面。

哈尔滨警察致林松岭死亡案中，新闻事件的推进同样显现着这种威力。而且该事件具有更新的标本意义的是，当事各方都表现出了要引领网络舆论导向的欲望，而不仅是以前的对传统媒体的控制。正如网络社区某资深编辑所言：“不论是弱者还是强者都想站在网络的制高点，期望从网络这里得到对自己有利的支持。”

当然，如果从媒体格局而不单从商业运营的角度上说，“网络媒体”不只是商业网站专美，传统媒体特别是都市类报纸也利用这一平台，高效发挥自身的传播效力。

奥一网与南都联动制作出版的特刊——《岭南十拍》就是一例。《岭南十拍》及其系列报道的成功，深刻体现了奥一网“报网互动+社区互动”的基本定位，“杂交·混血·两栖”的特点也得到充分展示，也是都市类报纸充分利用网络平台，发挥传播效力的典范。林嘉祥事件，奥一网则成就了南都报道，开辟了另一个阵地，变不可能为可能。

而在汶川地震的报道中，南方都市报的官网南都网也因对前方记者的文图的出色的整合加工，而使流量获得惊人的飙升，这同样为南方都市报寻求传统纸媒的网络化生存提供了一些想象空间。

第五节　南都往哪里去？

南都从一张报纸，成为一株榕树（独木成林覆盖珠三角八城），再成为一个报系（3.5份报纸、1.9个网站），并形成了上（全国性全局性）、中（广东省）、下（广州、深圳、东莞、佛山、珠海、惠州、中山、江门每个城市）三个层面的影响力，说明了南都与时代演进的吻合。南都的成功，南都的价值，似乎绝不能脱离这个时代而成就，而甚至这样的一种“命”，固然是时代所造就，但从另一个角度而言，又未尝不是南都自己的选择。

而如果要回答南都“往哪里去”，答案也许依然是“时代”，顺应这个时代，影响这个时代，引领这个时代。面对舆论引导全新格局，面对网络的冲击，面对3G时代，面对整个南方报业传媒集团的聚合战略，南都自有其新的使命。

如果要问南方都市报成功的关键是什么，十年创业，一言难尽，但真要总结，核心就是两个词——责任、创新。责任是精神是源头，创新是手段是途径。无论对于南都这个企业还是身处其中的每一个人，这可能都是最接近事实的答案。

第六章
21世纪报系：八年生长　生生不息

21世纪经济报道
我们的梦想就是国家的梦想
海尔
406亿
柯达挥兵中国电影市场
华润 万科
并购触礁？

《21世纪经济报道》创刊号。

《21世纪经济报道》创刊于2001年1月1日，作为中国商业报纸的领导者，一直尊崇新闻创造价值。2003年1月1日，由一周一期到一周两期；2006年1月1日，由一周两期到一周三期；2008年1月1日，《21世纪经济报道》全新改版，一周五期，每个工作日为读者提供及时、准确、全面的商业资讯。

8年来，《21世纪经济报道》不断深入事实背后，为商务精英提供最具价值的商业资讯；纳集海量战略信息，为中国商务精英构筑登高望远的价值平台；不断树立行业标杆，建立商业中国发展新秩序。

“生生不息”比较准确地概括了《21世纪经济报道》发展的历史，她的生长代表了一种一直在不断发展的力量，同时也寓意着中国本身的政治经济的增长力量，也在不断地生长，代表着永不停息的诉求。《21世纪经济报道》本身由一个原点开始，从市场上获得了生命力，并随着市场的发展而发展，就像一颗种子获得外部条件的支撑之后发芽长大，生生不息。

第一节　立体化的风险管理体系

风险管理一直都是报社的重要任务之一，在披露独家新闻的同时，管理层也在加强风险防范上的管理和制度建设，在经过对一些风险的化解和处理后，总结了一些实践经验。

这些经验主要表现在：第一，要不折不扣地实施一些风险管理上的相关制度，报社制定了很多的管理制度，从实践的层面上来说是有效的，这些制度都要不折不扣地继续实行而且要更加严厉；第二，采编人员要对当下的具体形势及时研判，与时俱进；第三，风险教育要日常化，尤其是在最前端的源头方面，更要加强日常的普遍的风险教育；第四，在风险的处理方面要及时有效。

在风险管理上，坚持预防为主、稳定、第一责任人、维护报系形象和第一时间处理五大原则。

报社对任何风险都要保持高度的警

惕，将风险杜绝在萌芽阶段。对任何风险事件的处理，都要贯彻“稳定压倒一切”的理念，以稳定大局为重，尽量避免和缩小对采编、经营方面的影响和冲击。

发生或第一个接触和处理风险事件的部门负责人为第一责任人，全程参与风险事件的处理，并在风险管理委员会的指导下，认真协助处理风险事件的相关事宜。

在对风险事件尤其是与外界形成严重矛盾的风险事件的处理上，既不回避问题，又积极坦诚地与风险事件所涉各方面进行沟通，争取方方面面的理解和支持，做到既有利于问题的解决，又有利于维护报系的尊严与形象。

风险事件发生后，涉及部门的第一责任人和风险管理委员会要在第一时间快速作出反应，讲求效率和效果，控制事态的发展，以防事态的升级蔓延。在处理风险事件过程中，统一指挥，做到协调一致，统一行动，统一对外。

同时为进一步确保安全出报，通过报社管理层的讨论研究，制定了一些具体的措施，主要有：（1）风险的预警制度要更加严密，风险的分类管理要清楚，要与新闻的环境结合起来，要分类预警；（2）确保风险的责任制落实到个人，在和部委的沟通上也落实到个人，还要加强日常的交流工作；（3）制定相关制度，避免值班编委交接或者在审稿的权力临时代管的时候出现风险上的漏洞。要求值班编委在值班期间填写值班日志，主要记录值班期间的重大风险事故及处理意见，以及在出刊前处理、消化掉的重大风险隐患和在流程管理中发现的重大事故隐患及处理意见；（4）要展开整个报社全面的风险教育，要从源头抓起，风险教育应成为报社日常工作的一部分。

风险管理制度建设是加强风险把关、确保安全出报的根基，报社特别制定了可以操作的细则。

设立风险管理委员会。风险管理委员会对突发事件是否属于危机事件作出判断；在必要时候启动危机事件处理预案；统一领导和指挥危机事件处理工作；听取有关部门或人员对危机事件的情况报告，召集相关风险管理委员会成员或其他相关责任人开会，迅速研究决定处理危机事件的措施和方法，审议通过后迅速对危机事件进行处理；对过往发生的危机事件进行整理归类，吸取教训和经验，在日常的工作中加强大家的风险意识。

强化风险防范是报社成立8年来一直的工作重点。早在2005年3月就集中开展了为期一个月的“采编风险教育月”活动。由报社总编、主编亲自主持此项教育活动，报社全体采编人员参加了该项教育活动。

教育活动分为两个部分：第一个部分为集中学习国家的政策法规、新闻纪律；第二个部分为各个版块、各个部门结合自身工作实际，制定了本部门的“防范采编风险大纲”，强化了新闻采编风险的意识，细化了新闻采编风险的责任。

通过为期一个月的集中学习，采编人员提高了对新闻采编风险的思想认识，报社制定了《21世纪经济报道关于采编部门加强管理、防范风险的若干措

新闻专业化与新闻全球化是《21世纪经济报道》的两大采编理念。

施》、《21世纪报系采编纠纷暨采编纠纷处罚制度》，并设过“新闻监察室”具体负责新闻采编风险的控制和新闻公信力的建设，对相关违纪人员提出考评建议和处理意见。

根据不同时期的具体舆论环境，报社采编部门还不定期开展内部培训，邀请领导、专家、学者、优秀员工在报社内部开展大规模的培训，切实提高全体员工的风险意识，对当下的具体形态及时更新，与时俱进提高报社抗风险的能力。

在整个报社开展全面的风险教育，从源头抓起，把风险教育作为日常工作的一部分。这只是报社风险管理的措施之一。

在上述风险制度基础上，制定了更加严密的风险预警制度，风险的分类管理更加清晰，与新闻的环境结合更为紧密。

在采编流程上，首先确保风险的责任制要落实到个人，加强外联，积极公关。确定采编部门对口负责联系国家部委的职责。除了采编部门，其他相关职能部门也必须结合本部门的实际，认真处理好与对口部门的工作关系。建立更加积极主动的互动，集报系全部智慧，保障报系安全。

同时完善选题上报制度，重大的选题需在下午3点前上报主编。

第二节 生生不息的中国道路·全球价值

从周一刊到周二刊，从周三刊到周五刊，《21世纪经济报道》在8年的时间中不断裂变。从“新闻创造价值”，“与加入WTO的中国一起成长”到“生生不息”，“中国道路·全球价值”。8年的时间中，《21世纪经济报道》的精神一直延续。

在早期，《21世纪经济报道》提出一个概念，或者说是广告语就是“新闻创造价值”。在早期三四年的时候主要用这个广告语，后来又有一系列的比如“与加入WTO的中国一起成长”，“代表向上生长的力量”。最近一段时期常用两个，即 “生生不息”和“中国道路·全球价值”。

《21世纪经济报道》经历了从周刊到周二，到周三，到周五“办公类日报”的这么一个过程，所以她的生长是代表了一种一直在不断发展的力量，同时也寓意着中国本身的政治经济的增长力量，也在不断地生长。代表着永不停息的诉求。

“生生不息”比较准确或者说比较有趣地概括了《21世纪经济报道》发展的历史，最早是一周一期到一周两期，一周三期，最后是五期，《21世纪经济报道》就像一颗种子获得外部条件的支撑之后发芽长大，生生不息。

“中国道路·全球价值”是《21世纪经济报道》近几年用得比较多的一个口号。2008年是改革开放30年，30年间走出了中国式的道路，中国式的道路内涵极其丰富，很多渐进式的、灵活性的、原则性的内涵都把握住了，抓住机遇，深化改革。也就是“中国式道路”，简称“中国道路”。另一方面《21世纪经济报道》也希望中国道路不断走下去，这条道路在世界范围还是有很大的价值的，对于那些发展中国家甚至包括一些发达国家是很有参考借鉴作用的。去揭示这条道路中的内涵、逻辑以及所代表的意义就成了一张严肃的综合性的商业报纸内生性的使命。

《21世纪经济报道》的战略是以“硬新闻”（即有用的深度报道）与观点满足中国精英阶层的认知需求，成为读者的首选办公读物。这一点是《21世纪经济报道》一直坚持的，不过在不同的形态阶段，《21世纪经济报道》也在不断地做修正和调整。

自从改为周二刊后，对采编的要求大大提高。从对新闻敏感性的反映，到开发，到新闻中心的采访力量以及编辑中心力量的协调，这里面最大的困难就在于协调上，出现所谓的“信息不对称”。也就是说，在总部的编辑很难预先知道其他商业社会区域发生了什么事。这样对新闻价值的判断和敏感性就会受到制约，可能会使新闻中心记者的判断和编辑中心编辑的判断出现差异。

周一刊时，《21世纪经济报道》有更多的时间解决这个问题，变成周二刊、周三刊、周五刊后，针对这点，采取了加强沟通的方式，比如采用网络沟通的方式解决这个问题。同时在内部管理的流程上采取了一些制度化的尝试，把矛盾协调下来。

随着周期的加快，《21世纪经济报

道》一直努力使新闻产品保持原来的状态，就是在品质上、时效性上、深度上做得更均衡。这是报社的追求，要求编辑、记者在这方面多加努力。

早在2006年报纸形态为周三刊的时期，报社就认为新闻竞争力的转型应该是：

（1）快新闻（第一报道权）——>深新闻（独家报道权和第一解释权）

（2）劳动密集型——>智力密集型

（3）普适性——>专业性

因此报社一边实践一边总结与之匹配的新闻形态，大力鼓励短新闻，鼓励"最后截稿"和"当日新闻"，为此报社在考评体制和内部激励上都实行了一定的倾斜。在实践中《21世纪经济报道》一直在探索如何既能发扬自己调查性新闻的优势和特长，又能与周三刊（准日报）的形态接轨，在时效性和深度性上进行有效平衡。

到2008年，报纸形态转变为日报，时效性与信息量就自然必须被放到一个同等重要的位置。一方面要扩大消息源，获取足够多的信息，传递给读者；另一方面又不能丢失《21世纪经济报道》的立报之本——深度调查，挖掘新闻背后的故事，更全面立体地向读者展现或者说明一个事件的"前世今生"。

所以，针对海量的信息要求对消息源的拓宽提出的挑战，尤其是政府部门的消息源，将成为一种战略资源，必须下工夫建立竞争优势。早在2005年《21世纪经济报道》就开始实施北京新闻中心与中央部委的"近距离接触"策略，尤其是国资委、银监会、央行、证监会、财政部、发改委、商务部等强势部门，并推行"良性循环工作法"，一来有效化解风险，二来获得独家消息源，三来为各版块主导的论坛活动积累资源。这样的方式在运转中颇见成效，于是推而广之，在与地方政府的接触中也采取此法，都取得了相应的成效。

2008年，《21世纪经济报道》在周末推出了三大版块的深度报道，力求从政经、资本市场、产业等几个方面挖掘时下热点新闻或事件背后更多的信息量。从操作的效果来看，还是达到了预期的目标。

在这一操作和转型裂变的过程中，报社提出了四个重要的关键词。

第一个关键词是国际化，《21世纪经济报道》要建立全球的视野以及全球的记者站。

第二个关键词是专业化，《21世纪经济报道》推出了21世纪研究院，在近些年的活动中也陆续推出了一些有自己独立研发团队的学术团队。

第三个关键词是独立性，也就是《21世纪经济报道》的记者团队一直以锐利平静，以及更加独立的方式透视新闻的本质，做一些独家的报道，这可能是读者最了解《21世纪经济报道》的地方。

第四个关键词是互动与及时性，也就是在2008年《21世纪经济报道》进行了一些互动，更多更快更及时地为读者提供及时的资讯。

根据这四个关键词，《21世纪经济报道》做了几方面的规划并逐渐付诸实施。首先该报用一周五期，生生不息这个词来贯穿整个推广的步骤。

另外一个理念，《21世纪经济报

道》是希望能够打破西方媒体的霸权，建立真正意义上的海外记者网。所谓世界是平的，但全球的舆论场往往是往西方倾斜的，该报希望有自己驻白宫的记者，在纽约华尔街，或者伦敦的原油市场上有该报自己能够做独立分析的记者。

《21世纪经济报道》是中文媒体，或者说是华语媒体，关键是挑战或平衡西方的话语霸权，《21世纪经济报道》希望自己的报纸能够在品质上，在新闻的操作上，以及在理念方面获得来自西方的尊重。

因此2008年采编队伍的一大亮点就是成立了国际部，分别在英国、美国、南非、新加坡等地建立了海外记者团队，将《21世纪经济报道》的报道视野从国内延伸到国际，这也对《21世纪经济报道》提出的“中国道路·全球价值”做出了最充分的诠释。从此之后，西方世界发生的各种重要的事件，除了西方媒体的报道和官方的声音之外，读者也能从《21世纪经济报道》获取第一手资讯。

《21世纪经济报道》希望将来能够是一个三足鼎立的状态，就是说按照世界的大势，在美国、欧洲和亚洲区这三个大区域之中，该报成为亚洲区一份在全球有影响力的报纸。

把这些理念贯穿到采编过程中，继续坚持以深度报道为纲的编辑方针。报纸本身不是要解决发生了什么事情，不是解决“what”这个“W”的问题，而是应该解决“why”，为什么的问题，本身的意思是什么，发生事情的背后的逻辑是什么，其制度安排是什么样的，是不是包含了制度本身上的缺陷，以及其对读者的启发是什么。《21世纪经济报道》希望记者在做每篇稿子的时候都要想清楚这一问题。如果只是简单地以故事逻辑讲一个故事，讲一个新闻，对于报纸来说是远远不够的。这种新闻是“碎片化的新闻”，《21世纪经济报道》坚决杜绝这种东西。

第三节 矩阵化管理的全球新闻网络

国内五大新闻中心，11个记者站，遍布全球主要地区的特派记者。这样庞大的采编网络，却在深度新闻、快速反应上屡有出彩，出色报道源源不断。《21世纪经济报道》为什么能做到？

《21世纪经济报道》探索出了一套有效整合京沪穗等地新闻采编资源、进行远程采编管理的成功模式。这一模式是由纵向的版块责任编辑和横向的区域采访中心小组所构成的矩阵式管理架构。

《21世纪经济报道》创立之初就组建了北京、上海、广州三个大型采访中心，成都、深圳两个区域采访中心，昆明、杭州、南京、重庆、长沙、西安、大连等8个记者站。在后续的发展过程中，《21世纪经济报道》拥有目前国内最大的财经新闻采访网络，广州是纯编辑中心，北京、上海、香港、深圳、成都、重庆各有一个新闻中心，同时还有十几个记者站。

在前期发展中，采访中心实施中心主任、记者站站长负责制，向主管副主编负责，它实际上类似于分公司负责人的角色。由于地缘与人力资源架构上的因素，新闻中心与编辑之间的沟通是一个必须解决的大问题。

为解决这方面的难题，《21世纪经济报道》采取的方案是在新闻中心建立编辑部，使业务链缩短，管理扁平化。到目前为止，已经在北京和上海两大新闻中心设立了近10名编辑，使业务管理前置，减少沟通中的信息流失；同时还建立了定期轮岗制度，不同区域、不同岗位的轮岗，可以提升大家对整个体系的认知。

在新闻中心与广州总部之间，既有以版块为主导的纵向业务流，又有以新闻中心编委会为主导的横向协调，基本做到了总部控制力与区域灵活性的平衡。缺点是由于地缘之间的距离，记者系统与编辑系统缺少面对面交流，沟通成本较高。

与每个版块的责任编辑相对应的，是各区域采访中心的小组，比如综合版块对应各区域中心的综合组。版块负责人与各采访区域负责人密切沟通，每个选题要得到两位负责人的双重批准、监控。并实施目标管理法，对记者根据稿件的质量数量打分，编辑根据版面的质量打分，由此确定激励标准。每周一次编前会，解决每周的具体工作。在此基础上明确了各新闻中心与广州总部编辑中心之间的关系，细化了管理流程。在编辑方面，明确了业务链模式，明确了编辑、版块负责人、分管编委、主编、总编之间的业务关系，明确了广州总部版块负责人与各新闻中心小组之间的业务对接关系。

随着采编业务的顺利开展，《21世纪经济报道》以北京作为重要平台，加强北京与广州之间的骨干对流，主编长期在采编前线，探索远程管理的模式，吸纳北京丰富的人力资源，寻找风险规避与解决之渠道，尽可能加强对新闻源与舆论场的控制力与影响力。

这种矩阵式结构的好处是在新闻采集上更加迅速，对区域新闻源更了解、更加深入，同时又保持了中心的控制力度。有版块式的管理，在每个区域都有指导性的团队。但这种管理模式不算完美，操作中也有问题。从一周一期改成一周两期后，原先的系统显得无法应付。记者离总部比较远，归属感不强，遇到事情沟通起来比较困难。所以，报社管理层目前在研究组织架构是否要调整，因为外部市场、各种条件是在不断发生变化的。

实际上节奏对应的是工作流程，就是你要完成它需要有一个严密的工作流程去执行，在一周三期它中间可以有间断，但是像一周五期这么做下来的话，在流程设置上和人力资源的配置上会跟以前有非常大的不一样。

采编部门一直是一个矩阵式的结构，就是在整个大的编辑部是按照版块来垂直传达信息流和业务流的。而在各个大的新闻中心，因为新闻中心这块基本上分成几类，一类是非常庞大的一个新闻中心，比如说像北京新闻中心、上海新闻中心，规模会超过100个编辑和记者。而在美国的华盛顿，或者说纽约的华尔街，或者说伦敦设立的工作部门要考虑到汇率的因素，因为支付的是人民币，所以开头是以单个记者的记者站的概念。但是报社管理层认为这是必需的。

《21世纪经济报道》每个中心下面都设有采访小组，负责不同的版块，这些小组一方面要受到中心的领导，另一方面又要满足总部版块编辑的要求。由于没有办法跟总部编辑面对面地沟通，这种双重控制需要长时间的磨合。在国际化的趋势下，该报至少要做到全国化，在强势经济区一定要有自己的采访中心；该报也试图引进一些国际上先进的在线管理方式，类似ERP一类的管理软件，强化远程管理，在行业立足，也朝做行业标准的方向努力。

为适应向一周五期的日报化过渡，从2007年上半年开始，到2008年正式“准日报”运行之时，《21世纪经济报道》的组织结构进行了逐步调整。这些调整的主要方向是：压缩管理链条，使组织趋向扁平化；由矩阵式逐步向垂直式过渡。

一是压缩编辑部和记者站的管理层级，使管理结构扁平化。在记者站层面，将记者站主任、副主任、小组长压缩为一个层级，即在具体的业务单元（如北京新闻中心的产经部门），将原先可能同时存在的三个职务合并为一个。视具体情况而异，该业务单元的主管或者是主任，或者是副主任，如果没有适合担任主任、副主任的人选，则由一名小组长代理其职能。而原先同时存在三个职务的部门，则将免去行政职务的主管转为业务职称，转任为资深记者或高级记者。编辑部也采用同样的方式，将副主任、主任压缩为一个层级。

二是推行“编辑部编辑+记者站主管”的模式，使记者站与编辑部向垂直结构靠拢。与上述调整同步，上述被任命为记者站主管的人员，同时出任编辑部派驻记者站的编辑。也就是说，记者与编辑的管理功能合二为一，这样，记者站的主任们增加了编辑部的身份，在业务操作层面减少了编辑部与记者站的摩擦。

三是在编委会层面实行“大组制”，在保留其行政上的矩阵管理的同时，增加编委在业务层面的协同性。以往由于记者站分管编委与编辑部分管编委的定位差别，二者处理业务问题时，往往各自从记者或编辑的立场出发，难免出现意见相左。调整之后，编委会的近10名编委分别组成头版、政经、财经、产经4个大组，这样一来，就避免了各管一块、缺少协调的局面，使得新闻采编、行政事务共同由“编委会大组”来讨论决定，因为编辑部与记者站的主管编委同处一个大组，二者的一致性得以加强。

重组之后，《21世纪经济报道》采编系统的组织结构变为如下模型：

编委会大组（记者站分管编委、编辑部分管编委）

｜　　　　　　　　　　｜

编辑部主任　　　　　　｜

｜　　　　　　　　　　｜

编辑兼记者小组主管————｜

｜

记者

由此可以看出，该模型使得“矩阵性”得以减弱，使得“垂直性”得以加强，同时使得组织结构扁平化。

调整的效果是明显的。2008年上半年，周三报扩周五报带来了出版节奏加快、版面数量增加，而人员先是出现大量空缺，后是新进记者缺乏经验。由于管理链条的缩短提高了效率，垂直化的管理使责任和权利更加明晰，人力的短缺得以弥补，稿件质量得以保障。在这半年中，与竞争对手相比，《21世纪经济报道》的新闻采编质量无明显波动，市场影响力得以继续保持。

在具体的新闻业务管理上，早在2002年，编辑部实施了“目标管理法”。即一年按季度制定目标，希望每个记者制定出自己在2002年第一季度的目标和预期，总的精神是“夯实存量，提升增量”，也就是先盘点记者的采访对象、新闻资源，加强进一步的联系（存量），然后清查记者遗漏的、本属于自己采访领域却没有取得联系的采访对象（增量）。

编辑部认为，每一次采访活动实质上都是一次投资行为，记者要有“负债意识”——记者借了报社的钱，拿着报社的品牌去“生产”，报社一定要得到“收益”——记者要拿出优秀的稿件。如果稿件质量达不到预期的要求，那么意味着此次“投资”出现“亏损”。21世纪经济报道的部门主任、副主任、编辑连同记者站的负责人一定要控制投资风险。当然，报社的意思并不是要求记者窝在家里不外出，而是要求大家不要浪费，注意投入与产出。

2009年，报社管理层继续对这一管理方法进行修订和完善。记者人员工作考核按照考核时间期限分为月度考核、季度考核与年度考核。

月度考核由分管编委对稿件质量给予评分，编务部统计并计发月度稿酬。季度考核由编务部依据月度稿件评分汇总得出个人季度考核结果，个人季度业绩考核结果达到报社稿件季度平均分值9倍，记为合格，否则记为不合格。年度考核由编务部依据月度稿件评分汇总得出。

对记者的考核与稿费和晋级等相挂钩。月度考评结果与个人月度稿费发放挂钩。季度考评结果经编委会大组讨论之后，评定为季度业绩考核不合格的，个人薪资下降1到2等级，次季度第一个月开始生效，同时人力资源部出具书面通知，并由员工本人签收。一年内季度考核中有两次被评为业绩不合格人员的，原则上给予辞退。

年度考评结果经编委会大组讨论之后，考核结果与岗位调整和薪酬调整直接挂钩。原为记者的人员可申请晋升资深记者C，原为资深记者C的人员可申请晋升资深记者B，原为资深记者B的人可申请晋升资深记者A。原为资深记者人员，如评定时未能入围，可保留原资深等级至下次评级，连续两年未达到晋升标准的，给予降级处理。

第四节 让编辑深入一线作战

《21世纪经济报道》改版为每周五期之后，新闻报道质量得以继续保持和提升，一方面是依靠矩阵式管理，这种矩阵式管理对于日报更为有效，另一方面则是编辑深入一线的驻站制发挥了作用。

《21世纪经济报道》编辑部分布在三个地方：北京、上海和广州。这些编辑部是统一的，比如说这边有一个编辑是政经版块，那边有一个编辑是财经版块，全部编辑形成一个团队，而这个团队尤其是在北京中央部委的层面对政策等等有第一手的信息，他们有时候也到部委去了解一些情况。纵向上落到各个新闻中心在做管理，新闻中心的最大职能是临近新闻发生地的重要的组织功能。

从周二报以后的屡次裂变中，各新闻中心根据需要，不断完善管理架构，加强内部人力资源的整合、新闻资源整合，通过管理创新来增强优势。继续通过编辑部前移解决对新闻源的触觉与控制问题。确立以小组为基本业务单位，以部门为基本管理单位的管理架构；重新梳理选题开发、风险把握、品质控制的各个环节，进一步加大对外资源的开拓。除继续发挥企业资源优势外，还加大和监管部门以及政府部门的沟通，对选题开发和风险把握起到了重要作用。在队伍建设方面，加强人才的吸纳与培养，定员定编，加强机动记者部的力量，在记者资源的使用上力求有效控制、灵活调配。

同时，在报社各个新闻中心之间建立了编辑轮岗和交流制度。广州编辑总部的编辑、北京和上海新闻中心的编辑不断在各新闻中心之间来回穿梭，力求最大限度地接近新闻事实本源地，同时与当地的记者和编辑交流选题，共同提升。

各地的新闻中心还肩负培训中心职责，每周中心要组织一到两场专业的培训，一部分是新进来的采编人员，另外还有一部分不是很成熟的采编人员，对他们进行新闻伦理、新闻实操方面的培训。

在制度建设方面，完善了采编评估系统，对稿件从选题、采访、写作、影响力四个方面进行综合评估。又将选题的评估标准细分为时间性、来源、质量，采访的评估标准细分为困难度、专业性、采访源，写作的评估标准细分为逻辑、文字、平衡性，影响力的评估标准细分为转载率、美誉度、认同度。其中，采访源指对事实进行求证的多元化程度，平衡性指在写作上规避风险的安全措施与文字技巧，美誉度指在新闻业界的反馈，认同度指在被报道专业领域的反馈。另外，报社还完善了新闻中心记者选题开发机制，同时明确了出差审批制，从根本上解决了新闻题材的质量与成本之间的关系。

在采编方面，有效信息结合商业逻辑的模式，这是《21世纪经济报道》的报道思路。《21世纪经济报道》崇尚新闻至上，允许记者在采编上花很大的成本。“挖新闻就要挖到底”是该报的新闻报道理念。在这种理念的指导下，《21世纪经济报道》时常以连续性、追踪式的报道在业界引起关注。除批评性报道外，还有大量的建设性报道、探讨行业规律和企业本身成长方面的东西，这部分的分量也不少。这些高水准的财经新闻使《21世纪经济报道》创刊初期就迅速在市场上占据主动，地位迅速上升。

第五节　采编与经营分离

在运营模式上，《21世纪经济报道》从诞生之日起，就严格遵从国际化商业报纸的游戏规则，实行采编和经营完全分离的管理模式。广告发行是由整个执委会统一管理，由一位执委分管。

与《21世纪经济报道》同时成立的，还有广东21世纪出版有限公司，这家公司专门负责处理《21世纪经济报道》的广告、发行等一切经营事务。这种管理模式从制度上保证了采编工作的独立性，编辑部只对总编负责，相对比较强势。采编人员完全不用考虑经营指标和创收任务，从而保证了新闻内容的客观独立性。而这一点，正是硬新闻的命脉所在。

创刊的时候《21世纪经济报道》定下一个重要的规矩，新闻就是新闻，经营就是经营，大家可以交流沟通但是不能够互相影响。可能刚开始有相当一部分客户很难接受，但是后来很多客户也在发生改变，整个经营环境也在发生改变。现在客户知道《21世纪经济报道》的文化，不会对经营部门施加压力，其实就算施加压力也应该坚持自己的新闻原则。

事实上，所有媒体的核心竞争力都在于它的内容。对于以硬新闻取胜的财经纸媒而言，内容的独立和客观永远是第一准则。《芝加哥时报》甚至要求它的经营人员和采编人员不得共入一部电梯。独立编辑的原则与创造商业价值看似矛盾，其实并不矛盾。《纽约时报》的发行人曾说过，我们提供非常好的报道，不偏不倚，很客观、公正。同时，《纽约时报》一年也会有上10亿美元的广告收入。一份报纸做得好，有公信力，企业自然会去买它的广告。

但从更广泛意义上的经营来看，做采编本身就是一种经营。报纸这种产品与别种产品有点不太一样，每期的内容不一样，所以每一期《21世纪经济报道》都在经营其产品。比如报道的标题就是一个广告，它卖的就是下面的内容，这是更广泛意义上的竞争。

包括在版式、版面语言、标题制作等方面，可能有时候比直接打广告更有作用。市场上大部分媒体是通过报摊销售的，那么对读者的吸引是面对面的营销。以前有一种理论叫“三步五秒”理论，你的产品摆在报摊上，对你的读者其实是有一种直接的作用，这点可能和别的产品不一样。比如饮料摆在货架上，主要是看产品的品牌。

这可称之为“整合营销”。《21世纪经济报道》从一开始就运用多种市场工具进行操作，这种操作不仅体现在常规的发行推广环节，更体现在产品制造这一环节。因为如果不从产品制造开始就贯彻营销精神，那么制造出来的东西可能就是库存，报纸的销售目标就会出现问题，直接影响到市场份额与现金流。

《21世纪经济报道》有常规的营销，如试刊4期搭载策略，路牌广告，直邮（MBA商学院、商务酒店），论坛营销（21世纪海南博鳌地产论坛）。《21世纪经济报道》更有自己的特色，叫“产品制造营销化”。现在报业有一个概念，即“完整的报纸”，这一概念要求“各部门共同参与、协调得当，共同进行媒体产品的策划生产与销售”。这样，报纸的各个环节不再是割裂的或各自为政的状态，而是彼此融会贯通。

版式设计，即“卖相”，它是报纸

产品面对市场终端的视觉形象，但它是由上游采编系统设计的，如此则要求编辑要有营销意识——版式其实是营销界常说的VI（视觉识别），是将《21世纪经济报道》与其他报纸区分出来的符号系统。《21世纪经济报道》直接借鉴了《南华早报》的版面语言，在模块形式上是以横列为主，具有强烈的视觉冲击力，在色彩语言上使用了比较鲜亮的颜色，每个版块各不相同，从前到后随着内容而变化，同时也参考了《华尔街日报》头版深度报道转版的特点；在标题方面，则参考了《香港经济日报》的风格，各版头条打通了来做，长短句结合。这在以前内地媒体是没有过的，《21世纪经济报道》出来以后，随着其市场地位的奠定，其他财经类报纸纷纷模仿。

新闻的标题就是广告语。标题是直销，是face to face（面对面）的营销。新闻是时间的易碎品，每一条新闻都不一样，这样每一条新闻都需要一条广告语。在《21世纪经济报道》，绝大部分的新闻标题由主编亲自来做，财经媒体不同于社会新闻，财经文章重视理性与逻辑，乱做的可能性不大，但广告语显然是要吸引眼球，唤醒阅读欲望的。因此《21世纪经济报道》标题比较长，一般都是两句，以求尽可能地将新闻元素提炼出来，同时以刺激性或感性的词语进行勾兑、串联。近期也有比较短的标题，是为了调节缓解阅读疲劳。统一的长标题也是形象识别的一种。除此之外，长标题包含更多的新闻元素，是符合抛弃型阅读习惯的一种尝试。

《21世纪经济报道》核心受众机会成本比较高，对不感兴趣的文章，扫一眼标题即可。他们不会花很多时间在不感兴趣的文章上。在新闻采写上独家新闻当然最好，还要把商业逻辑与讲故事手法相结合，注重有效信息的传递。

第七章

《城市画报》：城市青年新生活的引领者

《城市画报》创刊号。

10年，对于一本杂志来说，是处于一个什么时期呢？世界上杂志的平均寿命是多少年呢？这种数据大概没有人考证过。但是，对于新中国传媒发展史来说，即使是历史最悠久的平面媒体，无论是报纸也好，杂志也好，大概都只是刚进入成熟期，如果用人生来作比喻，只是青年期吧。虽然目前资讯新技术的发展、传播方式的多样性和人们接收信息方式和阅读习惯的改变正在严重冲击传统的平面媒体，但是，平面媒体依然有深厚的生命力和广阔的发展前景。相信在今后的10年，平面媒体会有深刻的变革，同时亦会开创出全新的局面。

《城市画报》的前身，是创立于1958年的《广东画报》，属于南方日报旗下的一本反映广东经济、社会、文化建设风貌，同时肩负对海外华人宣传广东形象任务的杂志。1999年初，由于广东画报长期亏损，当时只能靠接纳画册制作及一些副业来支撑杂志经营，已经不适应媒体进入市场经济的大趋势。而读者市场亦进入全新的阶段，平面媒体的内容必须适应读者的需要，必须实行盈亏自负。在这种情况下，南方日报社委会决定对《广东画报》进行全面改造，经过初步研究，决定申请把杂志改名为《城市画报》，变身为一本生活类杂志。1999年10月，《广东画报》正式改名为《城市画报》，每月第二、第四个星期五出版，第一期于1999年10月8日正式诞生。《城市画报》是南方报业传媒集团旗下较早的杂志品种，一本能够坚持个性的杂志，能顺利度过最初10年并不容易。而杂志发展的前10年，大概是遇到最多困难和问题、在采编内容方面也是最值得分析研究和探讨的阶段。下面以时间为线索，回顾一下《城市画报》在这10年中采编改革方面所进行的一些探索和经验。

第一节　创业初期的困难和对策

《城市画报》先立足于广州，在改刊初期打出“给你一个全资讯的广州”的口号，以生活专题、娱乐、新闻为主，并重点介绍广州的文化、娱乐、吃喝玩乐等生活资讯。这本锐气十足的新生杂志，经过多次的推介活动，迅速占领了广州市场，受到广大读者的欢迎。

这个方针的制定，首先是因为在创刊初期没有足够的资金，亦未有足够的办新型杂志的经验，所以先选择相对比较熟悉和容易控制的大本营广州作为市场去试验。而“资讯”这个概念的提出，在20世纪90年代末期也是一种创新。因为之前在国内传媒行业中，有个普遍的观念认为那些吃喝玩乐的实用性资讯应该属于广告的范畴，尤其是涉及到比如商家地址、电话号码和价格这种信息的时候，如果商家不出钱，是不应该刊登的。但是事实上当时像广州这种经济迅速发展、市民生活得到极大提高的城市，读者非常需要得到一些生活方面实用资讯的推介，并且没有适当的渠道获得信息。

《城市画报》算得上国内最早去做实用生活资讯的杂志。开始的时候，每期都会以广州相对集中的商业地段来分次介绍该处的特色商家、食肆、酒吧，并且请了像沈宏非这样的美食专栏作家来撰写食店方面的推荐，又用接近文学的手法来采写夜生活方面的介绍，非常具有自己的特色和实验风格，特别受到年轻读者的欢迎。《城市画报》的这个特点，以及她采取的一些独特的报道方式都为初期的《城市画报》取得了良好的口碑。

过了几年，在报业竞争异常激烈的情况下，广州的几大报都出现了厚报化的倾向，读者需要的生活资讯理所当然地出现在报纸中。此后，基本上所有的面向市民的报纸及生活时尚类杂志都有这方面的内容了。与此同时，互联网的发展也大大丰富了读者获取资讯的渠道，到了今天，购物和美食方面的专门网站已经出现。但是，报纸杂志针对自己读者群的精华推介，依然受到欢迎，是内容不可缺少的一部分。

2000年4月，《城市画报》进行第一次全面改版，提出新的口号“新生活的传播者”，同时调整内容和发行面，面向广州、北京、上海、深圳等全国性的大城市，并在2000年9月由原来的84页增加到96页。这一策略的调整是因为已经用半年的时间在广州取得了一些实际经验，并且在此过程中，发现单一城市的广告客户数量及读者数量都难以支撑起一本每月两期的杂志在较短时间内实现盈利的目标。

由面向单一城市调整至面向全国大中城市，在采编选题和采写上必须有更城市化的内容，并且选取各个城市的共性去进行报道。首先是在人力上是应该以编为主、约当地作者供稿，还是建立自己的记者队伍，以便更好地控制稿件质量的问题。《城市画报》立足于长远发展，在北京和上海建立记者组，采写当地的稿件，并且收集这两个中国中心城市的信息，更敏锐地把握潮流和生活方式的发展趋向，真正做好“新生活的传播者”的角色。

2001年，《城市画报》第二次扩版

至128页，特别增加了名为“城市32”的刊中刊，介绍北京、上海、广州三城为主的城市生活实用资讯。这32页的刊中刊，采用纵向切小一厘米的形式，摆放在杂志中部，把前面的城市报道和后面的文艺和专栏分开。刊中刊这种形式，能够把一些相对零碎的内容集中起来，形成优势，有独立的封面及跟杂志其他部分稍不同的版式，并且方便读者查阅，形成杂志内的独立副品牌，甚至可以用作培育新杂志的方式。当初利用这个形式，是曾经设想可以在条件成熟的情况下，在北京、上海、广州三地附加各地的城市生活资讯作为副册，不过由于新闻出版法规的限定，以及条件未完全成熟等原因，一直未能实现。目前《城市画报》的刊中刊“艺文志”部分，集中了文艺和专栏的内容，采用跟杂志主打部分铜版纸相异的书纸印刷，是为了强调《城市画报》一向比较受欢迎的音乐、电影、书等文艺报道及个人专栏，使它相对独立和突出。

第二节　三年突破和转折

2002年10月，《城市画报》创刊三周年，再次把口号更新为“新生活的引领者”；并请广告公司为《城市画报》设计了新LOGO，把原来从《广东画报》演变过来强调“画报”两字，变为强调更符合杂志内容及形象的“城市”两字；同时，配合三周年《我们生于七十年代》的特刊，摄制出开先河的中国第一部广告电影《欲望70》，深入细致描述读者群的生活面貌。系列策略性宣传活动引发了强烈的市场效应，强化了《城市画报》在目标读者以及同业中的领导地位，为《城市画报》实现新的突破做好了品牌和市场方面的准备。

2003年1月，《城市画报》突破原有形态，全面提升了纸张、装订、包装品质，从原有的98页增加至128页，加厚了纸张，并把原来的骑马订装订形式变为胶装，同时内容方面也要求做得更时尚、更高档。这个改变背后最主要的原因，是当时广告客户的反馈导致。但是，由于这次改版过于急切，部分违背了读者市场的真正需求，并且采编部门的员工在这种新的调整中难于急速适应，失去了主动性和积极性，所以，其实并不算一次完全成功的改版。而这个暂时的挫折，使得在此后的调整中，《城市画报》通过继续努力，终于明确和坚定了定位和目标，开始了真正的蜕变。

《城市画报》的宗旨是：一本坚持原创精神的城市青年生活杂志，以反映现代都市年轻人生活形态以及生活方式为主要内容，对生活和时尚趋向进行前瞻性观察，并在观念上提供指引，核心读者为国内大中城市中20—40岁的年轻人。目标是：做全中国最好的城市青年生活杂志。

《城市画报》经过最初三年的演练，认识到在内容上针对的中国城市年轻人生活，这在当时的期刊市场是一个相对空白点。这一特点使《城市画报》与其他时尚生活类杂志区别开来，所以，在第三年开始进一步清晰和坚定了这一定位，并且自此一直坚持到了今天的第10年。

中国经济发展为期刊的发展制造了

良好的大环境。中国经济正进入高速发展阶段，社会平稳，人民生活越来越富裕，也越来越重视个人生活素质。这为时尚生活类杂志提供了经济基础及更大的空间和可能性。期刊是城市文明发展到相当阶段的产物，中国城市化进程以前所未有的速度在发展，城市人口的增加也为像《城市画报》这样的针对城市年轻人的杂志提供了更好的机会。中产阶层的初步形成，使他们的下一代能够从小过上富裕生活；而互联网等行业的发展，也为个人在相对年轻的二三十岁积累财富提供了机会；而消费观念的更新更加使城市年轻人的消费能力在几年间得到很大提高，针对二十多岁年轻人的杂志有了更大的读者群，同时也进一步吸引了广告投放。

此后的事实也证明，《城市画报》的这个定位是准确而有效的。在随后几年中，年轻人杂志市场得到比较好的发展，专门针对这一读者群的同类杂志开始增多，广告形势也越来越好，如个人电子产品，入门级汽车，饮料食品，运动用品，还有类似淘宝这类网络公司等。而《城市画报》因为成立时间较早，在这个市场中有良好口碑及品牌效应，与同类杂志相比有竞争优势，这使得《城市画报》在第三年开始经营取得平衡，进而进入了盈利阶段，并在此后几年中进一步发展。

对于一本新杂志来说，前三年的始创阶段是最重要的，基本上决定了一本杂志今后发展的可能性，在市场经济环境中，更加可以说是“三年定生死”。如果三年过后，杂志在市场上未能取得一定地位，在效益上未出现正面的好转，那么它就难以继续经营下去，也可以说是基本失去了先机。《城市画报》前三年的发展虽然面临资金短缺、人员素质参差等各种困难，但是最重要的是，在摸索中找准了定位，同时也争取到了固定的读者群，建立了好的品牌效应，这使得它在此后进入成熟和稳固阶段能够非常顺利地发展。

第三节　原创性、本土性及引导性

无论是何种传媒产品，无论是任何的时代，内容为王，这一点是不可能改变的。虽然仅有好的内容并不代表杂志能够销畅及成功，但是从长远来看还是内容决定了杂志的生命力。无论是10年前，还是今天，国内杂志的雷同化非常严重，大部分杂志都按同样的模式和结构来组织内容，很难有自己的特色。所以，加强自己的特点以达到区别性是一本杂志的生命力所在，《城市画报》作为一本跟大部分同类杂志有清晰区别性和个性化的杂志，在这个方面可以总结为三点：原创性、本土性和引导性。

强大的采编队伍及在北京、上海设立记者组的操作方式，形成了《城市画报》的一个特色，就是坚持原创性。在创始初期，当时绝大部分时尚和生活类杂志都是采取以编辑为主导，约外面的作者采写稿件的方式，虽然这样能够节省采编成本，但是因为这些作者都不是专职为本杂志服务，在理解杂志意图，保证稿件的独家性和原创性上难以做好。所以，《城市画报》用类似新闻媒体记者采访的管理方式来经营生活类杂志的模式，在当时并不多见。利用自己的记者队伍，绝大部分稿件都由自己的记者写出和拍摄，不仅能较好地控制稿件的品质，同时也比较容易发挥自己的特色。最重要的是，保证大部分独家和一手的原创稿件，同时强调个人风格，创新的表现方式，这样便在内容上与其他杂志区别开来，避开了直到目前时尚生活类杂志依然非常严重的同质化倾向。

本土性是指《城市画报》一直致力于报道本土生活和文化现象，长期关注城市青年的本土创意、时尚、生活，紧贴现实生活。因为当时，相当多生活类和时尚类的杂志是引进国外品牌或者跟国外的杂志有内容合作的，而一些非合作类的国内杂志，为了显示“高档”、“高消费”、“时尚”，也购买了相当部分的国外报道内容，所以强调杂志内容的本土性，无形中也是区别性的一种。而自从三周年特刊《我们生于七十年代》取得成功之后，《城市画报》更加坚信这一努力方向的正确性，忠实地以影像和文字记录这一代年轻人的生活，反映这个时代城市的变迁，成为《城市画报》体现社会责任感的方式。

引导性指的是希望能够及时发现生活中新出现的生活方式和潮流动态，具有一定的前瞻性和前卫性。能够做到这一点，需要依靠编辑记者对生活的敏感，这对一本生活类杂志来说，相当于新闻传媒的新闻敏感。在新出现的生活现象中找到即将会发展壮大成为潮流及影响年轻人生活的事物和生活形态，需要很强的观察能力，也需要一定的经验。永远走在读者和其他媒体的半步之前，就能把握杂志引导性的最佳状态。

第四节　忠实记录时代生活和城市文化

《城市画报》自创立之初，便以忠实地记录当下青年的生活方式和城市文化为己任。《城市画报》是较早开始关注和报道诸如街舞、极限运动、背包旅游、卡通一代等青年文化和生活现象的杂志。而《城市画报》最成功的是从2000年开始就关注创意产业，一直把本土创意产业和青年从业人员作为长期报道的对象，并在国内最早开始举办“创意市集”活动，成为《城市画报》的一个活动副品牌。

2001年，《城市画报》跟英国领事馆的“创意英国年”进行一些合作，所以较早了解到全球创意产业的始发地英国的相关情况，当时便敏感地预料到这一产业在中国亦会在若干年后成为青年职业的发展趋势。于是，《城市画报》从报道全球创意产业和领军人物，开始转向发掘本土创意产业的萌芽和试水者，长期以“创意势力”的栏目去推介本土设计师和作品，并在2006年开始介入这个产业，举办了“创意市集”活动，至今已经成为《城市画报》的副品牌并在全国取得很大影响。（详见本书有关《城市画报》品牌建设的章节。）

《城市画报》忠实记录青年生活的另一创举，是以群像式的特刊展现当下青年的生活及状态。最早在《城市画报》三周年特刊上推出《我们生于七十年代》，以全本杂志的篇幅报道了70个生于20世纪70年代的城市青年。而在一年多后，又推出《超级80年代》特刊，这次是在80个生于20世纪80年代的城市青年的卧室中拍摄了他们的个人图片。这两期杂志，在2008年被香港三联书店选取部分内容结集成书《70/80中国新人类》出版。同样以群像式报道做过的特刊还有《城市画报》七周年特刊《中国城市77新文化推手》，介绍了77位致力新文化建设的努力推动者；还有介绍了内地及港台几十个独立乐队和歌手的特刊《独立音乐年代》。

《城市画报》还长期关注城市的变化，比如关注城市出现的新型区域，如北京的798、南锣鼓巷，上海的田子坊等，广州的小洲村，还有一些城市旧区的变迁，如北京的胡同、后海等等。同时，《城市画报》经常推出城市特刊，除了北京、上海、广州三个中心城市外，还报道过杭州、苏州、南京、成都、长沙、厦门等二线城市，以及香港、台北和澳门，以《城市画报》独到的角度和方式去介绍这些城市的方方面面，这个计划目前还在进一步推进中。

《城市画报》成立三周年特刊《我们生于七十年代》。

第五节　特刊的轰动效应及衍生活动

《城市画报》除了每年的周年特刊外，还策划了系列有分量的特刊如情人节特刊、旅游特刊等，这些特刊都非常受读者欢迎。

2003年，香港自由行开始向广东开放，并将向全国推行。《城市画报》抓住这个机会，派出三组记者到香港的几大购物区进行“扫街”式的报道，采写了大量的店铺和商品介绍，推出的特刊《香港百分百购物指南》，创出一个报摊一天售出3000本的市场奇迹，亦同时创下了《城市画报》历史上首次重印杂志发行的纪录。

2008年，《城市画报》推出了读书特刊《荒岛图书馆》，亦取得了空前的成功。在2009年再推出《荒岛图书馆2》，同样大受欢迎。预计这个计划还会在今后若干年里继续进行下去。

其他特刊还有2008年的介绍100个NGO组织的公益特刊《让爱更有力量》，获得由世界银行、国务院扶贫办和民政部颁发的“支持民间创新，共建和谐社会”贡献奖以及“2008欧莱雅风尚媒体大奖”之“风尚·公益报道奖”。

而《城市画报》的另一些特刊，则跟活动结合在一起，可以繁衍出新的产品。比如八周年特刊《中国城市生活创意大赏BEST100》，评出了内地及港台的100个创意生活场所，并为这些场所颁发了奖牌。《城市画报》目前准备把这个活动持续下去，并且跟一些适合的场所进行合作，可以寄售《城市画报》杂志，为《城市画报》的活动，比如创意市集及音乐会进行宣传、召集报名、售票等。又比如九周年的特刊《活设计》，则促成《城市画报》首次在北京、深圳举办同名的创意生活用品展览。而《城市画报》的特刊《独立音乐时代》，则跟常年的创作型音乐人的报道结合在一起，促成了多场音乐会的举办，并且在2009年定型为《荒岛音乐会》。第一场台湾音乐人林生祥和大竹研演出已经在2009年6月在广州、深圳、厦门举办，取得良好反响。这些采编内容与线下活动的充分结合，巩固了与读者的关系，加深了与读者的互动，对《城市画报》的品牌以及发展都有非常好的促进作用。

《城市画报》特刊《超级80年代》。

第八章

《南方》杂志：深度凝聚力量

创办《南方》杂志，是中共广东省委认真贯彻中央精神，结合广东实际而作出的一项重要举措。2003年，根据中共中央办公厅、国务院办公厅《关于进一步治理党政部门报刊散滥和利用职权发行，减轻基层和农民负担的通知》精神，中共广东省委决定停办省纪委主办的《党风》、省委组织部主办的《广东支部生活》、省委宣传部主办的《文明导报》、省委统战部主办的《粤海同心》四份省委机关刊物，按照中央"省、自治区、直辖市党委统一主管主办一份党报和一份党刊"的精神，集中资源和力量，创办由省委主管主办的新的省委机关刊物《南方》杂志。

《南方》杂志主要是以广东的重大决策和时事政经新闻事件作为深度报道的重点，注重对国内外政治经济社会现象和发展趋势及其对广东的影响作前瞻性剖析，突出新闻性、权威性、思想性和可读性。创刊五年来，《南方》一直立足于"办出深度"的目标，不断创新，不断提高新闻品质，不断扩大党刊的影响力，已经成为中共广东省委的重要舆论宣传阵地。

《南方》杂志创刊号。

第一节　在创新中脱颖而出

2004年1月1日，经过两个多月的精心准备，《南方》杂志创刊号顺利出版。这是一份新杂志，像一个初生的婴儿，有着美好而崭新的未来；这也是一份老杂志，她的血液中流淌着与生俱来的辉煌历史，她将续写《党风》、《广东支部生活》、《文明导报》、《粤海同心》四份杂志的传统和光荣。她的诞生，将注定在广东媒体发展史上烙下独特的印记。

一、《南方》的新使命

说《南方》杂志新，是因为她是一个全新的媒体，从采写编评，到出版发行，全部是新的理念、新的人马。她的使命也新，她以创办一份“广东瞭望”、“办全国一流的省委机关刊”为目标，以中共中央政治局委员、时任省委书记张德江的寄语“办出特色，脱颖而出”为标高，她的责任是向全省公务员、党员呈现一道丰富、健康而且实用的精神大餐。

说《南方》杂志老，是因为她站在了四大巨人的肩膀上，基础好、起点高。《党风》创刊于1998年，每月发行量达36万册，对广东党风党纪建设情况报道全面、系统而且深入；《广东支部生活》创刊于1959年，每月发行量达150万册，在全省党建领域极具权威性；《文明导报》创刊于1990年，每月发行量达13万册，是广东精神文明建设领域的舆论喉舌；《粤海同心》创刊于1991年，她立足广东、面向海内外，深刻反映了新形势下的统战成就和人物风采。四份杂志较好地在各领域实现了她们的历史使命。

新的时代赋予了《南方》杂志新的历史使命。2003年12月，中共中央政治局委员、时任省委书记张德江亲自为《南方》杂志撰写发刊词——《在创新中脱颖而出》，他在文章中指出：“广东改革开放所取得的辉煌成就，归根到底，是邓小平理论和‘三个代表’重要思想正确指引的结果，是广东人民勇于实践、勇于开拓的结果。今后20年广东要‘增创新优势，更上一层楼’，创造新的辉煌，我们依然要坚定不移地以邓小平理论和‘三个代表’重要思想为指导，积极探索，大胆实践。作为省委机关刊物，《南方》杂志肩负着总结历史以开拓未来、联系实际以指导实践的重要历史任务。”为此，他向《南方》杂志提出五点希望：“坚持党性原则”、“突出理论建设”、“注重实践”、“着眼群众”、“努力创新”。

“坚持党性原则”，就是《南方》要把党的政治观点、方针政策、决策部署，准确生动地体现和贯注到报道、言论、图片、标题、编排等各个方面，要真正成为省委动员干部群众、鼓舞干部群众、教育干部群众、组织干部群众贯彻落实中央精神，实现省委提出的奋斗目标和宏伟蓝图的重要阵地。

“突出理论建设”，是指《南方》责无旁贷地要以科学的理论武装人，使之转化为指导干部群众建设中国特色社会主义伟大实践的强大思想武器和物质力量；要用科学的理论回答改革进入整体推进的攻坚阶段和发展处于全面提升的关键时期的新情况、新问题，为干部群众解惑释疑。

“注重实践”，要求《南方》一方面要总结实践经验，善于对广大干部群众的实践进行理论概括、总结和升华，丰富和发展党的理论；另一方面又要指导实践，善于使党的理论为广大干部群众在实践中正确运用，从而使实践更符合实际，更符合客观规律。

“着眼群众”，意指《南方》是党的刊物，也是人民群众的刊物。要赢得读者，扩大影响，充分发挥作用，必须在办刊的指导思想、内容和方式上充分反映人民群众的愿望和要求，反映人民群众的智慧和创造。

“努力创新”，要求《南方》要在众多刊物中脱颖而出，成为后起之秀，为此必须博采众长，在继承中努力创新。无论在选题内容的取舍上，还是在表现手法的运用上，都要开拓创新，锐意求索，最大限度地满足广大干部群众对党刊的期盼和要求。既要有理论刊物的庄重严肃，又要有大众读物的生动活泼；既有时效性，又有收藏价值。

二、创造“南方速度”

肩负着省委的重托，南方杂志筹备办公室克服各种困难，全力以赴，在不足两个月的时间内，就完成了刊号的申请和杂志的采编工作，并仅用不到一个月时间便争取到了76万份的发行数量，创造了令人惊叹的“南方速度”。

“南方速度”不仅仅在发行领域，《南方》杂志的新闻报道深度、广度和准确度也创造了令人惊叹的“速度”。创刊号的《南方》杂志紧密围绕省委中心工作，努力把省委的政治观点、方针政策、决策部署准确生动地体现和贯彻到采编工作中，设置了一批品牌栏目，包括“珠岛纪事”、“决策参考”、“党的生活”、“学习讲谈”、“新闻圆桌”、“文化广角”、“南方人物”、“南方党风”、“粤海同心”、“国际观察”等等。

《南方》第一期即以广东省委九届四次全会的宣传为重点，推出了《2004，广东乘势而上》、《先行一步，做好“完善”这篇大文章》、《广东实施“十项民心工程”》等深度报道。品牌栏目“南方论坛”则突出理论建设，从创刊号起就围绕“树立和落实科学发展观”展开理论探讨，推出了《要用科学的发展观指导实践》、《以科学发展观认识和面对机遇》、《以人为本是科学发展观的本质》等短论，“珠岛纪事”栏目还配发了《广东率先实践科学发展观》深度报道……只有两个月时间准备的创刊号得到各级读者的一致好评。

《南方》尽最大努力追求新闻的时效性，迅速围绕省委中心工作布局栏目、展开报道。从第五期开始，《南方》策划推出了“广东实践科学发展观专题报道”，展现广东人民在树立和落实科学发展观方面先行一步取得的可喜成绩。为促进“泛珠”合作，《南方》从第五期开始连续三期集中版面作专题策划，从《泛珠合作大潮初起》，到“迎接泛珠三角区域合作的新时代”，直至“首届泛珠三角区域合作与发展论坛专辑”，有力地配合了省委促进“泛珠”合作的重大工作。此外，“文化广角”、“南方人物”栏目着眼群众，总结全省尤其是基层的多方面改革创新的经验及成果，宣扬先进人物事迹，有力地配合了全省的新闻宣传工作。

《南方》杂志的自我要求极高，不但要快，而且要好，要不断在创新中脱颖而出。创刊第一年，《南方》就按照“三贴近”要求，努力创新，不断调整、改进栏目设置，力争每三期有个新突破、上个新台阶。如从第四期开始更加注重选题，增加了“认识中国”、“解读广东”、“社会视窗”等扩大视野、贴近基层的栏目。从第七期开始，以“七一”建党83周年为契机，根据基层党员干部的意见，专门加强了基层党建的内容，增编了《南方党建》，32开64页，随《南方》赠送广大读者。

《南方》这种“边办刊，边听取意见，边改进”的踏实作风，得到了读者的广泛好评。根据第一年的读者调查，95%以上的读者认为《南方》“很好”、“不错”。

第二节 向专业要深度

2005年1月，在《南方》创刊一周年之际，中共中央政治局委员、时任省委书记张德江批示：“《南方》杂志创刊一年，取得了显著成绩，应当充分肯定。我代表省委向同志们致谢！同时，希望《南方》杂志坚持党性原则，突出广东特色，办得更好。”在省委的重视和关心下，《南方》坚持正确的办刊宗旨，在创办新型党委机关刊的实践中迈出了坚实的步伐，形成了较好的发展势头，已成为广东宣传舆论工作的一个重要阵地。与同期全国其他党刊相比，《南方》以其“专业化”的时政报道、深度报道的特色，打破了党刊历来的传统面孔，令人耳目一新，发行量一直稳定在76万多份。

一、启动高端报道

2005年，《南方》紧紧围绕省委、省政府各阶段的重大决策部署，加强策划组织，在导向、基调、内容上体现大局、服务大局，做好有策划的深度报道。这一年，《南方》充分利用自身的资源和优势，做好高端政经新闻报道，并设立“高端访谈”栏目——专访了省委领导，对省委各领域的中心工作进行了集中系列报道，树立了《南方》高端、权威的形象。

2005年第一期，《南方》以省委九届六次全会的宣传为重点，专访省委副书记、省长黄华华，作出《广东当前的经济形势及未来发展》的报道，还采写了《2005，科学发展》、《2005，广东发展的机遇与挑战》等一系列深度报道；

为落实中央第7个“一号文件”精神，第二期专访省人大常委会主任、时任省委副书记欧广源，作了《树立新型“三农”观》的报道，推出了《统筹城乡 发展“三农”》以及反映部分地区“三农”工作新探索的专题报道；

为配合文化大省建设，策划了“发展文化生产力”专题，第三期专访了省政协副主席、时任省委副书记蔡东士，推出《文化也是生产力》的文章，有力地指导和推动了广东文化经济的发展和文化大省的建设；

结合提高广东农村基层党组织的执政能力，第四期专访了省委副书记刘玉浦，推出了《和谐广东的基石》、《关心农村 关注基层》等系列报道。

在泛珠区域合作一周年之际，独家采写了《泛珠大融合》，还在第六期推出了由泛珠地区内地九家党刊社共同策划的“专题报道”，成为最早对泛珠一周年作出深度报道的媒体之一。为配合广东东西两翼发展规划的实施，采编人员深入基层，在充分调研的基础上，在第八期撰写了《放飞两翼》、《南粤同富》专题报道，充分展现了省委、省政府审时度势，通过科学规划从宏观上遏制两极分化，实现协调发展的正确决策，有力推动了相关规划的贯彻实施。为宣传党的十六届五中全会和省委九届七次会议，在第十一期刊发了《广东“十一五”：新起点 新跨越》，及时宣传贯彻广东树立科学发展观制定“十一五”规划的战略部署。

二、打造版块特色

《南方》自创刊以来，按照贴近实际、贴近群众、贴近生活的要求，不断创新版面内容，调整版面构成。从2005年第二期开始，《南方》更加注重选题，强化了版块的设置和分工，分为专题、党政、财经、文化、社会、人物和党建等七大版块，并实行版主负责制，明确版块分工。

在版块中，由版主规划版块内容设计，继续打造“南方特稿”、“珠岛纪事”、“重头报道”、“文化广角”、“法治之窗”等特色栏目，同时，为配合广东“爱国、守法、诚信、知礼”现代公民教育活动，人物版推出了“广东好人”系列报道，通过展现一个个不分贫富、不分年龄、不分性别的“广东好人”，提炼出“广东好人精神”，倡导人人做“好人”的社会氛围。从第八期起，为配合省监察厅、省纠风办在全省公安、卫生、教育等11个系统开展的“窗口之星”评选活动，人物版块专门开辟“窗口之星”栏目，负责“窗口之星”先进事迹的宣传报道和投票工作，一系列生动活泼的报道得到省委有关领导的肯定和广大读者的关注。

三、不断贴近基层

在围绕省委中心工作做好舆论宣传的同时，《南方》不断加强贴近基层的报道，从2004年到2005年，设立“封面连线”栏目，以21个地级以上市的标志性建筑或景点作为封面，内文以3个页的篇幅介绍当地经济社会发展的最新情况，当地改革创新探索的新亮点和新举措，如《深圳：把文明写在特区的旗帜上》、《河源谋发展，答案“水知道”》、《江门发力》、《云浮：没有围墙的政府》，并与新华社杂志《瞭望新闻周刊》联动刊发，及时宣传了广东当前的发展情况和经验，得到各级读者的普遍欢迎和好评。

为推动广东保持共产党员先进性教育活动的开展，配合省委先进办的工作，保证省委机关刊的学习、辅导功能，《南方》在人力、物力紧张的情况下，专门抽出人手编辑《南方党建》“保持共产党员先进性教育活动专辑”，随《南方》赠送。《南方党建》32开64页，面向基层，文章短小精悍，语言通俗易懂，深受广大基层读者的欢迎，被形象地称为学习参考的“口袋书”。

从2005年1月至2006年7月开展的保持共产党员先进性教育活动中，《南方党建》共出版17期保持共产党员先进性教育活动专辑，坚持每月一期，这在全国是首创，也是唯一一本。一年半内，《南方党建》和《南方》先后刊登先进性教育稿件663篇，平均每月55篇，在全省媒体中名列前茅。中央巡视组组长周敬东在接受广东媒体采访时，对《南方党建》给予了充分的肯定。

第三节 迈上时政大刊之路

2006年，是《南方》创刊三周年。这一年，《南方》发生了三件大事：一是搬迁至南方报业传媒集团，在集团的大平台上谋发展；二是单位的机构、编制等也于年初获得省编办的正式批复；三是领导班子组建已进入程序。

随着机构、编制等各项工作的落实，《南方》杂志的采编工作也不断改革创新，立足于南方报业传媒集团这个大家庭，依托自身的比较优势，不断拓宽差异化发展路径。这一年，《南方》的采编人员不断走出去学习，辽宁党刊集团、贵州党刊集团、21世纪报系、南方人物周刊、南风窗都成为《南方》取经的对象，通过学习调研讨论，《南方》进一步明确了“时政大刊”的发展方向。

一、强化政经报道

针对《南方》杂志版面少、时效性不强的局限性，杂志努力克服劣势，以“政经新闻”为中心，在独家报道、深度调研、深入报道上下工夫，重大的题材争取提前报道，至少同步，做出特色。如《南方》以省委九届八次全会的宣传为重点，专访黄华华省长，作了《把经济社会切实转入科学发展轨道》的报道，还采写了《2006，促发展，重稳定》、《珠三角市长话竞争》等一系列深度报道。

为落实中央第8个“一号文件”精神，杂志专门开设“南方调查”栏目，专题调查和剖析了各具特色的云浮、肇庆、湛江和韶关等新农村建设模式，有力地推动了建设社会主义新农村的工作。

为配合文化体制改革的宣传，推出了省政协副主席、时任省委副书记蔡东士的《乘势而上，深化文化体制改革》的专访文章，并以“改革促发展，广东文化大潮涌动”为题，对全省文化体制改革作了综述报道，有力地指导和推动了广东省的文化体制改革工作。

针对加强党的建设，推出省委副书记刘玉浦的《关键要坚持党的建设走在前面》的署名文章。

为在全社会树立社会主义荣辱观，《南方》及时推出了省委常委、时任省委宣传部部长朱小丹《在全社会树立社会主义荣辱观》的专访，并开设“荣辱大家谈”。

从维护稳定的角度出发，《南方》专访了省法院、检察院的“一把手”，以特稿形式作了“树立法律权威”的系列报道。

为加强广大党员干部的学习，《南方》紧紧结合省委中心组的“广东学习论坛”，连续刊登权威专家的辅导讲座，有力地推动了基层理论学习的开展。

二、扩大信息含量

在强化政经新闻报道的同时，《南方》坚持“三贴近”，加强权威性，注重可读性，谋划杂志改版的科学布局，以更大的信息量来吸引读者，还从选题、内容、版式上进一步贴近读者、方便读者，精心打造几个拳头栏目，再创《南方》新发展。一是封面结合当期的“特稿”策划来设计；二是增加对当前的热点话题及广大党员干部的关注焦点的点评，即“时评”栏目，起到舆论引导的积极作用；三是加强刊物与读者的互动，将“读者来信”放在版权页的重要位置；四是在保留“省情摘报”对省委、省政府本月大事的消息报道的同时，新增“地区传真”栏目，刊登各地市、县（市、区）等基层的有价值信息，以增加基层的贴近性，充分调动通讯员队伍的积极性。

这样，《南方》就形成了以“特稿”专题策划为中心，以各版块为基本点，以走廊信息为点缀的内容体系，极大地增强了整本杂志的信息含量，取得了较好的效果，得到各级读者的认可。

第四节　在深度中要时效

2007年1月，经过大半年的准备，《南方》杂志成功改版为半月刊，时效性更强，月发行量达118万份，成功跻身发行量百万大刊行列。也是在年初，南方杂志筹备办公室正式转为南方杂志社，社长、总编辑、副社长、副总编辑等领导全部到位，《南方》的队伍更为充实和强大。三年一变，《南方》杂志迎来又一个发展的春天，开始了一条深度与时效齐头并进的高速发展之路。

一、确立“南方风格”

《南方》杂志是省委的机关刊物，是实现省委提出的战略目标、宏伟蓝图的重要舆论阵地。《南方》要切实担负起舆论引导、实践指导的责任，这是非常明确且责无旁贷的，并已经写进了《南方杂志社采编人员系统文件》，作为办刊的指导思想，也是“南方风格”的源头之水。

《南方》认识到，改为半月刊后，不能满足于上百万份的月发行量，而要着眼于提高有效阅读、关注传播效果，在改版后进一步确立鲜明的“南方风格”。“南方风格”要求所有采编人员要增强政治意识、大局意识、责任意识和把关意识；要求《南方》既担负宣传任务，又要保证宣传的质量效果；既重视刊物的庄重性和权威性，又重视刊物的贴近性和可读性。这是辩证统一的关系。

从2007年1月改为半月刊开始，《南方》就在栏目设置和采编队伍配置上不断地调整，以适应更新、更重大的宣传任务。杂志社领导班子经过研究上级领导的指示、行内专家和读者反馈的意见，更重视杂志内容结构、节奏变化。将原来上半月以时政内容为主、下半月以党建内容为主的栏目设计，重新设置为上下半月基本统一的栏目设计。改革后，设置了以南方关注、南方调查、专题报道为龙头的深度报道栏目，加重了时政内容的深度报道和调研采写的内容；时政、财经、社会、文化、党建、人物等栏目则强调关注社会各方面的发展。《南方》更加注重文本的处理和新闻表现形式的多样性，提倡用期刊语言去思维和写作，不断突出实用性、可读性、贴近性和原创性，见刊的99%的稿件都是由一线记者采写的。

除了内容上的改革，《南方》还对版式和封面风格进行了调整，统一了“南方风格”。在版式设计上，强调要与杂志定位、期刊风格相一致，强调内在的节奏感。过去封面的风格绝大多数是以各地市有代表性的景物照片作为封面图片。2007年开始，《南方》对封面定位进行了深入研究，其中一个重要议题即是摄影作品美与封面作品美的区别，由此转变观点，认为封面应是体现期刊风格、反映当期编辑思想的重要组成部分，提出封面设计要突出设计创意，增加设计成分。从2007年2月（下）杂志开始，《南方》开始初步的探索，以《人口问题统筹解决》为主题设计了封面图片，并从4月（上）杂志开始逐步完善，其中4月上下两期的封面《广东城乡医疗调查》、《下乡上班的新“知青”们》、5月合刊的封面《传承·创新·迈向现代化》均得到评刊专家、读者各方面的好评。

二、打好“宣传战役”

2007年改出半月刊后，《南方》采编出版工作在逐步完善流程管理、加强选题策划方面下工夫，取得较好效果。根据省委指示，《南方》浓墨重彩地围绕中心工作展开宣传报道，并且根据自身半月刊的特点，扬长避短，做深度、做厚度、早策划、早介入，打好主动仗。这一年《南方》进行了几次大规模的专题策划报道，打好了几场“宣传战役”，在深度中要时效。

一是对广东“两会”的系列专题报道。第3期（2月上）杂志推出策划报道《民主脉动》，深度阐述了广东的协商民主被提升到与选举民主并重的新高度，党外人士在政府决策中正扮演着越来越重要的角色，广东如何积极探索民主监督制度的创新等内容。第4、5期（合刊）策划报道了广东“两会”的专题报道《代表委员为民履职》，以高度的政治性和权威性解读了广东省十届人大五次会议关于民生、科学发展、和谐发展的宏伟蓝图，以及广东省政协九届五次会议关于为广东科学发展而谋，为广东人民利益而呼，为构建和谐广东献计献策的工作。第6期（3月下）推出专题报道《京华论政，南粤再谋先行——2007年广东代表、委员参加全国“两会”侧记》，派出记者前往全国“两会”跟踪报道广东代表、委员聚首京华，以深度和高度的视角展现出放眼全国，立足科学发展，为广东又好又快发展把脉定调。

二是对广东第十次党代会和党的第十七次全国代表大会的报道。秉承“深度凝聚力量”的办刊理念，《南方》的报道体现出几个特点：一是“早”。提前进入策划阶段，领导班子组织社内优秀的采编骨干，对两次宣传任务进行总体研究和策划。二是“高”。省十次党代会报道中连续推出了四位时任省委副书记的专访，包括《人文建设，为和谐广东奠基——访广东省政协副主席蔡东士》、《把民生写在发展的旗帜上——访省人大常委会副主任欧广源》、《刘玉浦：党的建设关键在创新》、《在科学发展观指导下迈向现代化——访广东省委副书记、省长黄华华》，逐期深入，把整个报道推向高潮。十七大报道中，特邀中宣部、国防大学等单位的领导、专家权威解读十七大报告，突出了权威性和高度。三是“深”， 深度挖掘。连续四期的省十次党代会报道中，前三期从人文建设、民生呵护、固本强基等方面深度剖析，在后一期邀请专家深入分析广东区域经济发展格局、民主政治制度等方面需重视的问题。连续五期的十七大专题报道中，前三期从多角度、深层面反映五年来省委在中央精神指引下执政兴粤的生动实践，鼓舞和激励全省干部群众以更加昂扬的斗志迎接改革发展的新阶段。四是“精”，精写精编。选派的多名采编骨干深入基层、扎实采访，并且在后期加工制作过程中精雕细琢，达到很好的宣传效果。

三是配合“民声热线”的专题报道。《南方》作为广东省政府纠风办开办的“民声热线”的特邀媒体，在第9、10期杂志（5月合刊）推出首篇专题报道《民声牵动高层》，并配合上线单位每月推出一期报道，深度分析群众咨询热点问题的成因，追踪报道群众投诉焦点问题的处理，对相关部门和行业的工作提出建议和意见，为党委和政府提供决策参考，有力地宣传了省委、省政府提高执政能力的重要举措。

第五节　唱响南方之声

2008年，《南方》迎来五岁生日。此时的南方，肩负着省委机关刊的使命，既带着朝气蓬勃的激情和勇气、带着初生牛犊不怕虎的闯劲，又多了几分成熟与稳重，多了几分着眼于未来的谨慎和缜密。此时的《南方》，已经在南粤大地唱响“南方之声”，百万大刊覆盖全省的各个角落，为基层党员和公务员送去精神食粮。《南方》“深度凝聚力量”的品牌形象已经深入人心。这一年，《南方》紧紧围绕省委中心工作，对广东乃至全国的重大决策和社会热点组织深度宣传报道，得到省委、省政府的肯定和表扬，得到全省读者的认可和欢迎。

一、深入传播权威声音

这一年，《南方》采编出版工作的方针是“继续紧扣省委、省政府的中心工作，充分发挥期刊深度报道的优势做好策划报道”，在大事中深入传播广东的权威声音。

2008年是国内外大事频发的一年，其中一件大事就是“纪念改革开放30周年”。为纪念这一重大历史事件，《南方》推出大型报道栏目“改革开放30年”，全年共刊登了36篇系列报道，全面详尽地展现了广东改革开放30年磅礴生动的历史画卷。同时，加强与中央媒体联动，与新华社《瞭望新闻周刊》共同策划以展现广东改革开放30年巨大成就为主题的大型报道，并在12月1日出版的《瞭望新闻周刊》（2008年第48期）推出大型专题策划《广东前沿三十年》，该专题共刊发《南方》稿件约2万字，包括《广东前沿三十年》在内等10篇稿件。

为配合省委“解放思想”和“深入学习实践科学发展观”两大活动的开展，充分发挥省委党刊主流媒体、舆论主阵地的作用，《南方》做了及时、深入的宣传报道。从2008年第1期（1月上）杂志开始，《南方》便率先刊发了卷首语《解放思想是科学发展之桅》，刊发《在科学发展观的旗帜下解放思想》等重点报道，启动了全年“解放思想”、“深入学习实践科学发展观”的系列报道。接下来还以专题报道的形式陆续组织有关深度报道和理论文章，推出各地各部门的学习讨论情况报道、剖析现状和出路，包括《解放思想再跨越》大型策划报道和解放思想之“南粤巡城”、“县域行”、“山区行”和“粤东行”等专题。第14期杂志（8月下）专门设置“争当实践科学发展观排头兵”栏目，采写了《汪洋地市行》、《河源：闯一条不带“血”的新路》等一系列文章，以典型报道反映广东各地级以上市如何谋定而后动，争当实践科学发展观排头兵。第17期杂志（10月合刊）就全党“深入学习实践科学发展观”活动正式开辟新栏，栏目名为“继续解放思想　推进科学发展”，作为前一阶段解放思想大学习大讨论宣传报道等相关报道的延续，包括《科学发展：从思想再造到制度维新》、《茂名全面“强大”三大产业》等专题报道，及时、深入地宣传报道全省各级各部门深入学习实践科学发展观的活动进展情况。

汶川大地震发生后，《南方》记者许彬杉、李芳宇、林若川、李焱鑫（从左至右）第一时间赶赴灾区。

二、当好“意见领袖”

2008年，国际金融海啸袭击我国，外向型经济较为发达的广东首先其冲，各项经济指标受到较大影响。如何正确应对这场国际金融海啸？《南方》依托省委机关刊的定位，当好“意见领袖”，及时推出专题报道。经过与省委、省政府相关部门的前期沟通，《南方》第20期（12月上）杂志组织了共8页的大型策划报道《南方关注·科学应对金融海啸》，包括《勇立潮头　逆风飞扬——万庆良副省长谈应对“金融海啸”》等4篇稿件，对广东外经贸等领域应对“金融海啸”的做法进行集中宣传报道。万庆良副省长就该组报道作出批示：“感谢《南方》杂志对我省开放

型经济的高度关注和支持。应对金融海啸、抵御经济寒流，既是严峻的挑战，更是历史性机遇。‘南方关注’专栏具有很强的针对性和指导性。”

三、走出广东看广东

从2007年开始，《南方》主动拓展办刊视野，迈开探索脚步，以省委、省政府的中心工作为调研主题，派出采编骨干走出广东看广东，为推动广东各地进一步解放思想，争当实践科学发展观排头兵提供有益的借鉴。这一创新在2008年收获极为丰富。

2007年底2008年初，中共中央政治局委员、广东省委书记汪洋在广东部署“解放思想”工作，《南方》围绕解放思想主题，紧扣汪洋书记提出的“忧患意识、世界眼光和以人为本”三大问题，特派记者专门赴新加坡采访，独家专访到新加坡总理李显龙，并在第10期（6月下）和11期（7月上）杂志推出了“取经新加坡”系列报道，包括《李显龙：得不到民心，就得不到选票》等六篇报道，相关文章被《南方日报》、新加坡人民行动党党刊、《联合早报》等国内外媒体全文转载。此次大型策划，展示了广东解放思想，争当实践科学发展观排头兵的不懈努力，为广东与新加坡的交流合作做了一件实实在在的事情。2008年7月，新加坡总理李显龙在与到访的汪洋书记的会谈中，多次提及《南方》对他的专访，并称报道给他留下了深刻印象。汪洋书记把该期《南方》作为特别礼物赠送给李显龙，并要求今后《南方》定期赠送给我国驻新加坡大使馆。

2008年5月，作为“解放思想”活动的首个成果，广东强力推动“产业和劳动力转移”工作。按照省委关于推进“双转移”决定的精神，《南方》抓住大力宣传区域经济协调和调整产业空间布局的机遇，派出记者到“双转移”工作开展较好的江苏调研，并在第14期（8月下）杂志推出《江苏产业转移调查》，包括《政府和企业“手牵手”》、《产业转移园区的克隆模式》等文章，分析和阐述了江苏在“双转移”方面的成功经验和模式，为广东实现“双转移”提供了重要借鉴。

第六节　创新永无止境

当历史的车轮前进到2009年，《南方》又开始了新一轮改革创新。经过深入调研和精心设计，2009年1月，在南方杂志社全员签订劳动合同、全员竞聘上岗、全员实施绩效考核制度的基础上，《南方》实施采编分离制度，由原来的“采编合一”改为“编辑、记者各有专攻”，分工更加细化和专业化，记者以深入调研、采写好稿为主，编辑以策划选题，编辑稿件、版式，维护采访

新加坡总理李显龙（左三）与《南方》记者母发荣（左二）、郭芳（左四）合影。

资源为主。专题、时政、财经、社文、党建各个版块的编辑同时也是该部门的负责人，同时设立首席记者、资深记者等岗位，这些岗位人员的收入和待遇与部门负责人基本相当。采编分离后，“南方”版块和栏目的划分更加科学合理，版式更加大气简约，文章更加深入浅出。“南方关注”版块开始由各个部门“竞标”主持，极大地调动了采编人员的积极性，《珠三角的带头大哥》、《花钱的政治学》、《广东谋才》、《大部制改革起航》、《落实纲要，考量执行力》一系列紧贴时政热点的报道，使《南方》影响力不断提高。

虽然创刊五年来取得一定成绩，但面对迅速变化的经济社会形势，《南方》时时刻刻不敢轻松懈怠，一直以“二次创业”的目标和责任来要求自己，目前正在推进采编业务、采编流程和管理制度上的完善和改革，不断服务大局、服务读者，做好舆论尖兵。

第九章
南方网：
八载创业　不辱使命

创办南方新闻网（以下简称“南方网”），是21世纪广东新闻事业的一大创举，是广东解放思想、改革开放精神在新兴的互联网新闻宣传领域的贯彻落实和重大成果。8年来，南方网紧紧围绕省委、省政府赋予的职责和历史使命，坚持新闻立网，在互联网舆论的风口浪尖艰苦创业，锐意创新，不断提高引导、影响网络舆论的能力，不仅不辱使命，实现了建设“华南第一、国内一流、世界知名”新闻门户网站的既定目标，而且为数字化时代丰富和发展有中国特色的社会主义新闻理论、推动新闻改革、创新新闻实践探索了路径，积累了经验，作出了贡献。

站在南方报业新的历史起点上，处在数字化时代新一轮大发展的前夜，南方网面临着新机遇、新挑战、新任务。回顾创业实践，总结新闻采编成效和经验，研究破解发展难题，争取在新征程上再当先锋、再创辉煌，是十分必要的。

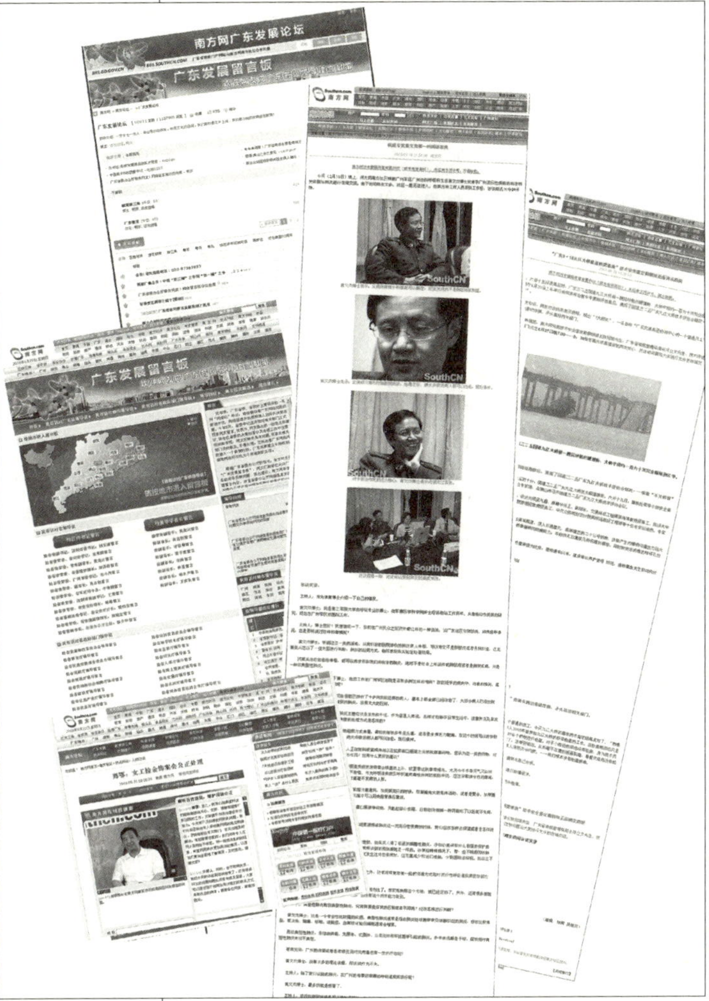

网上直播访谈、广东发展留言板等表现方式的组合运用，是南方网同时实现权威发布、民意表达、多方对话，达到有效疏导多元民间舆论的成熟手法之一。

第一节　在巨人的肩膀上崛起赶超

南方网起步较晚，始于2001年12月，但谋定而后动，迅速崛起赶超。开通第一年实现了从无到有、从小到大的飞跃，流量跃居当时十大全国重点新闻网站前五位，日均页面浏览量迅速提升到200万。新闻宣传影响力快速上升，在党的十六大网上宣传、全国九运会等重大专题报道和湛江、江门两地系列爆炸案突发事件报道中，网络媒体的信息丰富性和及时性优势初露锋芒。

一、审时度势，科学决策，是崛起赶超的根本原因

组建南方网，是广东省委、省政府审时度势、立足广东、着眼长远，把党中央的互联网新闻宣传方针和广东实际结合起来而作出的战略性决策。

1994年4月20日，中国的计算机网络连接到了国际互联网。从此，中国开始迈入信息网络化时代。为了推动互联网应用，20世纪90年代后期，新浪和搜狐等从来与新闻传播不搭界的商业网络公司通过汇集各家传统媒体的新闻和报道，在新闻资讯服务上异军突起，受到网民的欢迎。全国互联网用户从1997年的63万人迅速增长到2000年的2250万人。面对迅速发展的互联网和新兴网上舆论，21世纪初党中央确立了集中力量建设十家重点新闻网站的发展政策，用党和政府的声音迅速占领互联网这一新的思想舆论阵地。广东南方网就是其中的三家地方网站之一。

2000年12月，广东省委、省政府决定组建广东省重点新闻宣传网站“南方网”，作为省委、省政府的喉舌，以权威、及时的新闻占领舆论阵地的制高点。由省委宣传部负责筹建和管理。经过广泛的调研，按照高起点、投资少、见效快的原则，南方网筹建模式逐步形成：依托南方日报报业集团，省直新闻、出版单位共同出资，整合全省新闻资源，组建以新闻传播为龙头的综合性网站。

“全省办网”模式使南方网从一出生就站在巨人的肩膀上。省委宣传部为扶持这一新的传媒事业的健康发展和条件保障付出了艰辛的努力，南方日报报业集团为南方网的发展作出了特殊的贡献。南方网的成长也离不开广东省出版集团有限公司、羊城晚报报业集团、广东省广播电影电视局、广东省新闻出版局、广东新华发行集团股份有限公司以及广东科技出版社、广东新世纪出版社、广东花城出版社、广东岭南美术出版社等单位的鼎力支持。

二、艰苦创业，迎难而上，是崛起赶超的精神动力

如果说其他网站是钱堆出来的，南方网则是体力、精力、智慧、热情拼出来的。

为了在4个月内按时开通南方网，一支来自报业、广电系统和科技部门的业务骨干被临时抽调，组成7人筹备工作组，与其他30多个员工紧急集结在南方日报报业集团已空置的幼儿园。筹备工作组带领技术人员克服困难，奋战在第一线，开展网站系统设计、应用程序功能设计、网页设计、内部光纤和网络铺设、设备招标、新闻发布系统改造等工作，带领新闻信息编辑规划内容框架、充实内容、制作网页，为南方网按时开通创造了条件。

承认落后，不甘落后，奋发图强，艰苦奋斗，是筹备工作组对全体员工的要求。为了实现崛起赶超，59名员工克服畏难情绪，迎难而上，扎实苦干，长期加班加点，以初生牛犊不怕虎的气势，第1年在流量规模上跃居十大重点新闻网站的前五位，第4年提前实现了省委、省政府确定的五年建设目标，走出了体现省委构想、坚持艰辛探索和积小胜为大胜逐步取得重点突破的奋进之路。

三、扬长避短，新闻突破，是南方网崛起赶超的主要手段

作为网络媒体的先行者，商业网站的新闻资讯服务开发和吸引了数以千万的读者上网，也培育了早期中国网民的网上信息消费习惯，从而率先制定了网上内容产品的基本形态。无论是产品种类、内容表现方式、互动形式，还是网页版面布局、标题制作、图文搭配，重点新闻网站的内容产品在形态上基本没有摆脱商业网站模式。

南方网早期在借鉴其他网站经验的同时，抓住新闻为切入点，扬长避短，集中力量实施三方面突破：

一是依托全省传统媒体的新闻信息资源，迅速扩张数量规模，第一年开设新闻频道5个，信息频道12个，日均发稿量确保在1500条以上，用丰富的信息吸引网民、扩大流量。

二是依托省委扶持，抢发独家重大新闻。如2001年12月，湛江、江门两地发生系列爆炸案，引起海外高度关注。南方网记者连夜赶到两地，取得大量的独家现场图片和案件情况，后方编辑连夜滚动播报。南方网的新闻被海内外网站广为转载，澄清了海外媒体的各种谣言和猜测，打响了官方新闻网站对突发事件舆论引导的第一仗。承担了“广东省公选办”官方网站的制作和新闻发布，增设网上报名，网上公布等项服务，增强了广东干部选拔的公开化运作程度。

三是依托政治优势，敢为人先，探索权威、主流的网上重大时政报道，抢夺主流人群注意力。2002年南方网开设专题报道广东“两会”，网上直播省第九次党代会，开辟广东省副厅公选网站，利用新媒体的优势，屡屡创下全国网络新闻宣传上的“第一”，也确立了南方网作为省委机关网的权威地位。

第二节 在舆论的风口浪尖闯出新路

2003年是中国网络舆论初显影响力的“网络舆论年”。非典疫情的暴发，进一步改变了大众从电视、报纸获取信息的习惯，改变了对互联网信息惯有的不入流、缺乏可信度的偏见。互联网一方面让公众实实在在地看到其作为新兴媒体强大的威力，当年中国互联网用户直逼8000万人，广东互联网用户接近1000万人；另一方面也开始受到党和国家领导人的关注，胡锦涛总书记在视察广东时，对一位参与防治非典的一线医生说：“你的建议非常好，我在网上已经看到了。”

更具历史意义的是，自2003年起，掌握了强大的传播工具的网民，懂得并开始日益娴熟地利用互联网来实现自己的知情权、参与权、表达权和监督权，网民的主体意识日益崛起，主体地位日益形成。作为中国独有的社会现象，互联网成为社会的重要言论表达渠道，网络的众声喧哗在话题的广度和深度上不断扩展，网民们畅所欲言，上至国家的大政方针，下至社会上最微小的事件，都可以提出批评和建言。2008年，从孙春龙的博客上书——《致山西省代省长王君一封信》到深圳海事局某官员猥亵女童录像被披露到网上，从网上对“三鹿”奶粉的揭发到成都网友针对救灾帐

篷被挪作他用自发组织“抓鬼团”跟踪调查，从广东网民“拍砖”献策到中央领导与网民谈心等等，网民们的建言和监督已无处不在，构成强大的网上民间舆论场，成为社会舆论不可忽视的重要组成部分，并逐步侵蚀着传统媒体舆论场在社会舆论中的主导地位。

身处非典疫情的最前线，南方网2003年曾出于为网民“解渴”的愿望，连续创下了四个新闻报道“第一”：第一个向社会发布来自广东省委、省政府的权威消息，确认已发现非典病例；第一个（2月10日）请来省防治非典专家组副组长黄文杰博士，通过网上访谈向社会呼吁“非典可防、可治、不可怕”；第一个在互联网上直播广东省和广州市2月11日两场瞩目的新闻发布会；第一个推出广东抗击非典大型英文专题，24小时向西方主流社会滚动报道广东防治非典的最新动态，以及其间表现出的坚强、科学、忘我等崇高的广东人精神。

然而，经过非典报道的洗礼，南方网敏锐地预感到在信息技术和公民日益提高的维护知情权、表达权的意识的双重推动下，网络舆论将迎来前所未有的高速发展，也将带来前所未有的挑战。如果继续囿于传统的单向宣传模式，远远不足以适应，更遑论驾驭互联网舆论的新形势。经过广泛调研，南方网作出了即将站在社会舆论的风口浪尖的形势判断，决定集中所有力量，追踪和顺应互联网传播的新趋势、新规律，在继承传统媒体优势的基础上，创新新闻采编，在社会舆论格局的剧烈变动中冲出一条引导舆论、影响舆论的新路子。

概括来说就是抓住“三个关键争主导、三个平台巧疏导、三个统筹聚合力、三个提升增实力”。

一、抓住重大主题报道、突发事件报道、网络舆情研判三个关键，争夺舆论主导权

1. 搞好重大主题（活动）报道，是转变互联网舆论态势、确保主流意识形态主导地位的重要方式。好事不出门，坏事传千里，曾是商业网站主导下的互联网舆论的主要态势。许多所谓的“网络热点”，集中于社会阴暗面，集中于官员腐败案件，集中于突发事件的一些负面效应，种种偏激的言论甚至比正面的主流的言论传播的速度快、波及面广。围绕中心，用正面声音占领网络阵地，用正确舆论引导广大网民，形成昂扬向上、团结奋进的网上主流舆论氛围，成为新生的南方网的首要任务。

南方网以提量、提质、提效为目标，围绕中心精心组织重大主题报道。五年间已先后推出200多个重大主题（活动）报道，平均每月超过三个，浓墨重彩地全面反映广东改革开放和现代化建设中的新思路、新经验、新做法，形成强大的正面宣传氛围。结合互联网的优势，南方网大胆创新，形成了信息权威、解读全面、平民视角、互动性强的网上正面宣传特色，不仅得到党中央、国务院和省委、省政府的高度肯定，多次被省委、省政府授权承担活动官方网站，而且在海内外网民中形成了权威、公信的影响力。

2. 抢夺突发事件报道的第一话语权，是互联网时代压缩不良消息传播空间、满足公众知情权的唯一方式。流言止于公开，新闻网站具有无可比拟的新闻发布及时性，要抢占第一时间发布信息，力争把党和政府的政策主张、处理问题的态度、解决问题的做法最早最快地告诉广大网民，压缩不良消息传播空间，释疑解惑、化解矛盾，把公众情绪引导到健康理性轨道上来。经过2004年广东防控禽流感，2005年太石村事件和兴宁大兴煤矿透水事故，2006年抗洪救灾，2007年南海九江大桥断裂事故，2008年抗击百年一遇雨雪冰冻灾害、汶川大地震、深圳“舞王”特大火灾等重大突发事件的成功报道，南方网形成了“完善机制、拓宽平台”两手抓模式。一是已建立健全线索跟踪收集和舆情分析研判机制、报道快速反应机制、突发事件发稿流程等报道应急机制。二是联合相关部门建立“纵向到底、横向到边”的突发事件新闻发布平台，目前已成功建立全省新闻发言人新闻发布网、广东应急管理网等，努力做到“两个第一”，第一时间报道客观事实，第一时间报道权威表态，不断提高突发事件报道水平。

3.加强舆情研判，是掌握网上斗争的主动权、增强舆论引导针对性的前提保证。南方网率先在全省建立健全了触觉广泛、反应快速、判断敏锐的网上舆情搜集研判机制和快速反应机制，及时搜集对重大事件或突发事件的社会舆情，特别加强对意识形态领域倾向性问题、社会热点难点问题、敌对势力思想文化渗透问题等方面舆情信息的分析研究，为中央和广东省决策提供判断准确、对策到位的信息，为应急突发事件、化解矛盾争取了时间，成绩突出。自2004年以来每年被中央和省委评为舆情信息工作先进单位。

准确的舆情也有助于加强引导的预见性、针对性和实效性。2007年6月21日南海九江大桥事故鉴定发布会召开后，针对互联网上不少质疑九江大桥事故调查工作的情况，南方网及时制作了舆情专报《九江大桥事故鉴定发布会专家突然离场引质疑　建议有关部门利用南方网互动平台在线解答网民疑惑》，并于6月27日独家组织有关专家官员举行“广东‘6・15’九江大桥船撞桥梁事故”技术安全鉴定专题访谈。访谈稿件旋即被所有大型商业网站和新闻网站转载，舆论引导成效显著，有力地扭转了形势，澄清了网上猜疑，使民众了解到省委、省政府对事故的高度关注，对死难者高度负责，调查工作坦诚、透明的态度。

二、搭建民意表达、多方对话、主流观点三个平台，疏导多元网上民间舆论

互联网民间舆论的多元化，可以说是当前我国利益关系多样化与价值观念多样化在互联网虚拟空间的必然体现。如何在这个思想文化更具自主性、独立性、选择性、多样性的虚拟社会，确保主流意识形态继续发挥凝聚、整合和引领作用？南方网的做法是全面落实以人为本理念，除了转换新闻视角、更新报道内容、增强新闻亲和力吸引力感染力外，更是创新观念，在尊重差异中扩大社会认同，在包容多样中增进思想共识，把体现党的主张和反映人民心声统一起来，把坚持正确导向和通达社情民意统一起来，尊重网民主体地位，加强渠道和平台建设，搭建民意表达、多方对话、主流观点三大平台，把实现好、维护好、发展好最广大人民的根本利益作为网上舆论疏导工作的出发点和落脚点。

第一，建立社情民意表达平台，既充分反映利益诉求，为社会各阶层提供利益表达的制度性网上平台，又及时开展宣泄疏导和抚慰。一是依托网上论坛和新闻跟帖平台，充分、公正地为各阶层基于自身立场和利益的社会诉求提供表达的渠道，为及时化解矛盾、消除冲突，最大限度地形成社会思想共识提供有效手段与重要途径。目前南方论坛已有注册网民20多万人，累计发帖近300万个。南方网上论坛还探索形成了一套行之有效的管理与引导机制，首创了主动导帖、积极跟帖、善于劝帖、注意收帖、适时结帖等引导方式，使主流意见在讨论中占主导地位。二是联合相关部门建立健全网上信访机制，为负面的社会情绪提供宣泄和求助的直通车，其中所有投诉都得到信访部门的直接回复。三是以舆情专报延伸民意表达，将网民的诉求直接转达给相关主管部门，成效明显。如2004年东莞民工向南方网投诉台湾老板黑心克扣工资并违反劳动法，此事上报广东省劳保厅后，不仅解决了民工的工资问题，还对违法台商进行了处理。

第二，建立多方对话平台，提供社会各阶层话语交流的渠道。协助社会各阶层实现相对平等和均衡的意见流通，使他们就各自的利益要求、文化诉求、价值观念矛盾等，进行沟通、谈判和协商，通过意见的接触和融合，增进了解和对话，以及对多样性社会诉求的宽容和理解。南方网的主要做法有两种。一是在省内率先推出“网上嘉宾访谈”，就热点问题邀请相关政府官员、专家与网民对话，迄今已做了一百多场，引起了网民广泛关注。其中最有影响力的访谈包括九江大桥事故调查组谈调查结果，省公安厅、高级法院主要负责人谈社会治安与司法公正，21个地市书记市长谈发展，省主要牛奶制造商在“三鹿奶粉事件”初期谈牛奶质量，等等。二是积极创造机会，鼓励网民参政议政。南方网主动建议党委政府部门将过去“谋”与“断”一步到位的政策制定模式改为“谋”与“断”的适当反复，在某个公共问题已经形成并有一定的政策诉求后，在考虑相关政策制定与否、该如何制定时，尽可能广泛地听取舆情民意，激发利益取向不同的公众参与讨论，各抒己见，建言献策。如开展了《广东省市厅级党政领导班子和领导干部落实科学发展观评价指标体系及考核评价试行办法》网上征集意见、2008年广东省直机关作风网上评议、为省人大提供法律法规网上意见征集等等。

第三，建立主流观点平台，对社会的公共问题、重大问题、关系到群体利益的急迫问题，特别是对社会政策、执政行为进行理性思辨。南方网依托理论、时评、博客三个频道建设主流观点平台，把微观层面的琐碎街谈巷议，扩展为对主流问题的有序、理性、充分思辨，既击中社会中绷得最紧的那根弦，又借助理性思维的力量，帮助网民在雾中看花中明辨是非，侧重剖析热点问题成因与来龙去脉、发展过程，侧重透过现象抓住本质，侧重明事悟理、化解矛盾、提出对策，反映改革付出的代价、失落与苦恼，让网民感到贴近实际，贴近生活，贴近自己。南方网的理论频道和时评栏目也因立场鲜明、原创性强、紧扣热点、观点理性而广受关注，先后被评为先进单位和品牌栏目，频频获奖。

三、统筹新闻整合与原创、继承与创新、独善其身与联合共赢，凝聚引导合力

1. 统筹新闻整合与原创，提升新闻专业水平。作为广东省内媒体新闻信息的整合平台，南方网坚持提高新闻整合能力，同时以品牌栏目和原创精品建设为抓手，带动全网提升信息二次加工能力和新闻原创能力，鼓励从“新闻粘贴”向“新闻创作”转型，并率先设立专职网络记者。目前南方网平均每日原创新闻作品超过50篇。自2005年广东新闻奖开设网络新闻奖以来，南方网共有18件作品获奖，“南方时评”、“南方法治”被选为中国互联网品牌栏目。

2. 统筹继承与创新，以技术创新丰富新闻实践。无论科学技术怎么变化，新闻的本质和要素永远不变，传统媒体在岁月的磨炼中形成的优良传统和传播经验是网络媒体急需借鉴的。历代传媒人“铁肩担道义，妙手著文章”，也为网络媒体人树立了榜样。南方网坚持新媒体人应具备传统媒体编辑的功力和本事，发扬传统媒体采编人员的优良传统，具有较高的理论和政策水平，有丰富的社会经验，有丰富的知识和扎实的学识水平、文字功底，有眼观六路、耳听八方、了解全局的能力，有兢兢业业、踏踏实实的工作作风，有精益求精、一丝不苟的职业精神。

创新是互联网的本质。在传承的基础上，网络媒体人更需要创新，依托技术变革来创新采编观念、采编手段、编排形式，使网上的新闻作品更具公信力和权威性，使传播更加生动有效，使网民更方便有序地获取信息。几年来，南方网围绕增强传播的现场感、阅读的方便性和愉悦感，大胆创新，率先推出网上直播、网上访谈、网络杂志、新闻动漫等新型传播方式，以技术创新丰富新闻实践，增强新闻的吸引力感染力影响力。

3. 统筹独善其身与联合共赢，推动党报采编改革。作为独立的网络媒体品牌，南方网致力于全面培养自身的网上舆论引导能力。然而，作为传统媒体哺育成长的新媒体，面对以互联网为代表的新兴媒体带来的舆论引导新格局，融合合作、相互支持、取长补短，成为必由之路。即便是当今热门的网络监督，都是在网上发表后，经传统媒体的整合、提炼，加以犀利的评论再在网上流传开来的。南方网始终把创新报网互动，推动党报采编改革作为自己的重要使命。经过近几年与《南方日报》的探索，形成微观采编层面的联合共赢的有效途径：一是滚动现场报道，抢夺突发事件第一发布权；二是挖掘网民资源，延伸报业新闻信息生产链；三是整合优势内容，营造重大报道整体强势；四是开发视频新闻，探索全媒体生产新路子。

四、提升流量影响力、国际传播力、人才竞争力，增强综合实力

1. 流量影响力大幅度提升。南方网

新闻事业规模和流量影响力几年来呈跨越式发展，共累计在互联网发布500多万条新闻信息，100多万张图片。网站流量在省级新闻网站中名列前茅。最高单日页面浏览量超过2000万页，最高单日来访人次逾300万人。开通8年来平均每日来访人次达70多万人，相当于一份70多万发行规模的大型日报。

根据新的网络发展趋势和受众习惯，网站主页先后进行了四次重大改版。改进色彩运用，摆脱严肃沉闷的形象；不断扩充网页信息量，明晰网站整体结构，优化版块的细分与组合，科学划分信息层次，紧凑利用页面；进一步突出新闻性、特色栏目和互动功能，在突出个性的同时增强吸引力。每次改版都带来流量的明显上升。通过一次次的创新，南方网主页在视觉效果、信息承载力和表现力上已形成了自己鲜明的特色。

2.国际传播力突破性提升。一是创新通过载体和渠道，不断提升国际传播力。2002年创办广东省第一份省级英文媒体——南方英文网，日均页面浏览量达5.4万，八成以上读者来自欧美，海内外影响力在国内地方英语新闻网站中名列首位。2007年在国内率先创办《广东通讯》英文电子周刊，编录当周广东要闻，以电子邮件直接发送到读者邮箱。目前订阅读者已超过1000户。《广东通讯》模式得到国务院新闻办公室的充分肯定，并被推荐全国推广。

二是创新英文新闻报道。南方网的英文报道，打破地方英文外宣长期拘泥于基本省情、风光图片等静态信息发布的传播模式，开辟了一个寓文化于新闻、寓意识形态于信息服务的新路子，针对不同文化背景的外国高端受众进行跨文化新闻宣传。相关栏目“广东头条”、“广东通讯”先后获得广东省网络新闻专栏奖。

三是外宣成效显著。据统计，超过250个外国政府、新闻、学术网站对英文网进行链接；在全世界志愿者协同写作的网络百科全书——维基百科（Wikipedia）中，链接到南方网和南方英文网的中英文信息达到300多条，均居地方新闻网站之首。

3.人才竞争力稳步提升。综合实力竞争，归根到底是人才的竞争，新媒体特性决定了新闻网站急需新型的复合型人才。经过多年实践磨炼，南方网从无到有，已培养建成广东省第一支政治过硬、熟悉互联网传播规律、反应快速、能打硬仗的网络新闻宣传队伍，其中不少也已成为集团其他网站、平面媒体和商业网站的业务骨干。虽然他们平均年龄不到30岁，却充满激情，既熟悉新闻采编业务，又熟练掌握现代化传播技能，既懂平面设计又懂版面的视觉流程设计、网页设计制作。与传统记者相比，他们能熟练运用多媒体及网络技术，以最快捷的途径和最贴切的方式采集、传播最有价值的信息和制作信息产品。同时，能将互联网的高新传播科技融入自己的人文社科知识结构中去，确立全新的传播价值观，使自己的传播活动最大限度地符合信息社会的最新要求。

为了让年轻人迅速成才，让更多的名编辑、名版主、名主持人脱颖而出，南方网建立健全三大机制精心栽培。

用重大报道项目负责制度压担子，炼骨干，授权负责人实施内容、技术、互动跨部门协调；用编辑上岗考试制度提升整体业务水平，根据实际需要拟定试题，全员必考；用竞争上岗制度为采编人员提供成长的机会和空间。

第三节　在新的历史起点上争先创优

正如集团领导所判断的，南方报业正处在数字化时代新一轮大发展的前夜。21世纪初，中国互联网和信息技术持续飞速发展，让中国社会舆论的形成机制、传播机制发生了深刻的变化，大大拓展了社会舆论的空间，在一定程度上改变了中国社会的舆论格局。从2001年到2006年，中国互联网用户以每年2000万的数量快速递增，2006年达到1.37亿人，约占总人口一成。2007年开始，中国互联网进入高速发展阶段，每年用户增加7000万，达到2008年底的2.98亿，网络普及率达22.6%，高于世界21.9%的平均水平。从2008年起，今后五年即使保持平均20%（低于2008年的40%）的增长率，五年后网民数量将达到7.5亿。即使是按8%的年均增长率，十年后网民数量也会翻一番，达到6亿左右，普及率43%，距离发达国际已达到的70%还有很大的增长空间。争夺现有的近3亿网民是一场战争，吸引未来的3亿新网民将是另一场战争。

站在新的历史起点，南方网作为集团的成员单位，面临着新的机遇、新的挑战、新的任务。随着传播技术的急遽扩张，原来较为稳定的传媒的外在形态，已经显得不重要了，重要的是把握变化中的不变的东西——不断追求在全球范围内的信息和文化传播的同步和共享，追求最为方便、快捷的信息和文化的交流空间，更加有利于共同兴趣的人群组合，以及高度还原真实世界的状态。这也是南方网新的使命：继续顺应新技术，满足新需求，创造新价值。

经过近8年的实践，南方网保持了持续、快速、健康的发展，影响力不断扩大，成为广东省新闻宣传当之无愧的网上主力军。目前，互联网的迅速普及和信息技术的快速发展赋予南方网有为的广阔空间，而正是有为才使互联网新闻宣传事业有了更重要的意义和地位。只有加快发展，大力建设和发展重点新闻网站，把党的主要媒体长期树立的品牌和公信力优势发挥出来，才能在舆论斗争中赢得主动。只有坚持艰苦奋斗、迎难而上的创业精神，开拓创新，才能壮大实力，增强活力，提高自身的竞争力和持续发展能力。

网络世界，风起云涌，前有标兵，后有追兵。面对良好的发展势头，南方网将继续在省委宣传部和南方报业传媒集团的领导下，全面贯彻落实中央和省委的指示精神，始终保持清醒的头脑，既要看到成长进步，又要冷静面对存在的差距和不足。在与商业网站、海外知名新闻网站的竞争中，不畏艰难，勇于拼搏，坚持创新，争先创优，为繁荣与发展广东省的互联网新闻宣传事业、做强做大南方报业传媒集团作出更大的贡献！

第叁篇

经营管理

南方报刊发行有限公司发行覆盖网络深入到各个角落。

第一章 概述

以南方日报为旗舰组建的南方报业传媒集团在经营管理的开拓方面有着悠久的历史。60年前《南方日报》创刊伊始，因为主创人员一部分来自南下的革命文化人，另一部分来自香港的《华商报》，因此一创刊就在全国最先搞自办发行，最先设有广告科。可以说，南方日报的血脉一开始就融合了引导舆论的社会责任感和服务读者的市场意识。1998年5月18日，南方日报报业集团正式成立，成为全国第一家省级党报报业集团；2005年7月18日，南方日报报业集团更名为南方报业传媒集团，实现了从“报办集团”向“集团办报”的战略转变。2008年4月，南方报业传媒集团荣获中宣部、文化部、国家广电总局和新闻出版总署联合颁发的“全国文化体制改革优秀企业”的称号，在33家获得称号的单位中，南方报业是唯一一家以集团整体获此殊荣的报业集团。2009年8月，南方报业传媒集团公司荣获中宣部、文化部、国家广电总局和新闻出版总署联合颁发的“全国文化体制改革先进企业”的称号。

总结南方报业传媒集团60年来的发展经验，杨兴锋社长用一句话概括，那就是“新闻理想与产业抱负比翼齐飞”。60年来，南方日报越来越清晰地理解新闻理想和产业抱负的辩证关系。作为一份与新中国同龄的党报，南方日报从诞生之日起就拥有优良传统，深深懂得在社会主义的制度下坚持新闻理想的基本立场，在热情讴歌新中国的进步中，南方日报的新闻作品不但以理性为根基，坚持社会正义，而且饱含人文关怀，成为社会良知的守望者，为广大读者喜闻乐见；南方日报又在改革开放中与时俱进，紧紧把握在市场经济的环境下实现产业抱负的传媒使命，不仅是改革开放的忠实记录者，也是改革开放的参与者和推动者，这使得南方报业分享了改革开放创造出来的巨大物质成果和精神成果。南方报业以《南方日报》为主干，创办了《南方周末》、《南方都市报》、《21世纪经济报道》等一系列在细分市场上各领风骚的媒体品牌，从主流党报发展成一个拥有十一报、八刊、三网、一出版社的报业传媒集团，进而迈向全媒体集团的新格局。

60年来的实践不断证明：新闻创造价值，产业反哺新闻，新闻和产业相辅相成，做得好就能相得益彰。没有新闻理想的媒体，绝对不能成为优秀的媒体；没有产业抱负的媒体，绝对不能成为卓越的媒体，只有新闻理想和产业抱负齐飞，才能成为从优秀走向卓越的媒体。紧紧围绕新闻理想谋求发展，这是南方报业的产业抱负区别于一般的产业经营最本质的特色，在牢牢把握新闻理想和产业抱负辩证关系的基础上，南方报业的经营管理锐意进取，不断创新，创造了辉煌的业绩，摸索出了科学发展的基本路径。

集团的经营管理创新整体上体现在三个层面：

一、体制创新

建设科学的报业集团管理体制，是集团实现科学发展的制度基础。其核心是理顺报业传媒集团的产权关系、领导体制、公司治理结构以及集团层次的管理制度等。

报业经营单位要参与和应对市场竞争，就必须作为一个市场竞争的主体、就必须建立现代企业制度。报业集团建立现代企业制度，要解决三个环环相扣的管理体制问题：一是采编经营两分离，使新闻媒体的双重属性在运行机制上得到明确、清晰的体现。二是明晰产权，通过国有资产监管部门授权，以资本为纽带，将报业经营单位变为“自主经营、自负盈亏、自我约束、自我发展”的法人实体和市场主体。三是建立公司治理结构，解决因所有权和经营权分离后产生的委托代理问题，做到权责分明，各司其职，激励和制衡机制并存。20年来国有企业改革的经验教训显示，深层次的、根本性的体制问题得不到解决，集团的科学发展将面临难以克服的困难。因此，报业集团的科学发展首先要坚持不懈地深化文化体制改革、解决报业集团的体制和授权经营问题，才能进一步确立报业经营单位的市场主体地位，实现报业集团内部以产权和业务流程为纽带的公司治理结构，进而按照党委领导和法人治理相结合的要求建立和完善有关的管理制度。

根据中央的改革精神和广东省委、省政府的部署，南方日报报业集团于2005年7月18日正式更名为南方报业传媒集团，同时创新集团的领导体制，设立了集团管委会、党委会、编辑委员会，南方报业传媒集团公司董事会、党委会、经理班子等领导机构，保留南方日报社委会。其中，集团管委会作为集团的最高领导机构，总体把握集团报刊的舆论导向和集团营运；集团编辑委员会，具体负责新闻采编业务；集团公司董事会、经理班子具体负责经营业务。同时，按宣传业务与经营业务两分开的原则，将剥离集团所属报、刊、社的广告、发行、印刷以及实业等经营性单位和部门的经营性资产，合并设立规范的国有独资有限责任公司；并由广东省人民政府授权南方报业传媒集团公司，对集团所属成员单位占用的经营性国有资产行使出资人权力，依法实施经营、管理和监督，承担保值增值责任。

改制之后，南方日报社和南方报业传媒集团公司及其子公司同属南方报业传媒集团成员单位。其中，南方日报社和南方报业传媒集团公司都是具备独立法人资格的实体，在集团管委会（党委会）的统一领导下，两者建立业务流程为联结纽带的业务协作体制。在南方报业传媒集团公司设立以后，集团按照授权经营和法人治理的要求，建立相应的管理制度，科学界定集团管委会、编辑委员会、集团公司董事会、报刊经营公司董事会等各级机构的管理和考核权限，建立必要的协调机制。集团公司分别投资设立若干经营公司，形成母子公司法人体系。这些子公司均享有完整的法人财产权，按照《公司法》的要求规范设立董事会和经理班子，并以集团公司授权子公司经营的资产对集团公司承担保值增值的任务。

二、机制创新

顺应市场形势转变经济增长方式，是集团实现科学发展的管理基础。其核心是建立面向市场、适应竞争环境的报业集团运营机制，包括联动机制、激励机制、资源整合机制等。

1.创新联动机制

注重以品牌管理为核心引导整个报业的经营，是近年来报业经营的一个重要突破。

传统的报纸经营只有发行和广告两个部门，实现了报纸的第一、第二次销售。进入21世纪以来，随着定位、品牌理念在企业界的成功运用，报业的经营也深受启发。正如杨兴锋社长总结的：总的来说，报纸有四次销售，第一次销售是发行，就是卖报纸，第二次销售是卖广告，第三次销售是卖信息，第四次销售是卖品牌。如果没有第一次销售，就没有后面的三次销售。如果没有报纸发行，报纸的品牌、信息、广告都卖不出去。反过来，品牌、信息、广告在销售过程中不断增强读者和客户对报纸的认知，又会对报纸的发行带来极大的促进作用。四者是紧密联系、不可分割的业务。在这一理念的指导下，参照跨国公司设立市场部专门负责市场推广和品牌塑造的经验，南方报业传媒集团各个系列报纸纷纷成立了自己的市场部，形成了采编、发行、广告、品牌“四轮驱动”的现代报业运行模式，成效显著。

2.创新激励机制

集团注重营造开放而包容的企业文化，创新优秀人才选拔机制，建立了报业集团科学的绩效评价体系和人才评价体系，从而激发大家对事业执著的理想和炙热的激情。

集团成立以来，已经连续四次开展了竞聘上岗，每隔三年，就有一批报人脱颖而出，至今共有60多位三四十岁的年轻报人成为核心中层，走上独当一面的重要岗位。这是南方报业传媒集团倡导“用人用在风华正茂时”，将人才战略作为集团战略第一着眼点的写照。“谁出主意，就由谁来干”的选拔机制，为创业团队营造责、权、利统一的平台，使领军人物、采编、经营三种人才构成协同作战的团队合力，构建了和谐的生态环境。经过几代南方报人的薪火相传，南方的开放开明、力争上游已经成为传统，使整个集团充满了生机和希望。机制一旦确立，就会焕发星火燎原的力量。核心中层在创新实践中承载了文化，文化又进一步推动了制度创新，两者循环互动，成为南方报业传媒集团的一大特色。通过集团竞聘而走上核心中层岗位的年轻报人，既是集团人才选拔创新体制的受益者，又是创新精神的实践者，是集团创新文化的“二传手”。他们所在的品牌媒体，是“南方”文化的播种机和突击队。南方都市报、南方周末等品牌媒体都在持续创新中形成了自己的亚文化。

3.注重资源整合

充分体现资源整合的协同效应，是实现集团发展从粗放型向集约型转变的关键举措。早在2002年，南方报业就率先提出媒体多品牌发展战略和报系结构的发展理念，通过加强对细分读者市场的研究，不断培育品牌媒体，转变了集团应对报业竞争的方式，同时优化产品结构，避免同质化办报现象。经过近十年的发展，形势又有了新变化，多品牌战略在充分释放子报子刊积极性的同时也暴露了一些弊端。由于报业集团原有的体制和机制等历史原因，部分子报子刊存在粗放经营的问题，这在一定程度上造成子报子刊的利润率不够理想。在进一步深化文化体制改革过程中，集团参照国有资产授权经营的一套系统方法，实施科学的资产保值增值和任期目标责任考核，实现向挖潜要效益，向管理要效益，这样即使不增加项目投入，也可以使集团整体的效益得到较大提升。

同时，针对存在的粗放经营问题，集团整体上从多品牌战略推进到聚合战略，进行业务单位调整和报业结构调整，开源节流，全面提升资源整合的

南方日报文化驿站。

水平，通过发挥集团的战略、资金、技术、品牌、管理的多项协同效应，以资产和业务为纽带实现集约化经营，实现报业集团经济的增长方式从规模数量型向集约质量型转变，使报业集团获得长期的、可持续的发展。

三、理念创新

科学选择产业发展模式，是集团经营管理呈现出市场活力的重要方法论。其核心是在深入研究传媒产业发展规律的基础上，不断创新经营理念，表现在如下四个方面：

1.产品策略上坚持多品牌经营

多品牌经营理念的形成是建立在坚持把握好大众传播和分众营销的关系的基础上。读者市场的要求，广告客户的要求，对今天大众传媒的营销提出了分众、精众营销的要求。媒体的分众营销是让发行人员、广告人员和热线服务人员在合适的时间、合适的地方，与合适的读者或客户做合适的沟通。但是“分众”只是一种思维方式、一种划分办法，而不是一种传播实现的手段，大众传媒的职责和社会功能还是要通过大众传播的方式实现。与大众传播不能没有细分市场的精准定位一样，分众、精众营销的媒体要赢得市场，虽然在内容、品质上可以针对特别的读者群，但是其产品还是必须具有更强的大众传播能力，必须具有大众传播的社会功能和社会责任，否则它就不是传媒集团应该长期经营的产品。因此，集团坚持所有的媒体品牌都要锁定自己的核心读者群，坚持在细分市场上取得第一的媒体品牌，才是集团认可的、长期培育的品牌。

2.产品形态上坚持跨媒体经营

跨媒体经营的理念是建立在科学把握传统媒体和新兴媒体的关系的基础上。国际媒体业的混业经营已经成为事实，特别是在网络媒体等新媒体迅猛发展的大趋势下，传统媒体要生存、发展，一个现实可行的选择就是跨媒体经营。

传统媒体是习惯性选择的媒体，新兴媒体是应用新技术、新载体开发出来的新的媒体形态，它们并不是对立的、你死我活的。南方报业的态度是，牢牢抓住传统媒体，做好做精内容，不断提升品质以获得更强的差异化竞争优势，在各个细分市场中随时准备占据竞争对手、追随者、挣扎者退出的市场份额，在行业生命周期的变化中保证集团充足的收入来源。同时，积极地不失时机地开发新兴媒体，在不同媒体形态的竞争中掌握主动权。

目前，集团除了拥有强势的平面媒体业务，在网络媒体的领域里，还拥有南方新闻网、奥一网、南方报业网等几个主要网站；在移动媒体的领域里，各个系列媒体还根据自身的实际，纷纷发布了手机报。可以说，跨媒介形态的经营，也就是报纸、网络、手机等不同的媒介形态组成立体化的资源共享和使用，品牌、渠道相互共享，业已成为各个品牌媒体创新经营的法宝，也是报业集团未来新的经济增长点之所在。

3.在价值链上坚持一体化经营

在传媒产业价值链上，集团坚持统摄上下游的思路，继续整合上游的印刷业务和下游的发行、物流、出版等业务，同时大力拓展信息、娱乐、旅游、体育等关联产业，摸索从新闻业迈向文化传播业的路径。

4.坚持相关产业的多元化经营

多元化经营理念必须建立在核心业务和非核心业务的关系的把握上，体现为坚持相关产业的多元化，而不是任何产业都可以纳入集团投资经营的范围。因为每一个集团都有自己的核心业务，报业集团中的重要报纸的采编、发行、广告是目前的核心业务，而在这些业务以外的可以说是非核心业务，比如印刷，比如网络，还有一些集团的酒店、房地产项目等等。一个集团的人力、物力、财力有限，不可能把什么业务都做得很好，牢牢把握核心业务是明智的选择。当然，随着集团业务的发展，有些非核心业务的开发，可以降低核心业务的运营成本，提高媒体的效益。而随着报业集团向传媒集团的升级，原来处于报业集团非核心地位的业务领域，可能会成为传媒集团的核心业务，比如随着新媒体技术的勃兴，集团已经把网络媒体、移动媒体与平面媒体一起列入集团核心业务的领域。

第二章
渠道开拓

第一节　南方日报的自办发行

一、缘起——邮发困局

1.邮发历史

“我是卖报的小行家……”，这是聂耳创作的《卖报歌》的一句歌词，里面提到的报童，是解放前报刊发行的一种形式。还有一种是中国共产党领导的解放区中的报刊发行方式，建立了“中华苏维埃邮政总局”，将报刊交邮政人员传递，开始了邮局发行报刊的雏形体制。

1949年12月，中央人民政府新闻总署、邮电部分别召开全国报纸经理会议和全国邮政会议。会议提出了继承东北、山东老解放区的经验并借鉴苏联的“邮发合一”体制，确定了把新中国各地出版的报纸交国家邮局统一发行的基本方针。1950年3月1日起，《人民日报》全部交给北京市邮局发行，随后各级党报也相继将其发行工作交给当地邮政部门，从此我国就正式开始了“邮发合一”的报刊发行体制，确定了邮政报刊发行的主渠道地位。

邮局之所以能承办报刊发行业务，是因为邮政部门拥有一个现成的邮件送达网。邮政部门的邮件送达网具有点多、线长、面广的特点，邮政网点星罗棋布，邮路四通八达，邮政服务覆盖面广。此外，邮政部门还有一套从中央到地方的全面而统一的业务处理规则和管理制度。

2.市场竞争环境下邮发对报纸的制约

在这种背景下，《南方日报》也交给邮局发行。在计划经济时代，通过邮局干部职工的辛勤劳动，报纸的发行确实有过一段时间的辉煌，邮局的同志也有一份功劳。

然而，随着改革开放的逐步深入和市场经济的发展，新闻出版事业日益繁荣，报纸的数量及版面不断增多，邮发的弊端也愈加突出。

首先体现在《南方日报》发行时效差，日报迟过晚报。每天早上5：30之前报社就已经将报纸交给邮局，但在广州市范围内，要11点半左右才能送到省委、省政府的机关部门，从化、花都、增城、番禺等四郊县下午才能到报，广东省其他地方更不待言，多为下午或次日才收到报纸，下面广大边远的地方，第三天、第四天送到都属正常。报社领导非常焦急，对邮局领导说：“发行时效涉及我们的生死攸关问题，你们能否稍微提前一点？”但对方回答得理直气壮，毫无改进之意。再看看自1990年自办发行的《广州日报》，每天早上5：30开始已经进入广州的千家万户，珠三角范围内上午9点、10点就可送完。早看《广州日报》，晚看《羊城晚报》，已成为当时的市民习惯，《南方日报》在读者心目中变得越来越无关紧要了。

其次让报社头疼的是报款结算方式。邮局收取《南方日报》发行费的方式为：前8版按报价25%收取；第三张开始另收加张费，1997年每张收7分钱，1998年每张收1角钱，如果《南方日报》扩版增张的话，费率还将不断升高，使南方日报非常被动。此外，邮局每年大收订期间收了《南方日报》的订报款，不是马上全额交给报社，而是来年逐月扣除当月的发行费，像挤牙膏一样"施舍"给报社。本是报社自己的钱，却"躺"在邮局的账户上，光利息就让邮局富得流油；而报社印报买纸的钱，只能向银行贷款，为此又要向银行支付大量利息。仅此一项，报社每年都要损失千万元以上，因而背上沉重的经济负担。

此外，守株待兔式的被动订阅，读者要订报，自己去邮局营业网点的长龙后面排队吧，而且只能订年单、半年单；邮局只管报纸的收、发，读者有什么建议或意见，跟邮局的人说了也是白说，他们是不会收集和转达的，阻碍了报社与读者之间的交流和沟通。再者，发行覆盖农村多，城市少，穷地方多，富地方少，报社想提高珠三角地区发行量，邮局不肯出力。尽管多年来《南方日报》期发行数超过80万份，但在省会城市广州的发行量还达不到理想的数字，在一定程度上影响了报纸对广告客户的吸引力。

3.逼上梁山

在《南方日报》还在饱受邮发之苦时，许多报纸开始"起义"，摆脱邮局自办发行。1985年，河南省洛阳市的市委机关报《洛阳日报》率先揭竿而起，拉起自办发行的大旗。一时风起云涌，群雄响应。1988年，全国第一家省（市）委机关报《天津日报》自办发行，打破了省级以上报纸难以自办发行的禁锢。1990年1月1日，《广州日报》改邮局发行为自办发行，市区投递时间比邮局发行时间约提早3个小时，郊县则快半天，一般情况下，上海的读者则可看到当天的《广州日报》，北京、天津的读者第二天可看到，比邮局发行时快2—3天。

这些报纸自办发行后，引进竞争机制，在营销手段、促销方式等方面，大胆创新，创造出了"扫楼"、"敲门发行"、"摆台"、"集订分送"等行之有效的发行服务，满足了读者，拓宽了发行市场。据中国报协的抽样调查，自办发行的报纸平均早于邮发报纸1小时10分钟，满意度高出邮发报纸8.5%。

而此时，在邮发弊端下压得喘不过气来的南方日报，多次与邮局协商，希望他们配合报社做一些改革，但邮局几十年计划经济老体制延续下来的惰性，一直没有拿出改革的态度和行动。1997年，报社放出风声：1998年搞自办发行。邮局听说后，找上门来商量。报社提出四点要求：提高发行时效，控制发行费率，按季度返还报款，允许报社在一部分城市自办发行。邮局口头答应得很好，但未见一丁点行动。

1998年，多次"求爷爷求奶奶"无效后，被邮局"逼上梁山"的南方日报，被迫横下心来搞自办发行。

二、揭竿——自办发行网络

1."带头大哥"钟广明

这里的“带头大哥”，是时任报业集团总经理的钟广明——《南方日报》自办发行的灵魂人物。

钟总曾参过军，担任过茂名市委宣传部部长、茂名日报社社长，1996年被任命为南方日报社总经理。在主持茂名日报工作期间，他操作了《茂名日报》的自办发行，对《南方日报》的自办发行充满信心，是《南方日报》自办发行坚定的推动者和策划执行人。他亲自制订上万字的《南方日报自办发行构想》，极具操作性，打消了许多人的顾虑。他既是指挥员，又是战斗员，始终站在组建自办发行网络的第一线。

2.上下支持

南方日报的自办发行，最先提出的是当时的广东省委书记谢非。一次钟总参加一个会议，提到《南方日报》的发行受制约很大，谢非马上问：“听说好多报社都自办发行，你们南方日报也可以试呀。”会后，省委常委、宣传部长于幼军马上找到报社领导研究如何抓住时机实施自办发行。1998年2月23日，报社正式给省委宣传部和省委呈送要求自办发行的报告，很快得到省委的批准。1998年8月18日，广东省委办公厅为《南方日报》自办发行的改革专门下发文件（粤委办〔1998〕66号文），要求全省各级党政机关、部门及有关单位，要以支持改革的态度支持《南方日报》的自办发行。因为有了省委支持这个坚实的前提和坚强的靠山，南方报人才能义无反顾地、百折不挠地实施自办发行，这是自办发行取得胜利的前提。

面对这种前所未有的重大改革，报社领导班子已经达成共识，在自办发行问题上高度一致。在报社内部，更是反复研究，让大家充分发表意见。在社委会定下自办发行后，时任社长李孟昱在社委会上宣布：“社委会已经把自办发行工作作为1998年报社的第一个改革的重大举措。全南方报人只能为它的成功去努力，不能说三道四，不能散布与这些决定相悖的言论”。发行公司内部更是反复学习领会钟总的发行方案，并将其细化、制订实施步骤。在《南方日报》的自办发行问题上，领导班子和队伍已经形成了铁一样的团结，下了铁一样的决心，全社上下形成一股劲。

此外，《南方日报》的自办发行从提出到实施，还一直得到中宣部、新闻出版总署和广东省报协的大力支持。这一切，都给《南方日报》自办发行的成功提供了难得的条件。

3.发行总公司

为适应《南方日报》的自办发行，整合报社发行资源，报社对原来的发行机制进行改革，将原南方都市报发行部与南方日报发行处合并，将广东省方都报刊发行投递公司更名为广东省南方报刊发行总公司（2008年5月更名为广东省南方报刊发行有限公司），总公司下设业务部、分发部、运输部、广州市场部、财务部和办公室；由集团的钟广明总经理兼任发行总公司总经理，同时还调进和招聘了一批经营管理人才，组成了一支高素质的发行队伍。

发行总公司是独立法人单位，实行企业管理，独立核算，自负盈亏；集团的主报《南方日报》与各系列报均按一定的费率标准与总公司进行结算，总公司承担全面的发行业务，同时确保发行量、投递时效和其他发行服务质量达到规定的要求。

4.网络特点

与在城市中实行自办发行相比，建立全省范围的自办发行网络是一项更为繁杂庞大的工程，发行面非常广，发行点散，发行线长。在自办发行之初，报社领导班子就明确提出：要利用市场一切能够为我利用的条件，要以实事求是的、灵活的姿态来对待自办发行工作。

在中心城市广州，依托原有的方都发行公司的队伍，在广州市8个区设立8个发行站（4个郊县从化、花都、番禺、增城委托邮局代发）；其他地市则主要采取建立三级发行站的方式进行，利用报社原来在当地的记者站，任命当地记者站站长兼任发行站站长，建立一级发行站，再由一级发行站去组建县的二级发行站和镇的三级发行站。

在阳江、梅州、湛江、茂名、韶关这五个相对偏远的地区，报社通过委托发行的方式，委托当地市委机关报的自办发行网络发行，并在当地设立分印点，自建卫星站，实现卫星传版，使《南方日报》在这些地区与本地报纸同步开机印刷，同时投递，以确保发行时效，紧密双方的合作。

南方日报虽然和邮局“决裂”了，是不是“决裂”后就不能合作了呢？答案是否定的。听说《南方日报》真的自办发行后，许多基层邮局闻风而来，踏破门槛，他们与报社谈判：只要你们把报纸送到县里，我们保证改变以前那种老爷作风，你的报纸一到，我们马上投递，保证投递质量，而且保证费率很低。考虑到在那些为了送一份报纸要派一个发行员翻山越岭的部分边远地区，如果建立自己的发行网络，成本非常高，因此决定委托当地县级邮局发行，以弥补报社在发行网络末梢上的不足。

在省外，《南方日报》的发行则主要委托民间网络进行，如北京、上海都选择了代理商，并将《南方日报》以空运的方式送达，以保证时效。

这样，通过自办和委托两种形式，将社会上各种网络巧妙地为我所用，南方日报在很短的时间内就建立起了完善的自办发行网络，在全省32个一级发行站中，自办站占70%，地市报代理占18%，其他边远地区就委托邮局。对于委托发行，发行公司采取合同一年一签的方式，使公司拥有了网络控制和调整的自主权，也提高了各委托单位做好发行工作的主动性和自律性。

在报款回收问题上，报社决定以发行公司名义在农行开设报款专户，此账户的特点是下面发行站“只能存进，不能取出”，解决报社自办发行最担心的“报款能否收上来”的问题，防止报款流失。这种报款管理模式，使南方日报自办发行以来报款坏账率几乎为零。

此外，发行公司对一级发行站和委托代理单位实行费率管理模式，即将一级发行站和委托代理单位一定比率的报款，作为其发行费用；发行公司每年对这些单位额定一个基数，超额完成的还给予奖励。费率管理模式在建网初期对规范报款核算，减轻管理成本，提高一级发行站和委托代理单位征订《南方日报》的积极性起到了很好的作用。

5.一炮打响，震惊业内

1999年，全国许多省级报社纷纷前

来报社取经，交流经验，学习南方日报的做法；中国报协还在南方日报召开省级报纸自办发行经验的交流会。这一切“待遇”，都是因为：《南方日报》自办发行成功了！

在南方口报自办发行总结表彰大会上，钟总说：“我们南方日报的自办发行真的成功了，我用这个‘真的’就表示真的很激动。真的成功了！我们不会吹牛，那是吹不起的！”

为什么说是“真的成功”呢？有数据作证。

自办发行后，《南方日报》发行量不但没有降下来，还比邮发的同期增长4万份，全省17个地市超额完成了报社下达的以1998年实际发行数为基数的发行任务，连续第13年位居全国省、市、自治区党委机关报发行量榜首，实现了“十三连冠”。最多的一个市比上年增加了43%，广州市市区的发行量增长了11.3%。自办发行时，钟总向省委宣传部汇报工作，部领导“安慰”说：“你们不要怕，自办发行能在第一年保住发行量是非常不容易的，我们准备它掉个10来20万份也是成功的。”没想到，《南方日报》发行量不降反升，让人“大跌眼镜”。

邮发时，省委、省政府机关部门要上午11点半才能见到《南方日报》，广州以外地区要下午甚至要第二、第三天才能见到《南方日报》，严重制约《南方日报》的发展。但自办发行后，《南方日报》发行时效发生根本扭转。南方日报可以和广州号称最早的那家报纸争分夺秒。南方日报提出的口号是：“对方7点半，我们就7点25”。南方日报广州的发行队伍，天没亮就将报纸投进了千家万户的报箱。广州的所有机关单位一上班就可以看到《南方日报》；全省21个地级以上市所在的读者，全部可以在上午看到报纸；全省122个县城的读者，全部可以当天看到报纸；全省2000多个乡镇中有96%能看见当天的《南方日报》。这种变化，不仅给报纸带来了生机，也给读者带来了便利；这是南方日报50年来“求爷爷求奶奶”都做不到的，但自办发行后，一下子做到了。

在报款问题上，通过采取先进的报款回款流程和机制，保证了报款的回收，没有发生报款流失现象。到1999年1月，实际进到报社总账的资金为一亿多元，而邮发时，这笔巨款是放在邮局账户上的，现在是真正“回家”了。自办发行前，邮局吃掉南方日报每年一亿多元报款的利息，自办发行后报社每个月净省下来的银行利息高达几十万元；自办发行前，报社生产所需的买纸等资金只能从银行贷款，自办发行后，集团要怎么发展就怎么发展。这些都是实行自办发行，报款回收后所产生的经济效益。

邮局之所以开始对报社的要求置之不理，就是他们认为覆盖全省的《南方日报》自办发行难以成功。虽然已有自办发行成功的案例，但大部分都是城市化的都市报或地市级的机关报，曾有吉林省委机关报《吉林日报》搞了一年自办发行后又退回去了。从理论上来说，南方日报自办发行起码要3000万元的投入：报纸覆盖省内21个地级以上市122个县2000多个发行站点，按平均每个发行站点投入1万元计算，这笔费用就需2000

多万元；建立自己的运报车队也需要投入大量的资金。但实际操作中报社几乎没有拨出专款的大笔投入，只是给发行站按每发行一份《南方日报》借给2元钱这样的比例，共借出100多万元的启动资金，其余建站费用由各站自己解决；投入约200万元建立卫星传版系统，建立分印点；利用市场手段，将报纸运输承包给省煤炭公司下属的一个单位，省却了车辆购置与管理、司机管理等成本；加上购买一些电脑设备等的费用，总共才投入几百万元，就建起了2000多个发行站，有自己的卫星传版系统和6个分印点的强大发行网络，是实实在在的“花小钱，办大事”。

此外，通过自办发行，南方日报与地方各级党委及报社的联系更加密切。《南方日报》的自办发行得到了广东省各级党委和全社会上上下下的支持，各地好多党政领导都为《南方日报》的自办发行动脑筋、想办法。自办发行期间，有的地方领导上来反映问题、研究问题，报社领导下去和地方党政领导交流情况、研究问题，南方日报与地方各级党委的联系非常紧密。自办发行后，与粤东、粤西、粤北的几个委托发行报社建立了良好的兄弟关系，没有“同行是冤家”的互相排挤现象。为什么呢？因为《南方日报》有好几万份在当地印刷，印刷费用再加上委托发行《南方日报》的费用，占了他们总经济收入的很大比例。现在地方报社主动帮《南方日报》做宣传，他们发行得越多，印刷盈利越多，搭到网络上的利润也越多，南方日报和地方报社成了互助、互惠、互赢的兄弟关系，这是令人始料不及的。

三、辉煌——迈向新世纪

自办发行网络的建成，对于受困邮发多年的南方报业而言，犹如一次动脉再造，打通了报业经营内外循环的任督二脉。自办发行带给南方报人的不仅仅是销售渠道，更关键的是渠道建立后形成强烈的市场意识。南方报业强大的采编资源优势和市场意识一经结合，立刻焕发出勃勃生机，而自办发行网络成为助推南方报业腾飞的有力武器。

南方日报连续六年六度改版再创新高度。

为了扭转都市类报纸迅速崛起给机关党报带来的严重冲击，扭转不利的市场竞争局面，2002年8月6日，《南方日报》进行进入21世纪以来的第一次全新改版，率先迈出了党报市场化改革的新步伐。之后改革不断深入，至今已进行了六次改版，取得巨大成功：发行量连年增长，2008年《南方日报》的总体发行量比2002年增长30%，其中广州、深圳两个主要城市的发行量翻了两番；广告收入比2002年增长一倍多。一些省级党报作为同行对《南方日报》的成功经验很羡慕，但短时间内却难以复制，很关键的一点，就是缺少完善高效的自主发行网络。报纸走市场，关键是要根据报纸的市场定位和特点，实现发行落地，获得目标读者和广告商的认同。在这方面，南方日报充分发挥了自办发行网络的优势，以高端主流人群及珠三角市场为主打目标，有效地树立起权威政经大报的市场形象。

一些根据党报的特点而采取有异于都市类报纸的发行策略和手法，值得一提。

1.《南方日报》推介会

党报最大的优势在于政府资源及公费订阅。改版后，南方日报通过推介会的形式，由报社领导担纲向各市、区的相关部门介绍报纸的改革发展及对当地的宣传报道情况，突出党报引导舆论和服务政府中心工作的功能，使他们对党报走市场有了更清晰的认识。一些同志原来对行政订阅带有抵触情绪，后来转变为主动想办法帮助拓展区域内的订报，使《南方日报》在公费订阅市场得以一直保持着稳步上升的态势。

2.南方财富大讲堂

2007年国内股市大旺，人们座里席间无不谈股论金，南方日报不失时机推出“南方财富大讲堂”，聘请基金经理、知名投资人以讲座的形式向读者讲授投资之道，并在隔天的报纸大篇幅刊登专家观点和本报视点。由于权威中肯，得到广大读者追捧，视之为投资宝典。通过抓住读者的兴奋点，使权威政经大报的内容得以落地，这是促进报纸发行的有效手段。

3.南方日报文化驿站

《南方日报》改版后，迫切需要提高报纸的品牌知名度和零售推广力度。为此，发行公司选择一批地理环境好，人流密集的商家进行合作，通过统一形象、统一配送、统一服务的形式，建立起1000多个南方日报的销售和品牌宣传终端，扩大了报纸的市场影响力。

4.“社区文化行”

针对私人读者，发行公司持续开展“社区文化行”活动，在大型住宅小区、高校等高端人群密集的地方对报纸进行宣传推广，形式从改版初期的赠阅，逐步到享受“文化套餐”优惠订阅、建立社区阅报栏等。在2005年，活动曾连续进行5个多月，几乎覆盖广州所有的高尚住宅区和高校以及四星级以上的高档宾馆、机场等，大批家庭首次订阅《南方日报》，广州、深圳的发行量成倍增长。活动最主要的目的，就是要扩大报纸在市民中的知名度和影响力，增进他们对改版后的《南方日报》的了解，促进党报家庭订阅量的提升。

四、对自办发行的两点思考

1.费率承包模式

网络建立初期，费率承包的管理模式无疑大大节省了管理成本，也有助于提高各区域发行负责人的积极性。但随着自办发行网络业务的逐步扩大，费率承包模式下各区域发行站画地为牢、故步自封、难以协调管理的问题逐步显现。从行业发展趋势看，报社将自办发行网络，并将其逐步建设成为现代物流配送网络，具有先天的优势和广阔的市场发展空间。而要实现这一目标，有必要建立现代企业制度，加大投入，对网络实现高效统一的管理。

2.零售网络

市场竞争到一定程度，“渠道为王”的态势终将出现，而零售网点是城市的有限资源，一旦被竞争对手垄断，将对集团的发展极为不利。在继续完善投递网络建设的同时，很有必要形成一个系统的零售网络的发展建设规划，加快建立自主、可控的零售终端。

第二节 全国性发行渠道的开拓策略

一、南方周末：首行分级代理制

从创刊时首印7000份，到现在全国17个印点同步印刷，期均发行量160万份，南方周末的全国发行之路走了25年。而这25年，也是南方周末以读者的阅读需求为中心，发现、开拓、优化、整合发行资源的25年。

1.发行市场化，从1993年开始

《南方周末》创刊于1984年2月11日，刚一创刊就实现全面交邮局发行。在全国报刊发行市场由邮局一统天下的年代，南方周末依靠自己的办报品质和与广东省报刊发行局良好的合作关系，在短短的10年间全国发行量达到30万份。但是，由于当时委托邮局发行的报刊越来越多，发行效率较低与读者迫切需要尽早获得信息的矛盾日益激烈。

为了解决这一矛盾，南方周末开始探索特约发行员制度，在当时南方周末设有分印点的北京、上海、海口招募特约发行员，负责每周报纸数据的汇总及报纸的部分分发。为了更加贴近当地的发行市场，特约发行员基本上都是从当地邮局报刊发行系统出身的人员或当地报刊社发行从业人员招募而来。试行一段时间后，南方周末在各地都表现出极大的发行潜力，在邮局之外开拓其他发

南方报刊发行有限公司的发行员利用“文化套餐”拓展私人订户征订现场。

行渠道作为邮局渠道的补充的想法开始酝酿。

从1993年开始南方周末成立了出版发行部，专职负责《南方周末》全国的发行业务。当时全国从事报刊发行的民营代理商主要是做法制类报纸起家的，所以南方周末前期的发行代理商开拓，主要通过各地印刷厂介绍和法制类报刊社发行同行推荐。刚开始为了开拓市场，南方周末实行的发行政策比较灵活，发行商不用缴纳保证金，所以南方周末初期的发行渠道基本都是凭江湖义气式的信任搭建起来的。到1994年，南方周末的分印点达到六七个时，南方周末的发行代理商已经初具规模，达到60—70个。

2.发行分级代理制的成型

经过第一阶段的积累，到1997年，当南方周末的分印点达到12个时，南方周末的发行代理商队伍已经非常庞大，在“江湖义气式”的模式下，各地发行代理商的实力、素质参差不齐，拖欠报款、跨区销售、弄虚作假等行为也时有发生。为了谋求更大的发展，对现有的发行代理商队伍进行优化刻不容缓。

经过多年的摸索，南方周末最终形成以一级代理商为核心、二级代理商为辅助的南方周末发行代理框架。每个代理商都有约定的发货范围，原则上每个区域只指定一个一级代理商。在一些重点城市如北京和上海，会设置两名一级代理商确保市场保持一定的竞争和互补；其他则通过省级代理，分发到二级代理，确保县级以上的地方，读者都能从报摊上看到《南方周末》。另外，对一级代理商给予结算扣率及退报等的政策优惠，确保做《南方周末》的发行代理商都能赚到钱，“做南方周末发行造就了100个百万富翁”开始口口相传。除此之外，每年召开一届发行大会，作为对过去一年发行工作的汇报、交流和激励。在省市代理商中遴选比较有实力和忠诚度高的，培育成一级区域代理；对发行实力不够，忠诚度不高的，慢慢进行淘汰。通过赏罚分明的制度，在发行商中间建立明确的规则。

3.与中国邮政的融冰及“双轨制”发行策略

南方周末发行工作的核心本质，就是根据市场的变化，以读者阅读需求为中心，发现、开拓、优化、整合发行资源。在20世纪90年代中后期，南方周末把政策的天平倒向了民营代理商。南方周末不是第一个把发行代理权交给民营渠道的报刊社，但南方周末却是第一个敢于承认支持民营渠道发行《南方周末》的报刊社。这一发行策略，大大刺激了民营代理商做南方周末的积极性，成就《南方周末》发行量屡创新高，并最终成为中国发行量最大的综合类周报。但与此同时，各地邮政报刊发行部门一直对南方周末“双轨制”的发行模式心存抵触，民营渠道与邮政之间的矛盾从南方周末市场化运作开始，就没有停息过，直接导致南方周末与国家报刊发行局在业务层面上的合作一度终止。

全国邮路总长度337万公里，拥有投递人员21000人，报刊图书销售点43700处，全年销售报刊总数164亿份（本），全年流转额超过120亿元。中国邮政就像一头沉睡的狮子，但是狮子总有醒来的一天，一旦醒来，中国的报刊发行市场的竞争格局将会发生改变。残酷的市场现实迫使中国邮政不得不重新审视其在报刊发行市场的现状，中国邮政内部要求改革，要求实行更加灵活政策的声音此起彼伏，而这些声音，最终在个别区域的零售市场以“省市县一体”、“区域代理”、“买断包销”等形式变成了现实。2006年，牵涉50万中国邮政职工的邮政体制改革悄然施行，国家报刊发行局重新挂牌成立，南方周末觉得与中国邮政融冰的时机已经成熟。通过各方的努力，南方周末与国家报刊发行局在不完全放弃南方周末现行“双轨制”发行模式的基础上达成合作协议，同年，南方周末成为中国邮政重点推荐品种。与中国邮政加强合作3年，南方周末借助中国邮政的平台，发行结构得到了优化，发行量获得了实实在在的提升。目前，邮局在《南方周末》的发行比重已经超过75%，订阅部分比重超过40%。在2008年8月7日提价50%的前提下，《南方周末》在当年的发行量和订阅量分别增长了14.54%和15.9%。

4.上天入地多渠道覆盖

20世纪90年代中期开始，由于宏观经济增长、居民收入水平提高、城市化及消费者消费理念转变等因素影响，传统的发行渠道已经不能满足读者的阅读需求。与此同时，随着南方周末广告市场的深化开拓，南方周末现行的发行渠道已经不能清晰地给广告客户描述南方周末的读者究竟是怎么样的。为此，南方周末从1995年开始在传统发行渠道之外，构思搭建上天入地多渠道覆盖的发行模式。

《南方周末》在北京、上海、广州、深圳、南京地铁有售，是最早在地铁站内销售的报刊之一，有效覆盖城市白领；

《南方周末》在北京、上海、广州、深圳、成都等各大城市的超市、便利店有售，并且为了销售的便利申请了条形码，开拓了中国报纸的条形码时代；

《南方周末》在各火车站候车室有售，发行量一直都在火车站位居前列，并在部分线路实现列车上销售；

珠三角很多大企业的职工购买《南方周末》不方便，南方周末把报纸送到企业门口，尝试无人售报；

《南方周末》进入南方航空、中国国航、四川航空、东方航空、厦门航空、海南航空、吉祥航空、春秋航空、加拿大航空、新加坡航空的客舱，让高端商务旅客能在商旅过程中读到新鲜的《南方周末》；

南方周末和中国银行、中国移动、学而优书店、第三极书店、21CN等企业进行营销合作，让这些企业的客户能够看到《南方周末》；

顺应信息技术的发展，南方周末与蜘蛛网、800杂志网、当当网、邮政订阅网合作，开启网上订阅时代，并且及时推出手机报；

创新仍在继续……

二、21世纪经济报道：订零并重

1.发行渠道策略

《21世纪经济报道》创刊于2001年1月1日，作为商业报纸领导者，一直尊崇新闻创造价值。2003年1月1日，由一周一期到一周两期；2006年1月1日，由一周两期到一周三期。2008年1月1日，由一周三期到一周五期，每个工作日为读者提供及时、准确、全面的商业资讯。

《21世纪经济报道》在创刊一年后就已经开始盈利了，从周一报到周二报、周三报直到现在的周五报，广告收入是年年增长。取得如此骄人成绩，当然靠各部门共同的努力。其中报纸的发行占据了不少的比重。

《21世纪经济报道》的发行量从创刊的20万份到现在周五报的76万份。发行量也是节节上升，即使在周三报扩为周五报时，恰恰不巧地赶上全球经济衰退，发行量也没有下滑多少。这其中的原因和当初发行部定下的发行渠道策略以及全国的各级代理商的群策群力是密不可分的。

（1）《21世纪经济报道》的产品特点

《21世纪经济报道》是一种产品，但作为报纸，一种媒体产品和资讯产品，区别于一般的商品，有着其自身的特点。

首先，报纸是一种产品，和其他商品一样，有着为企业创造利润或者提供利润源泉的功能，实现报纸产品经营的经济效益。为报纸的发展和经营提供保证，实现企业利润的最大化。

其次，报纸是一种媒体，承载着国家大政方针和经济发展政策等各种资讯的宣传职能，为国家经济、行业经济和企业经营方向提供舆论导向和宣传，实现报纸的社会效益。

第三，在报纸经营的整个价值链中，报纸的发行或者销售只是其价值链实现过程的第一个环节，即第一重销售。根据国内报纸的盈利模式，发行只是实现了报纸作为文化和资讯产品的商品属性的价值。而由发行创造的读者的价值的销售是整个价值链中的第二重销售即广告。随着报纸的发展与品牌影响力和号召力的逐步扩大，对报纸影响力价值的挖掘也有了可能，通过举办一些市场活动、论坛、排行榜等，实现报纸价值链的第三重销售——影响力的销售。

《21世纪经济报道》的办报理念是新闻创造价值，按照对办报理念的理解，其中不仅包含了为读者创造价值，也包含了为企业经营者和社会创造价值。报纸定位为高端财经类媒体，致力于服务中国最优秀人群。所以不管是从内容的设计还是报纸版式风格的设计都体现了报纸的高端定位。

（2）《21世纪经济报道》发行演变过程

与一般商品销售不同，发行一般采用零售和征订两种方式进行。征订主要是利用邮局强大的网络功能和人员优势，提前销售、提前回收报款。而零售主要是通过代理商把报纸配送到报摊、报亭、书店等销售终端，由读者即时购买。在发行市场里，原本一向都是邮政报刊发行局占据主要位置。但自1985年1月1日《洛阳日报》自办发行以来，报刊发行渠道就打破长久以来由邮局和新华书店垄断发行的格局，伴随着市场的开发和发展，报刊发行渠道由单一的发行渠道向多元化方向发展。

如何将众多的发行渠道为己所用呢？一份刚刚创刊的报纸该如何利用好现有的渠道为自己服务呢？《21世纪经济报道》当时便是制定了属于自己专门

的发行政策——订零分开。

《21世纪经济报道》选择由邮局来负责征订，什么样的报刊社适合选择邮发方式呢？原则上是报刊都可以走邮发的路子，相对而言区域性要求不强的、专业性比较强的报刊选择邮发渠道比较合适。因为如果报刊社在全国市场自建渠道，投入是相当大的，在全国各地建立自己的发行站还不太现实。借助邮局的发行渠道可以顺畅地把产品发到读者手中。另外，专业性较强的报刊，读者群比较狭窄、购买理性、忠诚度高，同时也有“订报刊到邮局”的传统，选择邮发比较适合。

之所以首先选择邮局，就是看重邮局发行网络具有覆盖面广、人员多、渠道无盲区等优势，任何报刊社自办发行也不可能有邮局那么庞大的发行网络和发行队伍。另外由于邮局订阅是半年或者全年为一个订阅周期，所以发行相对比较稳定，对稳定报刊发行量起到举足轻重的作用。

虽然邮局系统较其他渠道具有资金优势、渠道优势、人员优势、品牌优势，但具有了优势也并不是说就拥有了市场。随着体制的改革，虽然邮局系统的市场意识也在逐步加强，但和二渠道相比而言，还有一定的差距。在发行渠道多元化的今天，邮发渠道不能作为仅有的发行渠道，还需要其他渠道进行有效补充。二渠道呈现出经营灵活、市场化程度高、渠道细分等特点，在逐步“蚕食”邮局的市场，撼动邮局老大的地位。

二渠道就是相对于邮局主渠道的民营渠道。二渠道的兴起是伴随着报刊社自办发行的历史成长起来的，自从《洛阳日报》自办发行以来，民营报刊渠道逐渐确立了在报刊发行市场中的地位，由此与邮局形成了竞争的局面。民营二渠道相对主渠道邮局系统来讲，具有经营灵活、市场化程度高等特点，在市场中具有很强的竞争优势。经过20多年的发展，各个地方的二渠道报刊发行商也形成了3到5家初具规模的优秀代理商。并且各个代理商的渠道都有自己的特点。报刊社可以根据产品的定位来选择合适的代理商，借助代理商的人力资源优势、渠道优势等打开市场局面。

《21世纪经济报道》创刊伊始，报纸没有一个订户，主要靠零售。而随着读者对报纸的认识程度不断加深，从一般的读者转化为忠诚的读者，部分零售读者转化为征订客户并且不断在转化，形成了目前零售和订阅并重的局面。所谓“无订不稳，无零不活”，没有零售就不会为订阅提供源源不断的读者源。而零售在报摊终端的出样展示以及销售表现，也是广告主判断报纸广告价值的重要依据。《21世纪经济报道》从一开始就重视渠道的建设和零售工作。

（3）《21世纪经济报道》的网络布局策略

产品的开发来源于市场，但产品的特点也决定了市场的特点，市场的特点更决定了市场营销的策略。在国内报纸现存的盈利模式下报纸的发行环节是亏损的，可以说发行量越大，发行环节亏损越大，市场化经营的报纸更需要讲究有效发行。

根据全国发行的商业类报纸的特点和目前我国的市场的特点，可以这么说，全国的经济地图就是经济类报纸的发行地图。所以从创刊伊始，《21世纪经济报道》的管理层就依据国家经济发展的规划蓝图有前瞻性地对全国的发行进行了战略布局，确定了重点经营中心城市和经济发达区域、辐射经济发展腹地、照顾边缘区域的分层次战略发展方向。分别在长三角、珠三角、中部省区、西部区域、东北老工业基地、环渤海经济圈开设了北京、上海、广州、西安、沈阳、成都、济南、武汉等八个分印点，以更好地覆盖经济发达区域，更好地接近并服务于读者，同时也能更好地为广告主在经济发达区域进行有效的宣传。创刊初期，当时的市场里也仅仅只有一张《中国经营报》，并没有真正意义上的一张经济类的大报，再加上报社借用的《南方周末》的二渠道，当时的代理商都知道《21世纪经济报道》是同属于南方日报报业集团的产品，所以大家的积极性也都非常之高。所以《21世纪经济报道》便得到了众多代理商的期待和支持。当时的《南方周末》二渠道商都比较稳定，并且经验都是相当丰富，于是在大家的努力下，《21世纪经济报道》很快地在市场上打开了局面，造成了很大的影响力。而随着报纸出版频率的变化和发行量的逐步扩大，为解决读者的阅读时效和物流问题，又陆续在杭州、南京、东莞和苏州增开了四个分印点，以便于更好地挖掘发行的潜力、更好地服务于广告客户。报纸在长三角和珠三角的快速发展和分印点的陆续增开，也从另一个侧面印证了报纸的准确定位和最初布局的前瞻性。

（4）发行网络建设和渠道模式的选择

分印点的合理布局为发行网络的布局提供了基本的保障，也为渠道模式的选择提供了思路。

在发行网络建设方面，《21世纪经济报道》施行区域总代理的经营模式。在每个分印点设一个独家区域总代理，以重点经营分印点城市，同时辐射周边区域。比如在创刊之初，北京的代理商主要经营北京、天津环渤海经济带和山西、河北、内蒙古等附近省区，上海的代理商主要经营上海、南京、杭州等中心城市和苏州、无锡、常州、宁波、温州等经济发达城市，广州分印点主要覆盖珠三角以及福建、海南、广西等周边区域，而沈阳总代理则负责整个东北三省，成都和西安分别辐射西南和西北，武汉覆盖中部各省。

其实在区域经营方式的选择上，报社也曾探讨实行多家代理的方式，这样形成多个代理商互相牵制和互相竞争的格局，也许更有利于报纸发行量的提高。但是在现有的发行格局下，因为多家代理商共享报纸发行的终端，很容易形成窜货和不良竞争，造成市场混乱，同时因为作为专业类的财经媒体，总体市场容量不像都市报那么大，恶性竞争反而有损于代理商的积极性。独家代理的方式更有利于代理商对区域市场进行精耕细作，也有利于代理商配合报社策划组织的其他市场营销活动，所以一直到现在，仍然严格执行区域独家代理的模式，坚决杜绝窜货和不良竞争的出现。

像其他商品的销售模式一样，报纸发行渠道的建设也有长短之分。比如安利采用直销模式，直接和消费者打交道；海尔采用商贸公司的模式，以专卖店的形式销售自己的家电产品；而格力、美的等则采用代理商的形式。报刊发行有邮寄的形式，也有自办发行的形式，部分杂志采用邮购的方式，而各地的都市报大多采用自办发行的方式。渠道的长短决定渠道的效率，同时也决定了渠道的投入成本和整体经营的效益。《21世纪经济报道》既不像有着那么精准定位的分众媒体杂志，也不是区域发行的都市报类的报纸，不可能像杂志那样使自己的发行量受到局限，也不可能像区域媒体那样建立自己的发行网络，若在全国建立自办发行的网络，场地、物流、人员等将需要巨额的投入。因此区域代理方式是最适合《21世纪经济报道》的发行模式，避免由于投入过大给整体经营带来负担。这样就形成了由区域总代理负责中心城市的物流及终端配送任务，同时辐射二、三级城市的发行模式。为解决渠道过长造成的渠道效率过低和信息反馈过慢的问题，报社专门在各区域设置了办事处，并设置产品发行经理，采用区域代理商大会、出差登门拜访等形式对二、三级代理商进行维护和开发，同时采取巡摊、读者调查等形式充分接近读者，反馈市场信息，保持各个环节信息流的顺畅，以及时调整各种策略。

（5）发行商的选择原则

刚才说到，区域总代理形式由于渠道过长，影响渠道的效率，而市场化经营的报纸对效率的关注往往是最高的。因此需要在代理商的选择上进行精挑细选。其实报纸发行领域经过多年的优胜劣汰，在各地都形成了一批有实力的发行商，但大的不一定是最好的。《21世纪经济报道》是一份全国发行的财经类报纸，相比其他类报刊来看，零售发行量偏小。但对覆盖率要求较高，在挑选发行商的时候，报社主动挑选一些具有先进发行理念的二渠道代理，如北京的京华时报发行中心。

传统的发行商只能完成发行中的物流工作，也就是从报社印厂取到报纸后，将报纸分销到零售点，由零售点完成自然销售，在2000年之前，大多数代理商使用的都是这种发行模式。进入21世纪以来，很多发行商也在逐渐接受新的发行观念。《21世纪经济报道》创刊以来，正好是发行商逐渐转变发行观念的时期。在这新的时期，发行商除了完成传统的物流工作外，更多地关注于网络的建设健全、对零售点的掌控、市场分析和预测，成为真正意义上的发行公司。而《21世纪经济报道》有着自己判断发行商是否适合的原则和标准。这里主要有四个硬性指标和两个软性指标：

商流

商流一方面指其代理的产品种类多少和品牌影响力大小，因为产品种类多、报刊品牌影响力大，渠道和终端的约束力相应就大，在区域市场的号召力就大，其代理的产品终端就容易接受。试想如果你只有一种产品，终端即使不要你的产品对其影响也不大，如果你有很多畅销品种，如果不要这个品种势必会影响畅销品种的货源。另一方面也指其下游客户或者代理商的多寡和大小，如果下游代理商多、实力强，报纸的铺摊率和覆盖率就越高，越容易打开市场。

物流

物流主要考察配送车辆的多少和投递人员的多少，车辆主要是配送报纸到其所在城市各发行网点以及外发城市运输的车辆。报纸发行讲究时效性，6点钟上摊和9点钟上摊的销售数量绝对有着天壤之别。投递人员多少直接影响终端配送，如果一个人员也没有，全靠报摊上门取报肯定影响销量。《21世纪经济报道》需要的是主动的行商而不是被动的坐商。

资金流

报款结算是否及时代理商信誉是否好，也是考察代理商的重要指标，报款的及时回收对报社整体经营及后续发展也有着关键性的影响。报社对报款的控制非常严格，对代理商前期考察时必须收取与发行规模相当的押金，一般账期控制在两个月内，有效地保证了报款回收。良好管理水平和信誉确保在合作中不会出现问题，能很好地相互交流。

信息流

对于报社来说，顺畅、准确的信息流是报社调整经营思路甚至报纸编辑方向的重要保证和依据。如果有专门的市场调查人员定期地了解并提供竞争对手的情况，了解终端销售情况和读者需求，对报社调整区域经营策略至关重要。

代理商对报纸的认识

代理商对报纸的定位要有准确的认识，这样才能有的放矢，找到关键，有重点地进行有效发行。

代理商对报纸的信心

代理商要对市场容量进行准确的判断，如果代理商本人对报纸就没有信心，认为做不大，那么在他经营的众多品种当中就会居于次要的位置而不用心经营，从一开始就打不开局面，只能恶性循环，越做越差。良好的开始是成功的一半。所以在选择代理商时，要看他对报纸的前景的判断是否符合报社的预期。

（6）特殊渠道的建设

《21世纪经济报道》除了进行常规渠道的建设和维护外，还在北京、上海、广州、成都等地设有办事处，对各地适合报纸销售的高端场所进行开发和维护，占领市场制高点，同时方便目标读者购买。在机场、地铁、连锁书店、便利店增设网点。还在银行、证券公司、基金公司、电信运营商等的贵宾厅、高等院校商学院、高档会所、跨国公司前台等放置报架，赠阅展示自己的报纸，在往来各主要大城市的航线上赠阅报纸。所有这些工作是区域代理商做不到的或力所不能及的，都有《21世纪经济报道》的发行人员进行查漏补缺，以最大限度地方便读者阅读到《21世纪经济报道》，扩大发行量和影响力。

2.遍布核心城市的全国分印点

《21世纪经济报道》首刊报纸于2001年1月1日在北京人民日报社印刷厂、上海文汇新民印务中心、广州南方日报报业集团印刷厂、武汉长江日报报业集团印务公司、成都日报印刷厂、陕西日报印刷厂、辽宁日报印务中心、山东大众华泰印务公司8个分印点印刷，发行涉及全国十多个大中城市。发展至今已有8年多历史。其间，21世纪经济报道一直在调查、开拓其他地区的印务市场。

2003年下半年，《21世纪经济报道》在山东地区发行状况不够理想，每期约为3000份，没有达到报社的起印数，这使报纸在当地的印刷成本居高不下。与此同时，由于报纸在南京地区发行状况相对较为稳定，当时每期发行数量约为8000份，而这些报纸均由上海货运到南京，发行时效一般比正常迟一天。为节约成本和提高发行时效，2003年10月23日撤销山东大众华泰印务公司分印点，同时建立南京新华日报印务中心分印点。

2005年初，报社发现杭州地区发行状况相对较为稳定，每期发行数量约为8000份，而这些报纸均由上海货运到杭州，发行时效一般比正常迟一天。经过一段时间的市场调查，认为在杭州设立分印点，提高当地的发行时效，可以较大幅度提高当地的发行量。每期起印数可达到12000份，且杭州日报印务公司通过自身的发行资源，为报社征订了全年410份报纸，并负责报纸的投递工作及费用，同时亦保证《21世纪经济报道》的印刷质量和发行时效。考虑各方面条件成熟，于是2005年4月1日起设立杭州分印点。

自2008年扩为日报后，报社发现深圳地区发行状况相对较为稳定，每期发行数量约为11800份，原由广州货运，邮发劣势渐显。为提高当地的发行时效，于2008年3月20日起设立东莞天华创展印刷有限公司分印点。东莞印点开印半年以来，发行情况良好，读者投诉少了，发行量也有一定的增加。

由于报社一直没放弃在长三角地区布局，认为仍需要在苏州地区与竞争对手《第一财经日报》开展时效方面的有力争夺。经考察，苏州邮政局通发印刷厂具有印刷《21世纪经济报道》的能力，邮政局通发印刷厂在常州、无锡、泰州、南通开有专送的邮路，确保读者能当天见到报纸，能增强《21世纪经济报道》的时效性。同时，苏州邮局会通过一定的手段加大《21世纪经济报道》在苏南订阅的营销力度，保证分印时征订量达到5000份，起印达到6500份。为全面提高苏州地区《21世纪经济报道》发行的时效，于2009年1月1日起设立苏州邮政局通发印刷厂分印点。

目前，分印点已扩展到11个。为了加强与各印点的沟通合作，21世纪经济报道印务部每两年召开一次全国印务工作会议，邀请各分印厂领导或相关业务工作人员参加，共同商讨解决报纸出报过程存在的一些问题，同时对各印厂的印刷质量、服务质量进行评比、颁奖，以资鼓励。在2007年的全国印点印刷质量、服务质量评比中，人民日报社印刷厂、南方报业传媒集团印刷厂和新华日报报业集团印务中心三印点获得了21世纪经济报道颁发的荣誉奖杯。

第三章 广告经营

第一节 高度决定影响力：机关报广告经营新路子

源于天时地利人和，南方日报早在1949年10月创刊初期，就孕育着较强的市场经营意识。早期的创办人员把在香港办《华商报》的经验带过来，在新成立的三大机构中就设立了经理部，下设供给科、广告科和印刷厂，而且制定了《广告刊登条例》等一系列制度，保证广告的刊认工作有序进行。

南方日报在经过新中国成立初期的少量的以客户上门刊认为主的广告经营后，在“文革”期间服从政治需要基本上处于停顿状态。真正的广告经营是随着改革开放的春风而全面复苏的。经济飞速发展的广州为报业繁荣提供了丰厚的经济基础和广阔的成长空间。在20世纪90年代初的广州报业市场上，《南方日报》、《羊城晚报》、《广州日报》三家对开4版的综合性日报都实现了超亿元的广告实收额。

20世纪90年代后期以来，随着市场经济体制的逐步建立，全国的省委机关报普遍出现了广告、发行连年下滑的局面，面临的竞争形势越来越严峻。

首先，市场经济的要素主要在大城市形成，以城市读者为对象的城市报纸大行其道，抢夺了省委机关报的部分市场。其次，广告营销出现了区域经营的倾向，使发行量总体占优但在各区域又显相对劣势的省委机关报竞争力受到影响。第三，省委机关报承担着繁重的宣传任务，虽然在政治上是强势媒体，但在走向市场方面步履维艰。第四，省委机关报大都有50年左右历史，实行“事业单位，企业化管理”，不仅机制老化、体制老化、观念老化，而且背着沉重的历史包袱。再加上其他一些主客观的因素，导致省委机关报普遍出现了广告、发行连年下滑的局面。

在广东，报纸竞争尤为激烈。广州地区就有六家综合性日报在竞争，读者的选择余地很大，主要依靠行政力量发行的南方日报，在营销方面面临的形势越来越严峻。而加入世贸组织后传媒市场的竞争形势也越来越不利于党报。入世之后，外国资本和传媒无不认为传媒是中国大陆最后一个盈利行业，谁能圈地，谁就发财，因此，它们以各种各样的形式进入我国，抢滩传媒市场，尤其是在广告市场方面，对我国传媒尤其是党报威胁最大。

报社领导也清醒地看到，和全国许多省级机关报一样，《南方日报》的发展面临严峻的形势，没有大的改革举措，就没有出路。

经过长时间的市场调研和反复论证，《南方日报》响亮地提出了“高度决定影响力”的办报口号，确定了为高端读者提供“隆中对”的思路，决心办一张靠报道的深度、思想的高度特立于市场的全新党报。

全新改版的《南方日报》于2002年8月6日正式与读者见面。从那时起，到目前为止，《南方日报》已进行了六次改版。这六次改版为广告经营奠定了良好的基础，但是要在城市类报纸风生水起、广告争夺白热化中突围，广告部必须深刻理解"高度决定影响力"的理念，提出并实施相应的广告经营策略。

一、以全新办报理念引领广告经营总体策略

媒体的广告经营策略首先取决于媒体的市场定位和总体策略。广告经营部门应如何理解和落实这种理念和策略呢？

从广告经营的角度看，《南方日报》的总体市场策略可归结为两点：定位于社会核心消费人群的差异化战略，梯级配置的产品结构策略。这两个策略决定了南方日报在全媒体竞争的态势下具有非常独特的市场定位，同时保证在集约化的原则下逐步形成全国及全省、珠三角重要城市、重点镇区的完整而科学的产品序列，满足不同客户不同市场区域诉求的需要。

南方日报在向客户进行推介时，用了三个核心词来概括：高度•高端•高效益。

《南方日报》，是历史铸就的金字招牌，历经60年风雨，在历代南方报人顽强打拼、坚持改革创新中不断走向成熟。经过六次成功改版，《南方日报》焕然一新，日臻成熟。从"高度决定影响力"到"成熟的力量"，再到"风起南方，领跑中国"，办报理念不断成熟，新型报业市场主体地位、成熟的政经大报形态日益凸现，通过改版进一步贴近、服务于主流目标读者，以更坚定的步伐走向市场。

高度。体现在她是一张思想观点纸、一张智慧对策纸、一张信息精加工纸。《南方日报》是善变的，同时她又是不变的，她有坚持，有担当，有恒久不变的原则，永远坚持自己的高度，站在时代的前列，对中华民族负责、对党和人民负责、对社会负责、对客户负责。唯有有高度，才能有高尚的情操，高品位的追求，高质量的产品；唯有有高度，才能抓住主流新闻，赢得主流读者，吸引主流客户；唯有有高度，才能看得更远，做得更强，影响更大。

《南方日报》"高度决定影响力"的办报理念之所以深入人心、广泛传播，关键就在于她的权威性、公信力，在于她始终能够引领媒体改革潮流，在于她对时政新闻、经济新闻、文体新闻、本土新闻和最新政策的权威解读、独到的视角、独特的思考和独特的观念，还在于她在经营上对虚假、低劣广告的自觉抵制。

高端。作为南方报业的旗舰媒体，《南方日报》是全国第一家明确以行政人员、商人和专业人士等高端主流人群为主要读者的政经大报。

广告客户选择媒体的标准就是希望以最少的投入换来最佳的效果、最大的收益。经过严密的市场调研，报社领导认为，只有影响最有影响力的人群，才能产生市场的倍增能量。在金字塔形的社会结构里，位居塔尖的20%是最具影

响力的人群，掌握和支配绝大多数的社会资源，决定社会发展和消费的走向。南方日报重点覆盖塔尖20%的人，瞄准和抓住高端人群，实现密集占据，精确制导，抓住和影响社会消费的决策群体，对其他的80%人群产生引导、带动的作用。

《南方日报》的高端，还体现在她能始终站在全国以及全球的制高点，来策划组织各种对经济社会发展产生重要影响的大型活动。如2004首届泛珠三角媒体合作论坛和《泛珠三角区域经贸合作洽谈会会刊》，中国（佛山）反倾销高峰论坛，《创新广东》大型特刊，旅游、汽车高峰论坛，房车展，每年的广州十大明星楼盘评选等。

高效益。《南方日报》以自身的高价值为客户创造高价值，带来高效益。

经过多次成功改版的《南方日报》，以成熟的政经大报形态强化报业市场主体地位，迸发成熟的力量，同时创造了多项全国省级报纸“之最”。

《南方日报》是广东省覆盖率最高的报纸。日发行量85万份以上，高峰期发行量达180万份，拥有广东省最广、最齐全的发行传播网络，拥有最强的订阅量和最稳定、最高的到达率。在珠三角、北京、上海等地的高档场所，还建立了近万个赠阅网点。

《南方日报》是广东省唯一一份覆盖全省所有科级以上干部的报纸，拥有以党政行政人员、商人和专业人士为主体的高端读者市场。49.04%读者教育水平在大专本科以上，50%的读者月收入在5000元以上。在金字塔形社会结构里，他们是位居塔尖的、最具社会影响力、最具消费实力的人群。

《南方日报》发行对象上的权威性和导向性、渠道网络上的精准高效性、接触点上的广泛稳定性、单个广告的高关注度等等独特的优势，都成为说服客户最充分的理由。

全新改版以来，在全国省级党报广告发行普遍下滑的形势下，《南方日报》逆势上扬：日均发行量逐年递增，总数增长十几万份；广告年均增长11.2%，2008年突破1.8亿元。发行量和广告收入连续24年居全国省级党报之首。而《南方日报》的客户投放的广告也得到了高效益、高价值的回报。

二、“唯一性”与南方日报走市场破题

目前广州地区三大报业集团一共有六份报纸在进行激烈的角逐，包括《南方日报》、《南方都市报》、《广州日报》、《信息时报》、《羊城晚报》、《新快报》，其中《南方日报》是以政经主流报道为主要内容、阅读人群主要为公务员和部分企业白领，后五份是以民生报道为主要内容、娱乐性极强、阅读人群主要以城市居民为主的报纸，可简单定义其为城市类报纸。《南方日报》明显区别于同城其他都市类报纸，形成了1+n的格局，她就是要做其中的“唯一”。

唯一性是南方日报坚持差异化竞争战略的直接体现。经过多年的探索之后，近几年《南方日报》鲜明地亮出了“党报走市场”的旗帜。南方日报开省委机关报中设立市场部的先例，加大了品牌策划和市场推广的力度，以配合广

告经营，成为加快党报走市场步伐的重要举措。传统党报的运营模式是以采编为主要驱动力带动广告和发行，这是典型的“三轮车模式”；现代报业由于竞争非常激烈，进入了品牌为王、整体运营竞争的新阶段，南方日报设立市场部之后，对品牌管理有了全新的认识和投入，开创了把“采编+品牌”作为联合驱动力，帮助带动“发行+广告”两次销售的模式，这种运行模式被称为“四轮驱动模式”。其创新性在于，营销和销售从此更加紧密地结合在一起了，产品和运营整体上更加良性互动，这是《南方日报》走市场改革的精髓所在。

对广告经营最彻底的改革，来自对脱胎于南方日报广告部的广东省南方广告有限公司（以下简称“南方广告”，该公司全面代理南方日报的广告业务）进行强有力的市场化重整。南方广告近几年来展开的重大市场化改革包括以加强商业广告为目标重整公司部门架构、以加强反应能力为目标健全广告监测体系、以整合营销带动整体广告经营和以规范管理为目标加强文化塑造等四个方面。

1.以加强商业广告为目标重整公司部门架构

传统的省委机关报，经营收入中有相当一部分来自各级政府和国有企事业单位的形象宣传，但南方日报在走市场的过程中意识到，商业广告、品牌广告对党报的发展也起着至关重要的作用，而这方面却是党报的短板。

为此，南方日报对整体营销策略定出嫁接三座桥梁的思路：党报广告经营要成为上级政府和下级政府的桥梁，要成为政府和企业的桥梁，要成为企业和市场的桥梁。前面两个桥梁是要将党报的政经主流媒体的能力尽力扩大化，是充分发挥党报的长处；第三个桥梁是党报真正成为市场化媒体的必经之路。南方广告在稳固原有优势的同时，以加强商业广告为目标进行了一系列改革，第一个突破口就是重整公司的部门架构。

南方广告过去的部门设置有行政部、地产部、策划出版部、客户服务部、市场部、北京办、上海办。

现在调整为：行政部、客户服务部、金融通讯组、地产组、3C旅游组、代理组、汽车组、文化教育组、食品健康组、项目运营部、出版部、省外办事处（北京、上海）。

调整后的部门设置得到进一步优化，加强了在商业广告市场上的战斗力，尤其是设立金融通讯组、地产组、3C旅游组和代理组等多个业务组别，把过去的业务小组升格成为公司的业务部门，减少过多的层级管理，提高工作效率，极力打造一支专业化程度高、策划能力强大、营销方式创新的业务队伍。

2.以加强反应能力为目标健全广告监测体系

（1）建立属于南方广告自己的监测数据库

“知己知彼，百战不殆。”尽管社会上很多公司能提供广告监测的数据，但并不能满足南方广告的需要。为了更客观和更及时地了解同行竞争对手的发展态势，南方广告的领导班子坚持组织有关部门每天都对同城各报的广告客户、版序、尺寸、面积、品牌和特刊等进行实时监控，逐步建立起属于自己的监测数据库，目前该数据库已经累积将近20万条的广告信息。

（2）编写同城媒体广告监测分析报告

为了及时掌握各报的发展动态，掌握南方日报在同城报业中广告的经营情况和拓展空间，定期编写分析报告。近三年来，南方广告已先后编写了近40期的《媒体监测分析报告》，对各大报纸的广告数据、特刊和广告主特点和变化等进行统计和比较，分析各报广告数据、特刊和创新形式的变化情况，及时报送领导班子以及业务部门，为广告经营提供了有益的参考。

（3）坚持在每天读报中挖掘广告商机

新闻和广告这两个同属传播学的组成部分，从来就是密不可分。南方广告在健全广告监测体系基础上，还建立了每日读报制度，在剖析新闻要点、洞察经济动态中，挖掘其中蕴涵的广告商机。南方广告以加强反应能力为目标而健全的广告监测体系，旨在打破“闭门造车”的封闭思维，紧紧把握瞬息万变的市场脉搏，客观而清醒地找准自我定位，走出一条适合党报广告经营持续发展的路子。

3.以整合营销带动整体广告经营

（1）《南方日报》摒弃把宣传任务当作经营包袱的心态，矢志创新，把宣传职能与华南主流政经大报的权威优势充分结合起来，既独占了重大信息资源，又创造了喜人的经济效益。

2008年是中国改革开放的第三十个年头，作为改革开放的前沿阵地，广东如何在新的历史时期再次成为排头兵？为此，新一届广东省委提出了第二次思想解放的目标，成为广东各级政府官员认真思考、实施，备受企业界关注的话题。为此，《南方日报》于当年6月18日隆重举办的“改革开放30年广东再闯关”论坛，邀请国务院发展研究中心研究员、著名经济学家吴敬琏教授担任论坛主讲嘉宾。论坛召开前夕，大量读者已经闻风而动，纷纷致电索要门票，而来自企业界和学术界的代表更是早早预订了座位。这场思想盛宴，不仅提升了《南方日报》的影响力，并且带动了企业的广告投放，产生了广泛的社会效益和可观的经济效益。

（2）针对省级党报读者群价值尚未被开挖出来的困境，南方广告特别注意挖掘《南方日报》核心读者的价值，与市场需求对接，充分发挥全省覆盖的比较优势，全面拓展房地产、汽车和家电等主流商业广告。

近年来，房改房无条件上市，楼市由初次置业时代迈入换房时代，房改房群体成为楼市购买的主要力量。而在这个过程中，机关团体、企事业单位管理层作为“换房族”的需求特别明显，而这个群体，恰好都是《南方日报》这样的主流政经大报的读者。南方广告相机而动，策划出品《换房一册通》等特刊，专门为换房一族提供精品楼盘品鉴和推介，大受读者的欢迎，广州市场上排名前十位的品牌房产商纷纷投放广告，《换房一册通》很快成为房地产商挖掘机关干部、企业管理者和知识分子等省级党报核心读者作为购房主力客户的主阵地。

（3）针对报纸之间的营销竞争越来越激烈的情况，南方广告努力创新经营品种，与采编部门联手，开发各类特刊、策划活动项目和专业化服务项目，拓展经营领域，培育新的增长点。

①将特刊做成例牌菜

“3•15”消费权益日特刊、“5•17”电信日特刊、高考特刊、技校特刊、中职特刊、广州车展特刊等针对特殊时间段、有普遍市场需求的项目，已经成为《南方日报》的招牌菜，成为每年的例牌项目。

②以策划吸引重点行业广告投放

为了拓展竞争激烈的重点行业，经常性地开展策划活动。这些策划活动不仅直接带来盈利，而且更增强报社在行业内的影响力，从而为下一步的业务拓展奠定基础。公司还通过专业化的策划服务，为客户提供精美印刷、精准覆盖的DM广告，为单一客户提供创意、活动组织、出版印刷等整体服务方案，提供系列化、系统化的服务，吸引广告投放。

③把项目制作为发挥整合能力的依托

重大活动启动项目制，将报社的广告、采编、发行、印务、行政等各种资源进行大整合，把项目充分做大做强。2008年，南方报业传媒集团成为北京奥运唯一的地方媒体集团，为此，南方广告、专刊中心和文体新闻中心共同策划实施北京奥运招商策划项目，突破了“奥运不是平面媒体广告盛宴”的传统局面，不仅取得近600万元的广告投放，更设计出个性化招商方案，推出了多种创新的广告产品，为进一步推动采编和经营有效互动提供了一个鲜活的成功案例。

南方广告推行项目制的运作，深刻地改变了党报广告的管理、组织模式和出版方式，使广告业的竞争从拼价格、拼单兵作战能力、拼经营者素质的竞争变为以品牌为核心、以资源整合能力为依托的全方位综合竞争。

南方日报矢志创新、坚持走市场的经营改革，得到了市场的丰厚回报。据介绍，从2002年全新改版到2008年为止的七年间，南方日报的广告实收额增长了10178万元，增幅为115%。2008年最终实现全年广告经营收入1.8998亿元，再创历史新高。

第二节　南方周末报系
赢在经营理念

一、《南方周末》的市场化经营思想

1.作为一个商品来经营南方周末

《南方周末》是在报摊上诞生的，没有公费订报的特权，全靠读者自费购买，因而一出生就深深地打上了商品的烙印。这就决定了《南方周末》最早的经营思想，就是把报纸看成是一种商品。

既然是个商品，它就必须有个如何适应市场的问题。回顾早期历史，《南方周末》的创办者们一开始就有很强的市场观念，他们提出报道内容不能局限于广东，要覆盖全国。外省人为什么要关注广东的题材呢？因为广东的今天就是他们的明天。对内地的题材，要用广东开放改革的新观念来处理。

南方周末所有这一切，都是围绕市场这个中心来设计的。正因为有了这些，所以《南方周末》在它创刊的第一年，就从发行7000份，上升到11万份。这种成绩的取得，无疑与办报人的市场观念是相关的。

广告是南方周末经济发展的支柱。当时广东的广告市场还是处在一个雏形的阶段，所以南方周末的广告极其困难，连一期两条通栏广告都达不到，南方周末是在这样困难的情况下，去开创自己的广告市场。当时南方周末开拓广告市场主要是面向珠江三角洲，那时叫业务部，到扩版的时候就成立了拓展部，将广告市场扩向了全国。经过这一番努力，形成了全国的市场。所以南方周末将《南方周末》报纸作为一个商品来经营是一直风行25年的秘密所在。当时是很超前的。你是商品，必须进入市场，你必须报道市场的热点，市场变，你也要变。

2.三个轮子和谐运转是南方周末经营的核心理念

三个轮子的理念深刻揭示了采编、发行和广告这三大部分的内在关系。报纸作为一个商品，有它的特殊性。它的特殊性在哪里？就是它销售两次，它具有两个市场。第一个市场就是发行市场，是卖它的内容；第二个市场是广告市场，是卖它的传播功能，卖它的公信力。

三个轮子的理论就是解决这个问题的。编辑部当然是第一个轮子，报纸没有内容，发行是没法搞上去的。所以发行部对编辑部有着巨大的依赖性。南方周末不仅看到了依赖性，还看到了发行是直接在市场的，对编辑部有种巨大的牵动力，这是一个有创新性的发现。就是要用发行这个轮子把编辑部不断牵进市场，更有市场意识、读者意识。所以根据这样的理论，南方周末对发行工作提出了一个全新的要求。过去都是把发行的看成是体力劳动者，最多是个行政工作者，但南方周末提出，发行是办报的牛鼻子，办报的牛鼻子在发行。

南方周末提出要一流人才搞发行，他首先是个智力劳动者，所以曾经把北大硕士研究生任命为发行部门经理。他在全国较早地将每期报纸的市场反馈情况进行研究，给编辑部写报告，升的原因在哪里，降的原因在哪里，在哪些地域升了，哪些地域降了，充分发挥发行部这个牛鼻子的作用，或者牵动作用。这些信息对编辑部就非常重要了。

广告卖的是传播价值，广告要依赖于发行量。广告部必须明白发行工作是报社的基础，是报社的本钱。所以经营部门必须爱护报纸，要服从于维护报纸的声誉，不能做任何损害报纸声誉的事情。所以南方周末杜绝有偿新闻，不容许广告员的提成分给编辑部，不允许广告部和编辑部的人同一时间进入企业。所谓三个轮子的内在关系，既有依赖性，又有反作用力。

三个轮子理念是南方周末经营的指导原则。首先在编辑部，要将编辑本位主义转为市场本位主义。要从编辑本位转为市场本位，要自觉接受市场的信息，适应市场的需求，要懂得抓卖点。

发行部要经常性地研究市场信息，并把它不间断地反映给编辑部，而且它还要自觉地为广告工作服务。比如在发行政策上当时规定：如果邮局增加《南方周末》一份发行量，奖励一块钱；增加省会城市的，两块钱；增加北京、上海、广州和深圳的，三块钱。而政策的依据就是报社的广告需要。

南方周末为什么严格规定广告员要爱护自己的报纸，不要为了一时的广告收入而去损害报纸的声誉？企业要求报纸宣传它，而只能把企业的信息带回编辑部来，但是你不能答应企业的任何要求，包括报道上的任何要求。南方周末是认报不认钱的，提倡广告人员不是去拉广告，不要去跟企业家喝酒，要求他们正确地宣传报纸。

三个轮子的理念也是制定报社内部分配政策的理论根据。编辑部是赚不到钱的，它是花钱的。发行部呢，一般来说都是赔钱的。唯一的经济来源，就是广告部。所以就产生了一个误解，认为报社的钱都是广告部赚来的。所以当时很多广告人员都认为，是广告人员养活了报社。所以这三个部门，编辑部和行政人员、和广告人员都有矛盾。

三个轮子的理念认为，你广告卖的是报纸的传播价值，传播价值是谁创造的呢？是编辑部创造的。所以广告部赚的钱不是你广告部赚的，是三个轮子联合起来赚的。所以南方周末的分配理论，就要把三个部分放在一条分配线上，按照各自的贡献来进行分配，所以后来报社制定了几种政策。这样才形成了南方周末一个团结和谐的战斗集体，才让整个报纸能够稳定地运作。所以三个轮子理念有两重意义：一种是把报纸的三种组成部分，两个市场跟一个编辑部的内部关系关联起来；第二个就是怎么样去对编辑部、对发行部、对广告部的指导原则。

二、《mangazine｜名牌》广告的多元化呈现策略

“不要卖牛排，要卖煎牛排的嗞嗞声。”营销大师爱玛·赫伊拉曾这样论述营销的精髓，这句话表面上很容易理解，但要在广告实践中应用却很难准确实现。赋予品牌和产品形象化描述，让消费者与营销者产生互动，才有可能让品牌和产品得到认同。而作为媒体，必须跟得上这一发展趋势才能得到广告主的青睐，确保自己的竞争优势。

怎样让你的品牌和产品出现“嗞嗞声”般的形象化展示？不仅成为众多企业营销首要考虑的问题，也成为《mangazine｜名牌》广告经营改革思考的关键问题。

除了常规的硬广投放外，《mangazine｜名牌》着重开拓发展自己特长和独创的时尚大片方式，以及进一步完善整合栏目冠名、创意软文、专题报道等软性内容报道呈现方式。

视觉形象以它的直观性、易识别、易记忆、生动感人的特点赢得了人们的偏爱，同时在人们接受信息时占有了绝对的优势。这句话表面上很容易理解，但要在营销实践中却很难准确实现。赋予品牌和产品形象化描述，让消费者产生视觉冲击，才有可能让品牌和产品得到认同。

在当代审美文化走向视觉文化的今天，视觉阅读成为人们休闲阅读的主流趋势，视觉化的冲击成为人们记住品牌形象和产品特性的最佳方式，也成为众多企业营销和投放广告首要考虑的问题。

《mangazine｜名牌》作为国内顶尖时尚精英男刊，结合自身长期在时尚大片拍摄和杂志呈现方面的独特优势，开以时尚大片方式报道企业品牌和产品的先河。在此基础上，《mangazine｜名牌》创造性地进一步发扬时尚大片的广

告形式，推出了嵌入式时尚大片和广告大片拍摄。

一部具有视觉冲击力的时尚大片不仅能够打动读者和消费者，而且能够广泛传播，带来传播上的群体效应。通过专业的时尚大片视觉化呈现品牌和产品，具有丰富的良性多元化形象展示面，是普通平面媒体无法提供的高端展示方式，这一形式推出后受到了广告主的众多好评和良好的市场反响。

面对竞争激烈的广告环境，常规单一的硬广已经无法满足广告市场的需求，软性内容报道成为杂志广告市场的重要需求。

软性内容报道兼具软文广告和内容报道的特征，具广告的效果，又有内容报道的真实性，更具可信度，便于受众接受。一篇好的软性内容报道不仅能够打动读者和消费者，而且能够广泛传播，带来转播上的群体效应。

在这种新的广告市场环境和需求推动下，《mangazine｜名牌》杂志进一步完善整合栏目冠名、创意软文、专题报道等软性内容报道呈现方式，整合发展成为以下几种类型——

冠名类：包括封面冠名、栏目冠名、精英极乐榜冠名，其中，“栏目冠名”是指对客户指定的某一符合调性的栏目冠名，并在栏目上呈现。如别克林阴大道的冠名栏目“影响力人物”。“封面专题冠名”是指对客户指定的某一符合调性的封面专题进行冠名，并在当期封面上进行显著呈现。“精英极乐榜冠名”是指对客户冠名元素在精英极乐榜栏目上进行显著体现，使合作伙伴的品牌形象出位于世界一流高端品牌之上，并在当期封面上进行显著呈现。

专题报道类包括创意软文和高层专访、定制专题内容报道类（刊中特刊）：为企业量身打造重磅专题报道，全方位呈现品牌和产品特色。

同时，在和投放广告的企业接触过程中，《mangazine｜名牌》发现了商业出版这一市场需求。

一方面由于《mangazine｜名牌》在印刷、设计等方面屡获大奖，杂志的制作水准得到了业界的普遍认同。另一方面，当今企业竞争已经全面延伸到企业文化的竞争，而作为企业文化的载体和外化物的企业杂志，办刊质量和水平直接体现了企业的实力，被誉为企业名片，众多企业有办企业内刊的需求。

然而在实际操作中，企业杂志由于先天性的不足，留下了种种深刻的发展局限：一方面内刊不允许公开发行，从业人员不具备新闻采编资格；一方面内刊又需要外界的资源并对外拓展企业形象。加上内刊的业务运营规范，内刊定位和理念的确定，采编人员的业务培训，出版印刷中的技术问题，组稿、设计和推广等等困难问题，制约了内刊无法朝着一个更高的高度发展。

在这多方面需求基础上，《mangazine｜名牌》与中国移动、东方日产、粤财控股等企业多次成功合作，并成为《mangazine｜名牌》广告的多元化呈现策略的重要补充。

三、《南方人物周刊》：功夫先在内容和发行

1.老天待《南方人物周刊》不薄

2004年6月，《南方人物周刊》创刊

的时候，中国经济经历了前一年SARS的冲击，正以蓬勃之势强力反弹。此后的四年，是新中国成立以来经济增长最平稳、快速的阶段，楼如笋、车如潮，到处都显露着旺盛的经济活力和充足的信心。2008年10月，经济危机以比SARS强烈得多的方式再度冲击中国，人们不知道糟糕的日子要持续多久，媒体业广告收入也在经历五年来最痛苦的下滑。幸运的是，《南方人物周刊》已经度过了生存期。

一开始，心里没底，偏偏胆子还壮。《南方人物周刊》广告部负责人曾向时任《南方周末》总经理的老宋请教：头一个半年广告能做多少？老宋笑答：有30万现金就很好了！回来跟广告部同事们说，引来一番哂笑——当时刚开完创业动员会，群情激烈，有人酒后喊了"半年300万"的目标。

半年下来，总共做了180万元广告，其中大部分是实物互换，大家这才明白老宋估计得靠谱。不过没关系，当时大家注意力都集中到内容和发行上，没觉得广告有多差。

2005年，第一个完整广告年度，压力来了。记得当年兄弟单位《名牌》广告将近1000万元，《南方人物周刊》只做了400万元。外界批评随之而来："《南方人物周刊》广告不行"，言下之意是拖了内容的后腿。随后两年里，这声音时强时弱，压得大家喘不过气来。

2006年1100万元，终于过千万元了，但是还亏损！

2007年1700万元，终于盈利了，但只有一点点。

直到2008年，《南方人物周刊》的广告继续高速增长，增长率在集团兄弟媒体中位居前列，盈利水平也大幅提高，批评的声音终于被赞扬所取代。很快经济危机就来了。

批评使人进步，以上应该算是一个案例。如果不是批评的力量在始终鞭策杂志社的同仁，也许就跑不了这么快，就抢占不了行业前三的份额，经济危机来的时候，《南方人物周刊》的"活气"也许就没有现在多。

赶上一个景气的时候，又一直有鞭策的力量，这是广告团队的幸运，所谓"天时、地利"，外部条件的确给《南方人物周刊》的成长提供了很好的土壤。2008年10月以后，经济环境急转直下，广告团队如稍有懈怠，恐危机立至。但愿幸运之星能常伴左右，使《南方人物周刊》的团队能时时警醒，永葆创业锐气。

2.道、术杂谈

《孙子兵法》"军形第四"中说："故善战者之胜也，无智名，无勇功，故其战胜不忒。不忒者，其所措必胜，胜已败者也。"

这话在创业者的理解，就是战略决胜败。《南方人物周刊》的总体风格，类似于《笑傲江湖》中华山派的气宗，不急不躁、徐徐推进。当年左方老先生创立的"三轮大法"——采编、发行、广告三个轮子联动战略，被以徐列为首的南方人物周刊团队理所当然地继承下来，对《南方人物周刊》的成长厥功至伟。

简单划分创刊以来前四年的工作重点，就是头两年攻内容和发行，后两年攻广告。事实证明，内容和发行上去之后，杂志的“势”已起，只要广告团队的基本管理理顺、基本技能到位，广告想不上去都难。

2005年底单期发行突破10万以后，尽管外界有批评，但领导对广告心里有底了，并且明显感觉到广告开始“有势可乘”。现实要求《南方人物周刊》重视并解决广告系统的一些战术问题，比如组织方式、考核体系、工作标准等。尽管仍然很粗糙，但这些问题的初步解决，就迅速释放出前几年积累起来的“广告势能”，广告收入连续三年复合增长率超过50%。

在这个过程里，整个组织表现得朴实无华，正如《孙子兵法》所言“无智名、无勇功”，徐徐布局，风起云涌。古今对比，颇令人回味。

2009年是头一个五年的结束，又是新一个五年的开始。前五年《南方人物周刊》是幸运的，在正确的时间、市场里，做了正确的事。后五年，《南方人物周刊》能否依然幸运？

应该看到挑战。广告营销从来不是一个独立系统，与采编、发行存在强烈的联动效应。从目前看，前几年积聚的广告势能已经基本释放完毕，《南方人物周刊》的广告想要短期内再上一个台阶，需要积累新的势能，也就需要以采编和发行为先导，对市场进行新一轮的攻击。

同时，广告团队的冲击力和锐气也须保持。在经济环境急转直下的今天，广告团队（尤其是骨干）稍有松懈，危机立至，这并不是危言耸听。古往今来，很多组织在度过初创期后，都会犯这样的错误。

另外，随着市场份额的提升，竞争的激烈程度也将迅速提升，这对营销体系的专业化和精细化管理，提出了更高的要求。

这些挑战将伴随其后的五年。解决得好，《南方人物周刊》就有机会超越竞争对手，成为行业领先，并享受较大的市场收益。

第三节　南方都市报广告经营创新

《南方都市报》正式创刊于1997年，主打广州、深圳两大中心城市，全面覆盖东莞、佛山、珠海、中山、惠州、江门等地区，是面向中国最富庶的珠三角地区主流人群所创办的综合类日报。在经营上，以娴熟到位的营销策划，精耕细作的经营理念见长。

1998年6月，利用推出“世界杯”特刊的机会，南方都市报策划了大规模的包括报纸、电视、宣传和促销活动的全面攻势。经过一系列的工作，《南方都市报》的报摊零售量增长了3倍，整体发行量亦有大幅度的提升，为成为珠三角三大报之一打下了基础。

1999年《南方都市报》把价格提到1元钱、版面扩到48版的时候，报社便开始着手做起了系列周刊，加强对经济的报道。在做了一个阶段的经济周刊后，报社的读者层次也有所提高。这一年《南方都市报》在包装和造势上做得相当成功。后来报社将版面扩到72版，价钱还是1元，这个时候版面的设置已经日臻完善。当时，印好的一份报纸分四叠：第一叠是区域新闻，分为要闻、广州新闻、深圳新闻、广东新闻、国内新闻、国际新闻；第二叠是经济新闻，即“贴近财富”系列周刊，周一到周五每天不同；第三叠是媒体，包括体育和娱乐；第四叠就是纯广告，按新加坡《联合早报》的模式做厚厚的专版广告。到2000年底的时候，报社又增加了一些生活消费新闻，即与生活相关的一些消费信息。

2001年9月28日《南方都市报》当日广告收入突破了1200万元；12月底，日均发行量突破103万，全年广告营业额5.72亿元。2002年报纸日印量115万，广告营业额超过8亿元。2002年，《南方都市报》电信、汽车、IT这几大行业广告增长率均高于广州报纸媒体的平均增长率。其中，IT广告增长高于市场总体水平32.8个百分点，电信广告增长高于市场总体水平25.1个百分点，家电广告在总体市场下降的情况下，逆市飘红，反而有21.7个百分点的强劲增长。2003年广告营业额将近12亿元。根据北京慧聪国际资讯有限公司媒体研究中心的监控，在2004年12月报纸广告投放品牌数前10名排行榜中，南方都市报以品牌数656个的明显优势名列第一。在2005年12月的全国报刊广告收入前10名排行榜中，南方都市报以23个百分点的增长优势排名第一。2006年南方都市报的广告营业额增长到15.5亿元，在全国报刊广告收入前10名排行榜中上升为第二。2007年广告营业额同比猛增了34个百分点，达到20.7亿元，日均发行量突破169万，在全国报刊广告收入前20名排行榜中稳居第二位。更值得骄傲的是，南方都市报2008年仍稳居中国晚报都市报类报纸广告收入第一名，已连续三年取得该市场地位。并荣获国新出版物发行数据调查中心所颁大奖，即2008广告主广告商青睐的都市报特别奖和中国发行量认证奖。

至此，南方都市报已全面覆盖珠三角地区，成为该地区最有影响力和最有竞争力的媒体。

这些成绩显然是同南方都市报主打广深两地，密切覆盖东莞、佛山、珠海、惠州、中山、江门珠三角中心城市群的“2+6城市战略”分不开的。

在短短的数年时间里，《南方都市报》一度在珠三角呈席卷之势，硬生生

南方都市报1999—2008年广告经营情况统计表（单位：万元）

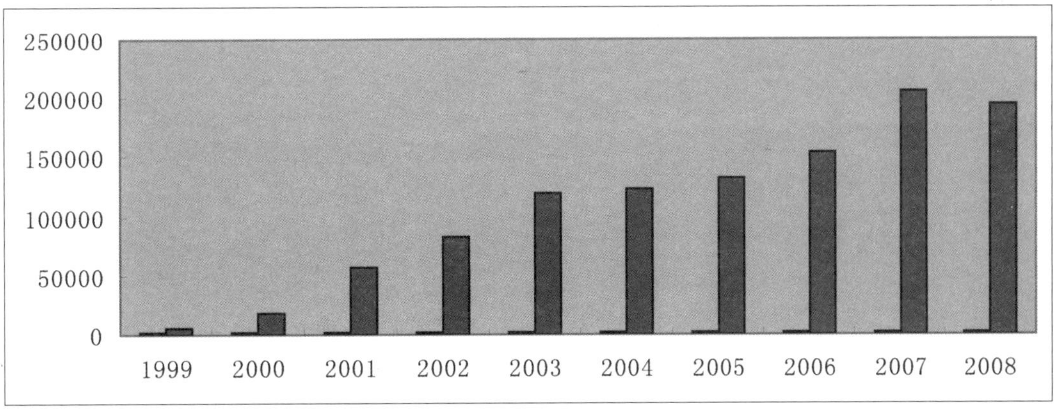

在《广州日报》和《羊城晚报》两强独大的市场上另辟出一块天地，一时间成为国内都市报的典范。

一、“主流”定位吸引受众、客户双重眼球

《南方都市报》的发行区域为珠三角。与其他报纸相比，《南方都市报》把“办中国最好的报纸”作为理念。

2003年开春，当国内不少媒体还在为自身定位徘徊探索时，南方都市报已旗帜鲜明地挂出“主流，2003”的报刊定位语，并以写意的大手笔勾画出时代发展的轨迹，其相继推出的《深圳，你被抛弃了吗？》、《辟谣非典型肺炎》、《两会特刊之总理朱镕基》等热点、焦点的系列报道，以厚重的油墨色彩还原生活百态，全新呈现都市资讯盛宴。有读者戏称，“看《南方都市报》，就像欣赏一部永不落幕的动作大片”。

连续报道《深圳，你被抛弃了吗？》在珠三角地区引起了轰动效应，最终还促使了深圳市市长与网文作者见面，由此可见这样的专题报道的社会效应。这样的社会影响力不仅引起了读者的关注，对于广告客户来说也是不小的吸引。

二、重视客户关系——“服务”创造价值

1999年开始，南方都市报在珠三角各地先后建立了经营部门的办事处，还分广州总部和深圳总部，并对广告客户资源进行细分，不允许内部人员抢单，而是鼓励大家与客户保持长期的沟通。在南方都市报2000年出台的《广告业务管理大纲》中，对经营人员的责任、权力和分配方式都作了详尽的描述和规定。为了杜绝有偿新闻，该大纲明确规定，不允许经营人员与采编人员直接沟通，一旦发现将严惩直至开除。

南方都市报的这种经营模式反过来也在影响着报纸本身的形态。2003年底，根据经营部门的建议，把广州本地新闻单独分出来，以单叠的形式体现对本地新闻的重视。报社也创造了多种以内容服务广告客户的方式，比如，2001年五一节，发布了广州楼盘参观路线图，既满足房地产商的广告需求，也为买房人提供方便。2002年又做了经典楼盘的评选，2003年又评选了经典户型。这些新鲜的做法，都是在充分了解广告客户需求的基础上，对报纸形态所做的改变。

三、用“活动”打造“影响”

这里提及的“活动”是指把受众定位和客户需求相结合，以报纸为依托，报纸和户外展会等形式的多重平台策划的群众和企业互动的活动。

这样的“活动”满足了群众的需求，在一定程度上起到“造势”的作用，“活动”本身就是为客户做的活广告。

2002年10月，由南方都市报主办，同期推出的中国南方汽车展、国庆房产大联展中，仅中国南方汽车展5天的参观人数就超过了35万人次，在新闻界、行业界乃至政府部门都引起了极大的反响。这次活动不仅有效地推广了品牌、扩大了发行，而且还直接带动了广告增长，创造了不菲的经济效益。这样的展会对于商家客户来说，就是很好的增值服务。

继成功举办“2002中国南方汽车展”后，报社又策划了“通信数码生活Show（南方通信数码生活展）”。参展企业为100家，其中移动、电信、联通等主流的运营商悉数到场，而摩托罗拉、诺基亚、索尼爱立信、TCL、波导、夏新等国内外知名手机厂商也几乎一个都没有少。那次展会可与现在在上海举行的CEBIT亚洲通信展相媲美。该展会以“科技、时尚、未来”为主题，以16－40岁的城市年轻人和中产阶级为目标人群，在展示和销售最新甚至是“概念性”的通信、数码产品的同时，南方都市报在展会期间推出“首届南方宽带集体婚礼、首届南方数码精英模特大赛、手机拍照大赛、秋季动漫嘉年华、数码产品一元起拍卖”等多个倡导“通信数码生存方式”的主题活动。以其新颖别致的方式在广州甚至珠三角部分地区引起了强烈的反响，也达到了吸引商家客户的目的。

四、活动营销的创新

1.华语传媒系列大奖：高屋建瓴的前瞻性

2000年起，南方都市报通过整合大众媒体的力量，立足传媒人的独立视野，主办集纳两岸三地电影、音乐、文学、建筑等方面的华语传媒大奖，力求以评委的独立性、权威性和优质媒体独到的专业眼光，架筑一个独立健康、视野开阔的平台，给华语文化另一种清脆响亮的声音。

◎华语电影传媒大奖

邀请内地及港台地区专业影评人担任评委，是中国唯一将内地及港台公映之华语影片全部纳入视野的奖项。

◎华语音乐传媒大奖

强调公开、公正、透明的评选标准，以“回归音乐本质”为宗旨，以“超越流行”为主题，迄今已举行了八届。

◎华语文学传媒大奖

“争做关注高雅文化的风向标”，是目前中国年度奖含金量最高的纯文学大奖，不仅逐步奠定了自己在华语文学界的地位，在社会大众中也产生了较大的影响。

◎中国建筑传媒奖

以“走向公民建筑”为口号，是中国首个由大众传媒颁发，表彰两岸三地具有突出社会意义和人文关怀的建筑作品的奖项。

2.责任中国

南都2004年建立的公益品牌，也是中国报媒最早建立和运作的公益品牌。至今推出各种“志愿服务、募捐、助孤”等公益慈善活动不下百场，受益人群上万人。

代表活动：

（1）2004—2008连续五届全国公益创作大赛

（2）2004—2005两届全国摄影大赛

（3）2004年，南都绩溪希望小学落成

（4）2007—2009“温暖接力”行动、助孤大行动

3.南都财金论坛

为进一步提升南方都市报在经济

领域的影响力，南方都市报于2007年以来，策划组织了大型系列活动“南都·财金论坛”，邀请重量级嘉宾甚至全球著名金融专家结合市场热点剖析，进行系列现场讲座，力争将“南都·财金论坛”打造成为华南地区首屈一指的财金论坛。该系列论坛有利于深度开挖南方都市报资源，使南方都市报的策划、执行能力、整合能力与同城主要竞争对手举办的类似活动形成了强烈的对比，进一步提升了南方都市报在客户及中高端读者中的品牌美誉度，树立了广大客户对报社的信心，提升了报社品牌的号召力，并带动报社的发行和广告业务。仅招商银行与南方都市报合作的系列论坛活动，就为报社带来200多万元的冠名赞助收入。

4.“百年奥林匹克珍藏品巡展”广东站

2008年2月，南方都市报以无可替代的影响力与奥珍组委会携手合作，一举获得“百年奥林匹克珍藏品巡展”广州站与深圳站的双城举办权，并且同时拥有东莞、佛山精品展的组织经营权。

这是南方都市报在2008年创造的一次南中国最具影响力的活动事件。本次活动也是报社近年来难得的超大规模落地群众活动，也是对外合作级别最高的大型品牌活动。在南都立足广深并力拓“南都第三城”东莞的经营环境下，这样的活动成为报社品牌整体提升的一次力举。通过珠三角系列巡展活动的辐射影响，整个广东的南都读者群，对南都与“南都奥运”的品牌产生高度认知，为南方都市报的奥运会报道与奥运临界期广告销售带来直接的推动与支持。本次活动为南方都市报带来直接门票销售250万元，拉动现金及实物赞助142万元，现金广告600多万元，总计1000多万元。

5.“百事·南都奥运加油罐”活动

2008年4－9月，南方都市报与百事可乐合作“百事·南都奥运加油罐”活动，这是南都报系与广州百事可乐两家知名品牌企业首次战略合作，共同推出限量纪念版南都·百事罐，并在2008年8月3日后在广东地区进行销售。这也是国内首次由品牌媒体与品牌饮料巨头进行的跨行业创新整合推广。这与南都报系一贯的新锐与包容非常吻合。北京奥运会期间，在全广东，甚至在全国，都有人带着“中国加油罐”观赛，和南都、百事一起为中国队鼓舞加油。

此次活动，南方都市报利用百事可乐广东省内的22000个零售渠道，通过印刷在百事可乐罐上的形象或内容元素，宣传报社品牌形象，共约5000万罐，另加其他的宣传资源共约6900万个（百事为此进行的电视、电台、户外、店头的宣传）；百事通过南都报系的版面资源对本次活动加以宣传，版面投入达到1100多万元。

6.“纪念改革开放30周年”系列报道及“改革开放30周年风云人物”评选

“纪念改革开放30周年”大型项目从2008年3月开始启动，直至11月24日截止，历时八个月。此项目作为贯穿全年的重要品牌活动，除南方都市报投入大量版面及新闻给予宣传配合外，同时选择了国内的其他13家主流媒体作为宣传投放对象，如《新京报》、《21世纪经济报道》、《财富》、《外滩画报》、

《成都商报》等，并推出网络广告，包括新浪、网易、搜狐、奥一等，宣传覆盖全国各地的读者及网民。风云人物的评选融入了短信、网络等有奖互动方式，加大了读者及网民对本活动的参与度，加强了活动宣传效果。活动前期以人物形象（专家）广告为主，加强活动权威性；后期以活动预告或项目形象宣传为主，使活动不断升温，也使客户的品牌宣传得以最大化。

该大型项目是迄今国内媒体就纪念改革开放30周年举办的最具影响力的活动之一，网友评论“活动昭示了南都公信力”。它的成功举办，为报社赢得了社会声誉，提升了都市报的品牌，同时也拉动了客户广告，获得赞助超过500万元。

五、媒体经营手法的创新

南方都市报近期成立了南都传播研究院，下设品牌研究院、经济研究院、经营研究院等。南都传播研究院的核心理念为“经营综合影响力，开发媒体新价值；管理品牌核心价值，优化品牌传播系统，挖掘品牌商业价值”，定位为建设一个新的创业平台，既是南都报系层面的全员创业平台，探索独立于现有经营模式、销售模式之外的新商业模式，又是建构在南都品牌背景以及新资源优势上的一个充分开放、自由、高效的创业平台。南都传播研究院的主要工作内容包括：品牌传播管理、学术研究及商业开发。

南都传播研究院主要从几个方向展开运作：

一是资讯业务的拓展，包括行业新闻以及行业经济新闻、宏观经济新闻的汇总等，开展资讯业务的汇集与拓展，既服务于现有客户，也可以进行行业销售。

二是成立地产研究院和汽车研究院，做行业消费数据调查，为行业客户的决策提供参考。同时也与社会机构合作，对行业进行前瞻性的研究，如汽车研究院成立时，就联合招商证券同时发布了《新能源汽车发展前景研究》。

三是研究开发强势媒体的优势，比如南都12年积累的优势是品牌优势、内容优势、运作经验优势、人才优势、客户优势等，南方都市报也会根据这些优势，做一些新项目的探索。如利用报社的客户资源和销售渠道优势，整合上游的一些销售企业，选择一些标准产品、品牌产品，取消中间的销售环节，直接由报社的发行队伍配送。

四是针对一些中小企业的广告投放需求，摸索一些适合他们的新的广告投放平台。

五是南方都市报取得亚运会特许商品唯一媒体代理商资格，2009年将建设一个“亚运特许网购平台”，通过亚运特许商品的销售创造利润。

六、新媒体的介入

南都报系旗下的深圳市奥一信息有限公司（简称“奥一网”），融网络媒体和传统媒体之长，致力于建设以新闻互动为核心的城市社区门户，具有“杂交、两栖、混血”——传统媒体与网络媒体杂交，线上与线下两栖，印刷工业与互联网混血等特点。以“报网互动+社区互动”为核心的商业模式，为南方报业传媒集团从传统媒体向新媒体转型做了领先同行的探索。

奥一网坚持“看见了一切”的发展理念，致力于打造珠三角乃至华南地区第一的城市门户网站、最有影响力的24小时多媒体新闻平台、最大规模的网络社区和无线城市门户。2008年7月，奥一网获百度状元媒“中国最具影响力都市报网站”；2009年1月，在中国传媒大会2008年会上，奥一网当选“2008中国新闻网站十强”。

奥一网鼓励更多网民以公民责任和素质参与公共事务，重塑网络价值道德体系。遵循网络传播规律，植根网络互动社区，倡导网络公民理念，立足报网互动，网民互动，以高水准网络生产、权威性报纸制作打造“网络+报纸”传播链条，让网络智慧成为政府决策参考的不尽源泉。2008年推动了岭南十拍、汪黄网会、网上建言、东莞风暴、湛江直播、惠州拍砖、广州接访、有话问市长、有话问书记、有话问区委书记、网评机关、省工商局领导与网友在线交流、省卫生厅领导与网友在线交流等项目。2008年2月29日，南方都市报·奥一网从“我为广东发展建言献策·捎给汪洋书记的话”平台上的2万多条留言中精选出10篇帖子，出版16版特刊——《岭南十拍》，省委书记汪洋在当天召开的全省领导干部会议上当众点评、肯定了《岭南十拍》。2008年4月17日，汪洋书记、黄华华省长面会包括《岭南十拍》作者在内的26名网友，共同为广东科学发展“灌水”、“拍砖”。汪洋表示，要努力构建充满活力、和谐有序、建设性的网络民主平台。黄华华提出四点希望。有网友称之为“华南史上最强的网友见面会”，26名网友有19名由奥一网选派。

奥一网的发展目标是以深圳为中心，向外辐射发展，构建城市门户矩阵式的网站。力争在深圳做到绝对第一之后，向南方都市报覆盖的其他几个城市发展，比如同当地的社区网站合作，实现奥一网在这些城市的落地，然后让南方都市报在这些城市的地方版与落地之后的奥一网进行报网互动。

七、户外广告部的增设

2009年度，南方都市报经营系统正式成立了户外广告部，目的在于利用报社自身优势资源投资具有发展潜力的新媒体领域（户外LED屏、户外广告牌等），开拓新的媒体经营渠道。

户外媒体渠道的搭建方式：主要采取投资自建、引入外资合作建设、与拥有优势资源的公司进行代理合作等方式进行。

户外媒体的建设类型：目前的重点集中在LED大型屏幕户外视频平台和广泛深入广深两地社区的全社通户外广告栏的平台。目前报社户外广告部已经计划经营位于广州、深圳四个黄金地段的LED视频广告牌，并代理了全社通公司位于广州和深圳的近5000个社区户外大牌的广告销售。

八、广告代理制的发展

南方都市报在客户服务方面形成了自己的优势，并且随着广告总量越来越大，南方都市报在做客户关系的同时，也加强了在广告代理制上的发展（《南方都市报》的广告有80%左右是通过广告代理公司代理）。这首先是因为广告代理制是报业广告经营发展的大方向，其次是报纸的广告经营应该是全面的，从各方面促成营销报纸的效果。同时，南方都市报也进一步加强了终端营销。此外，报业广告经营还存在着各种各样的经营模式和经营特色，等着经营部门去探索和开发。

纵观《南方都市报》的发展过程，报社同仁立足于“办中国最好的报纸”，定位于“主流”媒体，广告、发行、活动各放异彩，网站、户外广告另辟蹊径，经营模式和手法守正出奇……正是依存于无穷无尽的创新精神和不屈不挠的卓越意识，南方都市报才一步一个脚印，从强大走向伟大，并朝着办中国报业最有影响力、最有价值的报业目标高歌猛进。

第四节 21世纪报系的4A攻略：媒体、广告公司、客户三赢

4A全称：美国广告代理协会（American Association of Advertising Agencies）。该协会是20世纪初由美国各大著名广告公司所协商成立的组织，成员包括Ogilvy&Mather（奥美）、J.WalterThompson（智威汤逊，JWT）、McCann（麦肯）、Leo Burnett（李奥贝纳）、DDBO（天联）等著名广告公司。该组织的最主要协议就是关于收取客户媒体费用的约定（17.65%），以避免以AC恶意竞争，此后各广告公司都将精力集中在非凡的创意和高超的客户服务中，从而创造出一个接一个美妙的广告创意。从而4A也成为众多广告公司争相希望加入的组织。

从20世纪70年代末到90年代初，4A成员们渐渐进入到华人世界里，从台湾、香港一直来到中国大陆。由于国内尚未允许外商独资广告公司存在，所以4A公司往往与国内公司合资成立合资广告公司，比如盛世长城（Saatchi&Saatchi与长城）、智威汤逊中乔（J.WalterThompson与中乔）等等。

20世纪80年代末90年代初，改革开放初期随着跨国公司纷纷进入中国，国际广告公司也纷至沓来。当时，国内的广告业尚未发展，4A公司凭借着国际客户的声誉以及大胆而精妙的创意、精彩的导演和拍摄树立了其在国内广告界的名声，国内广告界渐渐了解了4A公司，4A公司便成为代理国际品牌广告代理公司的代名词了。

那些并不是4A成员的国际广告公司也被列为4A之列，比如Dentsu（电通，日本最大的广告公司，业务量甚至超出了许多4A公司）、博报堂等等。所以一般所说的4A是指国际性有影响力的广告公司，如奥美、智威汤逊、精信、麦肯、电通、电扬、BBDO、李岱艾等。

《21世纪经济报道》在广告经营的过程中深深体会到，团结4A公司，进而服务好广告客户的核心经验，是实现媒体、广告公司、客户的三赢。

媒体与4A公司的合作有长期利益与短期利益的不同考量。如果只考虑媒体和广告公司的短期利益的话，事情是比较好办的。媒体提供更优惠的政策给广告公司，而广告公司就充当媒体的推销

员，把媒体推销给客户，让客户多做广告，多花钱。但是，实际的情况是，媒体与广告公司的合作通常都是没有这样顺利的。这两者是不能只考虑媒体和广告公司的利益，而是要同时考虑客户的利益。毕竟客户才是出钱的广告主。只是双赢是不行的，要媒体、广告公司和客户三赢才可以。如果媒体和广告公司只顾各自的短期利益，最终，客户就可能减少做广告了，而把钱用来做促销或其他宣传活动。媒体和广告公司要长期得利，就需要客户不断投入更多的钱做广告。要让客户投入更多的广告费用，就必须让他们认为广告是有用的，广告费用是花得有价值的。

美国行销大师AlRies在《广告衰落，公关崛起》中说：广告的效果是大不如前了，读者不再相信广告，广告是不能有效地帮助客户建立品牌的。论述也许有些偏颇。但这样一个事实却不容忽视：客户或多或少都对广告有着怀疑，广告费用里面有多少被浪费了？广告的效果究竟有多大？

最近几年，国际上的营销专家很流行谈论“广告失效”的现象。为什么呢？是不是现在的广告创意和制作不如从前了？当然不是。只是消费者与广告的关系改变了。从前，广告是很重要很可信的资讯。后来，广告是挺有趣的娱乐，还是有很多消费者喜欢看广告。但是，到了现在，有不少观众开始抗拒广告。根据实力媒体在北京和上海做的调查，31%的观众在放电视广告的时候会转台；9%的观众不转台，但是会去做别的事；43%的观众不转台，但是也不专注看广告；剩下只有16%的观众，专心地看广告。以上数据虽然不能直接反映报纸广告的现状，但某种程度上也折射出读者对广告的关注度。

由于客户不确定广告的效果，所以很多客户都非常有兴趣使用传统媒体广告以外的宣传方法。客户不断思考除了报纸、杂志、电视、广播等媒体以外，是不是还有其他效果更好的方法来运用他们的营销费用。有各式各样的户外广告，连酒吧的卫生间里面也有广告，飞机的登机牌上也有广告，还有客户给钱去买球队的冠名权，或是付钱把产品放到电视剧的场景里面去，还有体育项目和各种比赛里面各种各样的指定产品。2009年上海的F1赛车，车子上满满的密密的LOGO，可以想见客户其实是非常重视并需要宣传的。但好像是传统媒体常规广告的作用还不够强，所以客户什么其他的传播方法都要用。

虽然中国的广告市场不断增长，但同时也隐藏着一些危机。根据过去几年的观察，许多业界人士都发现，在客户的营销费用里面，广告占的比例越来越低，促销和通路占的比例越来越高。客户是更愿意把钱花在有更明显效果的地方，例如：各种抽奖活动，买一送一，等等。不单在中国是这样的情况，在国外也是一样。在美国，20年前快速消费品有60%的营销预算用在广告上，到现在，已经低于30%。

事实上，大量广告砸下去，马上产生巨额销售的“神话”，这两年已经很少听到了。要让客户继续花钱打广告，甚至花更多的钱打广告，除了提高媒体的吸引力，让消费者更爱媒体，创造分众的媒体环境之外，还有两个关键性问题，即如何让读者不要逃避广告，或是让他们“想逃也逃不掉”，以及让客户清楚地衡量广告的回报。

关于让读者不要逃避广告，或是让他们“想逃也逃不掉”。这里包含着两方面的内容。首先，广告的编排不要把观众吓跑。所以《21世纪经济报道》一直努力保持媒体的纯洁度，强调广告的效果，增加对客户的吸引力。另一方面，媒体内容与广告讯息的结合，也一直是《21世纪经济报道》在不违背“采编独立”精神的原则下一直在努力进行的尝试。在尝试的过程中，《21世纪经济报道》始终注意这种结合的形式与尺度，否则，过多或者过于牵强的结合反过来还是会影响媒体对受众的吸引力。

关于让客户能清楚衡量广告的回报。这一直是广告公司在努力思考的。在整合行销的年代，现在的客户有大量的行销工具可以使用，不一定要把钱都放在广告上。广告公司必须让广告成为客户的整合行销计划中的一部分，而且是重要的部分。同时，要清楚地告诉客户，报社能怎样提高广告的投资回报，并且能怎样去衡量广告的回报。

目前，广告公司一般比较关注的主要是媒体的产出，例如：广告投放接触了多少读者？得到了多少关注率？投放成本是多少？接触了什么样的读者？多少是男的？多少是女的？观众年龄的构成是怎样的？等等。当然，这些问题对媒体投放是很重要的。但是，客户真正关心的是广告投放对营销的成效。客户要的成效，首先是消费者对品牌的认知度。进一步，是消费者对品牌的偏好度，最终要的结果是销售。到底广告投放能怎样提高认知度、偏好度与销售？这是客户最想知道的。如果不能让客户对广告投放的成效有信心，那客户会逐渐把广告预算转移去做别的更容易看到成效的事情上。

同时，客户也需要媒体预算的分析和媒体选择的分析，他们需要依靠这些决定通过哪些媒体渠道与消费者沟通，不同的媒体渠道分别担当什么作用，依次制订出量化的执行目标。除此之外，事后评估也是广告公司需要细化的工作。一般来说，媒体投放的事后评估主要是看看有没有漏播，播出位置好不好，收视点有没有偏差。为什么只看这些东西？因为这是最容易衡量的部分。但是广告投放对知名度、偏好度和销售的影响呢？评估就比较困难，所以做的比较少。但是，广告公司应该在这方面加把劲，这样客户才会有信心继续花钱投放广告。

总的来说，媒体和广告公司要获得长期的利益，就必须保障客户的利益。媒体要提供有效的广告环境，而广告公司则要为客户提供有成效的投放方案，并且可以让客户衡量广告投入的回报。这样，客户才会放心把钱投入到广告上。通过4A广告公司这座桥梁，《21世纪经济报道》希望与客户建立起信任的合作伙伴关系，并让4A这座桥梁保持坚固和稳定。

2001年《21世纪经济报道》创刊以来，与4A广告公司的合作经历了三个阶段。第一阶段以2001年为起点至2003年，在这三年里，《21世纪经济报道》与4A广告公司的沟通和销售主要围绕报纸版面展开，即停留在“Product”

销售阶段。在此时期，4A广告公司凭借其对媒体的评估和投放效果而选择合作伙伴，而这三年也正是《21世纪经济报道》迅速成长的三年，良好的市场口碑、广泛的关注度使得报社与4A的合作如鱼得水。

自2004年开始，结合4A职能的转型和调整，为了更好地与4A加强合作，《21世纪经济报道》进入第二个阶段，即“Product+Service”阶段。在此时期，4A公司不仅希望获得《21世纪经济报道》的好版面，同时开始对整个服务流程和质量提出更高的要求，“快速反应，危机处理，媒介顾问”成为报社对广告公司服务人员新的工作标准，于是一批整合型销售人才开始出现。4A广告公司对《21世纪经济报道》的需求也从简单广告投放过渡到整合宣传，依赖度也得到逐步提升。在此阶段，《21世纪经济报道》的转型堪称华丽，与大型4A广告公司的合作量也在原来的基础上取得了长足的进步。

2008年开始，为了顺应全新的营销理念，也为了保证《21世纪经济报道》与4A的更好沟通与合作，《21世纪经济报道》提出了“Product+Service+surprise”的理念。除了之前已经积累下来的经验和模式继续深入执行之外，报社更主张在与4A广告公司的沟通中，提供更多“超值”与“惊喜”。通过超出客户的预期，获得合作与信赖。报社力求将每次合作都做成一次范本，不仅考虑4A广告公司的需求，更加融入了客户对于整合营销的理念和诉求，不仅关注品牌投放的需求，更帮助4A广告公司承担广告投放后的效果预估和评测，在品牌推广的过程中结合4A广告公司的每一点具象要求，从销售角度出发给出合理建议。某种角度而言，报社与4A广告公司共同承担着销售顾问的角色，自此，报社与广告公司的合作也更为紧密。

自2008年贯彻新的广告公司战略以来，《21世纪经济报道》尤其注重在以下几方面突破：

首先，提供专业服务

9年来，《21世纪经济报道》一贯提倡专业，为此，报社对于所有销售的定义是“媒介顾问”而非其他。报社希望所有销售人员提供给客户的是建议和意见，而非版面；报社也希望与4A广告公司和客户的关系是顾问关系，而非买卖关系。纵观4A广告公司的发展，今天在国内能获得众多客户的青睐和支持与其本身的专业水平不无关系，所以与4A的合作与沟通也必然建立在专业的层面和基础上，并不断保持与时俱进。如何提供4A需要的“创新”、“特殊”的合作则成为双方关注的中心。从2004年开始，《21世纪经济报道》就对所有媒介顾问提出了这样的问题。几年来，报社在广告形式上帮助4A广告公司一起思考，内容上协助4A广告公司。所谓专业，充分地反映在速度和执行力上。是否能第一时间帮助广告公司解决当下的问题，将决定你是否能获得广告公司的认可，而是否能将双方沟通的结果进行百分百的执行和落实将决定你是否能获得广告公司的认同。有了认可和认同，那下面工作的顺利开展就有了基础。

其次，提供整合服务

整合营销早已成为当下最为流行的一种说法，从客户端而言，他们需要整合所有宣传推广手段，从4A广告公司而言，他们需要整合所有媒体资源。基于此，媒体如何整合成为报社领导层思考的内容。《21世纪经济报道》是主张采编经营分离的媒体，新闻独立原则是报社一直坚持的信条。但是面对4A广告公司的需求是否有一条可行之路？通过多年的摸索，21世纪报系初步找到了方向。简单来说分为几个部分：

1.报系资源的整合

21世纪报系旗下媒体，大致可以分为报纸、杂志、电台三大部分；但从平面部分的出刊周期来看，分为日报、周报、月刊等形态；从定位来看，各媒体成立的时间和内容定位都有所不同。正是这样的差异化，使得整合成为可能。首先，21世纪报系从内部资源入手，虽然负责各媒体的经营团队各有不同，但是在报系内部，充分沟通是大家一致奉行的准则。在面对相同客户的时候，利用不同的渠道和资源满足其需要，这样成交的可能性就得到了很大的提升。举例来说，比如上海通用在整体宣传的策略中包括了报纸、杂志、电台等。在满足“目标消费群与读者听众定位吻合”的基础上，21世纪报系就将《21世纪经济报道》、《21世纪商业评论》、中央人民广播电台三者整合到一起，从宣传的力度来看，推广更为广泛，立体效果也很突出。而在费用上，因为整合了不同的媒体，4A公司也获得了更大的利润空间。

2.报业资源的整合

报业集团作为21世纪报系的娘家，旗下拥有的媒体更为多元化和差异化，不同类型媒体的整合宣传，帮助客户和4A广告公司覆盖更多社会阶层和群体，使得每一次活动的宣传推广更为广泛和深入。当然，此项整合更多运用于市场活动中。举例来说，雪佛兰红粉笔计划，如果仅仅利用21世纪报系的资源去宣传，不论是覆盖人群还是推广范围都很难达到4A广告公司和客户的要求。此时，将报业集团的媒体资源整合进来，将极大地提升21世纪报系的竞争力，同时对于整个活动的宣传也将获得N倍爆炸性的能量。

3.多部门整合

21世纪报系内部大致有三大部门：经营、市场与采编。三者功能不同，定位不同，整合也是必然。在客户对硬广依赖度越来越低，对活动参与性越来越强的今天，经营与市场的整合较为简单；寻找到客户需求点，适当地推荐报系活动，成交可能较大。而采编的融合则较为困难，庆幸的是报系也找到了方向，即开发客户与采编共同关心的话题，并就此进行深入报道，这样，既不违背采编独立原则，又满足了客户对内容的渴求。三者之间还可以通过活动实行联动，这样“落地活动+硬广+专题报道”成为21世纪报系最有效的进攻武器。

最后，提供定制服务

所谓定制服务，就是从需求出发，研发和创制符合4A广告公司要求，满足客户宣传需求的产品、版面、活动。定制服务理念最早在21世纪报系于2005年被提出。定制服务的核心要求是了解需求，即客户和4A的真正意图和目标在哪里。在获得客户信息和反馈的基础上，充分深入地研究报系拥有的资源和能量，再整合。从定制服务的难度来看，最为关键的还是在于前期的沟通和了解。因为只有真正了解客户的核心需求和想法，21世纪报系才有可能生产出相应的产品。这就要求媒介顾问必须对各行业，各厂商，都要有充分的认识和了解。同时，他还必须能整合报系后台所有资源，只有这样才能最终保证定制产品能符合要求。

与4A广告公司的关系，某种角度来看，不妨理解为与客户的关系，因为4A广告公司某种程度上就代表了客户的意见和想法。要想服务好4A广告公司，就要求经营团队必须引导他们进入报系的思维模式，按照报系的建议去思考和执行。毕竟4A广告公司面对太多的媒体和客户要求，很多时候他们也很茫然，需要媒体给予他们支持和策略。如果报系能获得他们的信赖并成为他们的外部智囊，那合作就会水到渠成。

第四章 市场推广

第一节 “卖活动”：南方日报市场推广秘诀

中国经济在经历WTO初期对一些垄断行业如金融、通信、房地产、汽车等的保护期之后，迈入全面开放、全面竞争的年代，资源大战、资本大战、人才大战、品牌大战即将真正开始。

媒体行业，作为最后一个受部分保护行业虽然还拥有比较优势，但在经营领域也将进入全面竞争阶段。

——新媒体网络的勃兴和咄咄逼人，新一代受众（读者观众）阅读方式的革命性变化、对传统媒体的逐渐放弃，将会对传统媒体报纸、电视、杂志的存在和发展造成很大的威胁。

——传统媒体行业之间的竞争，将从采编、广告、出版内容、效率的竞争到规模、品牌影响力的竞争全面展开，当然除了竞争还必须在某些领域进行互补性的合作。

——企业广告投放的分流，以及广告客户对媒体广告服务的便利性、专业性、全面系统性要求的进一步提高，对媒体现有的广告运营机制、产品创新、服务创新提出更苛刻的要求。

对于媒体的广告运营来说，如果说在此之前是“上门登广告”、“出门拉广告”的时代，那么也许从此之后进入了“策划组织广告”的时代。所谓的常规广告和非常规广告的界限将被打破，甚至会发生逆转。

对于媒体的采编运营来说，如何避免同类媒体内容、形式的同质化，如何避免网络媒体的快速反应所造成的劣势，成为最大的难题。主动策划组织专题可能成为很重要的破解之法。与其等待各个行业、领域新闻发言人发出的毫无个性的新闻通言、新闻通稿，不如利用自身现有的政府、社会、行业、媒体品牌优势，发掘并组织社会、行业热点、难点问题进行讨论、争议，再形成独家的深度报道。

对于媒体的发行营销来说，如何节约成本，实行精准有效发行，开展一对一传播，如何变硬性推销、赠品销售为软性渗透、品牌感召，已成为读者、客户的必然要求。

进入全面竞争的年代，媒体运营最大的改变，应该是思维方式和判断标准的改变，一切不利于媒体市场化运作的观念、行为、机构、制度都必须改变，一切有利于媒体市场化运作的观念、行为、机构、制度都必须得到肯定、树立。

自主创新将由非常态变为常态。其中媒体活动的运营（即策划组织）也将由过去的边缘活动上升为主流活动，随机性活动变为计划性常态活动。

一、南方日报近年来媒体活动典型案例点评

有专家说："现在媒介已经从卖内容、卖广告发展到卖活动的阶段。"有的媒体为了提高自身的竞争力，明确提出了"办报、发行、广告、活动四轮齐转"的办报经营思路，很显然把活动作为与新闻采编、广告、发行并列的第四个轮子。有专家断言："新的媒体生态环境下，活动策划成为媒体的'第二战场'，它不仅是媒体重要的经济新源泉，以此减少对广告的依赖和经营风险，更是媒体增强自身影响力的重要途径。"

成功的活动可以带出成功的媒体。大约从20世纪90年代中后期以来，南方日报的媒体活动策划是一波接一波，越来越频繁，被许多媒体研究专家称为"媒体活动策划高手"。

1.政府主导型特刊

根据省委、省政府及地方政府一段时期的工作重心，策划组织具有强大政治影响力同时为广大企业、商家认同的大型政经特刊，这是南方日报充分发挥党报资源优势，深入开发主报关联产品的重要举措。实践证明，这种策划由于十分贴近政府和企业的宣传推广需求，受到政府和企业的高度认同和赞誉；报社同时获得了可观的政治效益、社会效益和经济效益。

（1）广东科学发展辞典特刊

2007年5月18日出版，主刊+地产卷，共计44+20版，八开铜版纸印刷，选定"追兵・标兵・排头兵"等60组关键词编成《辞典》进行解读，全面展示广东省第九次党代会后5年来率先实践科学发展观的成就、经验、思路、案例。实现广告收入500多万元。

（2）首届泛珠三角区域经贸洽谈会特刊

由泛珠三角区域经贸洽谈会组委会秘书处主办，南方日报承办。2004年7月14日出版，共分为A、B、C三册，八开铜版纸印刷，共计196版。A册内容：大潮起珠江，魅力9+2；B册内容：南粤展风采；C册内容：区域房地产。经过南方日报主动出击，精心策划，多次与组委会领导沟通，取得共识，使南方日报成为泛珠三角区域经贸洽谈会会刊唯一承制单位。会刊获得广东、福建、江西、广西、湖南、海南、四川、贵州、云南、香港、澳门政府代表团的高度赞赏。积极配合了当时省委、省政府提出的"泛珠三角9+2合作战略"。会刊成为此后泛珠三角区域经贸洽谈会承办省区会刊编制的样本。实现广告收入600多万元。

（3）珠三角竞争力年度报告特刊

每年一度的《珠三角竞争力年度报告》也成为南方日报珠三角新闻中心的重头戏。2006年主题为《转型——珠三角竞争力2006年度报告》，124版，八开铜版纸印刷，实现广告收入220多万元；2007年主题为《提升——珠三角竞争力2006年度报告》，116版，八开铜版纸印刷，实现广告收入240多万元。

此外，《创新广东特刊》、《南海虎威特刊》、《后发河源特刊》、湛江、韶关、汕头、清远、肇庆大旺等等特刊因主动介入当地政府的发展战略，深入一线进行点面结合的采访报道，成为当地政府全面展示发展成就、宣传推广当

地优势，进行招商引资的重要平台。

2.公共话题论坛

南方日报的权威性、公信力，不仅取决于对党和政府政策的精准、独到的解读，而且取决于对社会公共话题的高度关注，邀请官、学、媒、企各方对公共热门话题及时有效地剖析、讨论、寻解，对当前的社会潮流产生重要影响。更重要的是这种高端论坛为参与各方提供了一个思想碰撞、感情交流、业务合作的公共平台，实现了多方共赢。

（1）南方财富大讲堂

南方财富大讲堂于2007年4月21日正式举办，基本上按照每月一期的进度进行。南方财富大讲堂紧扣股票、基金和投资理财等社会热点话题，坚持公正、理性的活动理念，以更专业、更贴近的方式为《南方日报》读者提供投资理财服务，受到广大读者的好评，有效扩大了报纸的影响力，为报纸的品牌推广、采编策划、发行服务和广告拓展创造了平台。

南方财富大讲堂项目创办以来一直定位为南方日报品牌活动，主要目的在于增强《南方日报》读者凝聚力、扩大在相关行业内的影响力，从而带动南方日报整体品牌形象的发展。经过项目组有效运作，该项目不仅获得了良好的品牌影响力，同时也为报社带来了一定的经济效益。此外，通过举办该项活动，还带动了金融行业广告投入。

通过南方财富大讲堂，读者俱乐部有效开发了读者资源，凝聚了一大批高端读者。主动报名参加大讲堂的人数不断增加，会场爆满。据统计，有近35%的读者几乎场场参加，其中不少是从东莞、江门、佛山、中山等珠三角城市赶来听讲的忠实读者。

调查反馈显示，前来听讲的读者在年龄结构、学历构成、职业构成等方面均符合《南方日报》目标读者群特征：在年龄结构上，85%的读者为中青年；在学历结构上，93%的读者接受过高等教育；在职业结构上，绝大多数读者在党政机关、企事业单位工作，也有部分是个体经商者。读者对大讲堂活动评价极高，97%认为讲堂“很精彩，有启发作用，可为实际操作作参考”，98%表示会“继续参加”及“建议亲友参加”下期活动。

（2）吴敬琏“广东再闯关”论坛

2008年是改革开放30周年。南方日报启动了纪念改革开放30周年系列活动。广东作为改革开放的前沿阵地，为中国的发展不断闯关开路，取得了一系列的辉煌成就和历史经验。30年后的今天，广东拥有了新的发展条件、发展环境，同时也面临着新的问题、新的挑战。

站在新的历史起点，南方日报应如何对中国30年的改革开放实践进行总结和判断？又该如何按照科学发展、社会和谐的要求进一步思想大解放、促进广东大发展？为深入地探讨与解答以上问题，以更好地配合广东继续思想大解放、经济社会大发展，南方日报广告部领导和策划部门经过研究讨论，认为举办一个高规格的权威的高峰论坛是关键点。鉴于吴敬琏在30年改革开放历程中做出的突出贡献，大家认为他是主讲的最佳人选。

但他年龄已大，近年来已很少露

面。为了邀请到他，报社策划部门的同志加班加点翻阅了南方报业传媒集团各媒体历年来对吴敬琏先生几乎所有图文报道，从收集图片文字资料，到拟定主题、结构，到编辑图片文字，再到直接输出，仅仅用了7天，专门为吴老编辑了一本非常精美的画册《先生吴敬琏》。当吴老在上海看到特别的礼物及集团领导的亲笔函时，非常感动，听了南方日报的策划思路后，当场应允：广东我要去，南方日报邀请我一定去！

经过紧张筹备，吴敬琏先生于6月14日抵达广东。中共中央政治局委员、省委书记汪洋获悉后亲自接见了吴老，并就新一轮广东解放思想、再闯关问题亲切会谈。15、16日参加了省委宣传部组织的相关座谈活动并出席省委中心组学习报告会。

17日至18日上午，由南方日报领导陪同前往深圳、佛山进行调研考察，同时安排与广州本田、金威啤酒等知名企业高管，深圳龙岗区领导进行座谈。

2008年6月18日下午南方日报在广州花园酒店宴会厅举办改革开放30年“广东再闯关”论坛。当代经济学泰斗、国务院发展研究中心研究员吴敬琏先生作了精彩的主题演讲；并安排吴老同广东省党政官员、专家学者及知名企业家进行脑力激荡，共同探求在当前重大发展节点上广东经济社会发展难题的破解之策。会场500多个座位爆满。

这次论坛的成功，再一次向社会各界演绎了南方日报“高度决定影响力”办报理念的成功，得到了领导、读者和客户的同时认可，以无可辩驳的事实证明了《南方日报》作为华南地区主流政经大报的权威性和公信力。

此外，著名的佛山反倾销论坛、政府采购论坛等精彩之笔，因其策划击中当时政府和广大企业关注的焦点，化解企业的实际难题，为众多的珠三角老板热烈追捧，至今还为业界同仁津津乐道。

3.行业引导型论坛及活动

（1）中国房地产30年高峰论坛

为纪念改革开放30周年并正面宣传中国房地产30年来取得的辉煌成就，2008年7月25日在广州丽思卡尔顿酒店，由南方日报发起承办，南方报业传媒集团与广东省房地产行业协会和广东省地产商会联合主办中国房地产30年高峰论坛。

该论坛是南方报业传媒集团纪念改革开放30年系列活动的重头戏，以中国房地产业协会、广东省建设厅为指导单位，邀请了朱中一、任玉岭、李思廉、蔡穗声、梅新育等业界权威人士任主讲嘉宾。

国家及广东省有关政府部门领导、国内各大房地产开发企业高管和权威专家学者代表500多人齐聚一堂，共同围绕改革开放30年来房地产业的成败得失、房地产企业所面临的新形势新挑战、未来房地产业的走向等话题展开深入探讨。

该论坛总结了中国房地产及广东房地产30年来的得失成败，分析了当前房地产形势与未来变化，强调了品牌地产和品质地产行业走向及社会责任，在房地产行业引起了巨大反响。与该论坛相关的广告收益近400万元。

（2）广东轻工论坛

轻工业归口管理的22大类行业，涉及人们日常生活和消费方方面面。广东是轻工业大省，是全国轻工行业的排头兵。轻工业是广东省重要支柱产业，为广东省经济社会发展做出了重大贡献。在20世纪90年代初形成了“珠江水，广东粮，粤家电，岭南服”为代表的轻工产业优势。近年涌现了格力、美的、格兰仕、珠江钢琴、珠江啤酒、古镇灯饰、狮岭皮具、深圳家具等一批享誉国内外的著名企业、著名产品品牌和区域品牌。

但由于这些行业以民营企业及中小企业为主，多年来南方日报在该行业的拓展不大。南方日报广告部领导非常及时地抓住了广东轻工劳模代表团赴京领奖的时机，委派分管副总和策划部门负责人与广东省轻工业协会随团跟进北京，经过和协会及著名企业家劳模不断地交流沟通，建立了良好的关系。因此，切入了整个轻工行业。于2008年和广东省轻工业协会一起共同策划举办了两次轻工论坛、编辑出版两个轻工特刊。

①风起南方　再铸辉煌——广东轻工业思想解放与创新发展论坛及《排头兵·2007广东轻工》特刊

在国家人事部、中国轻工业联合会、中华全国手工业合作总社于2007年12月20日在北京人民大会堂召开的全国轻工行业劳动模范表彰会上，广东共计有9个单位被评为全国轻工行业先进集体，39位同志被评为全国轻工行业劳动模范（先进工作者）。广东获奖数居全国各省、市、自治区首位。

为了在全省掀起学先进、学劳模的热潮，充分体现省委、省政府对轻工行业的重视和关怀，由南方日报社和广东省轻工业协会于2008年1月23日在广州市广东大厦隆重举行全省表彰大会暨广东省轻工业协会年会。与此同时策划组织风起南方　再铸辉煌——广东轻工业思想解放与创新发展论坛。

会议当天出版了南方日报《排头兵·2007广东轻工》特刊（8个版）。广告收益40多万元。

②2008中国（南方）轻工业发展与合作高峰论坛暨产业园区推介会

为了进一步解放思想，加强南方各省区轻工行业之间的交流和合作，促进产业的转移和升级、推进区域经济的大发展，在中国轻工业联合会及广东省人民政府的指导和支持下，由广东省轻工业协会和南方日报社发起，联合湖南、广西、江西、湖北、福建、重庆等南方各省区轻工主管部门、轻工协会和轻工集团，于2008年11月27—28日在广州市珠江宾馆共同主办2008中国（南方）轻工业发展与合作高峰论坛暨产业园区推介会。

中国轻工业联合会领导及七省区政府行业主管部门、协会领导亲自带领轻工业经贸代表团赴会，港澳及海内外金融投资机构、轻工行业龙头企业及全国工商界举足轻重的人士400多人参加。

国务院发展研究中心、全国轻工产业权威专家、知名轻工企业代表作主题演讲。还特邀香港联交所的专家到会做关于“内地企业如何在香港上市”的专题演讲。各省区代表就本省区的产业园区现况、重点产业园区做了推介，部分项目进行了有效的交流和沟通。

会议当天，出版了南方日报《轻工特刊》（8个版）。

首届论坛成为2008年南方各省区跨区域、跨行业经济合作的最大盛会，南方各省区轻工产业转移、招商引资的最佳对接平台。

对于南方日报来讲，该活动主要取得了以下三点成效：其一，精心策划促成跨省区合作，扩大了南方日报在南方七省区的影响；其二，多方协调创建固定论坛，建立了与轻工行业交流的长效平台；其三，克服金融危机造成的重重困难，首届论坛基本实现了预定目标。

虽然深受金融危机影响，活动收入依然近40万元。

此外，珠三角房地产高峰论坛，江门永不落幕的车展，换房一册通特刊，家电下乡一册通，北京、上海、广州车展特刊，小谷围金融论坛等深入到行业的活动及特刊，紧追行业热点，策划行业共同话题，有效地凝聚行业企业积极参与，强化了南方日报在重要行业的影响力，树立了行业意见领袖、舆论引导者的形象。

4.品牌评选活动

（1）楼市奥斯卡·广州十大明星楼盘评选（连续11届）

品牌需要打造，消费需要引导。由南方日报·南方楼市策划承办的“楼市奥斯卡·广州十大明星楼盘”评选活动，从1998年第一届开始到现在已成功举办11届了。在市场的关注和社会各界特别是各大开发商的支持下，以其公正性、公开性、透明性及权威性，成为广州乃至全国诸多评选活动的一面旗帜、业界著名的评选品牌。每一届均精彩纷呈，星光灿烂，成为广州和华南地区楼市品牌的大舞台，房地产明星的群英会，被誉为“楼市奥斯卡”。通过这一活动，不断发现楼市的榜样，不断为消费者推介品牌地产，房地产市场由此找到了前进的方向，并不断成熟、健康地发展。

其中，2008年《领跑中国》颁奖特刊，大版共计24版，广告收入近300万元；2009年《新时代》颁奖特刊，大版共计32版，广告收入近400万元。

（2）改革开放30年广东标杆企业评选

在纪念改革开放30周年之际，南方日报为落实省委、省政府重要指示精神，隆重推出“改革开放30年领跑中国的广东标杆企业”系列评选活动。

该活动既隆重表彰30年来为广东乃至全国的发展作出突出贡献的优秀企业，将目光放在总结经验得失的基础上继往开来——让社会各界的精英的智慧凝聚在一起，共同探讨广东如何实现从改革开放的“先行者”到争当实践科学发展观的“排头兵”的历史性跨越，如何以新一轮的思想大解放推动新一轮大发展。标杆企业在开创广东下一个30年的辉煌中，理应发挥更加积极的作用，承担更多的重担。

该评选分为食品板块、家电板块、IT通信板块、房地产板块、汽车板块、金融板块、服务业板块、综合板块共计八大板块50多个候选企业，再从中评选出改革开放30年广东标杆企业30强。

2008年12月16日在广州香格里拉大酒店隆重举行改革开放30年领跑中国的广东标杆企业颁奖典礼。参加领奖的均为获奖企业副总以上企业高层，许多位参加者都很感叹："这么多广东各行业的龙头企业领导悉数到会，在众多的评选活动中实属罕见，也只有南方日报这样的领军媒体才能做到！"

作为对本次系列评选活动的一个总结与推广，南方日报同期推出大版28个版的《粤商魂——广东改革开放30年30家标杆企业特刊》。特刊广告收入近200万元。

经过大胆策划，精心组织，这次评选活动实现了南方日报聚集30年来广东乃至全国最有实力企业群体的梦想，再次验证了具有60年光辉历史的南方日报的强大品牌感召力、影响力，从一个侧面说明南方日报的改革得到了广东及中国最有希望冲击国际市场的企业群体的共同认可。

5.常规节庆特刊和个性服务特刊及活动

南方日报的项目策划除了开展上述类型的媒体活动外，也非常善于处理规定动作和自选动作。

在重要的节庆活动中很重视"常规节庆特刊"的策划运营，比较成功的如每年的《高考特刊》、五一《南方双节消费特刊》、《信·兴3·15企业社会责任报告》、《5·17电讯特刊》、《广东国际文化旅游节特刊》等等。

同时，还根据重要客户的特殊需求，专门推出"个性服务特刊及活动"，比较成功的如《奥运风特刊》、《暨大百年特刊》、《广交会百年特刊》、"广东移动'感谢广东·感恩广东'系列活动"。这些特制的特刊大多数达到了百版以上，为大客户策划的系列活动收益高达千万元以上。

作为个性化服务，南方日报广告部策划组织"2005南方房·车·艺术峰会"，获得了雅居乐房地产公司的高度评价，当时是为其广州雅居乐"峰会"大型高档别墅区的开盘策划的。

该活动的精彩之处在于以名车豪宅和高雅艺术搭建平台，向《南方日报》的目标读者群很好地宣传了《南方日报》的定位、高端主流生活主张——高档的物品+高雅的艺术+高尚的精神＝高品位的生活。以高雅的艺术、高尚的精神，聚焦名车豪宅，媒企携手共建和谐社区，全面提升精英阶层的生活品质。现场组织的南方日报南方书画院书画家挥毫、作品展、发行推广、红酒品尝鉴赏等活动，很好地传播了南方日报的品牌，也帮房地产企业、汽车经销商实现了产品促销的目的。

二、南方日报媒体活动实践为党报开拓市场所带来的启示

通过以上南方日报媒体活动典型案例的简要陈述，可以得出以下两个重要的结论和启示：

首先，媒体的组织功能，是党报能够成功策划组织各种社会活动的本质原因。

有组织、有人和事，就会有活动。媒体的内部运作，作为一种业务活动始终都在开展着。一般所讲的"媒体活动"，其实是特指媒体利用自身媒体资源和平台策划组织的各种社会活动。媒体策划组织的"活动"，有广义和狭义之分，广义泛指媒体组织的各种社会活动，狭义是专指媒体主动策划组织的各种会议、展览、评比等活动。

在整个社会的运行中，可以看到有一些组织与一般的组织不同，它们对公众、公共事务具有巨大影响力，其中一个影响力就是它具有社会活动组织能力。如政府、司法、社团、宗教，媒体作为一种社会公器，社会各界传播交流信息的平台，实质上拥有很强的组织力。这就是许多专家学者所说的“第三或第四权力”。

1901年5月，列宁在《如何着手？》一文中提出了具有典型性“组织者”的概念：“报纸的作用并不仅是集体的宣传员和集体的鼓动员，而且是集体的组织者”。我国的党报在早期的革命和抗战过程中也取得卓越的历史功绩，起到了动员、组织、宣传、教育等功能。

可以说，媒体的组织功能与生俱来，只是在不同的历史时期担负着不同的组织任务。在阶级矛盾尖锐的时候，媒体是团结抗争的组织者；在市场经济繁荣、大力发展生产力的今天，媒体在经济活动中的组织者角色就应该通过主办各种社会活动来实现，依此推动商业繁荣、信息流畅和现代文化的构造。但在现阶段，我国一直强调媒体在精神文明建设上的引导作用，而植根于商业与大众之间信息互动的媒体的组织能量却没有得到舒展的释放。

所以，组织功能作为媒体基本功能之一是客观存在的，在不同的历史背景下肩负不同的组织任务。媒体不仅是精神文化的传播者、伦理道德的倡导者与实践者，同样也应该是经济建设的直接参与者与推动者。

这就是媒体能够成功策划组织各种社会活动的本质原因所在。鉴于其突出的策划性、目的性，有人把它归入“活动营销”概念。

其次，党报媒体活动策划运营，对党报市场拓展具有重要的战略和现实意义。

媒体活动无论是站在什么立场、出于什么目的，都会对整个社会产生较大的影响。从大的领域来看，对政治、经济、科技、文化、社会都会产生较大的影响。一个媒体策划组织的活动越是和政府当时的方针政策契合，越是和公众关注的热点重合，越是和企业的需求对路，越是和媒体自身的定位、地位相称，就越能够获得成功，对相关领域产生重大影响，从而实现媒体活动的战略意义。

但在这里，更值得关注的是“媒体活动”对媒体的现实意义。南方日报多年来的媒体活动实践表明，成功的媒体活动会给报纸的各个经营环节带来利好：

扩大媒体品牌影响，促进媒体品牌增值——增加无形资产；

集聚行业资源，引领行业发展趋势——建树媒体行业领导者地位；

制造公众热点话题，探讨行业问题及对策——为采编创造独家题材；

影响企业广告流向，组织非常规广告——广告创新；

实现精准覆盖，培养核心读者——为发行提供营销平台；

打造活动品牌，增加活动本身经济收益——新收益来源。

南方日报凭借自身的公信力和影响力，利用特定时期的热点和焦点，主动策划组织有创意、有吸引力的主题活动，不仅整合了社会及行业资源建立一个个各界共享的交流合作平台，促进了经济社会的和谐发展，而且使报业介入多种产业，延伸了报纸产业链条，拓展了报纸经营空间，突破了自身单一的经营模式；不仅吸引了受众和广告商，促进报纸常规广告销售，挖掘潜在广告资源，吸引增量广告，提升媒介品牌，而且也有力地推动了报社内部运营模式的改革创新，形成了报纸版面与活动营销的联动模式。总之，活动最终目的就是有效地提高报纸的经济效益和社会效益。

媒体活动的运营，从媒体内部来看，是一个牵扯到媒体的策划、采编、广告、发行、印刷、行政协调的系统工程；从外部来看，是一个整合政府、行业协会、企业、专家等各种相关社会力量和资源的系统工程。因此有关媒体运营的问题，应该从媒体内部运作和外部运作两大方面去统筹考虑和操作。

第二节　在创新中赢得未来——南方周末报系市场推广

一、文化：南方周末市场推广的基础

南方周末市场推广的改革与创新，离不开三种内部文化：人文文化、专家文化和创新文化。

1.人文文化

这是与南方周末的品牌精神和企业文化息息相印的，南方周末的人文关怀是市场部门文化基调的基础。提出人文文化，并把它放在首位，就是要告诉部门团队成员，服务于一个企业、一个品牌，首先要深刻理解这个品牌内在的深刻价值观，不仅是要在言语上熟谙于口，更重要的是要让它通过一天天的累积效应，深入到骨髓，融入并改变原有的基因，让精神烙上品牌的印记。这样，就不会出现不该有的市场策划和业务开展上的分岔，而是所有人面对同一个策划，将给出类似的答案，或者说很快就可以有心灵上的共鸣。相信这也是为什么，但凡成功的大企业都会高度重视企业文化，其实这也是基于一个企业发展的逻辑，战士们的动作整齐划一，才能打出胜率更高的仗，并且可以将这样的胜仗如法炮制，进行“连锁式”发展。如此，南方周末的发展将成为不可逆转的必然。

2.专家文化

如果说人文文化是一个企业的“道”的逻辑，那么这里说的专家文化就是一个“术”的问题。当下媒体的竞争，虽不比快速消费品那般残酷而“快速”，但20世纪那种媒体传播渠道稀缺的黄金时光也确是一去不复返，取而代之的是网络媒体、新媒体的欣欣向荣，对传统平面媒体的经营提出了强大的挑战。如何发挥出传统媒体的品牌价值和市场影响力，是当下媒体积极思考并摸索执行的课题。开展各种各样的论坛、评选，是一个整合客户资源、经营相关领域人脉关系的常用手法。南方周末虽然不是经济类媒体，但是从2004年起投入开展的中国（内地）民营企业创富榜评选，就是以南方周末的方式在进行着企业资源的整合，这把钥匙就是社会责任。五年后的今天，已经逐步衍生出世界500强在华贡献排行榜和国有上市公司企业

社会责任排行榜。南方周末不是经济领域的行业专家，但她要力争做成社会责任领域权威的活动，不是浅尝辄止，而是在社会责任这个领域，从一个媒体的传播本分，做到这个行业的相关业务，如计划中的培训、认证，以及围绕以责任为中心的公益活动，企业宣传等等。同理，当南方周末做健康、通讯、汽车相关策划的时候，其要求也是，策划人必须可以做到这个领域的专家，或是要朝着将自己培养成领域专家的方向去发展。这是激烈市场竞争提出的要求，精细化的营销服务能力，也许在未来带来的将不只是更忠实的客户，而是通过媒体与产业合作碰撞出的生产力火花。

3.创新文化

这个概念是最不新颖的词语之一了，各级政府工作报告，各种企业的宣传文件，屡见不鲜。创新的意义不仅是在于新事物的产生，而仅是在时刻提醒着办报人应该有一颗创新的心——运动中的思维往往是更具有活力和创造力的。媒体产业本身就是创意产业的一个组成部分，从新闻学角度讲，同样的新闻需要变着法子写，以吸引读者那颗永远好奇的心；从广告学角度讲，当你的媒体获得了更多的眼球，客户才会获得更大的宣传价值。所以，创新的源泉在于这个市场本身存在大量需求和消费着创新。体现在媒体经营活动中，可以是评选方式的改变，如南方周末2009年在上海车展前期推出的“客户满意度调查”就是由原来的专家评选变身而来，评选由专家性质转变为真实的市场反馈分析，获得了成功，赢得了广告客户的赞赏和支持。

南方周末市场推广的改革创新，万变不离其宗，那就是始终围绕人文关怀的精神，以做业务领域和行业专家的工作心态，服务于报社品牌，并将报社品牌价值转化成真实的市场份额，在创新中赢得未来。

二、落地开花——《mangazine|名牌》市场推广

自2003年创刊以来，《mangazine|名牌》一直在寻找一条符合男性精英杂志的推广道路，一条属于自己的变革创新之路。

多年来，依托南方周末报系的发行，《mangazine|名牌》以北京、上海、广州三地为核心区域长期精耕细作。

在零售渠道推广上，杂志的特殊性和有限的市场费用决定了《mangazine|名牌》无法实现报纸化无缝发行，市场推广必须量力而行，只争兵家必争之地，把钱花在刀刃上。

在这种局面下，《mangazine|名牌》精选北京、上海、广州市内繁华地段重点报摊，在报摊显著位置摆放，其他相对偏远地区采取能上就上的办法。

2008年以来陆续覆盖北京、上海、广州所有主流书店（包括大型书城、连锁书店），并相继进入三地核心的7-ELEVEN便利店、c-store、快客罗森便利店、可的便利店、全家便利店、喜士多便利店、家乐福超市等新生零售渠道。

在展示渠道上，《mangazine|名牌》不断创新，多样化呈现，力求直接影响锁定精英人群。除了常见的高档餐厅、

高级酒店等展示渠道，《mangazine|名牌》还开拓了政府机构、领事馆、顶级会所、顶级俱乐部、名车展厅、银行金融高端网点、星巴克连锁等众多创新展示渠道。

长年坚持不懈的常规市场推广，并没有带来超出预期的回报。面对国内外众多时尚男刊的咄咄紧逼，有限市场推广预算总是杯水车薪。

2008年，《mangazine|名牌》受《南方周末》最初走区域代理模式的道路启发，经过小心探索实验后，决定在全国除北京、上海、广州以外的核心城市进行区域代理招商，实行区域合作伙伴制度（也称为城市落地模式）。

这种区域合作伙伴模式不是一种传统意义上简单的发行包干制度。区域合作伙伴每月在当地不仅自主消化一定数量的杂志，而且由于有了区域内广告代理权，各地的区域合作伙伴在自己的城市和地区不遗余力地大力推广，在当地媒体和精英人群中广泛传播《mangazine|名牌》。除了这些常规的推广手段，厦门、苏州等地的合作伙伴在当地市区最繁华的路段投放《mangazine|名牌》的巨幅户外广告来宣传《名牌》杂志，推广自己。

这种区域合作模式，一方面可以直接迅速实现在当地发行量激增，实现发行量上数级的突破。同时，由于这些区域合作伙伴在当地大多都有广泛的人脉关系和广告资源，可以使《mangazine|名牌》接触以前无法企及和服务的当地广告客户，提升《mangazine|名牌》全国广告市场总体容量。

另一方面，《mangazine|名牌》可以在不花任何成本的前提下，迅速在原有的发行推广空白区域提升影响力。星星之火可以燎原，这些点的爆发，最终又会在全国形成良好的传播氛围，提高全国影响力。

2009年以来，更多的区域合作伙伴相继加入，城市和市场核心区域不断扩大，目前《mangazine|名牌》区域合作伙伴（城市落地地区）已经有福建、海南、苏州、四川、南京、湖北等超过10家。

城市落地，落地开花。在这全新的推广模式上，《mangazine|名牌》期待能有一番新的天地。

三、《南方人物周刊》市场推广

《南方人物周刊》的发行目前除西藏、台湾以外，覆盖所有城市、区域的各类渠道，建立了大批忠实的读者，发行量稳步上升。刊物能够在短期内得到全国广大读者的高度认可和赞誉，首先就是依托南方报业传媒集团强大的品牌影响力，以及刊物内在高水准的品质内容吸引；其次就是依据灵活的市场策划能力，针对刊物的内容与读者定位，做精细化的发行覆盖与市场推广，从而有效地引导了读者的认可和购买，品牌的知名度也得到了很好的提升，并迅速占领了读者市场。

市场的推广，是在促进读者培育推广的同时，拉升品牌传播的效果，这是需要一系列活动策划与实施的过程。《南方人物周刊》杂志社初期的市场推广，主要由发行部来策划实施，围绕核心目标读者的需要及曝光推广的基础需求出发，由点到面地进行有效的市场推广，在全国市场的目标读者群体里起到了很好的曝光效应。

针对读者培育与市场推广，在发行的规划上，有如下几个方面：

首先是针对读者的定位，分析并依据其衣食住行的习性，进行刊物发行的有效覆盖和曝光，引导读者的认识与阅读。这样，将刊物直接呈现在目标读者面前，减少购买环节的距离。

然后在重要的城市与渠道，进行密集的海报张贴推广，创造终端醒目的视觉效果，形成刊物品牌及读者购买的强烈渲染。

开展系列定向推广活动，在北京、上海、广州、成都、深圳，选择目标读者密集的各类商务大厦、会所、社区和聚集地等，定期进行读者的咨询、调查、投递等培育活动，有效地推广了刊物的品牌及读者认知。

选择各主要城市的高校，与学校学生会合办或自办校园活动，定期在新生入学期间，做大规模的刊物阅读推广活动，培育和开发了大量新生的读者群。

坚持在四大城市的读者的休闲场所，进行定期的展示赠阅，既培育读者的阅读兴趣和购买促进，也达到了品牌传播的效果。

最后利用各地发行队伍的管理和作业方式，对重要城市进行全天候的终端现场维护与服务，时时了解市场、调配刊物发行资源、监督销售环节、洞察竞争对手信息、现场读者咨询与推介、区域直销推广等，形成了一套完善的市场操作系统，也起到了很好的市场推广效果。

发行的策划与工作实施，是刊物市场推广的其中一个环节，还不能达到品牌高端传播与增值营销传播的功能。所以，在刊物稳定占领发行市场后，配合其他部门的主题品牌活动及其他推广策划，形成了《南方人物周刊》立体式的整体市场推广系列。

第三节　商业中国推动力——21世纪报系市场运营法则

21世纪报系市场中心在南方报业传媒集团优势平台上，整合多方资源，变中有常，不断突破，在历年运行中，形成了项目制为主的运营机制，涉足多个行业，开拓媒体新渠道，在影响力和市场收益方面，均取得了一定成绩。

首先在影响力方面。21世纪报系市场中心的各个项目涉入多个行业，在商业、金融、社会公共事业等领域都有所建树，整合了多种高端资源，形成了一种多渠道多层次的综合合力，赢得了目标读者群及相关行业的持续关注度。同时，21世纪报系市场中心各活动的传播力度，也是同行业类似运作中少有的。

其次，21世纪报系市场中心的各项目运作，都在保证达成报系品牌建设和影响力推广的前提下，完成了自我创收，不仅能够保证持续融资，良性运作，而且基本上都在实现利益增长，已成为21世纪报系除传统销售渠道之外新的利益增长点，也为集团媒体收益渠道创新，提供了一种可能性。

21世纪报系市场中心如何在市场化之路进行探索的呢？究其根本，可概括为以下几点：

1.良性运行机制

在数年探索中，21世纪报系市场中

心形成了一整套的运行机制。

首先是项目管理中心制，21世纪报系所有活动，不管是商业活动还是公益行为，都以完善的项目制运作为基础，保证了所有活动都有自己的项目责任人，形成一套较为科学的管理运行模式，权责明晰，连贯度强。

其次，基于项目中心制，市场中心形成了较为有效的管理与激励机制。项目中心制令签署过项目责任书的员工对项目有高度责任心，同时，与项目运行效果相关的奖惩机制也激发了相应员工的工作积极性。

2.互利式品牌推广

21世纪报系市场中心的一个效用是保证报系品牌建设及报系影响力的推广。正是基于这一核心，报系市场中心所有活动的推广和报系本身的推广，一向都是互利式的。活动在21世纪报系的平台上成型，并应用相关渠道进行推广。在推广的同时，所有活动都贯彻21世纪报系统一VI和品牌内涵。21世纪报系的原来品牌存量放大了活动的公众影响力，对活动的直接宣传和多方推广，又反过来增加了21世纪报系的品牌内涵和层次。

3.资源整合

21世纪报系市场中心本质上并不拥有直接报系资源。但是，市场中心在所有活动中都做到了大力整合多方资源，产生聚合效应。

首先是整合报系内部资源，市场中心和广告部门通力合作，为客户提供更有引导性的服务，市场中心的多数公益项目都是在和客户的互动中实现对企业的引领和带动，从而推出的。市场中心的众多项目，其核心竞争力的形成和报系对项目主导性的实现，也都离不开采编部门的相应支持。在报系内部，市场活动是打通各部门，实现多方整合的一种有效途径。

其次，充分整合外部资源。市场中心通过历年运作，已聚合乃至影响了一大批的高端资源，这些企业、机构、组织，在和21世纪报系的合作过程中，通过市场活动，更积极地参与到了报系的众多建设中来，同时也获得了更多层次的展示及传播机会，甚至会形成一种对报系界定标准的相应依赖。

21世纪报系市场活动正是从这些方面，达成了报系品牌建设及影响力推广的目标，同时实现了收益增长和自身良性发展。

一、探索与突破：媒体市场活动的意义

《21世纪经济报道》的运营创新，以市场活动表现得最为鲜明。21世纪经济报道的市场活动，既扩展出了一种新的媒体渠道，又对品牌经营和提升形成良好作用，同时，也为报系带来了新的利益增长点。

中国百年报业历史，多是单打独斗，虽然产生过一些历史上留下较高声誉及影响力的报刊，但它们多半仅仅是一张新闻纸。类似国外那种在行业乃至跨行业拥有巨大影响力的庞大媒体集团，从来都没有出现过。

但真正成熟的新闻媒体，都有着庞大的渠道和运营优势。这些也是国内的媒体自从走向现代化经营以来，一直都在学习，但是多数媒体仍然在传统的渠

道开拓方面，尽到努力。

譬如目前大多数报业集团，都是以报纸、杂志、网络为三大重头，个别媒体突破了电台和电视台。这些运营从国际媒体发展史来看，是不错的，多家成熟媒体集团和传媒大鳄，都是这么发展起来的。

但中国有中国的实际情况，这种先全面铺设渠道，再开拓衍生市场的做法虽然有成功范例，却很难照搬。一个明显的不同就在于中外网络和电视台机制的不同。

在这样的局面下，传媒集团要想通过建立自己的网站来突破网络出口的希望，非常微茫。从2001年至今，国内各个媒体几乎都已拥有了自己的网站，但这些网站在国内有强大影响力的，很少。能够有影响力并且盈利的，少之又少。

至于电视台方面的限制，国内的传媒集团是不能够像国外传媒一样拿到电视台经营权的。

所以国内报业目前的运营模式，不管是由于理念的限制还是由于现实的渠道所限，多数都还是相对单一的，大部分报业主要依赖广告收益，而且多数媒体的广告收益超过总收入的85%，这样的运营模式，相对来说是比较脆弱的。

那么国内媒体有没有可能拓展更多运营渠道，提供另一种收益结构模式呢？

《21世纪经济报道》一直都在做这样的探索，八年来，也有了一些运营经验。

《21世纪经济报道》被广大读者及业内关注的一点，就是它市场活动的活跃。2008年广告营业额已逾4.7亿元，市场活动的份额占12%。就国内同类媒体来讲，市场活动所占据的收入比率，能达到这么高的，是不多的。

市场活动在国际成熟传媒集团的运营结构中，也许是重要，但应该说既不新，也不是最醒目的一部分。

英国的经济学人（The Economist Group）自20世纪40年代，就已经设有专门的信息部门——经济学家信息部（The Economist Intelligence Unit）。许多别的著名传媒，如《财富》杂志，在会议和论坛组织上也是卓有成效。

市场活动的意义何在呢？

1.是一个反馈，信息研究与收集，对自我定位及影响力的调查、调整、矫正乃至发现。

2.是一个细化服务，从为某行业的最大众服务的报纸，延伸为为读者群中的某个具体群体服务，提供阶段性的话题、讨论、解决方式，趋向性的分析与预见乃至多方沟通平台。

《21世纪经济报道》最早的市场活动是博鳌房地产论坛。2003年起，《21世纪经济报道》建立市场中心，承担市场活动和品牌管理两方面的功能。

截止至今，《21世纪经济报道》所开拓、推出的活动有二三十个。

其中像品牌价值管理论坛、金融年会、企业公民、红粉笔等项目，都已经运作经年，成为行业标杆和商务经典。对一些企业来说，拿《21世纪经济报道》的评选奖项或参与《21世纪经济报道》的相关论坛，那种荣誉度，和一些普通的评选是很不一样的。

《21世纪经济报道》的市场活动在

起步初期倾向于报系品牌塑造，到后来，更倾向于做一些价值倡导、理念推广、责任带动。

《21世纪经济报道》是国内最早提倡“企业公民”概念的财经媒体。其实它所有的市场活动和品牌管理，从本质上来讲也都多少倾向于这个方向，或者说围绕这一理念进行。

《21世纪经济报道》希望承担的角色是商业报纸的领导者，同时也应该是某些有预见性的社会责任行为和社会责任体系的预告人、号召人和践行者。

基于这样的理念，《21世纪经济报道》的运营从来都不以单纯的版面收益为诉求，而是开拓多种渠道运营。在新媒体的冲击及门户网站的压力下，《21世纪经济报道》一方面也积极建立并运营自有网站，同时开拓新报新刊，并向有声频道拓展；另一方面，还有更丰富的延伸渠道的开拓和更灵活的操作模式，同时配合比较活跃、深入、细化的运营方式。

在报纸刚刚创办的时期，《21世纪经济报道》对版面广告的谨慎也是有目共睹的。八年来，运营和内容从来都是相互促进，又相互独立。这种坚持，也在收益上有了不断的发展和突破。随着中国资本市场及相关需求度的成熟，《21世纪经济报道》在一直成长、进步，在每个条件成熟的时期，它都相应做出了自己的成长和选择。

从周报到一周两期，再到一周三期，最后于2008年1月变为一周五期的周报，《21世纪经济报道》的成长有恰逢其时的因素，更多是运营思路、理念与收益和方式的推进。当然最直接最具体的是报纸收益的推动。

这些版面收益既是市场对一份报纸的肯定，也是读者对一份报纸的期望，《21世纪经济报道》每次的改期、扩版乃至创办新报新刊，可以说都是一种扩容，但它的扩容一向基于两个现实。

第一，整个财经类报业市场的成长和进一步开发。过去的八年，既是《21世纪经济报道》的成长期，同时也是很多财经类媒体蓬勃发展的时期。一些报业同仁以及兄弟媒体对财经市场的开拓和挖掘，也为这个行业的报业增长贡献巨大。在这八年里，读者、企业和行业资源链条及相关渠道，大致经历了一个从不太清晰概念，到有一定概念，到最后有一定行业辨识能力，有固定的品牌认同度和习惯性选择的过程。在这样一个过程中，财经类媒体所做的和其他大众媒体一样，绝不仅仅是利益的攫取，更多是一种理念的普及、行业知识的明晰，一些新事物的鼓舞，甚至是一些行业标准的树立。正是这样一种行业的共同成长，乃至整个经济大背景和社会意识的共同成长，财经类媒体才会有所为，进而大有可为。

第二，整体行业和相关经济群体的成熟对财经媒体提出的一些新的召唤和需求。基于整体的成长，《21世纪经济报道》和其他财经类媒体一起大大拓展了共同生存空间；基于自身的成长，同时也感受到了读者、社会、行业、企业，对一份他们所信赖的财经媒体的更多要求和需求。

解决这种要求和需求的方式，首先就是《21世纪经济报道》的扩容，即丰富渠道的建立和服务的细化。前者的诉求体现在对报纸版面及出版频率的调整。后者目前主要体现在《21世纪经济报道》丰富多样的市场活动。

二、渠道与收益：21世纪报系市场活动的特色运营创新

作为一家财经类报纸，《21世纪经济报道》在开展市场活动方面是有先天性优势的。首先它的记者和编辑都是对财经领域各个行业有持续关注和研究的专门人员，报纸在内容版面部分所要求的从业人员的素质，一向都是很高的，新进采编一般都是从相关专业招募，然后给予他们3到5年的行业训练。这样做既是为了保障报纸内容的领先性、专业性，也使得整个团队自然地拥有了对某些行业更为专业，甚至更有预见性的人员。

那么，在新闻产品之外，有没有可能为读者提供更深入更细化的一些行业了解？在静态版面广告，当然现在也包括有声动态广告之外，还有没有可能为客户提供更生动更直接的沟通平台，甚至是一些行为奖誉、理念引导、趋势辨析？“商业中国推动力”除了从版面的客观新闻中体现，这种推动可不可以离某些具体问题和行业现象更近一些？

这些设想应该说最后基本都落实为市场活动。从2003年成立市场中心运营市场活动以来，《21世纪经济报道》的市场活动截至目前，年度项目约30个，还不包括正在创设的新项目。

《21世纪经济报道》的市场活动按形式大致可划分为几个方面：品牌建设、会议、论坛、评选、公益行动。除品牌建设由专门的品牌视觉部统筹外，其余活动都实行项目制，年度运营。

从博鳌房地产论坛开始，《21世纪经济报道》的市场活动陆续涉足的领域有房地产、酒店、银行业、金融业、奢侈品等多个领域。经过几年的运营，《21世纪经济报道》的会议和论坛都能做到聚集相关行业的高端企业和专门人才，为这些细分领域的企业和知识界、行业和行业关注者、客户和读者，提供最直观和有预见性的接触。而且在这样的过程中，《21世纪经济报道》树立了一些标准，形成了一些准则，也促成了一些共同理念和观点在某些行业的推进和实行。同时，通过这些评选和会议，《21世纪经济报道》也为一些企业的社会形象和品牌建设，做了一些促进式的建构和改进。

当然，从运营的角度来讲，说《21世纪经济报道》的市场活动仅仅是为了更细分的客户及读者群体服务，那也是不全面的。其实市场活动本身也是一种媒体渠道，是基于报纸，又超脱报纸的更灵活传播方式，各方的参与度都因此得到了大幅提高。

《21世纪经济报道》的所有活动，首先都是一种媒体新渠道的拓展。会议和论坛的传播是多层次的，更丰富的，它在传统平媒的基础上，开拓更多层级。在某些层级，比如会场布置等环节，它和分众类的传媒比较像；在人群服务及话题方面，它又集中了论坛平台的功能；那在外围传播和产品发布方面，它又类似一个信息或者研究中心。

这些渠道为客户、读者、行业知识分子以及一些相关机构，都提供了充分的参与和活动空间，这些参与当然也会连带为报系带来不错的收益。这些收益，既支持了市场活动在更广泛领域及更高层级上开展，也让报社在某些行业的领先或者说领跑，保持了一个相对稳定的加速度。

会议和论坛的收益不仅仅包括赞助收入、门票收入、借力宣传收入，同时还有对整体收益的带动作用。

对传统媒体来讲，同一家企业对同一家媒体的广告版面增效，其实是相对固定的，2007年和2008年的平面广告支出不会累加很多，除非他们有全新的业务拓展或者面临一些公众危机。但是如果你提供的是更多渠道和途径的合作，更新颖活跃的参与方式，也许一切都会变得不同。

而且这些渠道对品牌建设的促进作用是非常有效的。对报系品牌来说，在一些行业领域的活跃和理念倡导，令报社能够持续保持一种新锐灵活的形象，对一些理念的践行和推动，又有一种示范作用。对客户来说，加入《21世纪经济报道》的会议、论坛或者别的年度活动，本身就是一种品牌形象的增值；对于那些参与年度公益合作或者是获得行业奖项的企业来说，这种增值更为明显。以目前的经验来说，报社目前开拓的所有市场活动，都收到热烈的反响，各方的参与积极性和实际参与度都很高。而且报社每年每个活动所推出的一些议题、主题、评价标准，甚至细化到参评文件格式，可以说都对客户及参与者发挥着影响力，也在一点点逐渐引导、改变着企业的一些方向和品牌思路。

以“企业公民”为例，从《21世纪经济报道》首倡“企业公民”概念并开设最佳企业公民评选以来，五年过去了，“企业公民”从最初的一个社会概念，到现在已经成为一种企业标准，越来越多的企业会在年度规划中考量对社会责任的承担。这种改变不仅包括那些来参与《21世纪经济报道》主办的评选的企业，也包括更多受该理念和评选影响，或者受一些获奖企业社会品牌信誉度提升影响的企业。

目前也有越来越多的行业报纸、非行业媒体，加入到这样的倡导和推动中来，这是好事，是一个立足点，改变企业行动结构的机会，而且这个机会已经逐渐变成现实，它所波及的范围也越来越大。

在所有的市场活动过程中，《21世纪经济报道》的“企业公民”理念、“商业中国推动力”的诉求，都是一直贯彻的。

《21世纪经济报道》的所有活动，从类别说又可以直分为两大类：一是商业活动，二是公益行动。事实上《21世纪经济报道》的市场部门也是分为商业组和公益组两个小组来运作的。商业活动更侧重市场推广、细化服务、客户诉求及行业倾向方向，以行业影响力和公信力为诉求，这类活动也是渠道创新和销售创新的主要部分，为整个市场活动带来足以维持其自身发展加速度的收益。博鳌房地产论坛、亚洲金融年会、品牌论坛、“金枕头”中国酒店业评选、亚洲银行业论坛等活动，都属商业组运作。公益行动则侧重在对教育、环保、文化等领域重大问题的关注和公益理念的倡导，通过报系本身的实际行动，来倡导一些精神，发现并呈现某领域的某一问题，并借此引发社会的广泛关注，能够进一步形成企业及行业的行动追随。公益行动类项目一般有着持续的项目设定，对某一领域有着持续的关注力和行动，虽然也以年度运作和企业合作为方式，却决不以收益为目的。2006年启动的以素质教育为要点的“红粉笔乡村教育计划”，2007年启动的以阅读教育为核心的“小橘灯乡村小学图书馆计划”，以乡村教师培训为目的的“爱心课程计划”，以环保推动为目的的“绿色畅想·21世纪大学生环保公益大赛”，都是公益行动类活动，属公益组操作。

正因为对不同领域的市场活动有着明晰的定位和思路，《21世纪经济报道》在近几年不仅已举行的活动越来越有影响力，逐渐成为某些行业的标杆及重要评价体系提供者，也保持着旺盛的创造能力，每年，甚至每季度，《21世纪经济报道》都有新的项目被研发出来。当然，考虑到报系整体运营结构及人员等限制，加之市场活动永远不应以收益为唯一主导因素的原则，《21世纪经济报道》目前能够进入到立项运营的项目，远不是其研发的全部项目。

经过7年的努力，《21世纪经济报道》的市场活动已经进入一个相对稳定成熟的时期，这些活动确实取得了可观的收益，但《21世纪经济报道》的活动从来不会盲目扩张，以量取胜，在保证原有项目良性运作，不断进步的同时，每年也会有选择地开拓一些新领域、新项目、新活动，以保证作为“商业报纸领导者”的《21世纪经济报道》，能够持续提供“商业中国推动力”；也保证作为“企业公民”理念倡导者的《21世纪经济报道》，同时能够作为先行者，实践对某些社会领域重大问题的发掘和持续关注。

三、示范与推动：21世纪报系市场运营活动的良好性成长

综观近几年，《21世纪经济报道》的市场运营确实获得了一些突破性的创新，为渠道、销售乃至品牌建设都贡献了积极影响，也带动了一大批行业媒体、周边企业的关注和行动。目前《21世纪经济报道》的运营在收益上也有了一个可观的数字。那么，随之而来的也会有一些质疑和担忧，譬如说对报纸新闻客观、独立、尖锐性的影响，譬如说怎样做到收益和公正性的平衡。

这些问题也是报系一直在探索在思考的问题。从现有的运营经验和效果来看，其实做这类市场活动操作，不仅不会削弱《21世纪经济报道》及其子报刊作为新闻纸的独立、客观性，反倒是这种独立性的一个有效保障。

21世纪报系的新闻和运营两块，从来都是分立的，都独立操作，互相不构成太密切的影响。不可否认，在当前中国的大环境下，个别的财经类媒体和众多的行业媒体存在软文、卖版等现象，但《21世纪经济报道》从来不做这样的事情。市场活动运作发展起来之后，一些客户的特殊宣传需求，可以说是多了一个途径。比如说在报纸版面上，几乎不可能出现一个企业CEO或某个机构高层大谈特谈他的经营理念，他的运作思路，他的自我标榜，但是在一个行业论坛上，行业内企业的对话是完全必要的。所以市场活动从这个方面来讲，反倒是分薄了内容部分所面对的压力。

报纸本身的立场和声音，可以通过新闻透露，但不会通过版面大声疾呼。但对于市场活动来说，却有必要每次都观点鲜明，立场张扬，也正是通过这些活动，21世纪报系所倡导的一些社会理念，所认同的行为模式、所倡导和赞扬的企业精神，会更清晰、更广泛地扩散到目标群体中去，进而影响行业，乃至整个社会的一些改变。

从这个意义上来说，《21世纪经济报道》的市场活动，从来都是遵照报纸定位，和新闻内容相互促进，相辅相成的。它用另一种方式说话，用另一个渠道推动，用大声疾呼乃至身体力行的方式演绎，用论坛、会议和评选来奖励、选择、推动企业精神和行业改变，立足长远和可持续性，关注公众领域和具体行业的重要问题，并推动企业、行业和社会，一起来改变它。这是《21世纪经济报道》的一贯诉求，也是每位办报人一直坚持的理想。

第五章
价值链管理

第一节 报业印刷的典范

1949年10月23日，印刷厂与当时中共中央华南分局机关报、现中共广东省委机关报《南方日报》同时诞生。60年来，印刷厂随着南方报业的发展而进步，从一个机关内部印刷厂发展成面向市场，省内具有最强报纸印刷能力的基地之一。

一、技术变革

1.铅与火时期（1949—1989年）

印前工序：

铸字——用木炭熔化合金铅，在手摇铸字机中一粒粒铸出铅字→用煤、电熔化合金铅，万能铸字机机械铸字；

排版——人工站着排字、拼版→内文字可坐着排字；

图片照相——玻璃板作片基（湿版）照相→感光胶片接触网屏照相；

制版——手工红粉腐蚀→铜锌版无粉腐蚀。

印刷工序：

解放时从国民党《中央日报》接管过来未及撤走的3台对开活版铅印机和1台旧的低速轮转机，接收《前锋日报》1台低速轮转机；1952年上级用党费从香港购进原《大公报》一台美国司高脱超高速铅印轮转机；到1989年，拥有10台大高速（11个印刷座）、两台小高速、两台小机共1台铅印轮转机，是全国省报印刷厂中铅印设备最多的一家。

2.进入照排、胶印初期（1983—1989年）

1983年进口瑞典D25A桑拿彩色胶印轮转机（理论5万对开/小时）1台，并进口配套的照相机1台、菲林自动显影机1台、双面晒版机2台、PS版显影机1台，当年8月投产；1984年购买上海人民机器厂生产的书报两用胶印轮转机1台（理论4万对开/小时），两年共投资人民币130多万元。每天印刷18万份《南方日报》，发行北京、上海、广州地区、佛山、深圳、珠海及海外等；另外担负印刷系列报《中国日报》、《南方周末》、《海外市场》及《羊城晚报海外版》、《粤港信息报》、《广东侨报》、《深圳青年报》等11种外报，平均每天印量32万对开张。随后几年，陆续购进北京胶印轮转机1台，进口桑拿彩色胶印轮转机2台。

为改变印前手工排拼效率低的状况，1986年购买深圳电脑文字处理系统公司的CWP-1A微型计算机照排编辑系统，8月起投入使用。

1988年10月中国报业协会及国家新闻出版局在沈阳召开了关于报纸技术改造规划会议。根据会议精神，结合搬迁新址实际，印刷厂制订了技术改造计划：购买日本池贝高斯大都市II型高速彩色胶印轮转机2台（理论12万对开/台

南方日报印刷厂工人早期站着排字、拼版。

小时），实现全面胶印；购买激光电脑照排系统代替铅字排版。

1989年6月13日，照排车间试产，配备华光Ⅳ电子排版系统两套，XT录入机16台，大屏幕AST286组版机4台，中屏幕组版机（600×800）10台，康派386、110M主机各1台，机房面积480平方米，装修及设备投资共计270万元。《海外市场》、《花鸟世界报》使用该系统出版。

1989年10月下旬，日本池贝高斯大都市Ⅱ型高速彩色胶印轮转机2台（A、B列）投产，《南方日报》及系列报实现胶印。

3．全面进入电脑、胶印时代（1990—2000年）

（1）照排系统10年升级3次

1990年4月，激光电脑照排系统验收，代印报纸全部使用电脑照排，取消铸字车间和排字车间。

1990年3月，铅印轮转机完成历史使命，代印的报纸（50种）全部实现胶印。

1992年10月，第一套华光Ⅴ型彩色出版系统（连接潍坊JTS400照排机）试产，1993年4月承担《南方日报》第9版的分色任务。1994年6月，购买第二套华光Ⅴ型彩色出版系统。

1995年11月，试用华光超思报版软件及Ⅵ型出版系统，12月9日起《南方日报》一版使用超思组版系统。

1996年11月，TOPAZ COPLX扫描仪安装使用。

1997年2月，购买华光Ⅶ型彩色出版系统，配套AGFAV25照排机。11月购进连诺海尔S3400四开滚筒扫描仪。

2000年12月，购买丹麦宝禄德福公司生产的EskoSCAN2024四开平板扫描仪，2001年2月投入使用，解决了大幅面广告传版的扫描问题。

（2）10年投资1亿多人民币购买印刷设备

1991年11月投资157万美元（￥835万）购买日本高斯大都市Ⅱ型高速彩色胶印轮转机（C列）1台（理论12万对开/台小时），于1992年9月投产。

1992年12月26日投资234万美元（￥1290万），购买日本高斯大都市Ⅱ型印报机（D列）1台。

1993年投资150万美元（￥864万）购买美国高斯SSC彩色胶印机1台。

1994年购买美国高斯SSC彩色胶印机1台。

1995年2月，投资430万美元（￥3590万）购买日本高斯大都市Ⅱ型高速彩色胶印轮转机组3套与原A、B、D列机器连接（可同时印刷两张4+1、两张2+2报纸），以及美国高斯SSC彩色胶印机叠式BB印刷单元一组叠加于第一台美国高斯SSC彩色胶印机（可同时印刷4+4，4+1）上。于1996年8月开始安装，11月投产。

1997年9月，投资人民币1400万元购买美国高斯SSC彩色胶印机1台，于1998年3月安装。

1998年10月投资194.6美元（￥1611万），购买美国高斯SSC彩色胶印机1台、原有4台日本高斯大都市Ⅱ型胶印轮转机输送龙骨，于1999年投产。

4.高科技印前、印刷技术时代（2001年至今）

（1）2001年2月，位于报社招待所旁边、占地面积56米×21米的新厂房动工。9月17日，高斯组斯兰全幅无轴高速彩色印刷机（3个印刷塔）开始安装。该机高11米多，特点为无轴传动、高速、低噪声、可同时印刷6张对开4+4报纸。机器配有印版扫描系统、油墨预调系统、自动彩色套准系统、自动供墨系统、自动供水系统，有正面操作盘及集中控制盘，润湿水可遥控调整。每小时印刷能力60万对开张。12月1日安装完成开始试产。该设备及厂房共投资人民币1亿元。

9月，试用华光RIP2000彩色精密照排系统（连接AGFA25S照排机）。2月投资136万元人民币购买的丹麦宝禄德福ESKOSCAN2024四开平板扫描仪安装使用。

（2）2002年3月，投资67万元人民币购买ECRM赛锐63冲片机（连IBM主机，

南方日报印刷厂进入高科技印刷技术时代。

液晶彩显）1台、华光RIP2000彩色精密照排系统1套、华光拼版折手软件等。9月华光超思排版软件升级为华光超捷。

5月，投资810.5万美元购买第二台高斯纽斯兰全幅无轴高速彩色印刷机（3个印刷塔，连输送带、堆积机）。2003年1月开始安装，4月投产。

（3）2003年投资65万美元购买美国钻石光聚合直接制版机（CTP）2台（连自动弯版机1台），投资45.2万元人民币购买北大青鸟华光科技股份有限公司CTP接口软件。2004年4月设备投产，将印前8道工序缩减为3道。

（4）2005年投资4700多万元人民币购买上海高斯Magnum无轴胶印轮转机（12个印刷塔），11月开始安装，12月底投产。

（5）2006年2月，购置印前设备ECRM63照排机1台、富士9000全开照排机1台、纽牌晒版机2台、欧力晒版机2台、古龙彦冲版机4台。

（6）2007年南海基地一期工程启动，投资8000多万元人民币购置印前、印刷设备：包括上海高斯Magnum无轴胶印轮转机（22个印刷塔）及配套设备、集中供墨系统、集中供气系统、集中供水及水处理系统、半自动弯版打孔机5台、报纸输送龙骨、堆积机、全自动打包机各8套、富士F9000全开照排机1台、ECRM63QS对开照排机2台、欧力抽屉式晒版机2台、古龙彦冲版机3台、相关电脑设备及卫星接收小站等。

（7）2008年2月，南海基地1号厂房开始安装设备，于5月18日投产。

9月，再投资人民币4100万元购买上海高斯Magnum无轴胶印轮转机（12个印刷塔）及配套设备；另购置集中供墨系统、报纸输送龙骨等安装在南海基地1号厂房。

（8）2009年4月，南海基地1号厂房新装12个印刷塔投产。

（9）2009年4月16日，购置24塔瑞典桑那商报两用印刷机，配备UV系统，开创中国报业印刷先河。

新购桑那印刷机具有商报两用印刷功能，配备UV油墨烘干系统、三层三角版、联机骑马钉、十六开折页装置和连线三面切装置等商业印刷配套装置，既可用于印刷报纸，又可用于轻涂纸、胶版纸等商业精美印刷，并能够进行连线装订和裁切，使印刷、装订、三面裁切一气呵成，可满足客户灵活的印刷需求和追切的时效要求。UV技术及配套设备应用于报业轮转印刷在国内尚属首次。

2000年至今9年间，印刷厂4+1能力提高3.6倍，4+4印刷能力提高15倍。以上24塔桑那印刷设备到位后，集团全彩印刷能力将再增加144万对开/小时，并能够提供多种印刷服务。详见下表：

年度	印刷座（塔）	纸架（个）	折报机（个）	印刷能力（万对开/小时）		
				4+4	4+1	混合印力
2000	28	44	10	18	74.5	166
2001	28	44	10	18	74.5	166
2002	31	48	11	63	119.5	226
2003	34	52	12	108	164.5	286

（续上表）

年度	印刷座（塔）	纸架（个）	折报机（个）	印刷能力（万对开/小时）		
				4+4	4+1	混合印力
2004	34	52	12	108	164.5	286
2005	46	58	24	156	212.5	334
2006	44	56	23	156	210	331.5
2007	44	56	23	156	210	331.5
2008	64	84	30	244	295.5	417
2009	76	96	36	292	343.5	465

二、经营理念及经营业绩考核的变革

改革开放前，印刷厂承担着印刷《南方日报》、中央代印报约五六种报纸的任务，主要着重政治效益、社会效益，确保“出好报、出早报”，员工（含管理人员）每月奖金3、5、9（一等奖9元，二等奖5元，三等奖3元）。

改革开放后，报业日益关注经营管理，挖掘潜力，提高经济效益。印刷厂与广告、发行成为提高报社经济效益的重要部门。20世纪80年代起，报社提出“一业为主，多种经营”的方针，对印刷厂实行超产提成奖励办法。印刷厂在确保出好出早正业报纸——《南方日报》及系列报、中央报纸之外，提出“来者不拒”，大力开展对外承印报纸业务，使代印报纸不断增加，经济效益显著提高。1984年完成年度利润139万元（含生产服务社6万元）；1985年代印报纸23种，完成年度利润197.6万元（含生产服务社7万元，美印厂1.6万元）；1986年代印报纸28种，完成年度利润160多万元；1987年代印报纸达30多种。

1989年下半年起至1992年，报社对印刷厂实行部分经济（利润）承包合同制度。印刷厂提出“优质印刷，优质服务，全力保证《南方日报》及系列报出版，多接外件”。20世纪90年代印报刊50种，年度完成利润130万元（含美印厂30万元），为年度指标的316%。

1993至2004年，印刷厂实行二级核算，开设银行账号，向报社全面承包利润，印刷内件按市场价打折计算；从2003年起改为按虚拟利润绝对额计算。印刷厂以“独特经营，严格管理，过硬技术，一流质量”的理念，确保内件满意，继续发展外件，提供优质产品和服务，让客户们心甘情愿付钱，自己心安理得赚钱，实现社会效益、经济效益双丰收。其间经营情况如下表：

年度	代印报刊数量	完成年度利润指标	比上年增长
1993	120	210%	
1994	150	140%	33%
1995	160	123%	-7%
1996		122%	4%
1997		117%	8%
1998		130%	10%
1999	170	133%	15%
2000		169%	18%
2001		196%	30%
2002		220%	14%
2003		147%	47%
2004		179%	22%

2005年起，集团对二级部门实行成本中心核算，主要通过内件印刷成本节约额、纸张成本节约额及外件利润绝对额等三项指标进行业绩评价。2005年11月印刷厂获颁ISO 9001质量管理体系认证证书，全面贯彻ISO 9001质量管理标准，致力于从人力资源管理、产品生产过程、材料采购消耗过程到设备保养维修，不断增强顾客满意。首先是加强服务党报意识，把南方日报及系列报当作重要客户来看待，加强和提升服务能力；其次是为所有承印报纸的印刷质量和服务提供全面的、系统的保证；再次是不断寻找和发现改进工作的机会和空间，加强和改善印材及废料招、投标及管理工作，提高效率和效益。几年来经营业绩情况如下：

年度	总印量（亿对开）	总印量比上年增长	代印报纸数量	同比2005年外件利润增幅
2005	36.036	12.50%	121	
2006	37.97	5.37%	170	133%
2007	41.63	9.60%	207	114%
2008	44.75	7.50%	196	140%

2008年4月16日，集团确定南海基地印刷项目取名为“广东南方报业传媒集团有限公司印务分公司”，作为广东南方报业传媒集团有限公司的全资子公司注册登记，印刷厂领导成员同时为印务分公司领导成员。同年5月18日，印务分公司正式投产，担负印刷发行珠三角西北部地区（含广州市荔湾、花都、白云、芳村和佛山、清远、肇庆、云浮）《南方日报》、《南方都市报》的任务。

第二节　传媒产业基地建设

一、概况

2004年9月27日，南方报业传媒集团与佛山市正式签约，在佛山市南海区里水镇征地320亩，标志着南方报业传媒产业基地正式落户佛山南海。

南方报业传媒产业基地是国内第一个传媒产业基地，建设产业基地是南方报业实施聚合战略的有机组成部分，是集团实施品牌发展战略、优化产业结构、拓展市场、与大佛山强强联合共谋发展的重要举措，将全面提升南方报业的影响力和竞争力，是集团新的经济增长点。

为启动产业基地项目，2005年4月28日，集团按照《公司法》，由南方日报社、广东省南方报刊发行总公司共同出资2800万元，组建了独立法人南方报业传媒基地（佛山）有限公司。基地公司的营业范围为：筹办报刊印刷、商务印刷，电子出版物、印刷出版制品销售、运输、仓储，文化用品生产及销售项目。按照集团的部署，基地公司将对产业基地的建设、经营、管理进行统筹。随后，以基地公司的名义办理了320亩用地的国有土地使用证和规划报建工作。自基地公司成立到一期工程投产，工作人员都是从集团内其他部门借调。2009年6月，为开发二期工程，理顺各种关系，集团正式成立基地公司，设置办公室、工程部两个职能部门，正式完善了内部架构。前期借调的人员全部调入基地公司，着手筹备二期工程的建设。

南方报业传媒产业基地规划图。

二、产业基地的高起点规划

产业基地定位为“效益型、生态型、环保型、观光型”的现代化文化传媒产业基地，规划设计、生产设备、经营理念各方面都从高起点出发。首先，为合理利用好320亩土地，科学地规划好基地发展项目的布局，集团决定通过规划设计竞赛的办法选择规划单位。在方案评审前，基地公司将参赛单位提交的规划方案在集团内部展示，征求员工的意见。然后邀请国内相关专家组成评审委员会进行评审。无论是员工投票还是评审委员会评审结果，同济大学建筑设计研究院（集团）有限公司均以绝对优势胜出。该规划方案按照“有山有水”的设计理念和“可感、可识、可游、可适”的规划设计原则，将园区的印刷特色、文化产业特征、建筑艺术与南方报业文化底蕴有机地融为一体。根据规划方案，通过公开招投标，选择了同济大学建筑设计研究院（集团）有限公司作为产业基地设计单位。其次，产业基地报纸印刷厂房引进世界先进的报纸印刷设备。第三，经营理念的起点高。产业基地包括报纸印刷、商务印刷、信息产品加工、仓储物流、旅游观光等方面，投资规模相当宏大，建设也会有相当长的周期。产业基地单纯依靠自身积累在较短时间里完成这样规模的建设，如果能够借助外力，将会加快产业基地的建设进度，缩短周期，将理论竞争力转变为现实竞争力。在抓紧印刷厂房建设的同时，产业基地也将探索融资、合作开发的路子。将来产业基地还可以装进跨媒体合作、跨行业合作甚至跨国际合作的企业。

三、产业基地的分期建设

通过公开招投标，佛山市建诚监理有限公司为产业基地工程监理单位，为产业基地工程设计、施工、保修阶段提供全过程监理服务。

产业基地一期工程为1号厂房工程，建筑面积14652平方米，于2007年5月18日开工，通过一年的紧张施工，2008年5月18日竣工投产。一期工程总投资超过2亿元，具备了目前国内一流的报业印刷能力，解决了困扰集团多年的印力不足问题。新投入使用的印刷机组，担负云浮、清远、肇庆、佛山等4个市的《南方日报》、《南方都市报》的全套报纸，以及广州市荔湾、白云、花都等三个区的《南方都市报》全套报纸的印刷任务，可以实现《南方日报》40个版、《南方都市报》80个版同一时间全彩印刷，10纸路印刷技术在国内报纸印刷厂中开先河。使用8条全亚洲最长的报纸输送线(龙骨)，每条长度超过100米，可以有效改善报纸的压脏情况。厂房设计建设奉行“以人为本”的理念，操作区域与印刷区域完全隔离，隔音效果好，操作区的噪声远远低于国家劳动保障要求的85分贝，工人在操作区无须戴耳塞。在国内率先使用具有除尘、杀菌功效的水溶液空调设备。

二期工程包括2号厂房、仓储楼A工程，建筑面积56580.8平方米，于2009年7月完成工程招标工作，现正进行施工报建。二期工程在总结一期工程的经验上，对设计做了进一步修改完善，更加符合实际需要。二期工程的建设，是集团应对金融危机，化危为机，迎难而上的重要举措，具有以下重要意义：首先，二期工程的建成，将实现印刷厂的全部搬迁，优化集团资源配置，从根本上解决印力不足和发行时效的问题；其次，一期、二期工程的成功建设，将对产业基地剩余用地的建设提供开发模式支撑，加快产业基地的建设步伐；第三，二期工程投产后，还将对旧厂的土地进行重新规划建设，实现集团大院的增值，这将大大增加集团的固定资产价值，并形成集团新的经济支柱。

第三节　南方日报出版社创新经营新探索

2009年，南方日报出版社跨入了第十个年头。十年来，出版社坚持正确的出版导向，高扬出版人的文化理想和历史担当，同时注重文化企业闯市场的探索，逐步走上了社会效益和经济效益双丰收的科学发展轨道，成为中国传媒出版社中的佼佼者。

近几年来，出版业改革力度不断加大，各省纷纷组建出版集团，规模优势逐渐突显；民营出版机构实力大增；数字化浪潮迎面袭来，使得出版市场的竞争异常惨烈，也使得小型出版社的发展异常艰难。南方日报出版社正是在这样的市场背景下，拓展生存空间，捕捉发展机遇，探索出了一条适合媒体出版社特点的经营模式和管理模式，出版社的实力在与市场风浪的搏击中逐渐提高，初步对“传媒集团办出版社能否闯出新路”的问题作出了正面回答。

南方日报出版社成立于1999年，是我国新闻单位集团化改革中为优化资源配置、拓展新闻产品价值链而组建的。在成立之初，出版社的产品主要是对平面媒体新闻报道作品的结集与整合，在经营上基本沿用传统出版社的生产经营模式，即在内容上面向大众，在发行上依靠主渠道，经营规模比较小，基本维持在年造货四五百万码洋。同时，也根据自身的情况和特点作出差异化经营的探索，“背靠大众传媒，面向传媒大众”的经营理念就是在早期提出来的。到2002年，出版社形成了比较明确的产品线，生产规模大幅提升，品牌意识得到了重视。这一时期，形成了新闻、经管、文化、生活四大产品线，提出打造四大类产品品牌的口号，造货码洋也从四五百万跃升到1000多万。到2005年，出版社又根据市场的变化，对经营思路进行了调整，针对自身的资源禀赋和市场需求，重点拓展系统书市场，适度压减一般市场图书生产规模，突出品牌图书生产。这一时期，出版社提出了专业出版的定位，确立了做专、做强，到做大的发展路向，以“打造中国传媒思想库”为己任，提出“打造中国传媒出版第一品牌，做广东系统出版第一品牌”的经营思路，经营收入年均维持在2000万元左右，利润率大幅度提高。初步探索出了一条较符合媒体出版社实际，打造在传媒业界具有较大影响力的出版社的路子。

十年来，南方日报出版社在经营管理上的探索，主要体现在用实践回答好了以下七个问题。

一、企业如何定位？

南方日报出版社从建社起就有一个朴素的认识，作为传媒机构的出版社，首先要承担起为中国传媒业发展提供经验总结、理论支持、智力滋养的使命；同时，集团旗下的传媒多年来积累了大量有价值、有影响的文艺副刊作品、深度报道作品，出版社将产品内容定位在传媒关注的题材和内容上，对新闻实践进行总结、对新闻产品进行深度开发。

“背靠大众传媒，面向传媒大众”是南方日报出版社的最早定位。建社初期，出版社出版的《南方周末》精选本、《南方都市报》精选本、中央电视台新闻调查系列图书、中国青年报“本报今日出击”系列图书等，不仅取得了很好的市场效益，也通过图书出版，扩大了集团平面媒体的影响力。

至2002年，虽然这一定位有所弱化，但在当时提出的打造四条产品线（新闻、经管、生活、文化）中，也是把新闻放在首位的。2002－2005年，出版社出版的传媒类图书领一时风骚，《全球新传播》、《下一代媒体》、《新闻学核心》、《媒体的力量》、《走进美国大报》、《走进英国大报》、《解密国际传媒集团》、《走进美国电广传媒》、《日本报业集团发展研究》、《高度决定影响力》、《媒体的扩张》、《传媒影响力》、《解析传媒变局》、《比较新闻学》、《转型中的新闻学》、《转型中的俄罗斯传媒》、《媒体遭遇战》、《理解传媒的7个步骤》、《传媒营销管理》、《中国传媒资本市场运营》、《危机传播与新闻发布》等，为21世纪初的全国新闻改革提供了非常优秀的研究个案和理论支持。

经过2005年的调整，2006年，出版社再度明确传媒专业出版的地位，并明确提出“打造中国传媒思想库”的目标定位，明确提出做专业出版社的企业定位，并在此基础上进行关联拓展，提出分步实施打造系列品牌产品群的思路和定位。这一时期出版的传媒类图书在内容上有所扩展，从“最传媒”系列——《办最赚钱的杂志》、《做最创意的节目》、《做最职业的记者》、《做最牛的主持人》，“如何”系列——《报道如何深入》、《记者如何专业》、《灾难如何报道》，“传媒前沿”系列——《媒介大融合》、《报业如何应对新媒体的挑战》、《西方传媒新秩序》，“引进”系列——《调查记者手册》、《美国当代媒体编辑操作教程》、《民主的看门狗？》，“图史”系列——《中国广告图史》、《中国广播电视图史》，《南方传媒研究》系列，“中外传媒体制创新丛书”，到《南方报业战略》、《21世纪新闻炼金术》、《传媒的“语法革命”》、《传媒变革力》，“中国新闻精华读本”年度系列，南方周末之《后台1》、《后台2》，南方都市报社论及时评精选系列，以及《铁本调查》、《高三》、《原来如彼》、《口述大寨史》、《直逼真相》、《埃尔那产院》、《乱世飘萍》、《跟总统较劲》、《我怎样采访本·拉登》等调查性报道和人物传记方面的图书。出版领域扩展到大传媒类图书，形成了大传媒出版的格局。南方日报出版社的市场认知度和美誉度大大加强。

2006年至2008年，出版社在传媒类图书品牌建设取得成功的同时，下大力气经营系统图书项目，提出做广东系统图书第一品牌的目标，在系统书出版方面取得不俗的业绩。这类图书围绕省委、省政府中心工作，为地方经济社会文化建设服务，出版了一大批既有社会效益又有经济效益的优秀图书。《广东省农村先进性教育活动读本》发行了110万册，《共产党员先进性三字歌》发行了20多万册，《科学发展案例选编》发行了15万册，《坚持科学发展　促进社会和谐》、《思想大解放　推动大发展》、《科学发展争头筹》等图书，发行量都达几万册。《广东抗非群英谱》荣获第六届国家图书奖特别奖和广东省精神文明建设第五届“五个一工程奖”；《共产党员先进性三字歌》荣获第一届广东省优秀出版物奖（优秀图书奖）；《怎样当好党支部书记》荣获第二届广东省优秀出版物奖（优秀图书奖）；《废墟上的蓝马甲》荣获第二届中华优秀出版物奖（图书奖抗震救灾出版物特别奖）。

今天，南方日报出版社的定位更加鲜明，围绕“做中国传媒出版社领跑者”、“做广东系统图书第一品牌”的奋斗目标，确定出版社发展的基本思路：“助推集团品牌聚合战略，强化大众传媒图书品牌；拓展系统合作业务渠道，提高系统项目出版效益；延展图书产品价值链条，探索数字出版盈利模式”。

二、路径如何选择？

企业的目标和定位既已确定，选择什么样的发展路径就是关键。针对出版社人力资源、作者资源、发行渠道都不成熟的实际，出版社边摸索边总结边调整，发展路径是“做专，做强，做大”。具体说来就是：目标明确，分步实施；先易后难，小步快跑。

形成社里品牌图书产品群是南方日报出版社的目标，这些产品群包括：大传媒类图书、时政系统类图书、时政学习类图书、励志教育类图书等。这些目标的选择基本都是着眼于图书市场的刚性需求，是在做好传媒品牌产品的基础上，做强一个，巩固一个，拓展第二个、第三个，而不是几条线一齐上。从阶段性上来说，是做减法，而不是做加法。从长远来看，所有改革和摸索都有明确指向性，那就是通过不同方向的用力，推动出版社成为专业强社。

近10年来，出版社已成功地打造了大传媒类图书的高端品牌，《南方报业战略》一书发行量达一万多册，这在非教材类传媒专业图书中是非常难得的。渐成系列的传媒实务、传媒理论类图书在业界有很好的口碑，很多传媒图书已列入业界的必读书目，对中国新闻改革起到“智库”的作用。

传媒图书的成功产生了品牌放大作用。南方日报出版社从2005年开始，对品牌线进行了第一次关联扩展，在做好传媒类图书品牌的基础上，开拓系统图书出版业务。出版社的系统图书业务主要集中在党政干部学习类图书、政治宣传类图书、区域形象包装类图书、地方文化推广类图书等，在经营上主要是抢占政府采购市场。政府采购市场要求高、竞争激烈，出版社利用集团的品牌影响力和公关资源，通过自身优秀的创意水平、优质的服务，提出独特的策划思路、提供快捷高效的服务、做出高品质的产品，屡屡在竞争中胜出，并形成了系统图书策划出版的品牌，产生了良好的社会和经济效益。2006年以来，出版社的系统图书业务年收入都在1000万元左右，是出版社利润的主要来源。通过三年多的努力，南方日报出版社已成功地实现了传媒类图书之外的第一次业务和品牌扩展。按照“小步快跑”的思路，下一步，它还将拓展更多的优质品牌产品线。

三、切口如何寻找？

大处着眼、小处着手是一种务实的态度。南方日报出版社是一个新社、小社，没有教材教辅，没有太多的再版书。要想在短期内完成资本原始积累，靠畅销书不现实，没有这个能力，也没有这个财力——在作者资源上没法与传统老社、大社竞争，在高价稿源上没法与民营书商竞争。如何找到一个既符合传媒出版社形象定位又有资源可资利用的突破口？

2005年，南方日报出版社决定从党委、政府采购产品入手，将系统书作为切入点。传媒出版社最大的资源就是人脉和信息，南方日报出版社要在短期内实现突围，最快捷的方式就是从人无我有的资源出发，寻找切口。2005年下半年，出版社通过对党委、政府出版业务的分析，发现此类出版物主要由传统老社和广告设计公司承接。南方日报出版社认为，政府的职能在转变，政府的形象也在变，出版物也是体现政府形象的载体之一，也要跟这种变化相适应，出版社能否做得更专业一些、更有创意一些，成为为政府提供优质出版创意、提供优质出版产品的专业机构？这样的想法与政府对出版物的要求不谋而合、与传媒出版社的资源禀赋相得益彰。因此南方日报出版社主动与相关部门和地方联系，出版社的创意、出版社的图书品质在当时平庸的政府图书中脱颖而出。近几年来，南方日报出版社出版的“肇庆人文丛书”、《文化零距离》、“广东中烟企业文化丛书”、“广东民企100强系列”、“番禺文化丛书”、《四会十品》、广东移动“发现广东系列丛书”、“五邑文化系列丛书”，等等，因应地方文化和企业文化建设，以新鲜的创意、精美的装帧，赢得了客户的好评。

四、资源如何转换？

一个新的文化企业要快速成长，强势资本，核心技术，独特创意，强大的推广和营销能力等，是不可或缺的因素。而这些，南方日报出版社至今都还不具备。但南方日报出版社有的是传媒单位所积累的公关资源和良好的企业形象，当然还有敏锐的政治嗅觉，以及快速反应能力和出色的策划意识。如何有效地将资源转化为生产力是南方日报出版社能否转型成功的关键。近几年来，出版社主要在一般市场图书和系统图书项目两方面对资源进行有效挖掘和转换利用。

在一般市场图书方面，整合资源、延长新闻价值链是出版社将集团资源转换为出版生产力的主要手段。为做大传媒类图书，出版社从对集团下属单位的新闻作品进行整合结集出版开始，到网罗国内一流的传媒研究专家，网罗一流的传媒研究作品，取得了很好的效果。这些年来，国内一线最活跃的传媒专家如李良荣、喻国明、童兵等都将自己的最新研究成果交给南方日报出版社出版，李良荣教授还让他的四个博士生专门以南方报业传媒集团下属各媒体为研究对象撰写博士论文，并拟由南方日报出版社出版。为什么能形成这个名家云集的局面？主要是出版社对资源利用比较有效。如认真对出版的传媒类图书进行系统化的分类，使作品的影响力超出单本书的影响力；如这几年一直在出版的“传媒前沿系列”、“走进国外大报系列”、“最传媒系列”等，系列图书的数量不断积累，规模效应带来规模影响。这种影响一方面让更多的传媒类优质稿源流入出版社，同时，也让市场对南方日报出版社的传媒类图书形成高度认同。依靠南方报业传媒集团在业界的强大影响力，集团与各传媒单位、各高等院校有着良好的关系，有很多的交流活动，南方日报出版社尽可能利用这种交流活动推广图书，推广出版社的品牌。

在系统图书出版方面，用创意服务客户是南方日报出版社系统图书出版迅速崛起的法宝。出版社主动与传媒记者保持良好的互动关系，敏感地捕捉来自新闻一线的有用信息，通过分析全省和相关部门的工作重心，做出策划方案，让相关部门购买出版社的创意、购买出版社的图书产品。这种模式实质上是做服务——是用智慧和创意来创造需求。资源要转化为生产力，最重要的是用创意去服务客户。南方日报出版社做书有一个基本理念，就是做好每一本书，让每一本书都成为出版社吸引下一个项目的广告。

南方日报出版社对客户的服务是全方位的，其做系统项目，已完全不同于传统的出版机构只是做编辑出版工作，而是从创意开始，到出大纲、组织编写、编辑出版、宣传推广等，全环节为客户提供服务。如在共产党员先进性教育活动期间，出版社提出以“三字歌”这种通俗易懂的形式，教育广大基层党员。先在全省进行“三字歌”征集活动，既是征集作品，又是图书宣传的预热。南方日报出版社提出对“三字歌”配上精美的插图和丰富的链接，使图书既有易学易记的“三字歌”歌词，又有党建理论知识，还有优秀党员的典型事迹，内容丰富、形象生动。这个主意得到了有关领导的认可后，出版社又组织专家进行遴选，进行加工再创作。作品出版后，又在省内主要媒体进行连载。图书发行量达20多万册，取得了很好的宣传效果和良好的经济效益。

要做好出版服务工作，还必须有一种奉献精神。系统出版项目往往有很强的时效性，经常是确定选题几天后客户就想拿到书，这就要求出版社要有极高的效率。如为省第十次党代会出版的《使命》一书，从选题立项到出版，只有一周的时间，出版社组织全社员工通宵达旦地工作，高质量地完成出版任务，得到了当时省委主要领导的高度评价，被誉为“南方质量、南方速度”。

从内部资源方面看，南方日报出版社拥有一流的设计力量，其传媒品牌图书以好品质、好形象赢得了口碑，这个口碑也是出版社的优质资源，通过宣传图书形象，吸引一些高端出版物。这就是通常所说的一本书可以带来一单大生意的道理。

五、卖点如何创造？

在打造传媒类图书品牌的前期，南方日报出版社图书选题主要集中在传媒理论和实操类图书上，这类图书虽然得到了业界的高度评价，但由于受众面较少，图书销量一直很难提升。为了打造这个品牌，出版社也作了不少的投入。但也清醒地认识到，投入资金造品牌只是第一步，光靠投入造品牌是无法持续发展的，从长远看，品牌是“卖”出来的。

在做传媒类图书的过程中，出版社有不少成功的经验。如在建社之初推出的“南方周末精选本”、“南方都市报精选本”等系列图书，市场销售很好。这主要得益于当时《南方周末》和《南方都市报》的报道在全国的关注度，这批书的卖点是搭上了报纸成功的快车，利用报纸的影响力，推动图书销售。但也有不少失败的教训。归结起来，主要是在图书“卖点”的寻找上，把握得好就会成功，把握不好就导致失败。这几年，出版社在抓“卖点”上下了不少工夫，使一大批图书在市场中脱颖而出。

做领跑者是最大的卖点。紧盯改革最前沿，及时反映改革探索实践推出图书产品，是南方日报出版社产品的一大亮点。南方报业是中国报纸改革的排头兵，出版社在传媒类图书出版方面也总是站在改革探索的最前沿。几年来，其出版的一大批传媒理论、传媒实务类图书，不少都成为业界的教科书，为引领和推动中国新闻改革作出了贡献。尤其是总结南方报业办报经验的《高度决定影响力》、《南方报业战略》两书，受到业界热捧，两书销售量都在万册以上，这在传媒理论类图书中非常难得。

抓住社会热点。新闻是对社会现实最直接、最敏锐的反映，南方日报出版社在选题策划时注重把握社会热点，或对新闻产品进行深加工，或根据新闻线索物色稿源，快速推出作品，尤其是对重大事件和重要深度报道题材进行开发，扩展了新闻的价值链。如《铁本调查》一书就是根据新华社记者的深度报道而成书的，该书在江苏一省销售就达数千册。2007年出版的《读大学，究竟读什么》一书切中当时大学扩招带来的系列问题，深得大学生读者的心，该书连续几年畅销，总销量近20万册；同时还生发了系列大学读物。

紧跟阅读热点。把握阅读趋势，紧跟阅读热点，是南方日报出版社寻找"卖点"的另一个重要手段。搭上畅销快车，也是畅销书操作的一个好办法。这几年，出版社通过自主开发与合作开发两种形式，做出了一批紧跟阅读热点的畅销书。如《中国巴菲特》就是抓住了上一波股市行情时股票书大热的时机，挤进了畅销书行列。《新人性》、《绝对成交》、《做自己想做的人》、《假如今天是我生命中的最后一天》等图书通过与工作室合作，主渠道和二渠道互相促进，取得了很好的市场效果，销量都达万册以上。

以新闻手法运作市场图书。出版新闻化是当前出版领域的一个新变化，尤其适用于党政系统学习类图书。这几年，出版社看准这一市场，借鉴新闻手法，针对党委、政府的中心工作，及时出版理论学习类读物，快速占领市场，也取得了很大成功。如在共产党员先进性教育活动期间、在广东省开展解放思想大讨论活动期间、在落实科学发展观学习活动期间，出版社推出的一批图书都取得了很好的社会效益和经济效益。

通过不同的手段寻找"卖点"，实现图书快销，是出版社有效经营的重要环节。南方日报出版社在图书市场经营的进步，也主要得益于这几年在找"卖点"、促快销上取得了较大的突破。

六、风险如何规避？

如何规避图书销售风险是小型出版社的最大难题。尤其是在实行寄售制的图书发行模式下，南方日报出版社既没有教材教辅，也很难推出大畅销书，在流通渠道中一直处于被动。规避风险的第一步是严格的选题论证。出版社编委会针对每一个选题都会有认真的市场调研。定了选题后，快速出版，以减少因市场变化和其他非确定因素导致的滞销。在技术操作上，采取少印多次的办法，少数量首印，投放市场探路，根据市场情况快速加印、及时添货。

优选代理商是规避回款风险的必要做法。出版社对民营代理商的选择历来非常谨慎，对那些市场信用度不高的企业，坚决不发。正是在代理商的选择上严格把关，近几年来，出版社的回款率有较大幅度提升，坏账率大幅下降。

合作出版、分渠道营销，是降低成本风险的有效形式。近几年来，南方日报出版社与几家规模较大、出书水平较高的民营出版工作室进行了紧密合作，以品牌和技术作投入，与工作室分渠道营销，利用工作室在市场把握能力、推广能力上的优势，做快销产品。这种合作，不用出资金，大大降低了经营风险。

针对当前全球金融危机对图书市场带来的负面影响不断释放的现状，南方日报出版社又制订了更完善的风险防范措施，在图书质量和经营结构上作较大调整，具体策略就是"保两头调中间”，力争图书质量和经营效益有实质性改善，科学、谨慎地投入自有资金，严格、有效地控制经营风险。“保两头”就是保证两类书出版：一头是对集团品牌建设和出版社形象建设必需的传媒类图书。另一头是市场效益较好的图书。“调中间”，一是压减销量低于5000册的图书；二是加大与工作室的合作，降低自有资金投入，规避投资风险。

同时，南方日报出版社还将风险控制环节前移。全环节控制本版市场图书经营风险是规避风险的基本做法，但核心在选题论证和付印把关这两个环节。出版社动态把握市场动向，及时叫停一些通过了选题、组好了稿，但风险过高的图书项目。另外，在信息—策划—生产—营销的全生产流程中，编委会提早介入，在编辑提供信息时就参与策划，提高图书选题的质量和适销性。同时，在利益引导和机制保障上加以完善，将图书的市场效益与编辑的利益更好地结合起来。

七、跨越如何可能？

在出版业集团化的大变局下，一个小社要实现突破，只能选择跨越式发展的路径。国家新闻出版总署2009年4月6日公布的《关于进一步推进新闻出版体制改革的指导意见》中，勾画了改革的路线图和时间表，国家鼓励国有出版企业与非公有出版工作室进行资本、项目等多种方式的合作。新政策为南方日报出版社通过合作实现跨越发展提供了可能。在学习实践科学发展观活动中，对未来三年的发展作出了谋划，基本思路是做强南方日报出版社大传媒类图书品牌、做大系统出版规模，通过资本与业务合作，引进资金、业务、管理，借力出航，迅速壮大出版社实力，提高市场竞争力。最近，南方日报出版社与广州公元传播有限公司达成了战略合作，将推出一大批文化价值高、市场前景好的图书产品。

第六章
多元化经营

第一节　多元化拓展实业

实业总公司于1998年9月成立，至今已十年有余。十年来始终坚持“服务创造价值，效益源自管理”的理念，扎实工作、开拓进取，使公司各项工作取得了有目共睹的成绩，为集团建设与发展做出了积极的贡献。公司不断发展壮大，并探索了一条多元化经营的道路，为公司未来继续发展打下坚实的基础。

1998年9月，为了适应集团发展及市场化要求的需要，当时集团按现代企业运作的机制，对行政后勤体系、南方经贸公司和南方房地产公司等公司进行改革后重组而成立实业总公司。公司本身并没有法人资格，公司负担的主要工作分为两大类：一是物业管理职能工作。通过科学的组织和机构，将原来后勤保障职能部门转换为现代高效率的公司运作机制，使集团房产物业保值增值。二是通过下属公司展开对外经营工作。

经过十多年的发展，公司现下设办公室、广东南方报业传媒集团物业管理有限公司（以下简称物业公司）、广东省南方新发展顾问有限公司（以下简称新发展顾问公司）、广东南方汽车修理厂、广东南方报业传媒集团有限公司招待所（以下简称招待所）。其间，原属公司的南方经贸公司已于2006年4月划归集团，房地产公司于2008年2月升为集团直辖管理。公司已由成立之初的108人发展到172人，另外还有外聘派出所保安20多人，打造一支专业的管理队伍，为集团提供了优质的后勤保障服务。下属公司各企业的多元化经营已逐步走向正轨，取得了一定的成绩，并随着集团改制工作的启动及实施，在原有基础上对于公司未来的发展模式及多元化经营拓展也作出了一些探索。

一、服务创造价值

——尽职尽责，始终坚持服务为本，使集团物业管理工作不断向专业化迈进，为集团物业保值增值提供专业的管理和服务。

十年来，集团物业管理工作一年一个台阶地向前迈进，公司通过建章立制，加强日常管理，使物业管理和服务工作逐步向专业化迈进。随着集团事业的不断发展，特别是南海基地一号厂房投产后，对物业管理提出了更新更高的要求。实业总公司进一步明确了物业管理的各项职责，整合资源，始终强调服务为本，不断强化服务意识，为集团大院和基地两个区域提供优质的物业管理和服务。主要抓好两方面的工作：

1.立足本质，强化管理，为集团提供优质的后勤服务

多年来，大院接访室每年接待来访人员约4万多人次、投诉2000多次，接收转发信件2万多件，分发报纸约200

万份。通过对人员的调整和健全有关制度，使接访室成为集团一个重要的对外形象窗口。不断改进花工班和清洁班的工作，提高了大院的绿化档次，特别是污水处理池拆除后建成休闲小公园等大院环境的改造，既美化了大院的环境，又为集团各位员工提供了干净舒适的工作环境。要求总机班在做好日常每年70多万次接听工作，保证集团电话畅通无误的前提下，提出并完成了总机的改造工作，不花一分钱，把原来700门的模拟总机改造为1500门的数字总机，使之适应集团的发展和电话通讯要求。强调对集团各出租物业的管理和服务工作，特别经多方努力后有关部门同意东兴中商业街延期使用两年，并以此为契机对东兴中商业街进行彻底的整治，使商业街成为整洁卫生、文明经商、效益较好的商业街道。

2.重视生产安全，防患于未然，杜绝了大的安全事故的发生，为集团提供有力的安全保障

安保、消防工作是重中之重，保安是维护集团安全的一支重要队伍，同时也是集团精神面貌的具体体现。公司保安由原来成立之初属大院管理区管辖到2005年独立成立保安部，保安部与物业公司其他相关部门密切配合，按照总公司的各项规章制度，以脚踏实地的工作作风，求真务实的工作态度，在保安队伍的建设、规章制度的落实、消防安全的保障及其他方面进行了不懈的努力。保安部根据部门员工所承担工作的性质和特点，并贯彻落实"为集团员工服务"的工作指导思想，建设一支高素质的保安队伍，通过开展一系列的培训、学习和思想教育活动，利用召开保安部员工会议的机会让员工互相交流工作经验、心得体会，让各员工间相互取长补短，共同提高；还组织练习了军姿步伐、擒敌拳等训练来强化员工的身体素质，不断地提高保安员的综合素质，打造一支"召之即来，来之能战"的队伍，为集团的事业保驾护航。加强日常的巡查工作方面，每年发现和排除安全隐患几百次。组建南海基地保安班。2008年南海基地园区一期工程陆续竣工并相继投入使用，园区内各部门也陆续开始办公。为了充分保障基地园区的治安、消防安全，保安部在公司领导的指导下，在现有集团大院保安班的基础上组建了南海基地保安班，招聘补充了一批保安人员，保安部将人员进行优化组合，经过培训后迅速投入到了基地园区的安全防范工作中，充分保障了基地园区的消防安全。此外，在制定和完善管理制度的前提下，特别随着集团发展，各部门公务车辆和员工私家车辆逐渐增多，在集团大院车多位少，车位供求严重不平衡的情况下，保安部一方面对进入的车辆实行了人性化的管理，协助集团相关部门拟定了《南方报业传媒集团车辆停放管理规定》、《南方报业传媒集团车辆停放管理细则》及《南方报业传媒集团车辆停放收费方案》等相关车辆管理规定，强化以人为本的服务意识，解决各种矛盾和冲突。

管理着集团供水、供电、空调、消防、监控、电梯等设备和维护工作的动力部，是2005年底在原水电维修班和印刷厂电工班人员的基础上组建起来的，要求他们要牢固树立起服务为本的理

念，做好日常的维护工作。每年维修项目达5000多项，做到全年365天能正常供配电，保证了集团安全出报。特别是对所管理的设备加强了日常的自检工作，对存在安全问题的设备及时加以改造或更换，尤其是对一些存在重大隐患的设备如配电房、集团采编楼供电主线路等进行了改造，防微杜渐，杜绝安全事故的发生。

二、效益源自管理

——以“规范、执行、专业”指导基建、装修管理工作。

在这里不得不提房地产公司，2008年该公司从实业公司独立出去，在此之前集团以房地产公司为主打造了一支专业的团队，使这么多年来基建和装修工作更加专业花和规范化。

1. 为规范工程装修管理，指导房地产公司起草了《南方报业传媒集团工程装修管理办法》。作为工程装修规范管理的指导纲领，该《办法》从项目立项、招投标、设计管理、预算管理、施工管理、工程材料、设备材料的变更及采购、结算和审计、施工单位的考核及档案管理等方面进行了详细的阐述，并由集团发文实施。

2. 组织主要由房地产公司专业人员和物业公司其他相关人员组成的工程项目小组并以《南方报业传媒集团工程装修管理办法》为规范指导，先后完成了大大小小几十个工程，在严格把关工程质量的同时，控制了成本造价，工程装修管理日趋规范。完成了云鹤轩、集团印务中心扩建、传媒运动馆、网球场、广播系统等项目建设；参与南方传媒大厦项目的前期报建、设计准备工作，并使得该项目在2007年6月20日正式启动。在房地产公司独立出去以后，继续采用工程项目小组的模式对集团的装修工程进行规范管理，特别值得一提的是在2008年底，对南方都市报大楼废气污染的治理自己提出大胆的设想，经过工程人员的实施后，得到了使用部门南方都市报及员工们的肯定，解决了困扰多年的废气污染问题，得到了集团领导的表扬。这正是多年“规范、执行、专业”所取得的成果。

三、完善各类手续，处理历史遗留问题

实业公司是由原来行政处过渡而来，必然存在这样那样的历史遗留问题和需完善的手续，几年来主要做了几方面的工作：

1. 完善和办理报社大院历史用地及房产证手续，解决了困扰集团多年的大院产权问题。

2. 完成云鹤轩的销售工作，完善云鹤轩的验收手续，办理了二楼1500多平方米的房产证，解决了多年遗留的搬迁户回迁问题。

3. 参与处理茂名建筑集团遗留的问题。茂名建筑集团的遗留问题一直是非常棘手的问题，如果得不到妥善解决，新闻中心项目就很难动工。不仅如此，从整个过程来看，这一问题如果早一天得不到解决，积压的问题就越多，对集团也就多一份不利。在集团的直接指导下，与茂名建筑集团经过多回合的谈判较量，使问题最终得到解决。

4. 对各地记者站办事处的闲置土地

进行梳理和调研，为集团今后的开发提供科学的依据。

四、各经营实体克服重重困难，多元化经营取得经济效益

公司下属有新发展顾问公司、汽车修理厂、招待所等经营实体。各经营实体经过十年来的发展，逐步走上良性发展的轨道，年营业收入超过1000万元。2008年在国际金融危机的冲击下，各经营实体的营业收入仍能保持平稳并有所增长，全年的营业收入超过1400万元。

1.新发展顾问公司

新发展顾问公司是在实业总公司成立时特地成立的，依托集团优势开展顾问咨询业务。十年来，顾问公司也进行多方面经营尝试。多年来，新发展顾问公司出色完成南方电力集团属下的几份企业报纸的代理工作。新发展顾问公司代理《中国南方电网》、《广东电网》已有多年，2007年增加了《调频调峰发电》的代理，2008年再增加了《超高压输电公司》，2008年底又与《广州电力》有了2009年合作的意向，并收到了良好的经营效益。为了巩固和发展双方的合作基础及关系，该公司深化了以“客户为中心”的服务理念：一是按时保量完成四份报纸的排版、印刷、发行等代理工作，特别在2008年初抗冰救灾期间，积极配合客户做好扩版和增刊工作，得到了客户的认可赞扬；二是为《中国南方电网》和《广东电网》提供版式设计服务，解决了一直困扰着他们自身美编不足、版面难看的难题；三是做好新增的业务，其中包括三份报纸稿酬的统计和发放工作；四是规范工作流程，提高工作效率，提高服务质量；五是积极做好沟通协调工作，及时回收代理费，避免了资金跨年度返还，2008年营业额超300万元，连续几年利润20万元以上。

2.汽车修理厂

修理厂原来设在集团大院内，主要是为集团交通科的车辆及部分外单位车辆提供维修、维护服务；后因场地紧张以及汽车行业的发展，公司领导意识到汽车维修行业存在较大的发展空间。因此，经集团领导同意后，果断决定修理厂往外搬迁，靠自身积累的资金租地建厂房，经过两三年的重新艰苦起步，还有在经历了2005年的拆迁危机和2006年的调整后，在2007年和2008年大力狠抓生产和管理，努力开拓业务及抓好服务工作，以优质的服务赢得客户信赖。2008年在金融危机冲击下年营业额仍超430万元，连续七年获得省公务车维修定点企业称号，树立了良好的企业形象。特别是2008年集团为了应对国际金融危机的冲击，落实集团的资源整合战略，规定20万元以下的公务车必须到集团修理厂维修，对修理厂是机遇更是挑战。修理厂及时地增加了设备和技术人员，加强了服务质量，从硬件和软件上满足业务需要。

3.招待所

招待所经全面的装修改造由原来两层楼42间客房，缩小为一层楼18间客房，并于2006年2月28日正式复业。经过三年的努力，已步入良性轨道，虽然2008年也受经济形势的影响，经营也碰到困难，经过对内不断强化管理，提高服务质量，对外加大推广宣传力度，全年开房率达86%，营业额达100万元。

4.历史投资项目的管理

平陵水泥厂是集团十几年前投资的一个项目，由于负债累累、债权债务纠缠不清，2008年两度被法院起诉。面对两起棘手的官司，2008年实业公司与集团法律事务部一起做了大量的工作：一是根据2007年集团领导《关于龙门县平陵水泥厂债权债务纠纷案件的报告》的批复精神，2008年初在广东省高院立案起诉龙门县政府和龙门县平陵水泥厂；二是立案起诉后根据情况的变化，经集团领导批准，实业公司采取了庭外和解的策略，使事态朝着有利于集团的方向发展。经过实业公司的艰苦努力，最终双方签署了庭外和解协议（除分期还清全部债务外，还有利润），也使龙门平陵水泥厂历史遗留问题得到圆满解决。至2008年8月底，第一笔款项407.7838万元已收回，余额160万元将在2009年10月30日前全部还清。

2007年是洛溪仓库最后的一年经营期，由于该仓库投入使用已有10多个年头，合同到期并存在有很大的安全隐患，所以交还给出租方。虽然投资较大，但近几年每年都有100万元左右的租金收回，另外华威陶瓷厂也收回500万元投资。

5.物业出租

集团部分物业经过几年来的出租经营取得了良好的经济效益。东兴中商业街商铺出租每年经营收入110万元，宿舍公房出租每年收入80多万元，芙蓉嶂和白藤湖度假村等物业出租每年收入16万元。海南办事处出租每年收入约30万元。

五、未来经营设想

实业总公司自成立以来，由于尚未实行独立经营，一直都是以行政后勤部门的模式进行管理，大部分人员的工资、福利是跟随集团公共架构管理部门的标准，由集团核定给实业总公司的人员编制，实行工资、奖金总额包干的管理方法。其他如新发展顾问公司、招待所和修理厂则实行独立核算。

经过多年的运营，出现了既不像行政管理，又不像市场操作的状况，名称上叫公司，却不能按企业运营，实际上还是行政管理。现集团改制已启动，通过市场经营管理的手段控制成本、提高效益，使集团的资产保值增值甚至创利，成为实业总公司今后的发展目标。根据集团的改制精神，结合实业总公司的具体情况，应对实业总公司的经营管理模式进行改革探索。

实业总公司的改革设想在多年前也曾提出来，因各种原因未能实施，现集团改制已启动并将实施，实业总公司的经营模式也要进行改革，以降低成本，提高物业管理水平和服务质量，否则将没有出路。管理模式改革目标应在继续做好集团后勤保障服务的前提下，使集团的资产保值增值，在条件成熟时走向市场，成为企业化经营、专业化管理的公司。

第二节　勇于开拓房地产

广东省南方房地产有限公司是南方报业传媒集团专门从事房地产业务的二级机构，其前身为广东省南方房地产实业公司，成立于1993年7月。2008年

2月，集团管委会决定将房地产市场开发作为集团发展多元化经营的重点内容之一，正式将房地产业务从集团实业总公司划分出来，南方房地产实业公司成为独立运作的正处级部门。同年，将其成功改制为南方报业传媒集团独资子公司——南方房地产有限责任公司，肩负集团内部基建和房地产市场开发双重职能。回顾15年的发展历程，南方房地产有限公司为集团本部和各地记者站的建设作出了重大贡献，圆满完成了南方日报印务中心大楼、南方传媒运动馆、南方日报新闻中心地下室工程等项目和各地记者站的建设任务，改善了集团的生产、办公条件，提升了南方报业传媒集团的对外形象；成功地开发了环市东云鹤南高层商住楼、清远市江湾大厦等项目，为集团取得了丰厚的利润。但是，作为房地产企业，南方房地产有限公司原有业务以集团内部的基建任务为主，很少涉猎房地产市场业务，与现代房地产企业存在明显的差距。为了加快集团在房地产市场业务上的发展步伐，集团管委会构设了集团房地产业务的未来发展战略。

一、逆市而进，顺势而为

1.中国房地产市场现状

中国房地产市场经历了2005年到2007年的疯狂，房价高企远远超过了老百姓的购买力，受民生政策的影响，中央政府开始从信贷、户型、税收等方面进行强力调控，使大部分房地产企业遭到前所未有的打击；加上美国次贷危机引发的全球金融危机的影响，中国房地产企业遭受严峻的挑战和重大考验。主要表现在以下几个方面：首先，楼市购买力大量萎缩，有价无市；其次，大部分房地产企业的资金链开始出现困难，在此情形下，很多大房地产企业曾经不惜代价圈地，摊上了巨大的历史包袱，不得不低价抛售优质地块，以万科为首的房地产公司，率先提出降低房价，顿时房地产市场一片风声鹤唳，一度处于低迷状态；再次，与房地产相关的上下游产业相应进入市场低迷期，建筑材料、劳动力等的市场价格降至新的历史低点。但作为国民经济的支柱产业，政府不太可能放任房地产危机的蔓延，因此政府纷纷出台救市措施，减少建设规税费，降低购地门槛。

当然，对许多中小型房地产企业来说，房地产市场调整期是一个难得的跨越式发展机遇，尤其是那些没有历史包袱的房地产公司，更是发展房地产市场业务的天赐良机。

2.房地产行业在国民经济中的支柱地位

衣食住行是人民的基础性需求，保障住房是解决民生问题的最直接措施之一。改革开放30年来，房地产一直在中国经济发展中起着引擎作用，房地产投资及住房消费对国民经济的直接带动系数为1.5至2个百分点，加上间接带动系数，可达2至3个百分点，房地产行业已经成为中国国民经济的支柱性产业，更是中国经济发展的指向标。由房地产行业带动的产业不下50个，有色金属产业、建材产业、水泥产业、玻璃产业、家具产业等都与房地产的发展保持着同步性，一荣共荣，一损皆损。国家从经济发展的大局出发，不会使房地产行业有大起大落的波动，将长期保护和扶植房地产行业的发展，以带动其他产业的快速发展，拉动内需，刺激消费。同时，根据分级分税的财政体制，地方财政收入占整个财政收入比例，从1993年的78%下降到2004年的42.7%。国家机构的事权有80%在地方政府，地方政府的公务员人数约占全国公务员总数的80%，而地方政府的财政收入只占了国家财政收入比例的40%左右，导致很多地方政府财政收支的巨大缺口，地方政府的应对措施主要是通过出让土地进行房地产开发得以解决。根据国务院发展研究中心课题组公布的实地调查数据：在东部一些县市，除了难以统计的土地收费，土地直接税收及城市扩张带来的间接税收就占地方预算内收入的40%，而出让金净收入又占政府预算外收入的60%以上。房地产业成为地方财政收入来源的支柱产业。这样，短期内国家不可能动摇房地产行业在国民经济中的支柱地位。

3.兄弟单位的经验

2008年3月集团领导考察了湖北、河南、浙江、辽宁等兄弟省市报业集团的多元化经营经验：第一，多数省级党报集团的主业都没南方报业做得好，主业营收等基础并不高；第二，多数省级党报集团都看到了平面媒体盈利的“天花板”效应，他们在各自的省份里，都是平面媒体的老大，通过外延式发展或内涵式发展来提升盈利能力，都已经很困难，寻找多元化发展的突破口是一种必然的选择；第三，一旦选准房地产作为突破口之后，多数省级党报集团都下大力气做大做强这一块业务；第四，多数省级党报集团在发展房地产业务时，正碰上中国房地产的高度泡沫期，盈利相当丰厚；第五，他们历史上都储备了相当数量的土地资源。即他们的媒体主业远远落后于南方报业传媒集团，但在多元化发展方面已经取得了重大突破。2007年，同业的湖北、河南、浙江、解放、辽宁等五个大型报业集团，其房地产开发的利润占本集团全年总利润的比例都在30%以上，有的甚至高达60%。可见，报业集团发展房地产业务是切实可行的多元化发展途径。

4.广东未来的房地产市场存在巨大的拓展空间

自改革开放始，广东经济在全国处于举足轻重的地位，尤其是广州、深圳、东莞、珠海、佛山等珠三角经济圈，一直发挥着龙头作用，数以亿计的外省劳动力在广东就业发展，珠三角房地产行业相应地具有广阔的发展空间。虽然目前遭受国际金融危机的影响，广东本土的房地产市场出现了一定的负增长，但是，国家经济保持快速稳定的增长态势，城市化进程进一步加快，随着《珠江三角洲地区改革发展规划纲要》的落实和工业产业园双转移，基础设施建设和房地产业的发展机遇巨大。国家财政启动五万亿元刺激经济的方案，广东省第一个出台了地方实施计划并获国务院批准，取得了主动权和发展先机，相应带动了民间资本的大力投入，其中很大一部分投入了基础设施建设以及房地产行业相关领域，珠三角区域经济带即将进入新一轮发展高峰期，预示着广东房地产市场的春天即将来临。

2010年广州亚运会给本土房地产业

带来新的发展契机。为了广州亚运会的胜利召开，政府通过财政投资对运动场馆和配套设施进行大力建设，势必带动本土房地产业的发展。

5.进入房地产市场的具体举措

（1）趁房价低廉之机，更新办公场所

南方报业传媒集团的记者站遍布全国各地，许多办公场地简陋，严重影响集团形象，但是，集团财力有限，无法及时更新这些办公场所。现在随着房地产市场疲软低迷，许多房地产企业出现资金链问题，集团此时抄底房市，更新各地记者站办公场所，一方面，可以快速提升集团的对外形象，另一方面，可以为集团节省成本，减少大量的财务开支，为集团未来的发展打下坚实的物质基础。在此思想的指导下，集团廉价购置了君宁大厦物业，其他各地的收购计划正在酝酿之中。

（2）利用市场低迷之机，推进广告互换材料

国际金融危机席卷全球，已经体现在我国的实体经济层面，虽然我国政府一再启动刺激经济措施，但我国经济明显好转尚需时日。具体到与集团有直接利益关联的建材、广告市场，需求市场每况愈下，对集团利润增长带来很大冲击，集团借助房地产业务平台，在新闻中心室内装修项目中，提出以广告换建筑材料的方案，并正式实施，至少给旗下媒体带来2500万元的广告收入，减少现金支出2500万元以上，很好地贯彻了集团聚合战略。同时，趁建材、劳动力成本下滑之机，积极高效地推动河源大厦、深圳大厦等工程项目的进程，赢得最佳战机。

（3）储备优质土地资源，以备集团房地产业务的可持续性发展

优质的土地是不可再生的资源，特别是对房地产企业来说，利益攸关。由于国家财政体制的安排，多年来，房地产市场一直是地方政府财政收入的支柱，房地产市场低迷，给地方政府财政收入带来极大压力。为此，地方政府千方百计刺激房地产市场复苏，作为其中的重要措施之一，就是出让优质土地，以吸引房地产企业之间的竞争。但是，大部分房地产企业曾经高价购置了大量土地，资金短缺，已是有心无力，集团房地产公司趁机抄底优质土地，对未来房地产业务的发展意义是不言而喻的。目前集团已经对肇庆的400亩优质土地达成意向，并跟踪广州市区等优质土地的交易情况，随时准备介入。

二、借力集团，整合资源

1.借力集团优势资源，增强核心竞争力

南方报业传媒集团通过60年风雨兼程的发展，奠定了雄厚的品牌实力。自1949年成立以来，在几代中央和省市领导的关怀下取得了长足发展，现在集团旗下已经有十一报八期刊三网站和一个出版社，不仅集团享誉海内外，旗下媒体也都是知名品牌，在国内外具有深远的影响力。南方房地产有限公司作为集团的全资子公司，代表集团从事房地产业务拓展，借集团平台，提升公司形象和业内影响力。

南方报业传媒集团拥有丰富的政治、广告、信息、宣传等优势资源。作为省委的机关报，与地方政府之间存在

千丝万缕的联系，当房地产业务发展出现困难的时候，集团可以出面予以协调和沟通。集团旗下媒体拥有丰富的广告版面资源，在金融危机形势下，资金是房地产业务的瓶颈，集团房地产业务可以充分利用广告资源换取建筑材料和其他优质资源，缓解资金压力。集团旗下每个媒体都拥有房地产专栏专版，遍布各地的记者站等外设机构能迅速将国家政策和各地房地产市场动态信息，及时反馈给媒体总部。如果能够促成这些信息资源与南方房地产公司共享，将会产生巨大的经济效益。集团旗下媒体组织的每年一度的博鳌房地产峰会已经成为业界的风向标，如果能够在此类峰会上对南方房地产公司进行宣传和推介，将会迅速将南方房地产打造成一流的品牌。因此，集团是南方房地产有限公司的坚强后盾，作为集团旗下的非主业公司，尤其在公司市场业务起步阶段，只有得到集团的大力扶持，才能发展壮大；只有得到集团旗下各媒体各单位的大力支持，才能迈出市场化的第一步，才能打响市场创新的第一炮。

2.以房地产为突破口，推进聚合战略实施

推进集团内部资源共享，避免重复建设，实现集团利润最大化，是聚合战略的核心思想。集团通过60年的积累，已经形成了巨大的品牌价值，这是一笔巨额的无形资产。房地产行业在国民经济发展中的支柱地位，非常适合作为集团将品牌价值转化为有形资产的途径。一方面，提升了集团的盈利能力；另一方面，未来集团房地产业务的发展，可以作为集团媒体业务发展的有力支撑。

但是，集团旗下媒体独立核算，已经形成了各自利润体系，存在一定的利益冲突。同时，信息资源的传输过程也存在秘密泄露问题。为了顺利推进资源共享，凝聚成集团战斗力，达到聚合战略目的，必须由集团领导牵头组织旗下媒体统一的协调机构，汇集媒体资源，与房地产公司形成对接，才能得以落实。

三、发挥优势，差异竞争

1.公司的优劣势分析

作为南方报业传媒集团的房地产公司，有文化、传媒这棵枝繁叶茂的大树，让其拥有比其他房地产公司更大的优势。第一，房地产公司有政治优势。作为省委机关报的南方日报，和省委、省政府的关系密切，和地方各级政府互动良好，也可以由此产生不小的经济效益。第二，房地产公司有宣传优势。房地产公司可以利用集团旗下报刊媒体的宣传作用，达到对项目最大的宣传效果。另外，还可以在集团自己的旅游酒店里面举行会议和各项专业论坛，不但场地安排稳定可靠，还可以拉动集团旗下产业的营业额，大大提升知名度和影响力。第三，房地产公司有广告优势。集团旗下的所有平面媒体，还有最近正在大力发展的新媒体，得天独厚的内部资源可以整合为集团房地产项目提供强大的宣传网络，既可拉动广告量又可扩大房地产项目的影响力，互惠互利，两者构成一个良性的动态平衡，最终达到利益双赢的效果。第四，房地产公司有公信力。正如南方日报的口号“高度决定影响力”，南方报业传媒集团旗下各报刊通过长期的积累，影响已经深入人心，已在广大人民群众中树立了一个有品质有诚信的良好形象。集团的公信力，能够让房地产公司迅速被市场认知和认可。此前，浙江日报报业集团成立的浙报绿城房地产公司正是媒体利用报业集团强大优势介入房地产行业操作成功的先例。

在认真分析优势的同时，应当十分清醒地看到房地产公司的劣势，主要表现在以下几个方面：第一，体制劣势。房地产市场是一个极不规范的市场，潜规则盛行，作为国有企业，相比较于民营房地产企业而言，房地产公司的效率、灵活性、薪酬制度、激励机制等等都处在劣势。第二，人才劣势。房地产公司现有人员队伍中，专业人才尤其是市场策划、营销、公关、管理、预结算等人才严重缺乏，相比较于专业房地产公司而言，房地产公司的队伍建设还任重道远。第三，经验劣势。迄今为止，还没有独立开发和操作过任何楼盘，开发经验极少，对风险和盈利的预判能力有待提高。第四，资金劣势。房地产业是一个资金高度密集的产业，没有巨额资金就无法有大动作。以前还可以依靠银行的力量来解决，但自2008年开始房地产开发贷款就控制得非常严格，靠贷款来拿地已经行不通了。而集团的经济状况决定集团不大可能大规模地用自有资金来发展房地产业务，因此，资金短缺成为制约房地产发展的一个很大的瓶颈。

2.扬长避短，差异竞争

中国房地产市场经过20多年的发展，已经形成了许多大型房地产企业，比如万科、富力、合生、中原、SOHO等房地产公司，不但资金雄厚经验丰富，而且形成了自己的开发模式，具有较高的知名度。不过，根据房地产市场二八原理，这些大型房地产企业所占市场份额总和不会超过20%，中小型房地产企业占有80%以上的市场份额，存在广阔的发展空间。

房地产市场已经日趋成熟，寻求市场差异，抢占先入为主的市场先机。南方房地产公司必须立足于现状，充分发挥自身优势，采取差异化竞争策略发展房地产市场业务，避免与万科、富力等大公司在住宅、写字楼等传统产品上去竞争，重点进军文化地产、旅游酒店、复合地产和房地产中介业务，挖掘和发现空白市场，尽量独辟蹊径。比如正在洽谈的观音山旅游项目，就是利用集团广告和宣传等优势，抢占优质资源的尝试。

四、资本运作，持续发展

1.资本化运作保证房地产公司的可持续发展

（1）资金是制约房地产企业发展的主要因素

从购买土地使用权、进行工程建设等一系列的房地产开发流程可以看出，房地产开发业务的特点是需要巨额的现金流，动辄几千万、几亿乃至更多的资金需求。所谓兵马未动粮草先行，这是房地产商开发任何一个项目之前，首先必须考虑的问题。经受金融危机的洗礼，国内外政府部门和金融机构都加强了对金融运行的监管，金融资金安全被提到首要的位置，金融机构受不良资金的拖累，本身资金也存在困境，加上国家对房地产市场贷款政策的紧缩，仅仅通过银行贷款无法满足房地产开发的资金需求量，另辟蹊径是房地产公司解决资金需求的必然之路。

（2）优质资源是快速提升的捷径

南方房地产公司拥有南方报业传媒集团这个优质的平台，是其他房地产公司无法企及的优势，一直以来是房地产业界向往的优质资源，如果以股权、广告等资源融资，对有实力的财团、基金等将会产生吸引力，存在融资的可能；同时，南方房地产公司涉足市场业务不久，对房地产市场复杂的运作规则认识不足，缺乏私营房地产公司的灵活性。如果引进具有这方面经验的战略合作伙伴，进行资源优势互补，一起将市场份额做强做大，将会快速提升南方房地产公司的实力，缩短南方房地产公司产生市场效益的时间，达到双赢的目的。

（3）公司发展壮大离不开员工的积极性

一个社会组织或者经济实体的发展壮大离不开员工的工作积极性，员工是公司的内在动力。不论是公司内部的管理还是公司的发展战略，员工是最终的实施和执行者，只有取得员工的认同，才能从根本上发挥作用，公司才具有战斗力。如果在一些具体的开发项目中，南方房地产有限公司鼓励员工入股，把公司利益与职工个人利益捆绑在一起，一方面增强员工的主人翁责任感，做事尽职尽责，提升公司的盈利水平；另外一方面，在具体的开发项目中，让员工切实受益，达到双赢的目的。

（4）资本市场是快速稳健的筹资渠道

2007年末，金融机构居民户人民币存款余额17.6万亿元，同比增长6.8%，增速比上年低7.8个百分点，同比少增9598亿元，其中定期存款同比少增8974亿元；非金融性公司人民币存款余额18.9万亿元，同比增长22.4%，增速比上年高5.1个百分点，同比多增9637亿元，其中，企业活期存款同比多增6035亿元。金融机构本外币各项贷款余额为27.77万亿元，同比增长16.42%。其中，人民币各项贷款余额26.17万亿元，同比增长16.10%。主要金融机构人民币中长期贷款比年初增加2.4万亿元，同比增长22%，其中投向基础设施行业7983.6亿元，投向房地产业3337.5亿元，投向制造业1794.9亿元，分别占新增中长期贷款的33.2%、13.9%和7.5%。可以看出：老百姓在改革开放20多年的积累，形成了巨大的财富。中国的股市通过多年的运作，已经日渐成熟，股市投资成为老百姓理财的主要渠道之一。通过股市投资，把社会闲散资金短时间内积聚在一起，实现企业融资。相对银行贷款，具有长期稳定的优势，而且，上市公司的原始股票存在30至40倍的市盈率。因此，公司上市才是南方房地产公司真正成熟的标志。

2.资本化运作的初步设想

（1）引进战略合作者，以股权、广告等换取优质资源

为了快速提升南方房地产有限公司的发展，按照集团和房地产公司领导层的设想，首先，在一些具体项目中与具有优质资源的有实力的房地产商合作，借鉴其运作经验，比如正在进行中的南方日报深圳大厦，在公司申请报建存在困难的情况下，通过集团和公司的

多次努力洽谈，无偿取得深圳德业基集团的报建审批等方面的合作，就是一个成功的尝试。其次，以广告换取优质资源。在已经通过集团管委会批准并正在实施的佛冈观音山旅游项目中，双方初步协商：集团以房地产公司为平台注资1500万元现金和3000万元广告版面，控股观音山旅游开发公司70%的股份，如果经营得当，该项目将会为集团和公司带来丰厚的利润。这是南方房地产公司成立以来第一个以广告换取优质资源的自主开发项目。再次，以广告换取建筑材料。在集团新闻中心项目中，室内装修的主要建筑材料都是通过一定比例的广告版面换取，为集团节省大约2500万元的现金支出。最后，以股权换取优质资源。正在酝酿的北京文化地产复合项目，准备以公司少量股份换取北京知名的房地产商在中国传媒岛的房地产开发土地和资金。

（2）推进职工持股计划

进行体制创新和机制创新，使公司与职工长期利益方向一致，充分发挥职工的积极性和主动性，是公司长远发展的关键，因此，调动职工积极性是每个企业的必修课，将职工利益与公司利益捆绑在一起，是解决个人与集体利益矛盾的最好方法，无论是从管理角度还是公司的长远发展来看，都具有重要意义。在观音山旅游开发项目中，初步计划公司职工持股500万元，充分发挥职工的积极性，增强职工的企业归属感和主人翁精神。

（3）争取适当时机公司股票上市

公司股票上市是每一个公司的梦想，也是实现公司跨越式发展的理想途径。目前南方报业传媒集团正在筹备整体上市，并已经被列入了国家新闻出版总署的计划之中，借集团整体上市之机，积累上市运作经验，为南方房地产公司未来上市做好准备。现在南方房地产公司仅初具规模，如果即将开发的几个项目经营得当，公司实力将会得到长足发展，在各方面条件基本成熟的情况下，争取早日促成公司上市。

第七章
低成本扩张

新京报

今日80版　2003年11月11日　星期二　农历癸未年十月十八　零售价1.00元

克林顿拥抱艾滋男孩

●6年来第三次访华，胡锦涛、江泽民亲切会见

●昨在清华发表演讲，呼吁互相依赖抗击艾滋病

(A05·重点/A07–A10·北京新闻)

克林顿与中国艾滋病患者宋鹏飞亲密接触。他鼓励艾滋病患者之间应多见面，多聊天，就像对待癌症或是其他疾病一样正视艾滋病。　本报记者 储璨璨 摄

SARS后骨坏死患者调查

北京各医院医护人员患病比例不一，普通非典康复者患病人数尚无统计　(A20–21·核心)

冬贮大白菜10年价最高

受雨雪天气影响，预计本周京城菜价继续攀升　(A15·北京新闻)

烈士家属获偿逾50万

衡阳“11·3”大火被定性为特大火灾坍塌事故　(A19·中国新闻)

A18·中国新闻

我驻布隆迪使馆遭炮轰

反政府武装迫击炮弹误中办公楼顶层，无人员伤亡

A02·社论

《新京报》发刊词

责任感使我们出类拔萃

A12·北京新闻

万元重奖新闻线索

本报推出国内迄今最高新闻报料奖，推广期间线索一经采用即付至少百元奖金

电话：

96096333(市话)

手机短信：

8168000333(移动)

9168000333(联通)

编辑：王悦　谭智良

版式：杨岸

校对：付志斌

A叠/时事新闻、体育新闻、评论　B叠/经济新闻、通信周刊　C叠/娱乐新闻、文化副刊　D叠/北京杂志、房产新闻

《新京报》创刊号。

第一节　首家跨区域办报试点——新京报

2003年11月11日，南方报业传媒集团与光明日报报业集团合作，创办了《新京报》。受集团委派，南方都市报派出了160多名采编、经营和行政管理骨干参与创办。新京报是全国首家得到中共中央宣传部同意、中华人民共和国新闻出版总署批准，具有合法地位和受法律保护，媒体集团跨地区经营管理的报纸，也是中国首家股份制结构的时政类报纸。作为一项试点，新京报是中国新闻出版和文化体制改革取得的重要成果，是中国报业改革的一大步。

新京报以追求新闻的终极价值为办报准则，办报理念为“品质源于责任”。致力于观点、事实的表达，一贯以其敏锐的视角、快速的反应、独立的立场、客观的报道、深厚的功力，持续推出重磅新闻和独立评论，彰显法治与人文精神，推动中国社会走向现代文明。新京报从诞生到今天，不断创新求变，追求品质提升，把报人的新闻理想、社会责任与职业经理人的营销理念结合起来，从办报模式、办报理念，到管理体制、经营方式，不断创新和超越，在群雄割据的北京报业市场迅速崛起，成为业界称道的最具公信力的新锐媒体。

《新京报》日均出版80版，周五112版，是目前北京地区版数最多、信息量最大的综合性日报。《新京报》自办发行，以征订和零售为主要发行渠道。成立至今，发行量持续增长，目前日均发行72.5万份，是一份密集覆盖北京市场，并得到主流人群喜爱的新型时政类日报。

《新京报》采用四开版式，按报道

内容分为4个叠次：A叠为时事评论、北京新闻、中国新闻、国际新闻、体育新闻，B叠为经济（财经）新闻和产业周刊，C叠为娱乐新闻和文化艺术新闻，D叠为消费新闻和生活杂志。

《新京报》以独立的立场和客观的报道为基本准则，追求新闻的真实性和可读性，追求言论的稳健性和建设性。《新京报》拥有330多名有新闻理想和职业精神的记者编辑，创办以来发表了大量有影响力的报道和评论，这些报道和评论为中国各大门户网站、各家广播电视广泛转载。

《新京报》有较高知名度的栏目和周刊有：时事评论、核心报道、目击、赛道周刊、娱乐周刊、书评周刊、汽车周刊、黄金楼市、地球周刊、北京地理、北京爱情等，这些栏目和周刊各自拥有众多忠实读者。

《新京报》版式风格简洁、现代、优雅，追求“厚报时代、轻松阅读”，注重图片与插图的应用，引领国内报媒进入“读图时代”。新京报的摄影记者曾多人多次获得中国新闻摄影大奖，2006年，新京报的摄影记者还获得世界新闻摄影比赛(WORLD PRESS PHOTO,简称“WPP”)的三等奖，2007年度第29届世界新闻视觉设计大赛，新京报成为首家获得SND奖项的中国大陆媒体，2008年度新京报又获得6个优秀奖，成为获奖数量最多的中国媒体。

《新京报》在有关政策允许的范围内，设置企业化的经营架构，把广告和发行纳入公司化运作，使其与采编内容截然分离，保持报纸的独立性和公信力。正是基于报纸的影响力和公信力，基于对报业经营市场化的深刻领会和不懈实践，《新京报》的品牌价值和经营业绩不断提升，连续两年被有关权威机构评为“中国最具投资价值的媒体”、“中国最有成长潜力的媒体”、“中国最新锐报纸”、“中国最有影响力的时政类报纸”等。2006年《新京报》广告刊例达到6.12亿元,2007年《新京报》广告刊例达到7.1亿元，2008年《新京报》广告刊例达到8.61亿元。近年，《新京报》已经稳定赢利。

从2003年《新京报》提出“负责报道一切”的口号，寓意《新京报》有责任报道一切，《新京报》对报道的一切负责；到2008年《新京报》宣称“北京人的新闻主场”，展现应对竞争的底气。2009年，《新京报》提出一个口号“全北京人看《新京报》”。6年多来，《新京报》一直在改版以适应读者不断变化的阅读需求，在风风雨雨中不断成长。

第二节　省地党报合作首开先河
——西江日报

2006年6月，按照中央文化体制改革的总体部署，为适应媒体发展最新竞争趋势的需要，在肇庆市委、市政府的支持下，西江日报与南方日报在全省率先进行省地两级党报合作，西江日报加盟南方报业传媒集团。这不仅在广东新闻界产生巨大反响，而且在全国也开启了省地党委机关报实质性合作的先例。两报合作给西江日报带来了生机与活力，采编、经营、印刷、培训等方面呈现出良好的发展势头，也更好地促进了南方日报对肇庆的宣传报道力度，更好地服务于广东省、肇庆市的党委和政府的中心工作。当前国内传媒业出现了一系列的新情况和新趋势，两报的合作成效显著；面对新形势新机遇，两报进一步合作的条件已经成熟。经双方合作工作组成员协商，并经西江日报党组和肇庆市委宣传部领导讨论同意，就双方扩大合作内容、拓展合作领域、加大合作力度等方面达成共识。

一、初步合作是成功的

西江日报与南方日报合作两年来，于2006年、2007年成功实施两次全面改版，确立了西江日报全新的办报理念和思路，强化了党报的权威性、指导性、可读性和服务性，面貌全面改观，质量和水平上了新台阶，赢得了省市领导和各界读者的好评，得到了中央和省文改办的关注；更好地服务于肇庆市委、市政府的中心工作；广告经营有了新发展，两年来都有两位数增长；队伍建设得到加强，采编人员的政治素质和业务能力有明显提升。借助两报合作中的新闻资源共享和新闻采访互动，南方日报及其集团报系对肇庆的正面宣传力度明显增强，肇庆在《南方日报》及其系列报的发稿数量（2年500多篇）和质量（头版头条重头报道9篇，其他版头条44篇，专题专版报道12组）均在全省地市中位于前列。合作对南方日报的好处也是显而易见的，南方日报对肇庆的宣传力度的增强，肇庆干部群众对南方日报的关注度提高，提升了南方日报在肇庆的品牌影响力，两年来，南方日报在肇庆的发行、广告都保持了稳定增长态势。而在南方日报的帮助下，西江日报走上良性发展轨道，迎来历史发展最好时期，进一步扩大了南方日报在业内的影响，两年来，到西江日报考察取经的兄弟报社络绎不绝。实践证明，两报合作对推进西江日报改革、发展有利，对

2006年6月，在广东省委宣传部、肇庆市有关领导的见证下，南方日报杨兴锋总编辑（前左）与西江日报王家绵社长（前右）代表双方签约。

促进肇庆文化体制改革和文化产业发展有利，对宣传肇庆有利，对扩大南方日报影响力有利。

二、深化合作的必要性和紧迫性

新形势新阶段，给媒体特别是报业今后的改革和发展提出了新要求，使双方更加明确了对进一步增强深化两报合作必要性和紧迫性的认识：一是国外媒体发展日新月异，国内媒体打破行政格局、趋向区域合作、纵横组团扩展、品牌资产整合等态势愈加明显，呈现出日趋激烈的竞争局面。这是两报深化合作最大的形势需要。二是西江日报自身报业加快发展和南方报业继续探索省地党报全方位合作的需要。三是进一步加大南方报业传媒集团关注肇庆发展、支持肇庆发展、推介肇庆发展的需要。四是中央、广东省提出文化体制改革具体目标、路线图和时间表，促使双方深化合作加快推进。五是两报第一阶段合作取得了良好成效，奠定了坚实基础，为新的合作提供了条件，双方也迫切要求合作进一步向深度和广度发展。实践表明，两年来两报的成功合作已为双方及社会各界认可，继续深化合作也是双方和各界人士的共同期待。

三、深度合作的主要内容

1.深化合作原则

坚持党管舆论导向、党管媒体和党管干部的原则；坚持把社会效益放在首位、努力实现社会效益与经济效益有机统一的原则；坚持处理好改革、发展和稳定关系的原则；现有合作基础不变原则，即西江日报社由肇庆市委、南方报业传媒集团主办，作为中共肇庆市委机关报的性质不变，独立事业法人身份、名称和报头、国内统一刊号不变，围绕市委、市政府中心工作做好宣传服务工作的宗旨和职责不变，宣传业务归口中共肇庆市委宣传部管理不变，人事管理制度和权限不变。

2.全方位整合采编

一是建立联合采编平台。整合现有西江日报与南方日报的采访力量，在原南方日报肇庆新闻工作室（记者站）的基础上，西江日报派出采访骨干，成立南方日报肇庆新闻部和西江日报特别报道组（两块牌子一套人马），建设两报联合采编平台，加大南方日报对肇庆报道的力度，策划报道专题，提高重点报道的数量和质量，同时解决目前西江日报重点版面稿源不足问题。

二是上挂下派、交叉任职。为更有效地实现双方采编资源优势互补，进一步提升西江日报的采编水平和南方日报对肇庆的报道水平，在组织领导上采取“上挂下派、交叉任职”方式，密切双方在采编上的联系，即西江日报社主要负责人在南方日报社编委会和运委会任成员，参加南方日报社的重要编务会议和经营会议；南方日报肇庆新闻部主任挂职西江日报执行总编辑，分管南方日报肇庆新闻部和西江日报特别报道组，并负责两报的采访协调工作，负责组织南方日报对西江日报人员培训。

3.注入资本，经营合作

双方共同组建西江日报传媒有限公司（暂定名），组建方法、步骤为：一是按中央、广东省的文化体制改革政策和要求，实行采编与经营相分离，在目前的西江日报广告有限公司的基础上组建西江日报传媒有限公司；二是对西江日报传媒有限公司资产和经营能力进行评估，由南方报业传媒集团向西江日报社购买西江日报传媒有限公司的股份。南方报业传媒集团收购方式为：现金和输出品牌等报业资源。西江日报社与南方报业传媒集团的股份比例为51∶49。

西江日报传媒有限公司成立董事会，由西江日报社社长担任董事长并兼任总经理，副董事长和副总经理及其他管理人员由双方按照占公司股权比例进行派出和组成。

4.组建“西江文化产业发展中心”

因应报业发展大势，借助双方优势和自身事业发展需要，双方组建“西江文化产业发展中心”，由双方按一定比例成立项目公司，统一负责中心的筹建、开发与经营。该中心具有两大功能：办公功能（解决西江日报、南方日报驻肇庆机构的办公场所严重不足），发展功能（南方报业肇庆培训基地、新媒体研发基地、全国媒体会议会展基地、西江流域文化艺术创作交流基地等功能）。

中心的土地以两种形式取得：一是解决办公用地部分，由肇庆市行政划拨；二是发展用地部分，设定一定的条件，按商业用地的方式取得。

第三节　南都模式再造——云南信息报

2009年9月14日，广东省委常委、省委宣传部部长林雄率广东新闻宣传系统相关负责人从广州来到昆明，前往云南信息报社调研。通过调研，林雄充分肯定了南方报业传媒集团跨地区办报的经验，认为云南信息报“取得了阶段性成果”。

他说：“两年前，南方报业传媒集团能够到云南发展，反映出南方报业传媒集团锐意进取的改革创新精神。短短两年时间，《云南信息报》取得了阶段性成果，创造了良好的发展势头，我看了以后感到很振奋。它带来了思想观念、办报指导思想、经营管理、制度建设、人才队伍建设等方面的变化，在广东省文化产业下一步推动更多合作的时候，可以借鉴这些成功经验，找到有效的办法。”他还表示，“广东正在抓文化体制改革，促进文化产业大发展，特别是要鼓励文化企业大胆地走出去，跨地区、跨领域，甚至是跨境合作发展。”

《云南信息报》创刊于1985年，报名为胡耀邦亲笔题写。在上世纪90年代末曾经和成都商报合作，搅动一池春水，红火过一段时间。2007年，其主管部门云南出版集团公司伸出橄榄枝，与南方报业传媒集团签署合作协议，通过股份制合作，由南方报业传媒集团控股，强强联手，从报纸形态、采编理念、管理模式、经营运作等全方位打造新的云南信息报。两年来，在滇粤社会各界的关心和两大集团的支持下，云南信息报面貌焕然一新，在云南报业市场迅速打开了局面。业界人士称，“南方报业传媒集团的进入带来了竞争，同时也带来思想的革新，提升了云南媒体的整体质量。”

目前，《云南信息报》日均出版60

云南信息報

2007年9月19日 周三 今日112版 定价:0.5元 外埠:1元

云南出版集团公司 南方报业传媒集团 云南信息报社出版 国内统一刊号:CN53—0026

游商游贩年底开禁

国家工商总局局长周伯华同时透露，个体户管理费或将取消 详见A02－04版

“韦帕”逼走百万人

上交所今天或因台风休市，女足巴丹之战延期

独家专访昆明代市长

张祖林回应昆明商业城市排名暴跌

丽江砍人导游重鉴精神病

天天奥运 全球出击

0871-3624000

13608840000

2007年9月19日《云南信息报》全新改版。

多个版，员工超过1000人（采编160多人，广告130多人，行政人员接近100人，发行员600多人）。2007年，云信经营收入仅3700多万元，2008年改版第一年，经营收入突破1亿元，零售量在昆明地区稳居第二（报纸定价180元/年，为全城最贵）；2009年改版第二年，在全球金融危机的大背景下，云信逆市飘红，上半年广告同比增长20%，发行同比增长40%，发展形势喜人。按两大集团的计划，2009年云南信息报实现收支平衡，2010年开始实现盈利。而云南信息报短期内的目标是新闻品质独树一帜，广告发行跻身第二，贴近市场第一名，并拉大和第三、第四名的距离。

作为南方报业传媒集团跨地区办报的新项目，改版两年来，云南信息报探索出了新的模式。其主要经验是：

一、报纸定位准确

改版之初，云信提出新的定位——“办云南（昆明）市场化运营程度最高的政经主流大报”，目标读者锁定有影响力和经济实力的主流人群。两年来云信坚决贯彻了这个定位，打价值战而不是价格战，拒绝短期行为，不搞同质化竞争，在报纸品质上跟本地几家都市类媒体拉开了差距，云信“站得更高，看得更远”的口号越来越深入人心。

在报纸品牌的建设上，云信下了不少功夫，如2008年3月，云信公开承诺拒绝刊登违法违规低俗的医疗、征婚等广告，为此报社每年损失两三千万元的广告，但同时云信也成为本地最“干净”的、可以带回家的报纸，也赢得了广大读者和品牌客户的认同。2009年7月，在同城媒体降价的时候，云信反其道而行之，将零售价提到1元，既体现对报纸品质的信心，也是和同城媒体拉开差异化竞争的一个举措。

二、打好两张牌

一张是“南方牌”，云信充分整合南方报业尤其是南方都市报的新闻资源，国内国际时评和娱乐体育副刊等70%的内容移植南都的版面，既节约采编成本又确保了报纸的整体水准。在十七大、汶川地震、北京奥运、改革开放30年、国庆60周年等重大事件的报道上，云信跟竞争对手相比有很大的优势，而像“发现云南之美”、“奥珍展”这样的大型活动有力地提升了云信的影响力。

另一张是“本地牌”，做大做强本地新闻，比如航拍昆明和丽江、昆明往事、仇和与昆明的100天、昆明交通解困调查、滇池治理调查、“问计新加坡，谋计新昆明”等策划，对本地政治、社会生态的持续、深入地介入，云信逐渐建立起对本地事务的话语权。

这两张牌相辅相成，缺一不可。

三、队伍本土化

两个集团跨地域合作，人员整合的好坏关系到合作的成败。这方面云信的经验是必须做好队伍本地化工作。南方报业派出的采编高层管理人员只有两人，管理层和骨干基本是云信原来的团队和在当地招聘的人员。云信的思路是以制度管人，化繁为简，以最简单的方式处理最复杂的事情。同时采取双向轮岗的方式，通过南方报业制度、文化的渗透、改造，带出了一支能打硬仗的本土化的队伍。

在经营上的制度创新也彻底打破了云南报业多年存在的“潜规则”（主持人制），建立起符合现代化企业的游戏规则。

四、立足云南“走出去”

2009年以来，云信加大了对外拓展的力度，推出了“发现东盟”大型采访活动。该活动历时九月，斥资百万，遍访十国，每个国家推出一个特刊，加上动态报道，版面超过200版，使云信成为首次系统地深入采访东盟十国的中国媒体。这一活动被称为“云南媒体的一个标志性事件”，更是云信“走出去”战略的一次成功探索，建立起了云信与东盟各国官方、商界、媒体和民间的互动关系。林雄部长对该活动也给予很高评价：“‘发现东盟’报道策划好，敢于走出去，不是一般的走马观花，有一定的深度，这样的大手笔策划发扬了南方报业传媒集团的优良传统。”

“发现东盟”的成功，使云信确立了“立足云南，面向东南亚、南亚”的新的发展战略。

目前云南信息报正在研究制定3年发展纲要，给报纸的发展描绘清晰的蓝图，注入新的动力。

第八章
资本运营

传媒行业是一个具有较高资本门槛和规模效应的行业，从国内外经营来看，传媒发展普遍趋向于大资本、大融合的跨媒体的传媒集团模式。近年来，平面媒体业内竞争日趋白热化，受新兴媒体影响，利润空间也不断受到挤压，而报业传媒集团无论是创新盈利模式、转变增长方式，还是探索跨媒体跨行业经营，都需要大量的资金支持。南方报业要在短时间内快速做强做大，需要大量的资本投入，然而受传统的平面媒体发展模式制约，集团资本总量较小、自有资金不足，依靠自身逐渐的积累是远远不够的。因此，只有通过资本市场进行资本运作，实行产业经营和资本运营相结合，通过引入战略投资者、收购兼并、上市等手段，才能够为集团获取扩张经营所需要的平台和资金，加速集团资本和产业规模的成长，实现集团几何级数的增长。

关于资本运营的问题，集团在每年的战略研讨会上都会进行专题研究，大家也早有共识：资本运营不是要不要进行的问题，而是怎么做得更好的问题。21世纪初以来，集团在不断深化文化体制改革的条件下，不断尝试将部分业务推向资本市场，积极探索利用资本运营将集团品牌价值变现的方式，把品牌的优势转变为实力，寻求更广阔的发展空间，寻求与集团巨大品牌影响力相一致的经济地位。

一、拓展对外战略合作，引进外部战略投资者

近年来，南方报业以各种方式加快开展对外合作，通过资源共享、优势互补以及资本融合等方式与诸多优秀的企业进行长期合作，谋求长期的互利共赢。目前，集团已经与不少政府机构、企事业单位建立了良好的战略合作伙伴关系，如与广东省旅游局、广州市花都区人民政府、上海世博会事务协调局、广东省机场管理集团公司、上海文广新闻传媒集团均建立了长期全面的战略合作。在不断完善对外合作关系的基础上，引入外部战略投资者的资金、管理和其他资源也就显得水到渠成。

1.引入战略投资者的成功典范——《21世纪经济报道》

2001年元旦，《21世纪经济报道》创刊，这是南方报业以全新模式打造的一份财经周报。在筹划之初，集团领导就确立了崭新的经营模式，通过将发行、广告等经营业务剥离出来，组建经营公司，利用资本市场引进外部战略投资者，实行经营者持股，以全新的、市场化的理念来运营报纸。

经过多方考察与慎重研究，集团最终选择了实力雄厚的上海复星集团作为合作对象。2001年，南方报业引入复星旗下的复星信息1500万元资金，双方合资成立广东21世纪出版经营服务有限公司，负责《21世纪经济报道》的广告及发行代理。同时公司引入管理层持股，主要经营

团队以现金投入，持有约20%的股权。

《21世纪经济报道》在南方报业发展史上创造了几项第一。它是集团第一份在经营环节引进外部资本的报纸，是第一个建立相对规范的公司治理结构的报纸，也是集团第一次实现骨干经营团队持股的报纸，同时，它也创下了第一年创办报纸第二年就实现盈利的奇迹。《21世纪经济报道》在国内财经类报纸市场上获得了非凡的成功，迅速确立了经济类报纸的领导地位。盖洛普进行的市场调查显示，该报的发行量、影响力和阅读率等几项关键指标都稳居国内同类报纸第一位，成为名副其实的“中国最优秀财经报纸”。2003年，《21世纪经济报道》成为南方报业第四家广告营业额超过亿元的报纸，同年21世纪报系成立，报系先后投资创办了《21世纪商业评论》、《商务旅行》、《理财周报》等系列财经报刊，逐步成长为国内极具影响力的专业财经媒体。

《21世纪经济报道》的合作方式堪称国内传媒业引进外部战略投资者的典范。它的成功在于，一是把合作的领域严格控制在发行、广告等经营领域；二是把合作的起点定得比较高，不是停留在资金层面上的合作，也不仅仅是业务方面的合作，而是一开始就着手探索建立一个现代公司制的治理结构，这个团队不仅知道怎样制造产品，还知道怎样销售产品、控制成本。南方报业引进的不仅是复星的资金，还引进了丰富的资源，特别是企业家资源，把一大批优秀的企业家吸引到21世纪的周围，从而拥有了丰富的广告资源。另外，南方报业还与复星集团开展发行合作，利用复星的发行渠道，为21世纪报系迅速打开了上海市场。这些在当时颇具前瞻性的决策，从根本上奠定了《21世纪经济报道》乃至21世纪报系成功的基础。

2.《名牌》与《南都周刊》引入战略投资者

在总结21世纪报系引入战略投资者并实施经营团队持股的成功经验后，南方报业继续加大对外引资的力度。2007年，集团旗下的《名牌》杂志实行整体改制，引入无锡国联集团作为战略投资者，并实现了杂志社核心团队出资持股，既为《名牌》杂志的发展提供了强有力的资金支持，又建立起市场化的杂志运营机制、规范的法人治理结构和有效的激励机制，使《名牌》杂志走上快速发展的道路。

2008年，集团再接再厉，成功为旗下的《南都周刊》引进战略投资者——大型企业集团上海南都集团。延续以往的经验，《南都周刊》30多位骨干人员也出资持股，共同组建股份公司进行媒体运营。《南都周刊》的成功引资，标志着南方报业运用资本运营手段引入外部战略投资者并实施经营团队持股，实现媒体产业的跨越式发展的模式已经成熟。

3.传媒行业的对外投资

除了引进外部资金，南方报业还利用自身丰富的品牌资源与媒体运作经验，运用合资、收购等资本运营方式实现跨区域、跨媒体扩张，收到了良好的效果。

2003年11月，南方报业与光明日报报业集团达成合作，双方合资在北京创办《新京报》，在跨区域合作办报上开创了全新的模式。集团不仅直接进行资金上的投入，还派出大量优秀的采编、经营人才北上，使《新京报》一创刊就在北京报业市场上先声夺人，取得了良好的业绩，不仅办报质量越来越高，报纸经营也快速步入了良性发展轨道，逐渐在北京的报业市场上站稳了脚跟，打出了品牌影响力，连年多次被有关权威机构评为“中国最有影响力的时政类报纸”、“中国最具投资价值的媒体”等。目前，新京报已实现数年盈利并开始向投资者分红，南方报业的跨区域对外投资获取了丰厚的社会效益和经济效益。

2006年6月底，在总结跨区域合作经验的基础上，集团又与中共广东肇庆市委机关报西江日报签署全面合作协议，西江日报加盟南方报业传媒集团，与南方日报在采编、广告、发行等领域进行全方位合作。同时，南方报业与西江日报合资成立经营公司，代理西江日报的经营业务。合作一年后，西江日报不仅办报质量明显提高，经营水平也上了一个台阶，广告经营额与同期相比翻了一番。

2007年5月，集团在详细考察及认真研究后，与云南出版集团达成协议，共同合作主办《云南信息报》，这是集团在跨地域对外投资方面的又一个全新尝试。在这次投资中，集团采用了资金、人才、新闻资源的全面输出，并结合以往的成功经验，在云南信息报经营公司中实行经营团队持股，打造市场化、规范化的公司治理结构。合作后，《云南信息报》仅用一年时间就上升至云南报业市场上的第二位，不仅实现了南方报业文化产品、经营理念和传媒人才的对外输出，也成为集团又一成功的对外投资案例。

在新媒体领域，南方报业也非常重视通过资本运营手段实现快速扩张。2005年，南方报业利用自身的传媒资源优势，对拥有相当知名度的“深圳热线”网站投资，并对网站进行升级改版，于2006年3月正式推出第二代门户网站——奥一网（www.oeeee.com）。奥一网率先提出并实施了报网互动的模式，已成为南方报业旗下的三大网站之一，在国内特别是广东省拥有极高的人气和影响力。2008年，集团为了更好地实施新媒体战略，又出资增持奥一网股权，达到对奥一网的绝对控股。按照当前的市值估算，对奥一网的收购为集团带来了数以千万元的潜在收益。

二、文化体制改革与上市

作为资本运营的最重要手段之一，上市已成为国内传媒集团的资本运营重点。在国家政策和主管部门对传媒上市工作给予大力支持的背景下，集团内部对上市融资也达成了共识。上市能够帮助集团迅速实现规模较大的资本积累，集团的资产从按净资产定价，转为按市场价格定价，从而使得集团的价值得到提升，国有资产也将实现大幅的增值，集团的抗风险能力、综合竞争力都将得到提高。上市还可以提升集团的企业形象，提高公信力和知名度，同时也会提高集团及旗下品牌的知名度。通过上市，集团将获得资本市场持续融资的通道，可以通过多种方式进行多次融资，从而为集团的长期扩张提供资金支持。上市还有助于完善集团的法人治理结构，利用股权建立有效的经营激励机制，推动集团在市场竞争中完善制度和提升管理水平。

2004年，集团高层领导就意识到了

上市对于传媒集团实现迅速发展的重要性，当即对集团上市工作进行了专项研究，并聘请投资银行在集团内部进行前期调研和辅导。随着近年来国家政策的逐步放开，上市已成为集团的主要战略问题之一，并有计划地开展了包括改制在内的一系列上市筹备工作。

集团文化体制改革是实现上市的前提和基础。中央把广东省定为文化体制改革的试点省份之一，南方报业又是广东省文化体制改革的重点单位。这几年来，集团积极推动文化体制改革工作，推动媒体市场化的实践与探索，大力整合优化资源，推动结构调整和优化，努力实现从追求数量向追求效益的转变。

集团近年来虽然受到市场环境的巨大压力，但经营业绩仍然保持高速增长，获利能力强，具有良好的企业形象和品牌价值，较容易得到资本市场的认同。集团立足文化体制改革工作，已经聘请外部专业机构进行了上市前期的审计、方案拟订等工作，从现有的情况来看，已具备了上市的基础条件，一旦时机成熟，即可迅速走向资本市场。

三、不断完善资本运营管理体制

南方报业一直非常重视资本运营管理体制的建立与完善，出台了包括《南方报业传媒集团投资审批程序》在内的一系列投融资管理制度，规范了资本运营项目的办事程序、操作流程和规则，明确了投资项目的可行性研究和评价方法以及项目经营责任的挂钩机制，对于投资立项、审批、监控和管理都有一套严格的制度规定，确保了决策质量，减小了决策风险，提高了资本运营的效率。

集团也非常重视资本运营工作的组织保障和人才保障。2005年，集团主要领导亲自挂帅，组织财务部、战略运营部、法律事务部、人力资源部等相关部门的骨干员工组成投融资管理领导小组，直接负责集团的重大资本运营项目。同时，集团还成立了全资的投资公司，作为对外投资的操作平台。几年来，投融资管理领导小组和投资公司在对外直接投资、引进战略投资者、改制上市等方面作出了突出的贡献，先后完成收购奥一网、投资云南信息报、为《南都周刊》引进战略投资者、改制筹划上市等重大项目，大大推进了集团的资本运营进程。

2008年，为了更好地完善资本运营管理体系，集团在投融资管理领导小组的基础上，根据媒体聚合战略的要求成立了投融资管理部，专职负责集团的资本运营工作，并引进具有丰富资本运营经验和行业资源的专业人才充实队伍，打造了一支战斗力强、综合素质高、实践经验丰富的资本运营团队。同时，集团还成立了投资控股公司，负责根据集团跨媒体、跨行业、跨地域的相关多元化发展战略要求，对外拓展资本运营业务。至此，南方报业的资本运营工作已进入全面化、专业化、综合化的全新阶段，资本运营对整个集团事业的强大推动作用也越来越明显。

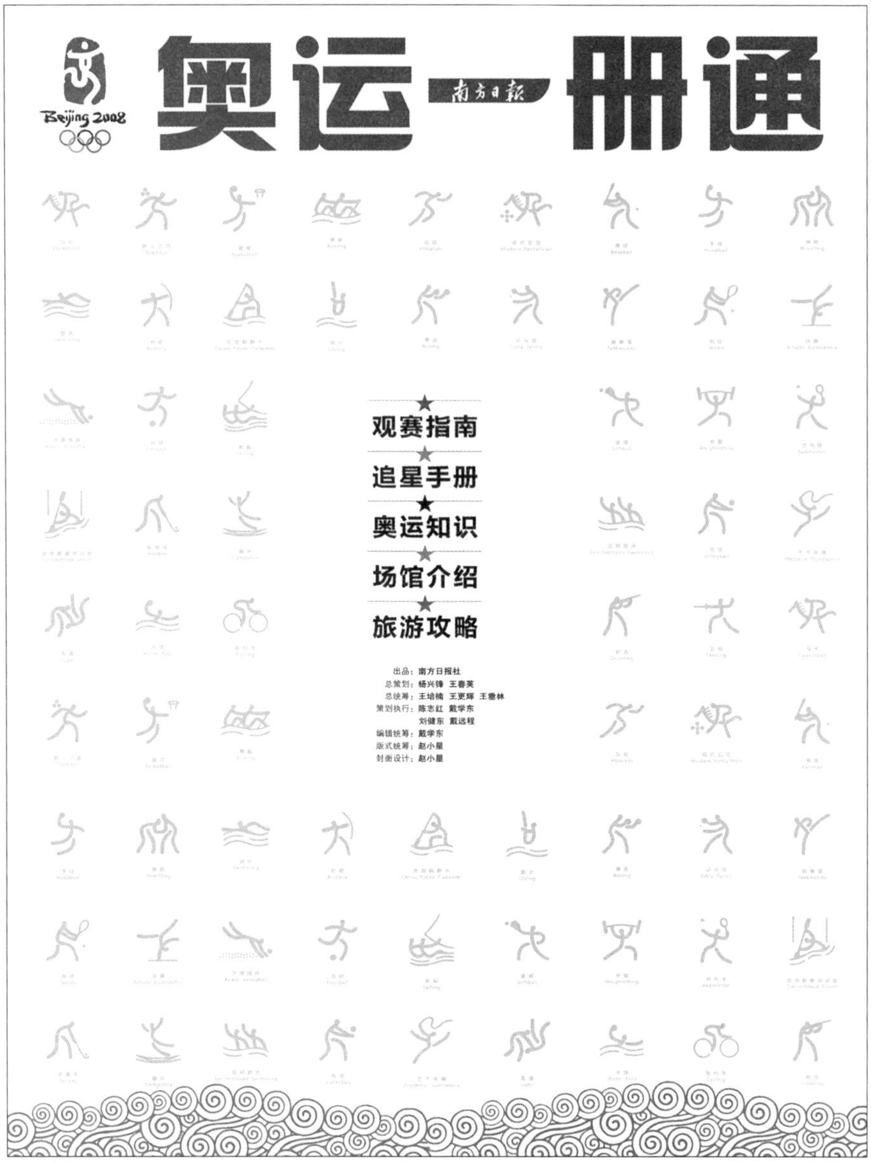

《南方日报》奥运一册通。

第一章
概　述

南方报业通过大力实施"多品牌战略"，打造了一系列成功的品牌媒体，在品牌战略方面取得了卓有成效的业绩。目前，旗下拥有"十一报"（《南方日报》、《南方农村报》、《南方周末》、《南方都市报》、《21世纪经济报道》、《新京报》、《西江日报》、《云南信息报》、《南都周刊》、《风尚周报》、《理财周报》），"八刊"（《南方》、《城市画报》、《名牌》、《南方人物周刊》、《21世纪商业评论》、《商务旅行》、《鞋包世界》、《第一消费》），"三网"（南方网、南方报业网、奥一网）和一个出版社（南方日报出版社）。2001年，国家教育部组织、全国百万学子参与投票的“新世纪中国大学生就业首选企业”调查中，南方报业跻身50强，是唯一上榜的报业集团。2001年以来，北京大学企业管理案例研究中心“中国最受尊敬企业”评选中，南方报业连续七年入选50强，其中2001年和2006年荣获“中国最受尊敬企业”称号。世界品牌实验室和世界经济论坛联合发布的2004年度“中国500最具价值品牌”排行榜中，南方报业有三家报纸闪亮上榜；2005、2006、2007、2008、2009年度有四家上榜；在2009年度“中国500最具价值品牌”排行榜上，在未计南方报业传媒集团品牌价值及其他子媒体的情况下，旗下的《南方日报》、《南方都市报》、《南方周末》、《21世纪经济报道》四家报纸品牌价值达158.63亿元。

当前，在新的历史条件下，媒企之间的“竞合”已经成为常态，而媒体的“平台”属性也已为所有的媒体和企业所逐步认同。南方报业传媒集团充分认识到媒体作为人流、物流、信息流的统一资源大平台的本质特征，通过大力实施品牌聚合战略，和很多优秀的企业和机构签订了战略合作协议，在扩大集团品牌影响力，打造集团可持续发展的资源平台方面，先行一步！

2009年，南方报业分别与世博会、亚运会和大运会签订战略合作协议，成为其合作媒体，被业界誉为“办盛会，找南方”、“盛会有南方”。

2009年，南方报业分别与广东移动公司、广东电信分公司、广东联通分公司广东省内的三大电信运营商签订战略合作协议，积极拓展新媒体相关业务。

此外，南方报业还与广东机场管理集团公司、广州铁路集团公司等大公司签订了战略合作协议，积极拓展产业链条。

集团还在媒体领域不断拓展发展空间，分别与上海文广传媒集团、西江日报签订战略合作协议，进一步拓展了发展空间，集团的品牌建设也上了一个新台阶。

第一节　传媒品牌的衡量及打造

一、传媒品牌的衡量

传媒品牌可以从传播力（知名度）、公信力（美誉度）和影响力（忠诚度）三个维度衡量。其中，传播力（知名度）可以用发行量等衡量，由于发行量有时统计不准确，需要借助一些其他方法来扩大传播力，如策划、各种客户联谊会、读者见面会、新概念的推出等等；公信力（美誉度）表现的是读者和受众对传媒品牌的认可和相信程度，任何类别的品牌都可以建立起很强的公信力；影响力（忠诚度）主要体现在受众和广告主的忠诚度。

二、品牌成功三要素

任何一个传媒品牌要取得成功，必须做好三方面的工作：一是定位精准的编辑方针。编辑方针是一个传媒品牌的灵魂，编辑方针必须充分考虑读者和广告主的需求，要有精准的读者定位和市场定位。只有这样，编辑方针才能起到统领传媒品牌，凝聚人心的作用。二是高水平的采编、经营和管理团队。高质量的传媒品牌不仅需要高水平的采编团队，还需要高水平的发行、广告经营团队和管理团队，三者缺一不可，而且在当前竞争日趋激烈的传媒业市场中，经营和管理起着越来越重要的作用。在三者的关系中，采编是基础，发行和广告经营是根本，管理是支撑。三是把编辑方针贯彻到内容上的能力。传媒品牌确立了很好的编辑方针后，还需要大批高水平的采编人员把编辑方针贯彻到具体内容中，如果缺乏这种能力，就会使传媒品牌如空中楼阁，没有坚实基础。

三、塑造品牌的步骤

一个良好的传媒品牌的塑造一般包括如下几个步骤：（1）精确的市场调查。市场调查是传媒品牌塑造的首要前提，但是我国传媒品牌很少进行这项活动，很多传媒品牌都是采编人员自我定位的，有时候这种定位和市场真实情况偏差很大。在进行市场调查时，首先，要确定市场调查的范围，调查范围应涵盖传媒品牌准备覆盖的市场空间，同时必须包括受众和广告主两者；其次，要仔细选择合适的调查项目；第三，要选择准确的调查方法。（2）精确的品牌定位。在经过详尽的市场调查之后，要对传媒品牌进行精确定位。定位主要包括以下几个方面：一是市场定位，是做全国性市场还是做区域性市场；二是读者定位，是主要面对高收入群体，还是面向所有群体；三是广告主定位，是某几个行业，还是所有行业；四是内容定位。在确定了上述几个定位之后，就可以概括归纳出传媒品牌的内容定位。（3）确定编辑方针。编辑方针或者编辑理念是传媒品牌的灵魂。以南方报业传媒集团旗下各子报刊的编辑理念为例，可以分析编辑方针对传媒品牌塑造的积极作用。南方日报：高度决定影响力；21世纪经济报道：新闻创造价值；南方农村报：新农村推动力；新京报：品质源于责任；南方人物周刊：记录我们的命运；南方日报出版社：中国传媒的思想库……无一不透露出编辑方针在品牌塑造中的灵魂作用。（4）良好发行与经营提高品牌影响力。在确立编辑方针后，传媒企业必须采取各种发行和经营活动来提高传媒品牌的影响力，不断提高传媒品牌的发行量、经营额、传播力、公信力和影响力，最终在林立的市场中确立自己独特的品牌定位，使读者和广告主一看到该品牌，马上就能形成独特的市场定位。（5）品牌评估与维护强化品牌能力。传媒品牌确立后，还须不断评估和维护。通过评估，可以发现传媒品牌存在的主要问题，并采取切实措施进行维护和重新设计。针对市场中的侵权活动，采取积极的品牌保护活动，并及时进行品牌价值的深度开发和转移。

第二节　多品牌战略的主要内容

南方报业传媒集团的品牌战略主要就是多品牌战略，其核心内容为：首先对外部发展环境和行业趋势进行深刻把握，在此基础上，在出现的细分市场空间里培育出品牌报纸，品牌报纸培育出来之后，以品牌报纸为龙头成立报系。现在南方报业传媒集团已经形成了自己的三个子报系列：南方周末报系、南都报系和21世纪报系。其次，采取“‘龙生龙，凤生凤’的媒体多品牌滚动发展模式”，用优质品牌为龙头的报系孵化新的子报。其本质是实现优势品牌的进一步裂变和衍生。南方报业的多品牌战略的主要内容具体如下：

一、紧紧盯住细分的市场，确定每个品牌的理念，形成鲜明的个性

为适应报业市场不断细分的趋势，应认真分析市场的空间和可拓展的领域，确定所经营的项目，每种报纸的定位都要有自己独特的品牌理念和个性追求。南方报业传媒集团旗下的各个媒体都有自己面向的特定市场、明确的市场定位和个性。而从全国各地的情况来看，有的报业集团办的子报与当地同行办的一些报纸定位相同，甚至有的新办的报纸，不仅与别人重复，而且与本集团先办起的报纸定位一样，还来不及与别人竞争，却自相冲撞。主报与子报以及子报之间分工一定要合理，做到优势互补，不能自己挖自己的墙脚，这就必须有鲜明的个性。从南方报业传媒集团各报来看，都不是同一个模具出来的，均有独创性和个性化。有独创和个性，才有“品牌”可言！

二、实行优生优育模式，催生多品牌滚动发展

南方报业传媒集团办报纸办一个成功一个，其主要原因就是集团在多品牌战略中实行了优生优育的滚动发展模式。利用占有人才、发行、广告等资源优势的优质报纸，作为新的子报的孵化器。早些年首先利用南方日报的人力资源、新闻资源、技术设备和资金优势，创办了《南方周末》；然后又利用南方周末的人才和发行渠道、印刷网络等资源创办了《21世纪经济报道》，成长起来之后再从南方周末分离出来。新创办的《21世纪商业评论》等又是由《21世纪经济报道》衍生出来的。创办《南方都市报》成功之后，又从它的采编部门选出部分骨干并利用南方都市报的各种资源，创办了《南都周刊》等，使其迅速打开市场。

三、集团的整体品牌形象与局部的品牌个性形象要形成合力，共同营造品牌的社会影响力

一个集团不管有多少张报纸，首先要打造好主品牌，如果主报办得不好，子报发展得再好，也不能说报业集团是办得成功的。作为以省委机关报为龙头的报业集团，其主报机关报所蕴涵的品牌价值和市场潜力是巨大的。因此，机关报发展成为报业集团之后，应十分重视机关报的改革创新。南方报业传媒集团的主报《南方日报》不断进行新闻改革，在全国省委机关报中率先将宽幅报改为窄报，在内容等方面也锐意创新。

品牌战略是一个系统工程，集团上上下下必须对品牌有整体的认知度，要通过一系列的策划从各个侧面营造品牌的影响力。如果把集团当作“主品牌”的话，那么下属子报可看成是“子品牌”。营造品牌形象要注意处理好“主品牌”的整体形象与子品牌局部的个性形象的关系。报业集团下属的子报和企业都是集团大品牌下的一部分，集团各

报有分工，但必须通力协作营造集团大品牌。

下属各单位的远景规划、人才战略、重大资本运作等，都服从于集团的总体规划，营造集团的总体优势，许多活动要冠以报业集团的大品牌，以确保集团的品牌形象。如南方都市报2009年国庆节期间在广州举行大规模的汽车展，就亮出了“南方报业南方都市报汽车展”的牌子。在各种各样的活动中，都重视打出大品牌的旗帜，既能使大品牌越来越深入人心，品牌的影响力越来越大，而且也使人了解到报业集团下属单位有棵大树在支撑，有利于借助集团的优势强化自己的竞争力。这样做并不意味着不发挥子报的品牌个性，相反地应当积极鼓励子报树立自己的良好个性品牌形象。

四、多品牌战略的关键是人才战略

人的素质直接影响媒体产品的质量，影响市场拓展的决策。只有高素质的人才才能培育出品牌媒体，品牌媒体会进一步形成强大的磁场，以品牌吸引和留住人才，进而创造更多的品牌。所以说媒体品牌形成与媒体人才集聚是一个互动的关系，南方报业现在的发展战略，不论是跨媒体战略、跨地域战略还是资本战略等等，贯穿始终的是人才。人才优势，承载着南方报业传媒集团的“品牌媒体创新力量”。在南方报业传媒集团目前相对强势的人才优势中，最为核心的是人才理念和人才机制。

改革开放以前，报纸基本不具有市场特征。因此，品牌作为一个市场概念，也就没有被提上报纸发展的议事日程。然而，报纸的商品属性是客观存在的，构成品牌要素的质量、形象、信誉等也就一直伴随着报纸的成长。自20世纪80年代以来，中国报业本身经历了党报兴旺、晚报复兴、都市报市民报流行、专业报行业报涌现等几次潮流，品种大大增加，由于众多报纸可供选择，必然转向买方市场，党报一枝独秀的黄金日子已经难以再现。品牌意识和品牌建设也就随着竞争的到来摆在了党报工作者的面前。南方日报也不例外，率先开始了品牌建设之路。

第二章 四轮驱动下的南方日报品牌建设

第二章 四轮驱动下的南方日报品牌建设

第一节 办报理念：高度决定影响力

在国内媒体中，南方报业传媒集团较早地引入了品牌理念。作为南方报业传媒集团的旗舰媒体，南方日报在品牌建设和推动方面在全国党报中处于领先地位。2002年以来，南方日报提出以“高度决定影响力”为办报理念，着力打造有高度、有深度、有影响力的主流新闻，追求权威性和公信力，确立主流政经媒体地位，成为华南地区唯一以服务于行政人员、商务人士和专业人士等高端读者为主的高品位综合性日报。2002—2007年，南方日报六度改版，不断强化和提炼自身的办报理念、报纸品质、读者定位、新闻操作、版式风格、经营策略、市场战略等，进一步用现代报业的运作机制和办报理念整合优势资源，以读者为本推动党报走向市场，以差异化战略提升报纸品质，提高南方日报的品牌影响力，从而在市场竞争中牢牢坚守住党报的舆论阵地和舆论主导地位。

一、作为省委机关报的优势

政治优势：主流新闻、权威报道和深度分析；

权威优势：政策宣传、主导舆论和舆论监督；

区位优势：地处改革开放最前沿的广东。

二、高度决定影响力的内涵

内容：在新闻信息的选择、处理上，有自己的独特见解，发出自己权威的声音，对社会舆论产生引导和主导作用，产生更大的影响力。

定位：找准自己的优势所在，明确自身的定位，占据高端读者市场，树立权威，建立公信，影响有“影响力”的人群，进而影响社会走向、政策走向、经济走向。

发行：在保持相当规模的市场占有量的同时，有意识地抓住管理层、经营者和专业人士这些各阶层、各行业的“意见领袖”，使报纸成为真正的“意见领袖”。

广告：在摒弃低俗内容的同时摒弃低端的广告，吸引高端的广告客户，使新闻信息传播的高层次与广告信息的高档化相辅相成，相得益彰。

三、战略定位

区域性、国际化主流政经媒体/华南主流政经媒体。

四、目标读者

各级领导者、决策者、各层面的管理者、投资者、经营者和研究者，公务员、商人和专业人士。他们是整个报业市场中的高端读者，他们对我们整个社会的经济、文化走势具有高度的影响力。

传统党报的运营模式是以采编为主要驱动力带动广告和发行，这是典型的“三轮车模式”；现代报业由于竞争非常激烈，进入了品牌为王、整体运营竞争的新阶段，“采编+品牌”作为联合驱动力，帮助实现“发行+广告”两次销售的模式，称之为“四轮驱动模式”。南方日报的品牌建设正是围绕这四个方面进行的。

第二节 新闻：差异化竞争战略

“只有在新闻信息的选择、处理上，有自己的高度，有自己的独特见解，发出自己权威的声音，才能对社会舆论产生引导和主导作用，才能产生更大的影响力”——杨兴锋《高度决定影响力》

媒体以内容为王，因此，新闻产品是媒体品牌的核心，媒体的一切经营和发展均是基于这个基础，所以南方日报在新闻产品上实行差异化竞争战略，确立了“大时政、大经济、大文化”概念，不断提升办报品质和影响力。

一、坚持核心价值，引领党报创新

党报作为机关报，有其特有的政治优势和产品诉求。权威的分析、适时的评论、深度调查、独家新闻、政策解读、典型宣传、舆论监督，这是南方日报始终坚守的核心竞争力。为具体贯彻这一竞争力，南方日报在新闻采编方面力推“大时政、大经济、大文化”的概念。在时政报道中，利用党报优势全力打造全国“两会”新闻报道，2008年“两会”期间，《南方日报》以每天6至9个版的规模，平均每天发稿50多篇，图片20多幅，广东代表团160名代表已有130多名上了《南方日报》。同时，南方日报充分整合了集团各报、刊、网资源，形成“两会大合唱”，确立了党报在这一领域的权威性和影响力。在经济报道中，围绕广东省委、省政府的重大部署，从加快民营经济发展到国企新政，从产业结构调整到自主创新，从新农村建设到防灾减灾工程建设，从农业产业化到工业化城镇化，从区域协调发展到泛珠三角区域合作……南方日报为读者奉上了一份份新闻大餐。如2004年16个版的《广东新动力——广东省工业产业竞争力研究报告特刊》，被评价为“充分体现了省委机关报的权威性和对广东政治经济生活重大事件的把握能力和反映能力”。2006年100个版的特刊《中国风——广交会百届盛典》及系列报道，中宣部新闻阅评高度评价：“南方日报凭借其驾驭重大专题报道的娴熟技巧，为读者奉献了一顿精美的大餐，是‘高度决定影响力’办报思路的又一次生动实践。”在文化报道中，《南方日报》结合省委“建设文化大省”的号召，连续推出了《广东历史文化行》、《广东文化建设大潮观》、《岭南记忆》等大型系列专题报道活动，在文化报道领域开诸多先河。

二、加强新闻策划，打造高端产品

近年来，南方日报每年出版数十项

新闻策划，通过系列报道、会刊、特刊等多种形式，打造了一系列高端新闻报道，范围覆盖政治、经济、文化、体育、社会等各个领域。2008年北京奥运会前夕，《南方日报》重彩打造了100版彩页《奥运一册通》特刊，详细介绍北京奥运有关情况，是国内最早亮相的奥运观战指南之一。奥运期间，《南方日报》每日以12个版的规模，浓墨重彩地报道赛事进展。记者遍布各个赛区，通过报纸、网站、手机报等多种传播渠道，为读者奉献丰富、鲜活的奥运报道盛宴。为纪念改革开放30周年，南方日报历时10个月，派出五路专题报道小组，分赴世界各地，揭密关键事件，遍访权威人物，与广东省侨办联手打造了反映华人华侨与广东改革开放30周年的百版特刊——《桥》。作为侨务大省，《桥》特刊的推出表达了广东父老乡亲对3000万海外侨胞的深情与问候，同时也极大地提升了南方日报的品牌影响力。

三、结合地域特色，完善产品结构

“得珠三角者得天下”，珠三角是中国经济最活跃的地区之一，见证着中国改革开放的辉煌，而且进步仍在继续。南方日报的差异化战略发展，珠三角是重中之重。2006年开始，南方日报陆续推出了《广州新闻》、《深圳观察》、《佛山观察》、《东莞观察》、《江门观察》和《中山观察》。由此，南方日报以上述六大《观察》为平台，坚持“大民生”的理念和操作方式，更加强调“本土”和“专业”，从而全面进入珠三角各级市场。随着在当地发展的不断成熟壮大，又衍生出深圳的宝安、龙岗，佛山的禅城、顺德、南海、三水，东莞的沿海、东部，中山的小榄等《视窗》周刊，以及广州的荔湾、海珠，佛山的高明、容桂，东莞的塘厦等新闻专版。树状结构的新闻产品，使南方日报在珠三角各级城市牢牢地扎根，带动了采编、经营的快速增长。2008年8月，南方日报推出《清远观察》，将创办观察的成功经验延伸到非珠三角地区。

第三节　发行：有效发行+自办发行

“有效发行”是南方日报“高度决定影响力”核心改革理念的自然延伸。南方日报作为党委机关报改革的要旨，恰恰就是影响那些最具有影响力的人群，通过他们去进一步影响决策，影响社会。这一品牌定位传递到具体的发行工作上，就是要求调整发行结构，实现精准有效发行，增加对高端人群的发行，进一步提高党报的影响力。

一、根据市场要求提升发行服务质量

发行服务质量的关键指标是到达率、发行时效和读者满意度。在到达率上确保百分百达到。发行时效直接影响报纸的零售时间，从而影响零售量。改版、扩版改革以来，在报纸印量持续增加的情况下，南方日报调动了全报社的资源，共同努力使出报的时效得到大幅度提高，送报车的整车出发和到站时间提前半小时以上，部分线路时效提前近一小时。

在报纸的运输方面，发行总公司利用社会资源与专业的运输公司合作，由其每天将报纸运至全省各地，避免自己再去搞一个车队，减少了管理的复杂性和人员的数量，运输成本大幅度降低，运输时效也得到控制和提高。此外，2005年南方日报成立呼叫中心接听读者电话，对发行服务进行监督、反馈。

二、以效率为出发点利用和整合发行网络资源

南方日报按照三种形式在全省进行合理化的布局：一是利用原有在全省各地的办事处，在大多数的市、县、镇建立完全由自己控制的三级发行站，以此作为自办发行的主力军；二是在部分落后地区直接委托当地县级邮局发行；三是在粤东、粤西、粤北等局部区域，利用当地邮局及地级市发行网络发行。

三、根据市场变化提高发行营销水平

1.充分利用和调动报社资源，在全方位联动中实现发行的有效覆盖。通过与广告部门联动强化对商界的覆盖和影响力。

2.不断进行优质渠道占领，营销创新。狠抓特殊阅读场所的覆盖。大力加强个人征订。开展以“享受悦读生活”为主题的“文化套餐”优惠订阅活动，不断吸引高端个人用户订阅。

3.狠抓品牌营销，启动“文化驿站”，强化销售终端。2005年下半年，发行公司全面启动了“南方日报文化驿站”项目。该项目以士多店、书店、便利店、宾馆酒楼、餐厅、休闲会所、社区及高校铺面等经营场所为目标对象，采用特约连锁加盟的形式，引入“文化驿站”的概念，输出南方日报的品牌，倡导“享受悦读生活”理念，建立具有南方日报统一品牌形象、标准化的报刊销售和品牌推广终端，以达到推广南方日报的品牌形象，提高报纸的销售量和影响力的目的，并实现对社区目标读者全方位的覆盖。目前已经拓展了800家加盟店，销售品种和经营内涵进一步拓宽并在一年来的报纸推广活动中发挥了重要据点的作用。

4.建立读者俱乐部并推向市场。2006年，南方报刊发行总公司选定纳斯达克上市公司携程旅行网，利用双方优势资源，联合推出了“南方日报读者俱乐部VIP卡”，为读者提供更多的增值服务。

在2006年10月南方日报社庆期间，发行总公司联合报社行政部品牌拓展室、呼叫中心等部门，以“走进南方日报”为主题，开展了由“南方情缘——讲述您与南方日报的故事”、“文化驿站联合促销”、“金牌读者座谈暨读者俱乐部VIP卡首发”组成的“走进南方日报读者月系列活动”，其间还推出《南方日报》读者特刊。这些系列活动主题鲜明、形式多样，规模大，强化面向读者的概念。

市场改革带来了丰厚回报。在发行量方面，南方日报连续24年保持了省委机关报发行量第一的地位，并且随着改革深化继续领先，重点城市的发行实现了增长，发行结构得到了进一步的优化。

第四节 广告：整合营销带动广告经营

对省委机关报普遍面临的经营难题，南方日报结合自身的特点和经营情况，广告公司以整合营销带动整体广告经营，具体措施包括：

针对省级党报容易把宣传任务当作经营包袱的心态，南方日报端正认识，矢志创新，把宣传职能与华南主流政经大报的权威优势充分结合起来，反而创造了惊人的经济效益。通过整合营销培训和规范化的制度，南方广告打造出了一支优秀的营销队伍，致力于市场的开拓。

南方日报作为省委机关报的一大经营优势，在于拥有和“高度决定影响力”的定位密切相关的政府资源。2005年9—11月，南方日报推出《创新广东》特刊，通过对广东自主创新的经济成就的全景式扫描和典型企业的重点介绍，不但有力地宣传了政府倡导科学发展观的政策取向，而且非常有效地传播了各级政府和优质企业在技术创新、管理创新、营销创新等方面的经验。这样的特刊，自然是政府满意、企业叫好的作品，广告公司从中延揽了大量知名企业的品牌广告，报社也取得政治影响力和市场影响力的双丰收。

针对省级党报读者群价值尚未被开挖出来的困境，南方广告特别注意挖掘《南方日报》核心读者的价值，与市场需求对接。比如根据公务员群体的需求和楼市发展的特点制作了《换房一册通》特刊，专门为换房一族提供精品楼盘品鉴和推介，受到了读者和地产客户的一致好评。

针对都市类报纸在大城市集中覆盖的特点，南方广告注意充分发挥《南方日报》全省覆盖的比较优势，挖掘商旅广告资源。都市类报纸在大城市比较密集地发行，容易获得部分希望集中投放大城市、争取小区域内阅读效率高的广告商的青睐，这是都市类报纸的优势。而省委机关报在全省各地级市都有办事处，相比以大城市为主要发行区域的都市类报纸，有覆盖面广、影响深远的优势，这也是省委机关报经营上的特点。南方广告在经营中注意充分发挥《南方日报》在全省有良好的覆盖和动员能力等优势，把着眼点放在次中心城市，创造了经营业绩。最能体现这种经营策略的例子是《优游广东》特刊，南方广告借国庆长假的契机，做了一个特辑，通过挖掘商旅方面的广告资源，取得了良好的经营效益和社会效益。

针对报纸之间的营销竞争越来越激烈的情况，南方广告努力创新经营品种，开发各类特刊、策划活动项目和专业化服务项目，拓展经营领域，培育新的增长点。

一、将特刊做成例牌菜

3·15消费权益日特刊、5·17电信日特刊、高考特刊、技校特刊、中职特刊、广州车展特刊等针对特殊时间段、有普遍市场需求的项目，做成招牌菜，成为每年的例牌项目。此外，对一些已经形成品牌优势、地方特色的活动，特刊仅仅是获得收入的表现形式，南方广告通过为客户提供从活动组织到出版印刷的整体服务方案来创造价值，不断提升广告服务档次，如每年的肇庆旅游特刊、增城荔枝旅游文化节特刊、国际皮具节等活动，都是由经营创新带动广告增长。

二、以策划吸引重点行业广告投放

为了拓展竞争激烈的重点行业，经常性地开展策划活动，比如2005年8月的房车展、汽车客户联谊会，2005年12月的楼市变局互动论坛，2009年5月的广佛同城优尚生活嘉年华等。活动不一定直接带来盈利，但可以增强报社在行业内的影响力，从而为下一步的业务拓展奠定基础。公司还将通过专业化的策划服务，为客户提供精美印刷、精准覆盖的DM广告，为单一客户提供创意、活动组织、出版印刷等整体服务方案，提供系列化、系统化的服务，吸引广告投放。

三、把项目制作为发挥整合能力的依托

重大活动启动项目制，将报社的广告、采编、发行、印务、行政等各种资源进行大整合，把项目充分做大做强。比如2006年的“品牌升级——广东工商系统贯彻自主创新战略纪实”项目、楼市奥斯卡·十大明星楼盘项目、广东移动“感谢广东”项目、狮岭皮具节项目和广东金融展合作项目等，都是横跨公司内部几个部门，动用编辑部和记者站的力量，才得以成功运作起来。又比如北京奥运招商策划项目，该项目由南方广告、专刊中心和文体新闻中心共同策划和实施，突破了“奥运从来不是党报的广告盛宴”的传统看法，不仅取得近600万元的广告投放，更设计出个性化招商方案，推出了多种创新的广告产品，为进一步推动采编和经营有效互动提供了一个鲜活的成功案例。

南方广告推行项目制的运作，深刻地改变了党报广告的管理、组织模式和出版方式，使广告业的竞争从拼价格、拼单兵作战能力、拼经营者素质的竞争变为以品牌为核心，以资源整合能力为依托的全方位综合竞争。

整合营销推动了党报在广告经营上的创新，得到了市场的回报。从2002年全新改版到2008年为止的七年间，南方日报的广告实收增长了10178万元，增幅为115%；广告应收增幅更大，为123%。2008年最终实现全年广告经营收入1.8998亿元，再创历史新高。

第五节　市场：策划活动营销，精心塑造品牌

报纸媒体的品牌建设中，专门从事品牌管理和维护的机构是不可或缺，这也是品牌建设的重要内容之一。2007年，南方日报第一次设立了党报的市场部，加强品牌策划和市场推广的力度。作为专门负责营销工作的职能部门，市场部的营销职能和广告、发行的销售职能相对独立又相互联系，协同作战，在品牌管理和建设方面发挥了突出作用。

一、第一次形成多渠道的形象推介渠道管理，成效明显

在形象广告设计环节，市场部围绕品牌定位尝试引入专业公司参与制作，随后在第六次改版推广中完成了市场估值约800万—1000万元人民币的形象广

告投放，这是《南方日报》自2002年第一次改版以来推广力度最大的一次。通过多渠道的广告投放管理，保证了电视台、平面媒体、网络媒体、户外、手机媒体的全方位覆盖，使广告客户和读者更多地了解到了《南方日报》改版的信息。

二、第一次深度利用第三方市场监测机构为南方日报走市场提供调研，引起了4A公司的关注

健全的品牌管理和建设离不开对读者群体的调查了解，市场部担负起《南方日报》读者定位数据收集和整理工作。2007年，市场部选取专业市场监测机构对广东省报刊市场进行调研，并完成了“2007年广东省单位人员报刊阅读与消费研究”调研报告，通过调研数据了解《南方日报》读者的阅读需求和阅读习惯，挖掘《南方日报》的媒体及广告价值。

三、第一次以“风起南方，领跑中国”为年度新口号，确立“中国主流严肃大报标准制订者”的新坐标

在报社高层的集体决策之下，南方日报明确了第六次改版的口号：风起南方，领跑中国。这不仅是一个年度推广口号，更是南方日报腾飞的一个全新起点，南方日报将其视为吹响引领全国省委机关报新一轮的改革发展新号角。于是，以该年度口号为指引，南方日报第一次确立了“中国主流严肃大报标准制订者”的新坐标，并快速完成年度读者（客户）手册的制作，以及客户会年度推广视频的拍摄和剪辑。

南方日报成功举办2007政府采购论坛。

四、与报社采编、发行、广告等部门联动，策划一批高质量的论坛活动

市场部积极学习旗下市场化媒体如21世纪经济报道的市场推广活动，通过策划和举办高端论坛和读者服务活动，进一步扩大了报社的品牌影响力。其中比较突出的案例有：

1.政府采购论坛。2007年12月6日，由南方日报社主办、广东省财政厅协办、以“政府采购与自主创新”为主题的2007政府采购论坛在广州隆重举行。在政府采购领域，由一家媒体发起如此高规格的论坛，在全国是首次。此次论坛为政府与供应商搭建了一个增进互相了解的平台，对于推进政府采购制度的改革，更好发挥政府采购支持自主创新的政策功能和导向作用，具有重要意义。

2.“中国企业国际化”国家战略论坛暨2007“中国企业走出去”国家贡献奖颁奖典礼。龙腾全球，跨国有道。2008年4月19日，由南方报业传媒集团、中国企业国际化国家战略论坛组委会主办，南方日报牵头组织、21世纪经济报道等系列媒体承办，中欧国际工商学院等协办的2008“中国企业国际化”国家战略论坛暨2007“中国企业走出去”国家贡献奖颁奖典礼在北京人民大会堂举行。该活动联合了国家部委、学术机构、NGO组织合力打造的国家级论坛，首创政府、媒体、中介机构、企业、学界、研究机构“六方会谈”模式等。

3.“小谷围（岛）”金融论坛。2008年11月22日，由南方日报社联合华南理工大学、广东银监局共同主办，中国人寿保险股份有限公司协办的2008·小谷围金融论坛圆满落幕。本次论坛是南方日报发挥权威政经大报的独

南方报业传媒集团成功主办2008“中国企业国际化”国家战略论坛暨2007“中国企业走出去”国家贡献奖颁奖典礼。

南方日报成功举办2008小谷围金融论坛。

特优势，整合政府、企业、高校资源，精心打造的广东金融业有史以来规模最大、规格最高、影响最深远的一次盛会。在论坛上，广东省副省长宋海作主题报告，全国人大常委会原副委员长成思危、保监会副主席魏迎宁作重点演讲，中国人寿保险股份有限公司总裁万峰、交行首席经济学家连平等企业和学界代表作了主题发言。

4. 读者月系列活动。每年一度的读者月系列活动已经成为南方日报贴近读者、服务读者、回馈读者的一项常规品牌活动。主要活动包括大型促销、市场推广、金牌观察员和读者评选以及多种多样的讲座论坛等。其中，南方日报定期进行读者调查、收集读者建议，在读者月期间评选年度金牌读者和金牌观察员，并组织座谈会听取读者反馈。南方日报还举办南方财富大讲坛、健康大讲坛等以理财和健康为主要理念的系列活动，逐步将其作为回报读者的一种活动形式。

此外，南方日报市场部每年都定下一个核心主题进行全方位的市场推广。2007年，市场部刚成立，主要配合推广第六次改版。2008年，市场部以“改革开放30周年”为全年系列活动的大契机，策划了相关读者、评选和论坛活动；2009年，以新中国成立60年和《南方日报》创刊60周年为契机，积极筹备了一系列重大策划。通过市场推广的整体运作，市场部在帮助党报建立起系统化的营销能力方面发挥了至关重要的作用，而党报的品牌价值也随着逐步提升。

2004年，在世界品牌实验室和世界经济论坛发布的中国最有价值品牌榜中，南方日报第一次入选，随后品牌价值逐年增加，到了2008年，以48.96亿元

荣列地方省委机关报之首。（见下表）

年份	品牌价值（亿元）
2004	20
2005	27.8
2006	39.68
2007	43.32
2008	48.96

第六节　品牌扩张：开党报合作先河

南方日报的品牌建设，是对党报办报理念的全新思考和定位，对新闻产品从内容到形式的全新改进和包装，也是对现代报业制度建设和营销组织的全新探索和实践，创造了多项全国省级机关报“之最”，同时引发了全国省级党报新一轮的改革潮，一些省级党报相继进行了改版。

2006年6月30日，西江日报加盟南方报业传媒集团并与南方日报在采编、发行、广告等领域展开实质性合作，开全国省市两级党报实质性全面合作的先河。两年多来，两报合作促成了西江日报的两次改版和内部管理制度改革，办报水平和经营水平不断提高，使西江日报赢得了社会效益和经济效益的双丰收。

西江日报出现的上述成效是借鉴南方日报办报理念、运作模式，对西江日报在改版定位、采编流程运作、经营管理方式、机构设置等方面进行全新的梳理、整合和重组，是在南方日报的领导、骨干编辑记者以及有关技术人员直接帮助下实现的。因此，西江日报的改版体现了南方日报的办报水平，其成功对南方日报无疑是一次极好的宣传推介，体现了南方日报的品牌影响力。

第三章

南方周末报系的品牌建设

第一节　南方周末品牌经营之道：缔造“精神缘”

今天的《南方周末》已经成为一份名副其实的“百万大报”。在她数百万的读者群中，也许只有一小部分的忠实读者知道，这份“中国新闻周报的翘楚”，当年曾是靠明星轶事、生活趣闻主打的周末小报。周末报产生于20世纪80年代中期，90年代初达到高潮。当时，五花八门的周末报在各城市的报摊上随处可见。如今，它们当中的大部分已经销声匿迹，而《南方周末》却以不懈的变革面对市场和时间的双重考验，成为周末报中的常青树。

现任报纸主编向熹创造了“精神缘”这个术语，用以概括南方周末的品牌价值：“《南方周末》走的是一条精神缘的路。它全国发行，没有地域优势；综合性内容，不偏重哪个行业；它通过表达和反映社会共有情绪来团结自己的读者。”尽管“精神缘”这一术语是近年来南方周末的发现，但这份报纸25年来的品牌发展确实印证了“精神缘”的市场意义。

《南方周末》创刊时的面貌与今日大为不同，但却很好地符合了当日的社会环境和市场需求。1984年，“飞乐音响”公开发行新中国成立后的第一只股票，中国人第一次看上了“春晚”。那是一个复苏和骚动的年代，人们开始从多年以来沉重压抑的政治氛围中走出来，经济繁荣也为社会注入了新的活力。人们对保守、枯燥的政治话语开始感到空前的厌倦，在过去几十年中主导中国人媒体生活的各类党政机关报不再能满足人们的需求。

《南方周末》顺应了这种时代潮流，主动提供了一种别开生面的精神产

2007年起，南方周末推出了全新的品牌口号：在这里，读懂中国。

品形态——题材新颖大胆，内容轻松活泼，“熔知识性、趣味性于一炉”，格调高雅，可读性强。她甚少谈论时政要事，也不为读者的工作学习出谋划策，同时立足广州，放眼天下，选材不拘一地。她赢得读者喜爱并非依靠“地缘”或“业缘”，而是“精神缘”。

在这个阶段，正如大部分的中国媒体一样，“品牌”对《南方周末》而言仍是一个生僻词，也谈不上主动的“策划”、“广告”、“企宣”。但是，此时的《南方周末》除了在内容和气质上独辟蹊径，同样非常注重版式的革新。南方周末的头版样式打破了中国报纸千篇一律、四平八稳的风格，花哨活泼的头版也让《南方周末》在激烈的报摊竞争中脱颖而出。1988年10月，《南方周末》甚至利用有色纸张出版了当时极少见到的“彩色报纸”，尽管这张报纸的“彩色”在今天看来相当幼稚，甚至难言美观，但是不难想象在当日所引起的轰动及其背后暗含的“品牌效应”。

发展到20世纪90年代时，铺天盖地的“周末潮”席卷而来，大量休闲、娱乐的周末报充斥市场，“娱乐”、“休闲”的精神气质已经不再是稀缺产品，《南方周末》的优势逐渐消失。此时，《南方周末》经历了报史上最关键也是最成功的一系列转型。首先完全摆脱休闲娱乐，向大特写转型，用报告文学来关注社会、表现社会；第二步又由大特写向事件报道型转变。《南方周末》作为新闻大报的传统和声望，正是在这段时间内奠定。

在这个阶段，经济改革不断深入，人们生活有了很大改变，一部分人开始迈向小康，与此同时，改革失败者和“牺牲者”也应运而生。越来越多的人开始呼唤正义、呼唤公正，对腐败现象、社会不公的痛恨成为社会共有情绪，社会要求媒体负起更多责任。这部分人对娱乐的需求不再迫切，转而需求一种精神上的慰藉、对公平、正义等价值观的共识。《南方周末》非常成功地提供了这种新的“精神纽带”，维系和发展了众多读者，从其时起一直保持着百万份以上的发行量。

同时，南方周末主动制造品牌话题、主动推广品牌价值的行为和理念也在这个阶段逐渐萌芽和生长——这也是和市场经济思维的普及密不可分的必然趋势。在这个阶段南方周末主动提出了自己第一个品牌口号：“激浊扬清，针砭时弊”。这个口号是对南方周末转型方向的一次定义和兜售，也是对南方周末与读者之间“精神缘”的一种直观描述。其后，南方周末内部的编辑方针“正义、爱心、良知、理性”也以各种方式广为流传，并因其简明有力、琅琅上口的特点成为读者印象最深的“广告语”之一，也算是无心插柳。更著名的“无心插柳”来自1999年的新年献词让“让无力者有力，让悲观者前行”一时风行，至今仍是脍炙人口的佳句，已经远远超过任何“策划”所能企及的效应。

这也是南方周末品牌经营的宝贵经验——优质的内容是品牌最核心的价值，而品牌策划则是立足内容，将内容的价值最大化地辐射到目标人群中去。

进入21世纪以来，《南方周末》所面对的市场和人群又呈现出新的变化趋势。市场调查显示，《南方周末》知识型读者的比例逐年上升，2002年达到92%。与以往“袋中无钱，心中多恨，甘于寂寞，生活清贫”的知识分子截然不同，当今的知识型读者有责任感、占有社会资源，是影响社会发展的主要生力军，代表中国社会的中坚力量。改革所酝酿的更深刻的思想解放，更多地体现在行动上，空洞的争论将越来越少。在这样的大环境下，读者需要更加丰富的多种性格，需要正义、爱心、良知，同时更需要理性、建设性和前瞻性。显然，单纯地呼唤正义，抨击社会不公，已经远远不足以保持《南方周末》的影响力和社会威望了。

向高品位严肃周报转型

《南方周末》确定了新的方向：向综合性、高品位的严肃周报转型。同时，《南方周末》也在品牌策略上体现出前所未有的前瞻性和主动性。接连推出“记录时代进程”和更有野心的“在这里，读懂中国”两个品牌口号，事实上和内容改版同步完成了新“精神缘”的缔造过程。在新的品牌宣传工作中，南方周末推出了大量设计精美的形象广告。

尤其在推广“在这里，读懂中国”口号时，采取“名人题字”的形式，迄今已经邀请近50位政、商、学等各界社会名流为南方周末题写“在这里，读懂中国”，蔚为大观，反响强烈，在短时间内给人留下了深刻印象。同时，南方周末非常及时地将“在这里，读懂中国”嵌入既有的VI系统，推出了全新的LOGO组合和报头组合。如此高效整合的品牌策略执行也是品牌观念日益加强的必然结果。

纵观南方周末25年的品牌发展史，其品牌经营的理念一脉相承：找到市场稀缺的“精神缘”形态，从内容上尝试提供这种“精神缘”，立足于成功的内容产品打造自身的品牌形象，并通过正确的品牌宣传，引导人们认同与南方周末之间的“精神缘”。

此外，在最近两年的南方周末品牌经营中，也呈现出一些前卫的思路。例如尝试将报纸与网站两种不同的媒介形式用恰当的方式捏合在一起。在2007年的“周老虎”事件中，《南方周末》利

著名学者余英时应邀为南方周末题写：在这里，读懂中国。

用多媒体的优势，同时以文字和视频两种媒介形态展示事件原貌，引起轰动。这不仅于内容传播有所借鉴，也是南方周末锐意进取的又一明证，直接为南方周末的品牌形象加分。此后，在2009年南方周末“生日会”活动，以及“中国梦”盛典的宣传中，infzm网站也发挥了重要的作用。尝试超越传统媒体和新媒体之间看似不可逾越的藩篱，正成为南方周末品牌经营中越来越重要的“变招”。

第二节 让有梦想的华人精英彼此相聚——《mangazine|名牌》品牌建设

《mangazine|名牌》自2003年8月创刊后在品牌建设上不断取得一些令人欣慰的阶段性成绩，杂志设计、印刷工艺获得了业界的普遍认同和赞赏。2004年获得IAPHC（国际印刷工艺师协会）银奖，2005年更是荣获有全球印刷行业“奥斯卡”之称的Benny Award（美国印刷大奖）杂志类“优胜奖”以及美国国家金墨奖（第18届）金奖，是国内首家集世界三大奖于一身的媒体，2005年荣膺新浪颁发的“最具影响力男性时尚杂志”…….

在日常的品牌推广过程中，《名牌》已经和近百家媒体建立了多元化的合作，在品牌推广媒体形态上，囊括了从网络到电视，从电台到手机，从平面到户外等多种形态。在地域上，以北京、上海、广州为核心涵盖了国内大部分城市群体。

这些成功的足迹令人欣慰，但要更好地理解品牌建设，必须先理解事关杂志发展的一些本源问题。

《名牌》的目标是什么？2004年3月，《名牌》给自己定的目标是“用10年时间凝聚一个‘人群’”。《名牌》要走的是一条精英复兴之路。正是看到精英产生的速度，看到精英时代到来的趋势，看到精英复兴的魂魄，才明白唤起精英对时代与国家的自觉，是《名牌》的使命。

但接下来《mangazine|名牌》反复思考的是，精英人群到底在哪里？怎样才能让他们凝聚？因为《名牌》深知最好的品牌影响力就是对目标受众的直接影响，解决了这个问题也就完成了品牌建设最根本的问题。

在这种思索和探索之中，华人精英会和华人精英年度十大精英评选应运而生，并以年度盛典的活动方式在各地相继呈现，以点带面来推进品牌建设，会聚各地华人精英。

2004年7月，第一届华人精英会在梁启超先生的故里——广东新会举行。来自两岸三地的九位华人精英，围绕“国运与人生”这一宏大主题开怀畅叙，他们在言谈中展现出来的闪光智慧和期望中华民族复兴的博大胸襟，至今让《名牌》感怀。

隔年3月在四川德阳市三星堆遗址举行了主题为“龙梦——华人经济圈的梦想与实践”的华人精英年度盛典。多名来自台湾的政商精英与大陆学者一起，发表了两岸渴望交流的赤子心声，随后更是引发了“破冰之旅”风潮，开启两岸政党之间沟通的桥梁，被载入史册。

贯穿2006年全年的第三届华人精英

会，主题为“凌云——软实力与硬实力”，一共在南京、上海、北京、深圳等地举行过四次分会，无论是宣传力度还是举办场次，都堪称规模空前。

接下来，在深圳主题为“破浪——改革开放30周年关口回顾和展望”，在厦门主题为“闪耀中国”的华人精英会年度盛典相继举行。

在华人精英会的建设过程中，《名牌》找到了实现“用10年时间凝聚一个‘人群’”目标的路，一条小众化的精英复兴之路，从根本上完成了对名牌杂志品牌意义的阐述，同时也完成了对华人精英会宗旨的诠释。

目前，华人精英会已经逐步成形了以下几个层次的活动，通过这些多元化的、多角度的精英会活动，华人精英在这个平台上实现了彼此相聚，《mangazine|名牌》也从中得到了良好的口碑相传。

华人精英会的名士沙龙系列，定义为“月度会客厅・与君一席谈”。一般在各地定期举行，如春日听禅、初夏微醺、一叶真味・唤春归等名士沙龙活动。这是为华人精英会会员和部分准会员每月在北京、上海、广州举行的不同系列和主题的月度活动。

精英论道系列，定义为“坐而论道・协理阴阳”，在某特定时间就受关注议题展开探讨，不定期举行。

精英极乐行系列，定义为“行无疆・心无域”，实现华人精英会风云会和华人精英百人会级别会员与他们一起去梦想之地的极乐行活动，主要有特色主题旅游、顶级运动专场、特色奢侈品团购等。同时华人精英会会员还将享受精英联盟（极致生活・乐行天下）各联盟机构VIP待遇，而作为华人精英会活动和品牌推广的典范——精英年度盛典，定义为“国运人生・家国情怀”，主要包含年度十大精英评选及颁奖、精英极乐榜颁奖、精英年度论道等，每年在各个核心城市择地举行。

《名牌》的品牌理念是“让有梦想的华人精英彼此相聚”。

“让有梦想的华人精英彼此相聚”就这样逐步成为华人精英会清晰的主线，也成为《mangazine|名牌》品牌建设的核心。同时，华人精英会也从一个松散的年度盛典活动逐步成长为一个具有三个清晰层级的实体俱乐部，成为各地华人精英的社交平台。

第三节 《南方人物周刊》针对广告市场的品牌策划与传播

《南方人物周刊》自创刊始，一晃已近五年。五年来，对于周刊的品牌建设与传播，该刊一直没有停止探索与思考。

《南方人物周刊》是一本以广告为主营收入的期刊，由于面对发行和广告两个市场，所以品牌传播也面临两个市场、两类受众。对于其中的广告市场来说，品牌传播的渠道又有多种，例如业务员的公关推介、广告公司或调研公司提供数据、内容对客户关键人物个人偏好的影响、媒体自身的传播策划等。由于篇幅所限，现仅就《南方人物周刊》针对广告市场的策划与传播谈一点心得。

一个媒体要对广告客户进行自身的品牌策划与传播，首先要找到自己的着力点和突破口在哪里，或者说，应该在哪个领域做文章。要分析这个问题，首先要打破传播的媒体品类划分方式。

通常，媒体被广告公司和客户划分为：时政新闻、商业/财经、汽车、航空、生活、奢侈品、旅游、运动、时尚等。这是以内容为维度的划分方式，但是从媒体品牌建设与传播的角度来考虑，有必要采取一种新的视角。

这种新的视角以内容与客户的关联度为标准，可分作两类。一类是与客户的产品/品牌关系紧密型的媒体，另一类是与客户产品/品牌关系松散型的媒体。

所谓紧密型的媒体，是指客户对媒体内容的依赖性很大，甚至是职务性关注。例如汽车、高球、奢侈品、财经、时尚、旅游地理，以及行业/专业期刊。这类媒体有一个先天性的优势，可以凭借自身的专业性，对客户产品/品牌或高管施加直接的影响力，比如汽车杂志的

《南方人物周刊》形象广告。

各类车评、《21世纪经济报道》针对酒店业推出“金枕头奖”、CCTV2的年度经济人物、《国家地理》的探险拉练活动等。紧密型媒体很容易以这种操作迅速在目标客户市场建立起品牌影响力。

但松散型媒体却没有这种楼台之便。类似于新闻时政或生活类媒体，它们的内容与客户品牌关联度低，缺乏直接影响力，即便人为推出类似策划，其专业性也无法与紧密型媒体相提并论，难以形成有力的品牌输出。《南方人物周刊》就属于这类媒体。

对《南方人物周刊》来说，如果静候发行市场的拓展，达到足够的社会影响力后再反哺广告市场的话，其周期会非常长，而且无法形成与竞品的相对优势。必须找到一种模式，使“南方人物周刊”的品牌与客户需求建立起直接的关联。

那么《南方人物周刊》的品牌特质是什么呢？概括起来有两点：其一，“记录我们时代的命运”、以“平等、宽容、人道”为理念，这是周刊的价值观所在；其二，充满人文关怀、承担社会责任，这是周刊的品牌文化和气质。

《南方人物周刊》的广告客户又有什么特点呢？一个成熟的主流品牌（这正好是《南方人物周刊》的目标客户）一定是超越产品属性的，它总被赋予某种精神气质或文化内涵。如果客户品牌的气质与内涵能够与《南方人物周刊》的品牌特质相契合，并且能够围绕这种契合点进行策划与传播的话，就找到了对客户品牌直接施加影响力的钥匙。

回顾过去五年，凡是《南方人物周刊》成功实施的策划，无一不是在这种契合点上大做文章。“中国魅力50人”和“我们时代的青年领袖”是《南方人物周刊》的两个极具影响力的榜单品牌，这两个榜单直接脱胎于内容选题，因此成为最具《南方人物周刊》特质的子品牌延伸。过去几年里，与这两个榜单品牌产生过合作的客户，也是看中了其与自身品牌的契合。中国娇子看中了“青年领袖”的精神资源，蓝光地产和凯迪拉克则将“魅力人物”作为自身气质的活化。

另外，《南方人物周刊》脱离内容选题之外，还策划了一个系列巡回活动“天下论坛”，这个论坛的内容定位是“关注天下大事”，也是《南方人物周刊》“记录我们时代的命运”的线下延伸。这个活动品牌以其选题高度和对社会资源的整合能力，得到几家银行的高端理财品牌的认可，曾在2007—2008年度中，在全国巡回举办7场论坛，进行了广泛的媒体动员，实现了《南方人物周刊》与客户品牌联合传播的双赢。

经过五年的摸索，《南方人物周刊》认识到，作为一个与客户品牌关系较松散的媒体，无力与紧密型媒体进行直接的竞争，如果想按行业、产品或人物类别施加直接的影响力，常常力有不逮。但对于那些在品牌传播层面上，更加注重理念、气质与精神内核的客户来说，《南方人物周刊》有自己独具的优势。只要双方寻求到了契合点，并加以策划和放大，《南方人物周刊》就能够实现强有力的品牌传播。

第四章
南方都市报的品牌建设

新会小鸟天堂，一棵榕树历经380余年的繁衍，成为覆盖面积达一公顷的“独木林”。榕者，容也，相容，包容，宽容，兼容并蓄，有容乃大；榕者，融也，融入，融合，融洽，其怡乐融融。

南都是十多年前一颗种子落在广州的榕树，历经风雨，主根逐渐深入到广州的土地，并且长得越来越茂盛，新闻、经济、娱乐、消费、专刊……这些专叠就是榕树不断生发的枝叶。

几年以后，这株积聚了旺盛生命力的榕树把气根伸到了深圳的土地上，伸到了东莞、佛山、珠海、中山、惠州、江门，伸到了北京、云南昆明，把根扎进了南中国乃至整个中国最具活力与生机的土地中。未来的几年，在大江南北更为广袤的沃土上，都可能会有南都巨榕的根系，根深叶茂，遥相呼应，成为中国报业的“小鸟天堂”。

21世纪的中国报业市场，随着全国性报纸的迅速衰落，区域性报纸品牌迅速崛起形成诸侯各霸一方的报业新格局。南都经历了由原始积累到成本回收、逐渐盈利，再到“品牌经营”的阶段，一旦广告、发行上量并趋于稳健，报纸的竞争核心就转移到品牌维护、管理、增值、扩张以及品牌创新上。

随着报业品牌时代的到来，人才的较量，资本的比拼，规模的抗衡，价值的体现，都集中地取决于品牌影响力的有效占位，劣势者最终被淘汰出局。只有强势品牌才能产生强势影响力，并在市场竞争中形成良性循环，以维系和焕发旺盛的生命力。

报纸的品牌决定着这份报纸的价值，同时也决定着这份报纸在资本市场、资源整合领域的号召力。在新旧交替的传媒转型期，报纸能否利用各自的品牌优势挖掘更大的价值，将成为媒体未来长时间竞争的核心。

在前十年的第一次创业中，产品的持续创新累积成就了南都这块金字招牌，南都通过经营品牌实现了品牌，在更大目标受众范围内实现其附加值，进而运用品牌附加值衍生出南都报系。在接下来已经开始的二次创业中，核心从产品竞争向品牌竞争过渡，从粗放经营竞争向文化整合力影响力竞争过渡，也是从经营品牌向品牌经营过渡。南都人不断擦亮这块金字招牌，不断为南都品牌价值加分，而不是减分；不断沉淀、浓缩、维护南都十年来造就的品牌内涵，使这块招牌成为一张全国性日报的招牌，使这块招牌不仅是南都报纸的招牌，更是南都网络、南都手机等新媒体的招牌，最终创造出一个内心强大、外在健美、眼力和脚力卓著的南都品牌。

第一节　合纵：以“整合传播”的概念打造媒体品牌

从1997年的“看了都说好”到2007年的“品位成就地位”，南都展开了一年一个口号的品牌推广之旅。围绕年度品牌口号同时在采编、广告、发行、企划四方面发力，以求得最大的品牌影响力和经济效益。在2000年，南方都市报更明确地提出自己的品牌发展战略——“办中国最好的报纸”，并基于这个战略，从各个层面对品牌进行完善。2004年，南都系统地提出以“整合传播”的概念打造媒体品牌，一直在“采编、广告、发行、企划”四方面进行着整合推广的积极摸索。

一、南都采编

品牌差异化传播的核心是：采编的差异化传播。

确立采编核心价值，也是确认报纸品牌的核心价值。

◎承认有不可以讲的真话，但不可以讲假话；

◎承认有不可以报道的真新闻，但不可以报道假新闻。

品牌之魂——力透纸背的新闻报道。

南都早期走的是品牌差异化传播道路，是发轫于采编思路的差异化传播。

南都品牌的源头、起点或者说灵魂是什么？是南都新闻，是南都新闻所体现出来的价值观，也即南都的品牌核心价值。如果没有南都新闻价值观，也将无法构成南都品牌核心价值。在当下信息饱和的世界里，“公信力”是南都传媒能够保留下来、可供出售的少数几样东西之一。媒体的公信力要比其他商品来得重要，只要读者认为他们无法相信所读到的东西，哪怕是一秒钟，这种信赖关系就会被打破。

1.深度报道：南都深而有度

对社会、对国家、对人民的纯朴的责任感，渗透在南都深度报道中，渗透在这字里行间，闪透着一份报纸的良知。1998年，南都以“追击溜水油”专题连续报道形式，开启了南都作为一家成长中都市报的首次舆论监督动作，赢得市民以心换心的尊重，民生责任与南都一起成长。2003年《深圳，你被抛弃了吗》系列报道，把脉城市之船的命运与未来，建构起南都对于一个城市命运的媒体立场。2003年“孙志刚案”报道，对中国收容制度的废除发挥了直接的推动作用，进而推动了社会文明的进步，维护了媒体的尊严。 2007年《重庆最牛钉子户是怎样炼成的》，在全国引发人们对拆迁的集体思考。2008年披露重庆彭水诗案事件，当事人最终被有关部门无罪释放……

关注民生、拥护民主、呼吁正义，都是南都长期关注、力求切入的命题。不少报道引起公众震动，带来事件转折，多次成为引爆舆论的首发媒体，南都始终延续自己的光荣。这些力透纸背的文字，无一不是南都品牌的制高点。

2.时事评论：南都喉中之舌

在某种程度上，传媒也是社会公器，也是人民的喉舌。在喉舌的定位意义上而言，评论是南都的喉中之舌，它发出了南都内心的最强音，它是南都新闻价值观和专业精神的最集中输出通道，它是南都整张报纸的抱负所在，是南都品牌的核心精神寄托所在。

南都时评版面自创办以来，便在业内引发关注，其间经过2004年3月的改版之后，更逐渐形成了自身独特气质的时评风格，可谓南都品牌形象最具个性色彩的一面。逢邓小平诞辰一百周年之际，南都社论选择从百年中国转型的三大人物来评说这位伟人的功绩；在“郎顾之争”的过程中，南都邀请各类作者对此紧密关注，因为这是事关中国经济市场走向的一次大讨论；而面对“民工荒”现象凸显，南都不吝版面来分析其背后中国整体经济结构所需变动的机会；逢羊城晚报前总编辑微音先生过世，南都社论从民间声音的角度来理解这位报人的情怀与价值。也正是基于这样的理念，南都的评论相信“没有不可说的话，只是看该如何说”。

天下大事，何谓大？何谓小？对一个媒体而言，独立判断的价值观依据为大，独立的批判性思维为大。南都时评，自改版之初起便不希望自己陷入琐碎的茶余饭后闲聊中——虽然它只是一份区域性报纸，但在传媒时代，一张优秀的区域性报纸的声音可以传遍全国，而评论正是这张报纸的声音，更是南都品牌的最强音。

3.南都视觉，颠覆而创新

12年前，刚创刊的南都率先采用模块式版面，被国内众多传统大报斥为“小报风格”。12年后，南都的所谓“小报风格”竟成为全国都市报效仿学习的榜样。南都不断完善最初的版式风格，只为坚持一个理念：方便阅读。这些年来，南都的版式经历过数次调整，从粗放走向成熟，从感性走向理性，从形式出彩走向品牌整合，其清新大方独树一帜的版式风格影响了国内众多都市报。

同样是这12年间，南都的新闻摄影也在成长中不断升华。新闻摄影图片及摄影记者作品曾多次获得国际大奖，纽约时报资深图片编辑Stephen. J. Jesselli说“南方都市报颠覆了我对中国新闻摄影的看法，我要重新审视中国新闻摄影”。

二、南都广告、发行

品牌价值的兑现。

品牌经营——创新贴切的广告、发行。

如果说南都新闻价值是品牌的动力之源，是精神动力，那广告和发行就是驱动其前行的实际动力、经济动力。没有广告和发行这对经济的车轮，南都品牌这台四轮驱动车就会觅食无方，南都新闻人铸造的内容产品就不能广而告之，就不能传播四方，精神就不能转化成物质的力量，也就是巧妇难为无米之炊。

1.直销为主代理为辅的广告经营服务模式，直接传递南都品牌内涵

南都成立之初，另辟蹊径，制定直销为主代理为辅的广告经营服务模式。在南都直销模式下衍生出来“媒介顾问”概念：“报人、广告人、营销人三位一体的复合型人才”。一方面，直接与广告客户接触，将南都独特的新闻理念与服务理念直接呈现在客户面前，既深入推广了南都品牌，也创造了更多合作机会；另一方面，继续与客户、广告

公司接洽，在不断深入的了解中加强对南都品牌的营销，逐步打开进一步合作的空间。

2.准确、细致、人性化的发行体系

对南都而言，除了保证优质的新闻报道，发行服务是报纸新闻价值传播、报纸广告到达率高的关键。发行是报纸与读者接触的前线，保证高效准确的发行，是南都对读者的承诺，也是一份优秀报纸的品牌保证。南都发行部奉行“准时准确，风雨无阻”的服务宗旨，施行军事化管理，制定八大服务项目，并不断开辟如雨中售报、连锁网点销售、定向定点发行等多种销售渠道。经过12年的长足发展，南都以强大的发行网络、高效的发行团队、细致的服务体系、多样的发行渠道、完善的物流配送、创新的营销模式给读者及客户提供最优质、高效、完善、贴心的服务，成为南都品牌不可或缺的一部分。

三、南都品牌整合营销，版面销售模式的升级版

在采编、广告、发行三个主线得到发展的同时，南方都市报也非常注重使品牌由点及线，由线及面的发展。南方都市报的品牌不只是采编的品牌，广告的品牌，或者发行的品牌，南方都市报的品牌应该是全方位的、系统性的品牌。于是，南都采用企划的方式来整合报社的总体资源，完成对报社品牌的完善和提升。南都这种整合既是对内的，也是对外的。对内整合现有资源结合外部资源进行最大化传播，既是单纯地对南都品牌进行推广传播，同时也与南都客户形成合作伙伴关系，大家共建平台，达成双赢，南都宣传了品牌，赚取社会影响力的同时也有可观的经济效益；而客户也通过共同整合搭建的平台，取得了品牌宣传和销售的目的，可谓真正达到双赢局面。而这种合作模式的建立，可视为南都旧的单纯卖版面模式的升级版。

作为整合营销传播平台，南都媒体360度整合各类资源，注重从营销活动品牌化角度来形成报纸多点产出的品牌价值链，用活动的高品质成就品牌。一是活动的创新型系列化，强调活动的“新”创意和“新”形式必须“创”造出“新”的价值来。二是活动的系统化操作标准。除了有“景深”——过程，有“轮廓”——结构，还要有丰富细腻的“细节”，体现出活动的美感。三是活动的输出。先做出活动品牌影响力，尽可能将更多的活动打上统一的运作理念，放大活动品牌影响力。

（1）媒体公益品牌——“责任中国”。发轫于2004年的“责任中国”，依托于南都铁肩担道义的魄力，逐渐积淀起越来越强的品牌号召力。在良性的螺旋式上升趋势中，“责任中国”品牌能量越聚越大，不断释放出南方都市报的公益心、责任心。2004年起，南都成立南都新闻奖学金，与全国八大知名高校合作每年投入40万元，以表达对热爱新闻的学子的支持，并鼓励他们今后投入新闻事业；同是2004年，由南都全体员工捐献加报社出资30万元，与当地政府携手在安徽绩溪建立了南都希望小学，帮助当地儿童建立良好的学习环境。

（2）媒体文化品牌——华语传媒

大奖系列。2000年起，南都立足传媒人的独立视野，主办集纳两岸三地电影、音乐、文学、建筑等方面的华语传媒大奖，构筑一个独立健康、视野开阔的平台，给华语文化另一种清脆响亮的媒体声音。

（3）展会品牌。2002年南都策划举办首届中国南方汽车展，参观人数达35万人次，交易额达2.5亿元。2004年主办中国（南方）现代生活博览会，历时4天，接待观众25万人次。2005年举办南方欢乐嘉年华，与商家联手搭建全民娱乐平台。2008年与奥组委合作“百年奥林匹克珍藏品巡展”广东站，四城巡展，激发广东奥运高潮，近60万市民前往观摩……

论坛品牌——“岭南大讲坛·公众论坛”，全新打造思想传播平台，营造公益讲坛思想盛宴。罗杰斯广东行，全球著名金融专家与国内精英展开思想交锋。“南方都市报·名家讲堂”之财金论坛，邀请名家结合市场热点剖析中国经济现状。

（4）评选品牌：2003—2007年连续举办中国十大营销盛典，国内首个媒体人、营销人联袂参与的营销年度盛事；2004—2006年在深圳举办南方小姐、深圳先生等评选，成为首个主流平面媒体主办的区域性大型选美赛事；2007—2009年 MISS COVER 封面小姐评选。

另外，南方都市报2007年成立南都俱乐部，现针对读者每月都会有各种活动推出：演出、自驾游、换书节，还建立南都图书馆，在增强南方都市报与读者的黏度上不遗余力。

第二节 连横：从一份报纸到报系的多品牌延伸战略

市场在发生变化，意味着读者、受众的媒体接触习惯、对媒体的要求、对传播的要求、对内容的要求都在发生变化。自2006年起，秉承南都在采编上对优质内容的高度驾驭能力，南方都市报创办了中国第一份按欧美国家周末版模式创立的全国性综合周报——《南都周刊》。经过3年的发展，《南都周刊》现在每周三、周五分出两期——周三出版的《南都周刊娱乐报道》，旨在打造中国最强的主流娱乐报，在电视和网络最

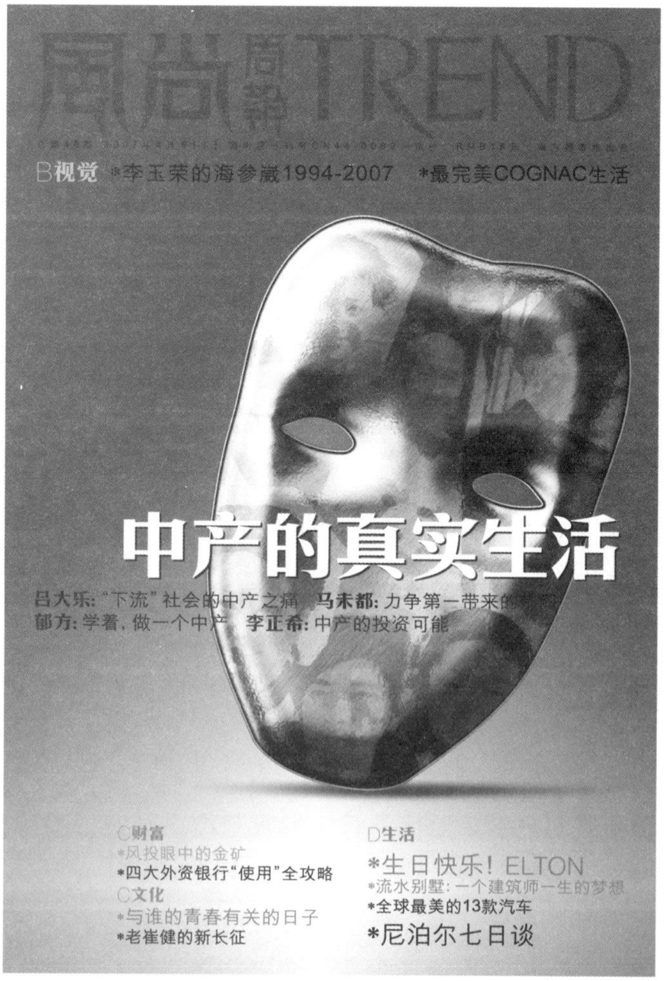

《风尚周报》创刊号。

强势的领域里，建立纸质媒体的价值标准，真正接触到核心娱乐圈，传播第一手的权威资讯，改变“娱乐等于八卦”的成见，还原娱乐本来面目；周五出版的《南都周刊生活报道》，打造全国性的生活大报，品味生活、提升生活、记录生活，关注民生、环保、慈善、教育、健康、生活品质和潜能挖掘，立志做观点的供应商，提供生活看法。同是2006年，南都创办了一刊两册的《风尚周报》，是一本服务于中国新崛起的中产精英阶层，致力于提高他们生活品质，呈现他们生活品位的品质生活半月刊。为了迎接新媒体挑战，全面建立南都的网络传播，南都和中国电信深圳分公司在原深圳热线网站的基础上，联合打造一个全新的珠三角城市门户网站，建立了奥一网（www.oeeee.com）。2007年，南都数字报（www.nddaily.com）成立，为读者提供三大类数字产品：南都完整版、南都精华版和南都播报，其中，精华版是国内报业中第一家以新闻网络精品化形态推出的数字报纸。同年9月，由南方报业传媒集团南方都市报、云南出版集团公司联合打造、全新改版，定位为云南（昆明）市场化运营程度最高的政经主流大报——《云南信息报》成功改版发行，两大集团的强强联手开启了云南报业的新篇章，更开创了云南报业的品质时代。南都用几年的时间，成功从一张报纸蜕变为集报、刊、网多种媒介载体于一体的报系。无论是喜欢娱乐休闲，还是追求生活品位，抑或关注时事，读者都能从南都报系里找到适合自己的阅读快感。而单一的南都品牌，从此延伸成为立体的南都报系品牌。

第三节　内修：品牌管理是企业长续发展的基石

目前，报纸媒体的品牌组织结构高度分散，围绕广告销售模式建立，为广告单一运营业务模式服务；品牌管理模式从属于营销流程，整个组织普遍将品牌当作一种营销工具；品牌专业化的运作方式与部门职能性的运作方式形成结构性矛盾；缺乏品牌导向的业绩考核管理，使得品牌管理无法贯彻到个人日常工作中去；缺乏品牌驱动的业务流程，使得品牌管理不能顺畅运行；更缺乏一种可以使品牌管理作用和基本目的得到理解的组织价值观。

在社管委决策下，2008年南都品牌拓展部成立，希望以品牌拓展部的成立为契机，使上述状况得到改善、缓解最终彻底解决、扭转。品牌拓展部兼具品牌经营和管理功能，最终定位是一个战略型品牌管理组织而不是战术性品牌管理组织。

2009年品牌拓展部编制全新南都VI

奥一网首页。

《南都周刊》创刊号。

系统，首先保证南都品牌形象在各个场合得到统一的传达和使用；其次，制定南都品牌管理手册，规范使用南都品牌的所有行为。这保证了每一个营销动作都能为南都品牌价值做“加”法。

附：南方都市报部分奖项

2008年　国新出版物发行数据调查中心颁发的“广告主广告商青睐的都市报”之“特别大奖”、“中国发行量认证奖”之“特别大奖”

（国新出版物发行数据调查中心，中华人民共和国新闻出版总署主管的我国唯一被政府认定的出版物发行量认证机构）

2007年　国家新闻出版总署发布的全国晚报都市报类报纸竞争力排行榜第一

2006年　国家新闻出版总署发布的全国晚报都市报类报纸竞争力排行榜第一

2006年　以16.88亿元品牌价值入榜“中国500最具价值品牌”

2006年　“欧莱雅风尚媒体大奖”之“风尚都市报”

2005年　国家新闻出版总署发布的全国晚报都市报类报纸竞争力排行榜第二

2005年　“欧莱雅风尚媒体大奖”之“公众奖”和“专家奖”

2005年　“百度中国都市传媒影响力状元媒”大奖五项状元媒特别奖：新闻传播力、新闻影响力、视觉冲击力、话题冲击力、百姓亲和力

2004年　《新周刊》“2004中国年度新锐年榜之年度论坛奖”

2004年　中国传媒论坛和史坦国际传媒研究中心“中国最具投资价值媒体”

2004年　新浪2003新闻评选之“年度传媒”大奖

2004年　搜狐十大新闻评选特别奖之“年度媒体”大奖

2003年　“欧莱雅风尚媒体大奖”之“风尚报纸”奖

南都周刊：

2006—2007连续两年百度状元媒之最受传媒人喜爱的杂志称号

2007《新周刊》新锐榜“年度报纸”称号

2007全国城市周报十强

2007年度最具创意城市周报

2008广告主广告商青睐的中国生活服务类报刊奖

风尚周报：

2008广告主广告商青睐的中国生活服务类报刊奖（中国广告主协会、中国期刊协会、中国报业协会、国新出版物发行数据调查中心——直接隶属于中华人民共和国新闻出版总署和尼尔森等专业调查机构提供数据支持）

第五章 21世纪经济报道品牌经营之道

第一节 21世纪经济报道的品牌发展

《21世纪经济报道》创刊以来，作为商业报纸领导者，一直尊崇新闻创造价值，发行量一直稳居财经报纸首位，发行网络遍及内地和香港，2008年的发行量已达到762000份。2001年《21世纪经济报道》广告营业额只有2000万元，经过8年的发展，2008年广告营业额已逾4.7亿元，在财经媒体中占有近23.6%的市场份额，是广告收入最高的财经报纸。同时，《21世纪经济报道》也是覆盖最多高收入、高职位、高学历人群的财经报纸。

2008年《21世纪经济报道》荣获由中国新闻史学会及中国报业网联合主办的第二届中国品牌媒体高峰论坛之“中国品牌媒体100强——最具品牌价值专业媒体十强”。

2007年在首届中国金融新闻奖上，《21世纪经济报道》获得了中国金融新闻锐利奖。

《21世纪经济报道》在2006、2007年“富豪之选——中国千万富豪品牌倾向调查”中获得“最受青睐的报纸”称号。

2006年《21世纪经济报道》在首届中国品牌媒体高峰论坛上获得“2006中国品牌媒体专业报10强”称号。

2006年《21世纪经济报道》获得第三届中国最具投资价值媒体（报纸类）称号。

2005年在“中国500最具价值品牌”排行榜评选中，《21世纪经济报道》以5.8亿元的品牌价值排名第477位，是唯一上榜的财经报纸媒体。

21世纪报系在2005年度因企业公民、红粉笔乡村教育计划等活动，荣膺最新一届的艾菲奖（EFFIE AWARD）铜奖，是此次艾菲奖中唯一的媒体类获奖项目。

2004年11月，《21世纪经济报道》在2004年度莱卡风尚大奖颁奖典礼中，获颁“风尚媒体大奖”之“最新锐”媒体大奖。

第二节 新闻·责任·品牌

《21世纪经济报道》作为一家媒体，具有媒体的公共性，这个公共性需要它有坚持独立思考的能力，肩负它的社会责任，这是它最原始的品牌价值。同时作为一个载体，它在传播信息的同时，也在传递着自身的品牌价值，因此，媒体产品质量是维系品牌的重要因素。而作为一个产品，它必须有明确的定位，这样它才能更清楚自己的责任在哪里。明确的品牌定位，以专业的新闻报道为基础，坚持媒体的社会责任，这是21世纪经济报道品牌的基石。

一、明确的品牌定位

从创刊开始，《21世纪经济报道》就将自己定位为中国商业报纸领导者，并以这样一个高度去要求自己，完善自己，孜孜地推动着商业中国的发展。在这个定位的驱动下，《21世纪经济报道》秉承“新闻创造价值”的理念，坚持报道的专业性和深度性；以推动商业中国发展为目标，发起并主办各种高端论坛、评选活动。同时根据市场的发展需求，从周报一步一步改版为日报。经过8年的发展，《21世纪经济报道》从诞生时的锋芒毕露，到现在的更锐利更理性，已经成为国内最具影响力的商业报纸，改版为日报之后，《21世纪经济报道》不但要领航国内商业报纸的发展，而且要走向世界。

二、新闻创造价值

《21世纪经济报道》以“新闻创造价值”为办报宗旨，提倡新闻根植事实真相，以此来构筑本媒体品牌价值的基础。创刊以来，《21世纪经济报道》在深入调查、深度报道的基础上，不断加快新闻节奏，加强点面结合，推出了很多大型报道，以客观深入、讲求事实的报道风格享誉行内外，吸引了以公司高层领导者、中层管理人员、各界专业人士及政府高级官员为核心的读者群，得到各界商务人士的一致好评。随着读者对新闻报道内容要求的变化，《21世纪经济报道》更彻底地贯彻新闻全球化、新闻专业化两大采编理念，将“新闻创造价值”的宗旨具体化、明确化。

1.新闻全球化

自创刊以来，《21世纪经济报道》不断拓展采编网络，延伸新闻触角，视角由国内而国际，更开阔的视野正决定该报专业新闻的新深度，愈发彰显中国商业报纸领导者的成熟气质。2008年，《21世纪经济报道》不仅在北京、上海、广州、香港等全国15个重点城市设有记者站，而且开始拓展海外记者站，在纽约、开普敦、伦敦、华盛顿、硅谷、新加坡、巴黎、莫斯科、布鲁塞尔、东京等国际商业、金融中心都派驻了记者，实现新闻采集网络全球化，生产第一手商业新闻，以全球视野关注商业中国，探究中国商业价值。

《21世纪经济报道》海外记者站成立后，不断推出国际性大型报道，探析世界经济风向，积极争夺全球话语权，为读者献上全球新闻的饕餮盛宴。

2008年6月，《21世纪经济报道》直击第四次中美战略经济对话，纽约特派记者亲历美国马里兰会议现场，第一时间，宏观解读。

2008年6—11月，《21世纪经济报道》持续实录美国大选进程，白描经济动荡源头的政治抉择，剖析所谓民主国家的制度真相。

2008年10月始，《21世纪经济报道》成立金融海啸报道小组，陆续推出《华尔街瘟疫》、《生死华尔街》、《盖特纳的战争》系列报道。由两位华尔街特派记者领衔，最深入揭秘这场百年金融危机的缘起和动向。

金融危机后，美国贸易保护主义日益抬头，为此报社特派华盛顿记者于2009年1月、4月，分别专访美国前后两任商务部部长古铁雷斯、骆家辉。

2009年2月，美国国务卿希拉里访华

黄光裕被查风波
国美惊魂120小时
APEC闭幕 声明反对贸易壁垒
燃油税费改革方案基本成型
华尔街的"福娃"
国际
胡锦涛八晤峰会首脑 大国外交新局破题
THE LONDON SUMMIT 2009
G20首脑如何聚首 白金汉宫夜宴现场
世界瞩目的220分钟：直击G20伦敦首脑峰会
21世纪经济报道
AIG：跳票的花红
"下一届IEA年会，我们邀请了中国"
央企加减法：五矿整合标的揭晓
"希望小学"留洋
美联储开启美元贬值之路

《21世纪经济报道》尊崇"新闻创造价值"，坚持媒体的社会责任，打造一流媒体品牌。

前夕，倾听《21世纪经济报道》华盛顿特派记者提问并给予正面回应。

2009年3月，《21世纪经济报道》启动"直击G20伦敦峰会"报道，伦敦特派记者作为亚洲唯一获邀媒体代表进入英国女王元首宴会现场。

2009年OPEC维也纳峰会现场，《21世纪经济报道》特派记者成功实现了对OPEC秘书长、轮值主席、IEA总裁，三大国际能源巨头的"大满贯"独家专访。

2009年4月，《21世纪经济报道》推出博鳌亚洲论坛专刊《亚洲春晓》，专访新西兰总理、芬兰总理等多位国家元首及infosys全球CEO、中铁集团董事长等国内外工商界巨子。

2.新闻专业化

要确保新闻的质量，采编力量很重要，为此《21世纪经济报道》不断探索，不断完善报道体系，加强人才培养，建设一支长于分析判断的专业团队。不仅与知名高校合作办学，成立21世纪新闻学院，培养未来的财经新闻人才；还于2007年创立21世纪研究院，构筑专业的商业资讯分析平台，研究逻辑和趋势，为深度报道提供学术支持，探求商业智慧，采撷更专业的报道。

《21世纪经济报道》在坚持新闻专业化、逐步推进新闻全球化的同时，不断与时俱进，推出新版块，改变出版周期。2007年，推出"新资本"版块，更好地透视资本市场的发展；创立奥运版块，解析举办奥运会对一个国家经济文化的深远影响。2008年，《21世纪经济报道》改版为日报，一周五期，在加快出版频率的同时，坚持专业、深度报道，新闻可读性有增无减，对"5·12"

汶川地震的报道更表现出及时报道与专业分析的完美结合，深受各界褒奖。

为了使采集的新闻更有价值，报道更加专业，《21世纪经济报道》不断探索，不断完善报道体系，提高学术水平。2005年始，与知名高校合作办学，成立21世纪新闻学院，培养未来的财经新闻人才。

21世纪报系积极参与汶川大地震救援工作。

三、坚持媒体的社会责任

虽然随着经济的发展，整个媒体行业的竞争越来越激烈，但《21世纪经济报道》始终如一地坚持新闻的独立性，坚持“新闻就是新闻，经营就是经营”，坚持一个媒体的社会责任。因为《21世纪经济报道》坚信这样的品牌才是最有价值的。在内容上报纸尊崇“新闻创造价值”，坚持新闻根植事实真相，不断地打造报纸内容的影响力，再通过内容的整体影响力来推动经营的前进；同时经营部门持续地去举办非常有影响力的市场活动，延续品牌的价值，履行一个媒体除了新闻以外的其他社会责任，进一步提升报纸的影响力。

1.缔造媒体专业影响力

如何将媒体的品牌价值最大化？如何延伸它的核心价值？在中国媒体这个相对垄断又竞争较为落后的行业，这些思考极具前瞻性。为了更好探索这些问题，建立完整的品牌管理体系。《21世纪经济报道》在全国传媒领域率先建立市场中心，全面负责品牌价值管理和衍生产品开发。经过几年的发展，《21世纪经济报道》的产品开发和品牌管理都比较成熟，成功地发起并主办了一系列高端活动，以“商业中国推动力”为理念，缔造媒体专业影响力。其中中国最佳企业公民评选、红粉笔乡村教育计划、博鳌·21世纪房地产论坛、中国酒店金枕头奖、21世纪亚洲金融年会、中国品牌价值管理论坛等，不仅受到业界人士的首肯，更成为各自行业的标杆，助推各个行业的发展，扩大报纸的社会影响力。

2.倡导“企业公民”概念　积极参与社会公益

2003年，21世纪报系首先在中国倡导“企业公民”概念，同时发起主办“中国最佳企业公民评选”，鼓励、嘉奖在行动中实现“企业公民”意义的企业。而作为一家媒体，21世纪报系也积极承担企业公民的职责，在公益方面也发起一些活动，积极投身社会公益活动，用行动实践“企业公民”的真正含义：道德与能力共进，责任与利益双赢。比如说红粉笔乡村教育计划、小橘灯乡村小学图书馆计划、点藏中国· 非物质文化遗产推广计划、绿色畅想大学生环保公益大赛等。

2008年5月12日，四川汶川发生特大地震，伤亡惨重，民众家园被毁。作为一家有责任的媒体，21世纪报系迅速反应，公布接受捐赠的机构账号；发起西部投资促进联盟，呼吁企业积极参与震区灾后重建；“童创美好未来”，为震区儿童募集图书等活动，利用自身的媒体优势、关系资源切切实实地为推动灾后重建尽一份力。2009年，“5·12”汶川大地震一周年之际，21世纪报系诚邀关注过、支持过灾区重建的社会各界人士、企业代表、公益组织、志愿者等，到灾区去感受地震灾区在文化、教育、基础设施建设等方面的重建现状，思考灾区经济建设、生活建设再发展之路。

第三节　关注市场的变化

市场的需求对于媒体的发展至关重要，作为一家商业报纸，《21世纪经济报道》的发展更加需要密切关注市场需求的变化。日报是《21世纪经济报道》创刊开始就定下的目标，但是并没有从创刊开始就做日报，而是花了7年的时间来实现这一梦想，主要就是出于市场的考虑。时刻关注市场的变化，顺应市场需求，这是《21世纪经济报道》的决策习惯，也是21世纪经济报道品牌一直稳健发展的前提。

对于品牌运营来说，市场上有两个因素的变化影响会比较大，就是客户和读者。因此，《21世纪经济报道》每年都会使用第三方公司提供的调查数据，深入细致地了解其客户和读者，为它的品牌建设及管理决策寻求客观依据，指明方向。

一、报纸口号

随着市场的变化，经济的发展，《21世纪经济报道》在不同时期提出不同的口号，具体化品牌建设的努力方向，稳步打造中国商业报纸领导者的地位。

2001年1月1日，《21世纪经济报道》创刊，面向全国发行，发刊词：我们的梦想就是国家的梦想。当时正值中国加入WTO，于是提出“与加入WTO后的中国一起成长”的口号，见证中国经济的发展。之后在不同时期又提出了“代表向上生长的力量”、“彻底新闻、彻底领先”、“摆事实，讲道理”等口号。2008年，《21世纪经济报道》改版为日报，实现最初的梦想，提出“生生不息”的口号，意寓以此为原动力进化自我，推动中国商业的发展。2009年，《21世纪经济报道》再次回归对新闻价值的思考，提出“行于广，精于道”的采编标准，志在以更广阔的视野辨析商业价值，深入报道，为全球新闻、专业新闻执著到底。

二、广告监测

《21世纪经济报道》十分注重媒体的广告监测的数据，借此了解其他同行媒体的客户情况以及它们与《21世纪经济报道》之间的差距，然后综合整个市场的环境，分析这些差距，了解客户的需求情况的变化、客户喜好等等，为各方面的广告运营决策和品牌建设的重点提供客观依据。

三、读者数据

对一家报纸而言，读者的重要性不言而喻。因此了解目标读者的属性，包括他们的生活习惯、消费习惯、阅读习惯等等，对于报纸的后续经营有很重大的意义。每年的9月《21世纪经济报道》都会研究市调公司提供的读者数据库，分析解读目标读者的属性，同时了解《21世纪经济报道》在读者中的知名度、忠诚度等系数，确定接下来品牌建设的努力方向，准确地不断完善《21世纪经济报道》的品牌。

另一方面会根据战略的需求，进行特殊的调查研究，如改版为日报的时候，就联合市调公司进行商业咨询大调查，了解中国主流人群心目中理想的商业日报是怎样的，获取一些对改版有用的信息。

第四节　品牌管理

经过几年的发展，《21世纪经济报道》的品牌价值已经形成，品牌定位明确，品牌延伸产品也发展良好，将来的发展方向基本确定，但《21世纪经济报道》还会持续不断地完善其品牌管理体系，让品牌更健康、长远地发展下去。

一、品牌的传承与延续

生生：中国哲学术语，指变化和新生事物的发生。

不息：没有终止。不断地生长、繁殖。

《周易·系辞上》：“生生之谓易。”

宋·周敦颐《太极图说》：“二气交感，化生万物，万物生生而变化无穷焉。”

“道生一，一生二，二生三，三生万物，生生不息……”概括了《21世纪经济报道》的形态发展历程，记载了报纸从周报到一周两期，再到一周三期，最后变为日报，一周五期的全过程，体现品牌的传承与延续。因此，2008年以“生生不息”为底蕴进行品牌形象的宣传，并将“生”这个概念延续到《21世纪经济报道》的产品、活动及各种宣传物的策划和设计上，包括2008年的奥运、环保和公益等活动。通过传递“生生不息”这种与生俱来不断进化的生命力，带给读者希望，以及对生活事业的满足，从另一个层面延续《21世纪经济报道》的品牌价值。

2009年，《21世纪经济报道》已成功转型为日报，完成了它的形态进化，那么，如何更好地在日报形态下持续不断地发展壮大？何以“生生不息”？“行于广，精于道”是21世纪经济报道对自身品牌延续的新思考，在新闻上，坚持全球视野、专业报道；在责任上，发挥优势，参与公益的各个领域，呼吁更多的人投身公益。

二、品牌管理独立运作

几年的发展之后，现在《21世纪经济报道》各个活动以及内容的运营都已经很成熟。市场活动的日益增多，其品牌也日益成熟，基本形成了各自独特的VI系统、管理方式、宣传渠道等，这些增加了整体品牌管理的难度。为更好地进行整个品牌的管理，加强整体品牌的建设，独立于各项目管理组之外，《21世纪经济报道》成立了专门的团队来负责品牌管理工作，对《21世纪经济报道》的品牌建设及宣传、视觉管理进行统一规划及执行。

三、强化内部人员的品牌意识

《21世纪经济报道》通过市场简报、活动内部宣传等方式向每一个员工宣扬报纸的理念、定位、形象等，介绍报纸的近期活动的内容、规模、目的，强化报社内部人员的品牌意识，让全体员工对报纸的认识与报纸对外的宣传同步，让每一个员工都有意识地去维护报纸的品牌。

四、建立完整的品牌识别系统

品牌识别系统是品牌形象的一个重要的组成部分，为了规范对外传播效果，配合品牌形象的塑造，《21世纪经济报道》对整个品牌元素的使用进行统一管理，包括视觉元素、色彩、口号、定位语、办公文件模板等等都设定了标准，规范化操作。

第六章
臻于至善：《南方》杂志的品牌塑造

“南方之路，臻于至善”——这是南方杂志社成立三周年之际，广东省委常委、宣传部部长林雄对《南方》的深切期望。创刊五年来，《南方》从无到有、飞速发展，成长为月发行量超过百万的政经大刊，成为党刊媒体市场化经营的一个典型样本。

创刊以来，《南方》已树立了高端、权威、真实、可信的品牌形象。

抚今追昔，在由大到强的发展路径上，《南方》塑造了怎样的品牌形象？《南方》将如何更好地管理品牌，不断提升品牌价值？一切的答案，都可以在“臻于至善”这四个字中去寻找、去体味。可以说，《南方》五年的品牌塑造之路，就是一条在时政报道领域不断探求真实、至善的发展之路，《南方》的品牌塑造已经成为对一种品格、一种境界的追求。

第一节　月发行量过百万的政经大刊

《南方》杂志创刊于2004年1月1日，是中共广东省委在新的时期下，面对新形势、履行新使命而创办的唯一机关刊物。2007年1月1日，《南方》杂志由月刊改版为半月刊，期发行量59万份，月发行量118万份，覆盖省直机关和全省21个地级以上市121个县（市、区）1139个乡镇，为全省党政机关、企事业单位提供权威、深度、全面的政经资讯，已成为全国党刊中的“排头兵”。

创刊五年来，《南方》杂志作为南方报业传媒集团成员单位“三大平台”之一，紧紧围绕省委中心工作，在省委宣传部的领导下，以“三个代表”重要思想和科学发展观为指导，致力于全面、准确地宣传党的理论、路线、方针、政策，及时总结和宣传广东经济社会各方面改革、发展的新创造、新经验和新典型；围绕广东乃至全国的重大决策和社会热点组织深度报道，注重对国内外政治经济社会现象和发展趋势及其对广东的影响作前瞻性剖析；突出新闻性、思想性、权威性和可读性，已成为一本全国一流的，指导全省开展社会主义现代化建设、全面实现小康社会奋斗目标的大型机关刊物。

五年来，《南方》杂志不断深入新闻事实的背后，采集决策阶层、社会精英的思想，为读者提供最具价值的报道，为他们打造登高望远、运筹帷幄的资讯平台。与此同时，《南方》杂志以不可替代的权威性、公信力以及强烈的社会责任感，精心策划了一系列重要品牌活动，如政经高端论坛、社会公众活动、公益活动等，为全省党政机关、企事业单位干部建立起高端、权威的沟通服务平台。

第二节　有品·有用·有趣

从诞生之日起，《南方》就高度注重自己的品牌塑造，把建设“新型机关刊”作为品牌塑造的主要目标，以形成《南方》既有理论刊物的庄重严肃，又有大众读物的生动活泼的传播形象，达到“有品、有用、有趣”的传播效果。

所谓有品，是指《南方》一直以“不断提高舆论引导能力”为办刊宗旨，始终坚持围绕中心，服务大局，始终坚持团结稳定鼓劲，正面宣传为主，始终坚持唱响主旋律，打好主动仗。在内容设置上，杂志精心布局，既有中央、省委、省政府大政方针的传播、解读的栏目，如“珠岛纪事”、“决策参考”，又有贴近基层读者、通俗易懂的栏目，如“人生感悟”、“认识中国”、“党务知识问答”。在文章选择上，无论是记者采写还是向专家约稿，均从选题到编辑严格把关，精细加工，就算不能做到“字字珠玑”，也要“鞭辟入里、言之有物”，为全省读者呈现了一个有品格、有品位的全新的机关刊形象。

所谓有用，是指《南方》一直切实履行党刊的使命与责任，围绕中央和省委、省政府的重大决策部署、中心任务，抓策划、抓调研、抓采编，精选题材组织宣传报道，形成强有力的宣传声势和广泛影响。一方面，在新闻报道时做到客观公正，事实准确，杜绝负面炒作。严格把好关，掌握好报道分寸，为振奋精神、增强团结、维护稳定的大局服务。另一方面，充分发挥媒体的服务功能，在内容上增加实用性，比如为“保持共产党员先进性活动”专门编辑的小册子《南方党建》，以较强的实用性博得各级读者的喜爱。

所谓有趣，是指《南方》的报道内容和文本表现形式。在报道中，杂志始终保持一定比例的软性内容，尤其是在社会文化版块，比如“南粤寻宝”、“微型调查”、“以案说法”等栏目，传播了大量的软性信息，满足了读者的阅读需求。即使是严肃的报道题材，杂志也要求采编人员尽量用生动、活泼的语言来组织文本，尽量多举事例、少论述，以最大限度地避免枯燥乏味。

第三节　培养过硬的采编队伍

《南方》的使命与责任决定了《南方》的品牌形象。要实现杂志的使命与责任，关键在于建设一支政治素质强、业务素质过硬的采编队伍。自创刊以来，《南方》专门实行每月学习制度，创新学习方式，通过研读文件、评议优秀文章、观看优秀电视采访节目，取长补短，开展政治学习，进行采编业务学习，有效地提高了采编人员的政治业务素质；同时，记者在外出采访时，严格遵守禁止有偿新闻的规定，严肃队伍作风建设，一位基层通讯员专门以《三度让我感动的南方人》来信表扬《南方》采编人员深入调研、拒收红包的事迹；2007年，潮州市委新闻秘书专门撰文《敬业、勤奋的拓荒“牛群”》对《南方》采编人员扎实采访、敬业爱业的行为提出肯定和表扬……每一位《南方》人，都是《南方》机关刊品牌形象的生动缩影。

第四节　围绕大局服务高端

与生俱来的“机关刊”定位，决定了《南方》高端、权威的品牌特色。高端权威是《南方》的长处，应该通过报道内容强化这一优势。为此，《南方》紧紧围绕省委、省政府中心工作，做好高端报道和权威报道，突出品牌优势。

在创刊号上，《南方》邀请中共中央政治局委员、时任广东省委书记张德江为《南方》撰写发刊词，并邀请广东省省长黄华华撰文分析广东经济社会发展形势，同时请国际、中央、省内一批知名专家、官员撰写稿件；在接下来的21期杂志中，《南方》每期采访一个地级以上市，并以当地的著名建筑或风景作为封面，形成“封面连线”栏目，宣传各地的经济社会发展亮点，每到一市，该市的市委书记都会亲自接受采访，非常重视《南方》的宣传，这就是品牌的魅力；从2007年开始，《南方》在时政版块开设“一把手心得”栏目，专访省直各厅长、各市市委书记，请他们谈成长经历、谈执政心得，让读者充分了解这些一把手的“另一面”，展现了广东干部奋发向上、无私奉献的优秀品质，《南方》人性化的采访和人性化的写作得到采访对象和读者的一致好评。每年的新年，《南方》都会请来几位市长撰文谈谈新年的愿望和发展思路，或者就某一时政热点发表言论，使《南方》的高端权威形象得到进一步传播。在“南方论坛”和“国际观察”这两个约稿的栏目，稿件全部来自省内外知名专家学者，他们的文章言简意赅，极具思想性和理论性，有利于高端读者更全面地理解时事、更好地谋划当地经济社会的发展。

第五节　与强势媒体开展战略合作

虽然是中共广东省委机关刊，但《南方》毕竟是以广东为主要报道领域，影响力主要分布在广东各地，要想把广东的亮点推介到全国，产生全国影响，必须与强势媒体开展战略合作，尤其是与中央强势媒体合作，“借船出海”塑造品牌。五年来，南方杂志社与新华社的瞭望周刊社、人民日报社形成了良好的战略合作关系，每年都有一定数量的稿件在《瞭望新闻周刊》、《人民日报》刊发，并且几方联手进行了多次重大报道。

2005年，《南方》与《瞭望新闻周刊》联合举办了“科学发展观广东行”系列报道活动，把当年值得向全国宣传推广的重点报道及反映地市发展的“封面连线”栏目稿件，提供给《瞭望新闻周刊》刊载，其中反映广东省财政厅改革新举措的《公共财政，构建和谐广东》及反映深圳改革开放25周年的《把文明写在特区的旗帜上》稿件，同时在《南方》与《瞭望新闻周刊》上刊登，把广东的亮点热点及时在全国推广，得到好评。2006年10月29日，《人民日报》头版头条刊发了由《南方》杂志记者撰写的文章《广东公共财政向民生倾斜》，较好地宣传了广东的经验和做法，打造了全国影响力。2008年12月，与《瞭望新闻周刊》共同策划以展现广东改革开放30年巨大成就为主题的大型报道，并在第48期《瞭望新闻周刊》推出大型专题策划《广东前沿三十年》。

第六节　积极参与行业协会活动

《南方》十分注重在党刊同行中打造影响力，积极参与全国党刊协会、中国期刊协会举办的系列活动。

2005年4月底，为配合《南方》第6期泛珠合作一周年专题策划，南方杂志社牵头举办了泛珠区域党刊社联谊活动，泛珠区域九家党刊社的主要负责人和相关采编人员参加了联谊，九家党刊社共同交流研究了办刊经验、思路，探讨了如何整合资源、加强合作，会议结束后不但完成了当期的撰稿任务，还联合举办了为期一年的“以科学发展观指导实践”的征文活动。

从2004年开始，《南方》连续五年参加全国党刊协会主办的“全国党刊优秀稿件”的评选活动，每年送10篇文章参选，与全国党刊同行交流研讨。在交流中，《南方》的版面编排及文章质量均获得了全国党刊同行的一致好评。

2007年，《南方》派骨干记者参加“党刊媒体浙江行”、“党刊媒体江西行”等活动，深入了解浙江经济社会发展情况，交流党刊发展。在交流中发现，《南方》在全国30多家党刊社中不仅发行量名列前茅，而且内容和版式经常成为各党刊社学习和模仿的对象，在事实上成为全国党刊界的排头兵。

第七节　通过活动塑造品牌

一直以来，《南方》高度重视围绕重大新闻事件举办活动来提升品牌价值。尤其是2007年以来，杂志进一步依托南方报业传媒集团的强大媒体品牌优势，不断通过举办活动加强自身宣传，逐步提升了党刊的权威品牌价值。

2007年，为迎接党的十七大，《南方》举办了两大品牌活动：一是与中共广东省委组织部、人民日报社国内政治部共同举办“怎样当好党支部书记”论坛和经验交流研讨会。此次研讨会得到了中共中央政治局委员、时任省委书记张德江，省委常委、组织部部长胡泽君的高度重视和好评，张书记亲自接见了与会的北京嘉宾，胡部长连续三天到会倾听基层代表发言。二是与人民日报社党建周刊合作组织“党建创新的实践与探索”征文活动，并通过党建周刊向全国推介了广东党建创新工作文章共8篇，极大地提升了《南方》在全国的影响力。

2008年4月，为纪念改革开放30周年，《南方》与中国经济体制改革研究会、广东经济体制改革研究会合作，作为唯一协办媒体共同举办“2008中国改革论坛（佛山）”，并为论坛出版会刊《解放思想与体制创新》（该书是广东省“解放思想”活动中最早出版的专著）。论坛上，成思危、高尚全、迟福林等一批专家学者云集，南方报业传媒集团管委会副主任、南方报业传媒集团副总编辑、南方杂志社社长蔡玉明在论坛上做了主题演讲，精彩的发言再一次将《南方》的品牌影响力推向全国。

第八节　从读者中来到读者中去

作为新闻从业者，《南方》人深知读者是根本，一切工作必须以读者为中心，为读者服务，品牌塑造更是如此。正所谓 “金碑银碑，不如读者的口碑”，《南方》一直坚持做到“从读者中来到读者中去”。

《南方》坚持“开门办刊”的理念，十分重视与读者的互动，经常不定期举办读者有奖调查活动，征集读者的评刊意见，不断改进新闻报道。同时在版权页显著位置开设“读者声音”栏目，为读者开辟言论园地。2007年1月南方杂志社举办成立三周年活动，还邀请了数十位《南方》读者来参加，形成了良好的互动，提升了《南方》的品牌影响力。

2006年，《南方》配合省监察厅、省纠风办在全省开展行风评议活动，发放并回收调查问卷6万多份，通过翔实数据有力地显示了广东省行风建设情况，得到了省委有关领导的肯定，也受到了广大读者的关注。

为了让党的声音更好地传播下去，《南方》在确保省委机关刊覆盖面的同时，按照省委宣传部照顾穷困地区订阅党刊的要求，每年均减免部分地区的订阅费用。以2005年为例，共减免河源、湛江等11个地市7000多条贫困自然村的30％订阅费用，同时减免了特别困难地区1000多份杂志的全年费用；2006年进一步提高扶助力度，穷困地区每村一年减免一份订刊款50％，支持了经济有困难的支部及党员订阅党刊。

第九节　严格把好广告关

在《南方》的版面内容中，除了新闻报道，还有一定比例的广告。广告是媒体生存和发展的必需手段，《南方》也需要依托广告来发展。目前，《南方》的广告收入每年均有300多万元，成为《南方》的一个利润增长点。事实上，《南方》的广告可以做得更多、利润更高。但是，《南方》出于塑造党刊权威品牌的考虑，为保证省委机关刊物的严肃性和权威性，在广告上严格把关，在坚持按市场规律来运作广告业务的同时，更加严格执行广告的政策法规，严格审查广告客户的资格及广告版面的内容。

作为省委机关刊，《南方》要求合作的广告必须是“品牌形象广告”，合作的客户多为中国移动、中国联通等国有大型企业。五年来《南方》杂志多次拒绝了与《南方》形象不符合的广告，尤其是“软文广告”、“医疗广告”、“烟草广告”等等，从另一方面在读者中树立了《南方》高端、权威、真实、可信的品牌形象。

第七章
南方网的品牌建设

广东网络问政平台、南方英文网、南方动漫网等名牌产品和栏目始终贯彻着"权威、及时、准确而又不失灵动"的整体品牌风格。

南方新闻网是广东省委宣传部主管，南方报业传媒集团主办，联合羊城晚报报业集团、省广播电影电视局、省新闻出版局、省新闻出版集团等出资单位共同建设，经国务院新闻办公室批准从事登载新闻业务的全国重点新闻网站，于2001年12月13日正式开通。

第一节　网站品牌概况

南方网现开设30多个新闻频道，20多个信息资讯频道，日均中英文新闻信息发布量达3000条以上，日均独立主机来访量100万台次以上，网民遍布全球各地，来自海外的访问者达到27%。国际权威访问量统计数据表明，南方网已名列国内省级地方新闻网站前三位，稳居全国新闻网站十强。互联网搜索引擎巨人谷歌（Google）给予南方网网页内容评级为8（满分为10），在国内仅次于人民网、新华网，与新浪、搜狐、网易等商业门户网站同级，华南地区首屈一指。

南方网忠于使命，始终坚持"政治家办网"，旗帜鲜明地服务于大局，唱响主旋律，作为我国网络文化建设、网络舆论宣传的先行者，多年耕耘，受到社会各界高度肯定。自2002年起，网站先后荣获文化部"中国优秀文化网站"称号，中国互联网协会"2005年互联网行业自律贡献奖"多项殊荣，同时是"广东新闻奖"历史上首家获奖网络媒体，省内首家跻身主流媒体的新闻门户网站。南方网同时是广东电子政务领域的领先品牌，先后承建运营泛珠三角合作信息网、广东省政府门户网站、广东应急网、世博广东等政务主题官方网站50多家，创新党政网站发展模式。

南方网作为集团中只有8岁的新生媒

体，深刻理解核心竞争力与品牌建设的密切关系，品牌的形成与推广是自身核心竞争力的外在体现，探索与完善“新闻立网”的核心竞争力是比用大量资金投放推广更有效，更符合自身发展规律的品牌建设之路。经过全网团队8年时间齐心协力的艰辛探索，南方网已经成为当之无愧的“华南第一新闻门户”，国内区域门户网站的领先者。南方网表现出的影响力、社会地位、政治认可度、对重大事件的报道能力都清楚地证明，南方网是广东省的主流媒体，既是党与人民群众建立血肉相连关系的桥梁与纽带，也已成为我们党最具潜力的执政资源。南方网拥有大量的高端忠实用户，作为广东网民沟通政府，建言献策，倾吐肺腑之言，发表真知灼见的网络主渠道，品牌特质深入民心。

第二节　核心竞争力与品牌建设

南方网作为“华南第一、国内一流、世界知名”的区域综合新闻门户网站领先者，长期坚持“新闻立网”的高端定位，专注服务政企高端用户。在全球互联网泡沫破裂的2001年底，南方网正式开通，一直以来都秉承实干精神，持之以恒地探索新闻门户网站的竞争力本质，自身的健康发展是对品牌建设的最大投入。南方网定位清晰，思路明确，全力建设广东新闻信息的权威主渠道，网络舆论的主力军，华南地区最权威的企业品牌推广平台。

南方网的建设投入与人民网、新华网、千龙网、东方网存在数量级的巨大差距，在全国十大重点新闻网站中开通最晚，但是发展最迅速，短短两年跃居全国新闻网站前列。

无视商业网站繁杂发展模式的干扰，南方网牢牢把握自身主流定位：一方面作为省委、省政府的喉舌和传播工具，以权威、及时的新闻占领舆论阵地的制高点，宣传科学理论，传播先进文化，塑造美好心灵，弘扬社会正气；作为广东省对内对外宣传的重要窗口，塑造广东的良好形象，为广东省改革开放和率先基本实现社会主义现代化创造良好的舆论环境。另一方面作为广东省走向世界一个新的重要渠道，要为广东省扩大开放，走向世界服务，开展全省网上招商、产品推介和文化、技术、信息交流等活动，与世界建立广泛快速联系，推动全省两个文明建设和社会信息化进程，以此创造良好的经济效益，确保自身健康快速发展。

形成新闻内容的品牌特质是建设品牌媒体的捷径，南方网的内容指导方针就是“高举旗帜、围绕中心、导向正确、大局意识、维护稳定、贴近群众、生动活泼、把握有度”。不仅把握热点新闻报道，同时发挥互联网覆盖广泛、传播快捷，形式多样，及时互动的网络文化特点，迅速在全国以及海外建立起南方网优秀主流网站的鲜明形象，也得到中央和省委、省政府的充分肯定和表扬。南方网既是网上广东新闻信息的主要发布渠道，也是商业网站登载广东新闻的主要来源，牢牢占据网上舆论主导地位，成为广东新闻在网络上最权威的声音，在广东网民甚至全国网民、世界华人心中拥有了较高的公信力。

在2003年抗击非典的伟大壮举中，

南方网表现出色，创下四个全国“第一”：第一时间发布政府权威信息，第一时间邀请专家网上访谈，第一时间直播省、市两级新闻发布会，第一时间制作广东抗击非典英文专题，在广大网民中引起了强烈的反响，进一步增加了重点新闻网站的公信力和影响力。2004年举世瞩目的首届泛珠三角区域合作与发展论坛上，南方网境内外三地转战42场即时直播，以图像、声音、文字的多媒体现场直播在海内外引起轰动，九个省区行政首长官员对广东新媒体留下了深刻的印象和好评。2005年南方网隆重推出“南方时评”栏目，针对住房、教育、卫生、治安、环境、就业、养老、反腐等社会热点问题，表达民生关注，构建和谐氛围，在网民中产生了积极影响，成为被商业网站和其他新闻网站转载的重要来源，国务院新闻办评为中国互联网品牌栏目。

南方英文网是南方网推出的全国首个地方英文门户网站，在2005年全面整合省内旅游资源，推出了目前互联网上最全面丰富的介绍广东旅游咨询的网上英文信息查询库，被省委宣传部肯定为“广东省宣传系统所做的一个重大成就”。英文网关于“夏威夷州和广东省友好20周年”的报道更得到了夏威夷州长Ms. Linda Lingle的肯定，并亲笔致信南方英文网表示感谢。花香自然引蝶来，云高更有风来附。南方网的海外影响力引起了多家境外主要中文媒体的注意，美国《侨报》、《国际时报》、法国《欧洲时报》、巴西《南美侨报》、南非《南非华人报》、加拿大《今日中国报》等刊登的《今日广东》专版，主动与南方网开展内容合作，并在其版头上长期刊登南方网网址，推广南方网。

南方网对新媒体新闻品牌的建设，获得了新闻行业前辈们的肯定：2006年6月“广东新闻奖”获奖名单上第一次出现了网络媒体的新闻工作者，其中南方网的《兴宁大兴煤矿透水事故抢救纪实》获得“网络专题”一等奖，《从“太石村”事件质疑西方媒体的公信力》获得“网络评论”一等奖。南方网代表广东网络媒体第一次获得省内最高新闻奖项的认可，它给数以万计网络媒体的新闻工作者带来了极大的鼓舞和振奋，南方网作为华南网络媒体群的翘楚真正迈进了中国主流媒体的行列。

没有大把的烧钱、没有铺天盖地的广告，也没有国内许多同行依靠的行政指令和行业垄断，南方网的运营成本比同类网站低40%。由于把握了新媒体品牌建设的根本规律，南方网迅速地确立了自身的新闻优势并转化为网站品牌优势。以最低的成本投入，产出最大的社会效益，使南方网赢得了众多前来参观、考察的领导同志和业内同行的啧啧称赞。

第三节　网络互动是网站品牌的特色结构

南方网对品牌的不断完善，很大程度上得益于突出了新媒体与传统媒体在互动能力上的巨大差异化，这是南方网的结构化优势。南方网的品牌结构中，南方社区是为网络媒体攻城拔寨，化优势为胜势的重要武器。南方社区肩负疏导民意、构建网络和谐的重任，以网络社区、直播访谈平台搭建网民、媒体、政府理性交流的桥梁，以高度自律区别于商业网站社区的低智取向。

网上论坛最能充分体现互联网魅力，是一种前所未有的多元言论空间。南方社区是一块思想活跃、充满智慧与活力的区域，同时也是一块能迅速传递信息、形成舆论的区域。南方社区一贯秉承“慎思明辨，且论且谈”风格，社区团队主动导帖、积极跟帖、善于劝帖、注意收帖、适时结帖，几年时间发展建立了一大批高忠诚度、高素质的社区“居民”。

为了充分发挥网络的互动优势，南方网采用与网民“零距离”的宣传方式，以“嘉宾访谈”的方式，既满足群众知情权，也有效地实现主动传播。广东省政府高级官员成了南方社区常客，经常在线接受访谈，直接与网友交流，通报情况，解释政策，回答问题，接受建议；广大广东省网友把南方社区当成自己的网上精神家园，发表真知灼见，抒发肺腑之言。

而面对非典等突发重大事件，南方社区的直播访谈更发挥了传统媒体无法替代的传播作用，品牌影响力跟随着独家新闻信息，瞬间走遍了全国。

南方社区子品牌的成功，为南方网主品牌注入了特殊的品牌价值。南方网作为广大网友探索科学发展观，构建和谐社会，为广东发展建言献策的主平台，广受社会各家关注，南方社区已成为广东省沟通政府与网民的首要渠道。

第四节　品牌传播与延伸

南方网的品牌传播同样具有强烈的互联网文化色彩，传播力本身就是网络媒体的特殊要素，网络品牌的传播往往不受时间、空间的限制，在信息技术的帮助下，具有广阔的传新空间。南方网深刻认识到，新媒体品牌的传播力决定影响力。

南方网早在2003年就为网络现场直播专门开发了“OnLine在线直播系统”，突破了远离本站而在事发现场直播新闻的关键技术难题。该系统集视音频采集、图文采编发、网络传输和现场实况演示于一体，支持十种以上的复杂直播模式。该系统广泛应用于多次重大新闻事件的现场直播，其中首届广东省政府国际咨询会、首届泛珠论坛均实现了移动直播室、高密度异地多场次直播和跨地域多地点联合直播，与会者印象深刻，海内外各界反响强烈。这一拥有自主知识产权的开发成果，使南方网成为我国网络直播领域的技术领头羊。2002年南方网率先开设动漫频道，不仅传播动漫文化，同时制作青少年道德教育系列作品，生产原创动漫，并将动漫元素融入到新闻信息的传播推广中。

2005年8月，南方网创办了中国第一本在线阅读的多媒体网络杂志——《物志》。该杂志以先进的技术和新颖独特的表现方式，一出现就引起全国网络界和新闻界的普遍关注，成为南方网增强在网民特别是青年网民中的影响力方面的一个利器，也为南方网的市场营运提供了一个全新的载体。2005年《物志》被评为“最受关注商业网站50强”之一。

南方网作为华南区域门户，立足广东整合各类信息，增强本土化特色，网络新闻信息采集、发布与传播影响横向覆盖全省，纵向直达地市。南方网不仅在互联网上建立了全新新闻资源的采集平台，还在各地市的支持下，开设了广东地市的专门频道，为每个地市开通当地新闻、市情概况、投资环境、地方特色、旅游资源等栏目。每日发布南粤各地市提供的新闻信息达1200多条，南方网已成为全球网民了解广东省内各地市的最快、最新、最全面、最权威的窗口。南方网的品牌完全延伸到了省内各市，在佛山等珠三角重要城市，南方网还专门开通子站点进行品牌延伸的强化运作。

为满足网民不同层次不同方向的绣球，南方网在“新闻立网”的基础上逐步发展出电子党务、电子政务、电子商务等五大盈利模式，核心竞争力的范围变化同时影响到品牌结构，南方网品牌延伸到各相关领域，延伸的过程中通过子品牌的交叉互补作用得到相互增强，实现了与竞争对手的差异化体现。

南方网的五大盈利模式中，电子政务党务建设领域南方网同样以“华南第一网”为品牌标志，定位高端，融合南方网新闻品牌、技术品牌、社区用户优势，衍生出新领域的优势品牌，效果非常出色。南方网自正式承建运营泛珠三角信息合作网、省政府门户网站以来，广受政务单位与网民好评，省政府门户网站从全国第17名跃居全国第4名，政务项目短短三年时间为南方网创造产值超过2000万元。

南方网在商业广告领域采取同样的品牌策略，以新闻品牌、电子政务品牌宣示覆盖高端用户的品牌定位，以传播力品牌充实华南区域门户领导者的内涵。南方网自2007年市场化改革以来，商业广告取得高速增长。电子商务项目“南方书城”同样组合利用了新闻品牌、传播力优势的延伸效应，短时间内打响在广东省数字出版业界的知名度，成为承揽数字出版的主要平台之一。品牌结构的丰富为品牌延伸提供非常优秀的基础条件。

南方网作为三大成员单位之一整体并入南方报业传媒集团后，其品牌内涵中包含了报业传媒集团互联网统一平台的新定义，南方网的整体品牌建设具备了前所未有的巨大价值空间。南方网的品牌发展以核心竞争力为根本，以自觉适应品牌内涵的变化为特质，以充分发挥品牌结构内在张力为方法，今后必将发展出更加优秀的品牌文化，不仅要牢固把握“华南第一”，更须以实现突破为下一目标。

第八章 从中国农村发展论坛看南方农村报的品牌经营

自2005年以来，南方农村报逐渐重视品牌工作，认识到通过举办品牌活动，可以有效并迅速提升报纸的影响力，并将内在具有的品质转化为希望得到外界认可的新形象。2005年，是中央提出建设社会主义新农村的第一年，南方农村报也在这年强力启动品牌工作，这并非时间上的巧合，实乃有意为之。因为，南方农村报根据自己对时代和社会发展的判断，敏锐地感觉到一个农村发展的新时代已经拉开了序幕，并顺势提出了“新农村推动力”的口号；而要营造“新农村推动力”的形象，就有必要举办一系列具有“推动力”品质的品牌活动。

具有这样品质的活动，包括2005年启动的南方农村报·中国农村发展论坛及附属的“三农”研究创新奖和相关的人物评选、2006年启动的共建新农村——南农实验、2007年启动的农村财富大讲堂和专门探讨猪业发展的凤凰山论坛。这几个活动，既有言说的平台，也有实践的场所；既有社会实验，亦有经济讲堂；既有观点争鸣，也有人物品评。

南方农村报对举办任何一个品牌活动都非常审慎，必须符合以下条件才可能启动：第一，符合社会发展的方向。例如“共建新农村——南农实验”，是在新农村建设的大背景下，利用外来资源培育内生力量促进农村发展的社会实验，符合建设公民社会的方向。第二，为社会主流人群了解农村、参与农村建设提供平台和机会，让他们参与讨论或实践这个时代的重大命题。例如南方农村报·中国农村发展论坛，就是通过专家和农民共同探讨重大社会、经济问题，以吸引对农村问题感兴趣的社会主流人群主动了解或参与讨论。第三，符合《南方农村报》的办报定位和核心利益。南方农村报致力于推动农村社会和农村经济的发展，并在推动的过程中实现自身的社会效益和经济效益。例如农村财富大讲堂，就提供了一个给企业家、经销商和策划咨询师探讨开发农村市场最重大、最现实问题的平台。

下面以南方农村报·中国农村发展论坛为例，来详细阐述南方农村报品牌活动的有关情况。

南方农村报·中国农村发展论坛

1.概况

南方农村报主办的南方农村报·中国农村发展论坛，是以农民为主角，让农民自己说话，并与顶尖专家直接对话达成共识，以引领舆论，推动政策，扩大报纸社会影响力的一个“三农”论坛。

南方农村报·中国农村发展论坛由南方农村报、华中师范大学中国农村问题研究中心、中国社会科学院农村所社会问题研究中心与《乡镇论坛》杂志社联合举办，从2005年至今已举办了四届，第一届的主题为“后农业税时代如何建设新农村”，第二届的主题为“农民合作组织与新农村建设”，第三届的主题为“农民权益保护与新农村建设”，第四届的主题为“还权于民与重塑农村改革之魂”。

2.背景

南方农村报·中国农村发展论坛的诞生，是中国农村进入休养生息阶段，接受城市反哺新阶段的大环境和南方农村报根据“新农村推动力”办报理念打造影响力的小环境相互作用的产物，需要改变的中国农村和《南方农村报》找到了一个结合点。

《南方农村报》“为农民说话”的批判气质已为读者所熟悉，这是报纸拥有众多忠实农民读者的原因，但在国家减轻农民负担和加强农村发展的大背景下，报纸的办报理念和品牌内涵更需注重建设性。《南方农村报》要在稳固农民读者的基础上，争取更多的关心农村发展建设的政府官员和专家学者，几何级数地扩大影响力。

作为全国首屈一指的农村类媒体，《南方农村报》可以而且应该搭建一个探讨中国“三农”问题的平台，团结一批顶级“三农”学者，高屋建瓴、高瞻远瞩地分析中国的“三农”问题并提供解决思路，这是更高层面的“为农民说

《南方农村报》已成为广东农民自费订阅率和传阅率最高的报纸。

话”，是《南方农村报》作为优秀农村类媒体的责任，也是《南方农村报》成为中国最具影响力农村类媒体的机会。

3.特色

南方农村报·中国农村发展论坛与中国现有的任何一个“三农”论坛都是不同的，它具有独特的气质，主要表现在以下四个方面：第一，它是由追求社会影响力的媒体来主办的，自觉吸引关注“三农”问题的社会各界来参与论坛，并利用各种有影响力的媒体将论坛成果最大限度地传播到社会；第二，它是以农民为主角的论坛，让农民自己说话，发出和放大农民自己的声音；第三，它探讨的是最普遍、最突出、最迫切的“三农”问题；第四，它追求凝聚农民、乡村干部、专家、官员、民意代表、NGO人士、社会中介等社会各界的共识以引领舆论推动政策。

4.目标

南方农村报试图以媒体身份凝聚多种力量推动中国农村发展。以这个论坛为平台，力求把中国对“三农”问题最具真知灼见的专家、学者聚集到南方农村报·中国农村发展论坛的旗下，共同求解中国“三农”问题的根本出路。把南方农村报·中国农村发展论坛办成一个为解决“三农”问题提供决策参考的论坛，办成一个上联国家“三农”决策部门，下系广大农民群众的论坛，为推动中国农村的发展贡献更大的力量。

5.影响

四年来，亲身参加过这个论坛的全国各地农民和乡村干部已超过200人。他们有的是南方农村报·中国农村发展论坛“三农研究创新奖”的获得者，有的是在与会议主题有关的工作上做出过杰出贡献的农民代表，有的是对议题感兴趣特意赶到现场的旁听者。他们在当地都富有影响力，将论坛的成果带回当地后，直接影响了数以万计的普通农民。

四年来，参加过这个论坛的著名专家学者有：陆学艺、张晓山、秦晖、徐勇、党国英、丁学良、赵树凯、张鸣、宋亚平、项继权、于建嵘、李昌平、王景新、吴思、蔡定剑、杜钢建、姚监复、蔡继明、任剑涛、潘维……他们的发言拥有数以百万计的读者。

四年来，有几十家国内著名的媒体报道了这个论坛，如《南方日报》、《南方周末》、《南方都市报》、《21世纪经济报道》、《中国青年报》、《光明日报》、《楚天都市报》、腾讯网、凤凰网、天涯网、搜狐、网易、农博网等。它们对论坛的报道能到达数以亿计的受众。

6.创新价值

南方农村报·中国农村发展论坛取得初步成功，体现了以下两个创新价值：

第一，媒体作为资源整合器，全程主导论坛的运作。媒体的属性是什么？它是一个由关注共同问题的人群组成的社区。媒体的功能是什么？它是一个整合相关资源的平台。只有媒体，才能更好地把专家、政府官员、民意代表、农民、NGO人士、企业家和其他社会中介等相关人群整合在一起，整合上述人群，又能吸引更多的关注“三农”的主流人群，这是媒体的独特功能。也只有媒体能将论坛的成果传播到全社会，形成社会影响力。在“三农”领域，由媒体牵头主办的常设“三农”论坛，全国仅此一家。

第二，让农民登上全国“三农”问题关注者瞩目的平台，有机会面对如此之多的对政策有影响力的学者和民意代表，对社会有影响力的媒体发表自己的观点，拓展农民的言论空间，迅速放大来自底层的最真实的声音，而不是将农民当作论坛的客体和摆设，这是前所未有的。作为提供这个平台的媒体，自然会受到专家、政府官员、民意代表、农民、NGO人士、企业家和其他社会中介等相关人群的关注和肯定，从而扩大报纸的社会影响力。

第九章

《城市画报》：城市青年生活杂志第一品牌

经过十年努力，《城市画报》已经锻造成中国城市青年杂志第一品牌，在读者、客户和行业内都有相当高的知名度，并且作为一本有独特个性、难以模仿的杂志，得到台湾、香港众多有影响力的城市文化意见领袖人士的认同。

《城市画报》品牌经营的成功秘诀，在于十年如一日、持之以恒地贯彻杂志的定位，传播同一个理念。实际上，对真正懂得品牌营销的杂志来说，品牌不是一个环节的事情，也不是一个局部的事情，而是整本杂志的立足之本、整个企业的长久之计。

1999年10月，《城市画报》创立之初，首先提出了“给你一个全资讯的广州”这样一句口号。当时，无论是当地报纸还是其他媒体，都只把吃喝玩购等生活实用资讯看作广告内容，并未意识到在经济快速发展、生活水平得到全面提高的情况下，这些资讯已经是读者非常迫切需要，但是没有适当渠道获得的必要信息。而作为当时广州生活类杂志的最早拓荒者，《城市画报》首次提出这个口号，把资讯推到一个非常高的地位。事实证明，此后十年中，这类内容成为当地报纸、生活类杂志，以及互联网站不可缺少的内容。而且当时还鲜有报纸杂志打出自己独特的口号，《城市画报》第一次推出的口号先声夺人，起到了表明立场、提高品牌认知度的作用。到了第二年，《城市画报》把内容重新定位为面向全国的城市青年生活杂志后，口号亦随之改为“新生活的传播者”，在第三年进一步明确为“新生活的引领者”。

《城市画报》有个理念，不是单纯做一本杂志，而要做年轻人文化的表率，要做一个文化的渗透者。在这种文化理念的驱动下，《城市画报》赋予了自己作为“新生活引领者”（甚至是创造者）的文化内涵。这个内涵既符合杂志的定位，符合目标读者的需求，也应该符合广告商的偏好，更是符合目标市场的趋势或规律。十年来的运营中，《城市画报》围绕这一定位，从产品、渠道、品牌延伸到活动行销，乃至切入创意经济，品牌管理如一根红线，一直贯穿始终。

第一节　内容：紧贴城市青年精神需求

《城市画报》从创办之日起就非常注重内容与定位的高度匹配，注重紧贴城市青年的精神需求，在采编上力求做到与众不同，从选题、写作风格，到封面图片及专题的拍摄，有很多既拉近与读者的距离又颇显时尚的元素。

创刊不久，《城市画报》在广州一炮而红，发行起点是3万多份，第二期销量近4万本。其后，继续向北京、上海、成都等城市进行试探性发行投放后，获得的反馈并不理想。分析后得出原因主要是：杂志偏重对广州资讯的报道，对当地报道的资讯不多，对本地读者缺乏足够的吸引力。为此，《城市画报》尝试在杂志中做刊中刊《城市32》，主要介绍北京、上海、广州等大城市的生活资讯。符合读者定位的内容很快帮助杂志打开新的城市市场，当地的发行量增幅很快。

作为一份针对年轻人的生活杂志，《城市画报》的编辑方针始终围绕“第一要好看，第二要有用”，这从其设置的主要版块和主要栏目可以充分体现出来。《城市画报》的内容包括三大版块。首先是城市文化版块，全方位展现变化多端的城市人文话题，细致入微地捕捉城市每一个变化细节，颠覆一成不变的日常生活，碰撞新锐多元的生活灵感，注重互动，讲求分享，图文并茂，灵活多变。包括有专题报道，各行业精英及著名人物的专访以及对城市中新鲜事物的图文报道，比如“面孔”栏目，与国内外最具独创精神和个人风格的城市文化意见领袖的深入对话；“城事”栏目，报道世界各大城市与城市文化有关的新鲜资讯。

其次是优质生活版块，以独具发现眼光的专业推介，丰富精彩的编辑手段，细腻优美的文字盛宴，致力呈现城市生活的多姿多彩，包括有国际国内的时尚潮流，新鲜独特的旅游点及旅游路线，最特别的中国四大城市京沪穗港生活娱乐指南，每两周一次的城市消费趋势预告，关于中国城市饮食、夜生活、购物的最新编辑推介，更有汽车、地产、电子产品、化妆品、潮流时尚、家居等生活资讯的推介。

《城市画报》倡导优质城市生活。

第三个是文化艺术版块，主要是《艺文志》刊中刊部分，这是最贴近城市新锐人群的枕边书，每双周一次的心灵互动，无可抵抗的城市气息，击溃都市冷漠关系的致命武器。内容包括最有个性的娱乐明星生活访问，最新最好又最有个性的电影、音乐、书、艺术，还有动人的爱情小说，感情信箱，爱情调查和性情专栏。还有填字游戏和搞笑漫画。

第二节　渠道：讲座和网络互动促联络

一、讲座培养忠诚度

讲座这种形式，既能拉近读者与作

者跟杂志的联系，同时也是非常好的杂志品牌宣传方式。2005年起，《城市画报》策划了一系列“好生活”讲座，至今仍在进行中。讲座的讲者一般是《城市画报》的专栏作者或者是紧密合作者，他们都是行业精英，在某方面有深入研究，并有自己的独到观点。参与者多为读者。讲座既有免费的，也有售票收费的。

2005年的讲座主题为“好生活 好设计”，反响热烈，累计超过1100人购票参会；按照0.5%（正常情况下）的回应率估算，至少有22万人关注此活动。此活动符合读者需要，有助于提高读者普遍的审美情趣；以品质生活为关注点，话题新鲜，能向外吸引新读者，亦能培养老读者忠诚度。同时此系列活动也赢得了品牌合作，产生了十分明显的市场效应。

2005年，《城市画报》一共举办了4场“好生活 好设计”讲座，其中包括欧阳应霁的《如何生活是好？》，欧阳应霁是香港著名跨媒体创作人，演讲主题强调创作是平等的，奢华和简单的设计里有同样值得重视的创作精神；英国资深平面设计评论家锐克·派纳的《沟通——英国60年代以来独立平面设计》；杨志超的《住好（啲）G.O.D》，他是家具品牌G.O.D创始人，以极富民俗特色的家品及服饰设计，致力开创香港第一个以本土文化为主题的现代品牌；还有台湾包氏国际公司创办人包益民的《创意赚百万！$！》，用他自己的个人经验鼓励创作人也可以让独到的生活创意来改造生活，为自己带来财富。

其后几年，讲座计划在继续进行中，并开始与《城市画报》发起的iMART创意市集活动结合在一起，变身为创意讲堂，比如2008—2009年在广州、厦门、西安和北京一共有五场，主讲人分别是台湾知名广告人李欣频、香港知名时装人黎坚惠及老作者欧阳应霁、知名电影人叶锦添。

二、网络互动聚人气

及时得到读者反馈以及直接向读者进行品牌宣传活动，网络是一个不可忽视的平台。《城市画报》目前有几个与读者互动的互联网平台。最主要的有豆瓣网城市画报读者小组，目前已有22000多成员，为豆瓣网杂志类读者最多成员的小组，读者在此聚集，讨论杂志的内容，交换旧杂志，从而培养起对杂志更深厚、亲密的感情和认同感；其次还有在创意市集活动基础上创建的imartcc.com网站，主要聚集对创意设计和活动感兴趣的读者和设计师，成员都相对成熟、专业，他们在此分享到创作的乐趣及活动信息，目前也已超过1万名注册会员。这两个都是《城市画报》独有的品牌特色，《城市画报》的读者在此非常活跃，每天都有新增成员，而《城市画报》也通过建立这些平台给读者虚拟交流，第一时间了解读者的感受，以及使读者从多方面感受到《城市画报》所提倡的生活价值观，而且读者相互之间也能建立交往，从而对城市画报更有忠诚度。此外《城市画报》还有在新浪网、魔时网（合作设有读者俱乐部）及在西祠胡同网站设有专门的社区。《城市画报》也经常通过这些渠道发布自身的品牌活动，并常常能得到快速有效的反应。

第三节 品牌延伸：经典栏目结集出版

《城市画报》还把已经刊出的经典栏目结集出版，进一步推动杂志的品牌建设和宣传。《城市画报》在2004年由上海书店出版社出版了四本精选集《特别报道》、《绝对行走》、《相当热爱》和《非常游戏》，是《城市画报》前四年当中每期主打栏目“报道”、旅游栏目“行走”、小说栏目“热爱”和游戏栏目“填字游戏”、“成人试题”的分别结集。这套书后来还由台湾山岳出版社出版了台湾版。

2008年，香港三联书店出版了《城市画报》的《我们生于七十年代》和《超级80年代》两期特刊的合集《70/80中国新人类》，在当年香港书展中隆重发售，并配合新书推荐在香港开了小型讲座。香港著名设计师S. K. Lam更是本书设计总监，以双封面设计出版，读者可以拣选他们喜欢的封面，受到读者欢迎。

2009年，《城市画报》借着创刊十周年的机会，推出了更多的书籍出版计划。

第四节 活动行销：时尚概念深入人心

一、创办派对引领青年时尚

《城市画报》在成立之初，就开始举办请柬上要求“正装出席”的派对，成立周年，喜庆节日，以及跟其他客户合作，很多主题社交派对，这在当年的广州，可谓一件新鲜而时尚的事。当然，开始的时候，大部分人都不理会所谓“正装”，在派对现场也非常拘谨，但是，毕竟那是一件引领潮流的活动，而当时“宠儿”栏目及封面摄影大多是模特，每次派对都有大批高个美女出现，也算是非常吸引人的卖点。

其实，社交派对是联络客户、作者、合作者以及高端读者的一个非常好的方式，而利用这种场合，以及活动中的各大小环节、细节，去宣扬杂志品牌，有非常直接的作用。在此后十年中，这一招数也被大多数杂志报纸学习使用。而这些活动对派对文化在国内的推动其实也功不可没。到了今天，大多数受邀请者，都会比较重视“正装出席”，很多人也在派对中如鱼得水。

现在，《城市画报》还保留了每年周年庆主要的主题派对活动，一般都会跟当年的周年期刊内容相关，比如三周年配合特刊《我们生于七十年代》，派对主题为“城市主流派之我们生于七十年代”；七周年是配合周年策划《城市新文化推手》特刊举办“城市新文化派对”。

此外，在杂志成立初期，《城市画报》还搞过一些主要面对读者的大型派对，比如在成都、上海都搞过千人的大型舞会派对。

二、首创广告电影传播理念

2002年，《城市画报》成立三周年，推出特刊《我们生于七十年代》，并同时摄制出开先河的中国第一部广告电影《欲望70》，深入细致描述读者群的生活面貌。该片由广告导演谢晓萌执导，讲述了一对20世纪70年代出生男女的爱情故事，男女主角分别由古宇和周樵两位模特饰演，展现了城市生活中的种种细节，“物质”、“欲望”是其中的关键词。这部电影分别在广州、北京、上海的《城市画报》三周年晚会上播放，取得了非常好的反响。

其后，亦有其他财大气粗的报纸开始请知名导演来执导广告电影，若可同时用作广告片播放，确实是一件一举两得的好方法。因为一般可以作为宣传事实借其他媒体进行宣传炒作，以得到更大的传播效果，如果借助的导演跟媒体本身的形象相当符合，对于提高品牌内在价值更有相得益彰的作用。

三、音乐会营销：读者变票友

2006年，《城市画报》关于台湾独立创作歌手陈绮贞的报道在读者中取得非常好的反响，于是首次尝试邀请陈绮贞到广州举办在大陆的首次小型音乐会。7月，“陈绮贞遇见城市”广州歌友会找到适合的赞助商和联络合作伙伴，执行“买杂志抢票计划”，在中山大学梁球琚堂举办，649个读者成功抢票，并邀请了广告客户和合作伙伴前来参加，效果良好。

在此良好开端之下，《城市画报》开始举办“好生活，好音乐”系列音乐会。同年11月，《城市画报》主办 “林一峰@3G门户城市唱游”音乐会，这是获选当年“最佳民谣艺人”的香港唱作歌手林一峰首次在内地举行2000人以上的大型音乐会。这场音乐会为配合《城市画报》七周年特刊做促销，要求读者凭指定的两期杂志抢票参加活动，最终有470个读者参与抢票，《城市画报》共送出一百多张票给读者，并邀请感兴趣的客户参加。

2007年，又在广州搞了一场“五月天”演唱会，一场孙燕姿新歌发布会，都有媒体广泛报道，参与人数众多，取得很好的反响。2008年，作为《城市画报》九周年活动的一部分，以售票方式在广州举办了陈升小型演唱会。

2009年，《城市画报》把音乐会系列定位为“荒岛音乐会”，打算继续邀请创作型歌手和乐队到北京、上海、广州三地举办音乐会。并希望通过不断引荐和举办华语地区最出色的创作歌手的小型概念音乐会的形式，更加强力地推进《城市画报》的杂志品牌以更多元的形式继续深入影响到目标读者和客户。

第五节　创意经济：整合营销搞活经营

一、“创意市集”奠定号召力

《城市画报》不遗余力推动中国城市创意阶级的成长，由2006年开始创办的大型城市公共创意活动iMART创意市集，已连续巡回中国十多个大中城市（北京、上海、广州、苏州、厦门、武汉、重庆、西安、深圳、杭州、澳门、福州、无锡等），并成为广州国际设计周的指定合作项目，也是目前国内最受欢迎的创意活动之一。iMART也是“I'm ART”（人人都是艺术家）之意思的简写，创意市集则是一场规模空前的本土创意力量大阅兵和大聚会，吸引本土中坚艺术创意人士前来参与。它的目标是发展成一个品牌性的针对本土创意力量的大型创意设计展览，展现本土在艺术、设计、创作方面的新思潮和内在动向，彰显创意人群在社会文化中的先锋地位，担负创意人群对社会文化产生的巨大引导作用。

“创意市集”，是在创意产业发展过程中出现的新兴交流模式，旨在为各类的新兴设计师和艺术家提供开放、多元的创作生态和交易平台，推崇个人创造和精神创新，鼓励创意立业，尤其强调以文化、艺术、设计等为产品或服务提供实用价值之外的文化附加值，是一个产生创意并使创意作品商品化的实验舞台。

目前“创意市集”的主要形式是一个提供给年轻人展示和交流自己创意产品的街头摊位集市，年轻人以很低的价格租用甚至免费取得摊位，摆卖自己创意制作的货品。这个活动同时融合讲座、小型音乐会、街头文化表演、放映会、创意比赛等主题仍然集中在原创文化的多种具体的形式，成为嘉年华式的年轻人聚会。

2006年，《城市画报》在广州和北京举办四场“创意市集”活动，这种融合杂志、读者和商家的创新形态杂志活动，不仅对提升杂志品牌有很大帮助，并在读者、客户、传媒及公众各方面都取得非常好的反响。

《城市画报》发起“创意市集”活动，一开始只是对创意街头地摊的实验行为的关注，初衷是希望能为埋藏在民间的那些新鲜创作人找到一个出口，作为长期关注这个群体的媒体机构，搭建这样一个平台可以让报道对象与读者直接交流，共同推进创意产业的发展。

经过多场演练，目前的“创意市集”实际上已形成一种推动力，它鼓励了原创，促进了新兴创意人之间的沟通，而更妙的是，这种融合了多种活动形态的嘉年华式年轻人聚会，也给“创意市集”本身带来意想不到的良好互动。

“创意市集”正在产生蝴蝶效应，例如在“创意市集”里的“地摊达人”都对自己的创意设计能够直接融入到平民生活中而感到兴奋，他们当中很多人在第一次直接面对市场后就能够获得自信，从而决心继续创作……这些可以说是正在中国萌芽的创意产业最鲜活的脉动。

《城市画报》之所以要举办像“创意市集”这样的活动，源于对如何做媒体的一个新认识：除了做好每一个选题，每一期杂志之外，还应该成为一个有理念的文化推广机构，应当能够团结各种力量为城市的新文化作出自己的贡献。

《城市画报》已经申请“创意市集”的商标，目标是把它培育成为杂志的一个副品牌。同时，该杂志打造的一个web2.0式网络平台imartcc.com也已经上线，希望可以让“创意市集”成为一年365天永不落幕的活动。目前《城市画报》已经与上海、成都等地客户及媒体有了明确合作意向。

近三年来，通过创意市集等活动，《城市画报》在外界的活跃度、话题性均有目共睹；同时画报跟读者、客户、城市场所、专业人士／机构、政府部门等各方面的关系均被激活，并有良好的互动，在引导生活潮流的创意人群体中树立了《城市画报》“新生活的引领者”的精准品牌形象，在国内的十几个城市通过活动先期宣传了杂志及价值观等等，这些都给《城市画报》带来更大的活动空间和发展空间。

二、举办展览激发创造力

2008年10月31日—11月3日，在北京798艺术中心（706大厂房），由《城市画报》主办的首度汇聚两岸三地创意生活产品的“活设计”创意生活设计展（THE AGE OF CHINESE DESIGN）连续展览4天。这次展览与一般的艺术展览或产品展览不同的是，它选择的设计产品均与日常生活的细节息息相关，并且是第一次集合了近年来大中华地区最活跃的创意设计力量，在将近3000平方米的超大空间同场展现“日常的魅力、用品的美学”的展览，参展机构有来自内地、香港、台湾近60个最优秀的设计单位及个人。同场特邀展“无印的中国天空”为世界级生活品牌“无印良品”在中国的首次大型公开展览。

“活设计”的策展团队由《城市画报》副主编黎文担任总策展人，联席策展人则有香港著名创作人欧阳应霁、台湾著名创意人包益民、内地著名设计师石川。本次展览还有同场特邀展“无印的中国天空”，由著名设计师朱锷、《城市画报》编辑总监刘琼雄联合策展。

“活设计”创意生活设计展的策展初衷，在于坚持推动中国本土创意工业成长，鼓励“发现日常生活之美”，展览主题中的“活”字，既代表了“生活”的“活”，也代表了设计手段的“活”：它们是根植于设计师对日常生活的观察，并应用于真实的生活环境中，兼具美感及实用。更重要的是，它们是正在进行式的“活”，从历史的角度来看，这些展品是21世纪初段这个10年内能寻找出来的设计最出色的中国人生活用品的代表。它们是“活设计”，而不仅仅是“设计活”。 这次盛况空前的“活设计”创意生活设计展，也是一贯推动中国城市原创力量成长的《城市画报》杂志社九周年庆典系列活动中最大型的公众创意活动。“活设计”展览秉承传达“尊重创意，尊重生活”的理念，向所有社会公众免费开放。

这次展览吸引了超过5000人次的参观人数，以及超过40家中外媒体的采访报道，有力地提升了《城市画报》的品牌知名度，开创了杂志品牌推广的创新模式。这次规模空前的周年庆典以及创意展览，为《城市画报》在即将迈入十周年之际，树立了一次具有标杆意义的品牌推广典范。在为城市画报创造社会效应及吸引更多品牌广告客户的诉求上，均具有深远意义。

总体而言，一本杂志在始创初期、发展前期、成熟期所采取的品牌推广方式都各有不同。不过，无论采取何种有助于品牌的推广手法，杂志作为一种精神产品，始终是内容为王，所有营销活动也必须符合杂志的精神气质，同时也要适应读者和广告市场的变化，与时俱进。正如罗马并非一天建成的，品牌建设并非一天两天一年两年的事。回顾《城市画报》十年来走过的路，可见其在市场化的操作过程中对品牌定位的持之以恒，这是一个杂志品牌从十年走向百年的必由之路，也正是品牌管理的全部精髓所在。

第十章

南方日报出版社的品牌建设

南方日报出版社成立十年（1999—2009年），佳作迭出，品牌渐现。

她的品牌建设，经历了一个从自发到自觉、从模糊到清晰的探索过程。这个过程可以分为三个阶段——第一阶段（1999—2002年）：靠山吃山，开发传媒资源；第二阶段（2002—2004年）：打造中国传媒思想库；第三阶段（2005年至今）：做强传媒图书，做大系统图书。

一、第一阶段（1999—2002年）：靠山吃山，开发传媒资源

南方日报出版社背靠南方报业传媒集团。集团的新闻信息资源、人力资源、市场资源和品牌资源，构成了南方日报出版社的资源优势。出版社成立之初，靠山吃山，开发、整合和深加工新闻信息资源，便成了本能、自发和便捷的选择。出版社的选题策划，于是更多对准新闻纪实类图书。

新闻纪实类图书具有较大的市场空间。我们处在一个快速变动的世界，人们对于信息的需求前所未有。报纸、网络和杂志部分满足了这种需求。它们的

南方日报出版社积极打造中国传媒思想库。

信息虽然数量巨大，却基本上是驳杂、片断、肤浅、浮躁甚至自相矛盾的。它们提供的更多是信息的数量。新闻纪实类图书则可以进一步提供关于某一种现象、某一个问题或某一位人物的全面、系统、深入的更高质量、更有分量的信息。如果说，报纸和网络是“快餐”，杂志是“套餐”，那么，新闻纪实类图书就应该是“大餐”。

出版社围绕这一方向，多方面整合资源，推出了一系列新闻纪实类图书。一是开发集团自身的新闻信息资源，尤其是《南方周末》和《南方都市报》的资源，出版了《南方周末》精选本《真相》、《命运》、《奇案》、《百姓纪事》和《骨肉难离》等，《南方都市报》精选本《一日看百年》、《速

配的尴尬》、《钞票的表情》、《边缘部落》和《隐情地带》等；还出版了一本由南方日报一名摄影记者摄影并撰写的图文书《独闯毒穴》。二是利用出版社与一些中央级媒体的良好关系，开发他们的资源，相继推出了以中央电视台一些专题报道为基础的《亲历秘境》、《第一现场》、《偷拍实录》、《逃亡日记》、《愤怒的可可西里》、《商品的故事》和《汽车的故事》等，推出了《中国青年报》近20年的报道精选《本报今日出击》和该报名记者卢跃刚的新闻自选集《在高层》、《在底层》。三是从媒体上寻找线索，将有价值的线索做大、做全、做透。2000年10月，有编辑从《家庭》杂志上读到一篇关于深圳一名艾滋病人的报道，意识到题材很有价值，当即与作者取得联系，发现作者还掌握这名病人的大量资料，足以构成一本很好的图书，于是向她约稿，并请她尽快完成。在当年12月1日“世界艾滋病日”前夕，隆重推出了这本名为《世纪之痛——中国首份艾滋病人完全纪录》的畅销书。

这些新闻纪实类图书，不少产生较大影响。《南方周末》精选本印数颇高，最高的一本一年就印了25000册。《世纪之痛》更是首次开印4万册。《东方时空·百姓纪事》专门为《世纪之痛》做了一个专题，记录这本书的出版过程。

凭借这一批新闻纪实类图书，南方日报出版社在开始运作的短短几年，就在图书市场上建立起自己的特色和初步的品牌。与成立得更早的国内十几家传媒出版社相比，南方日报出版社几乎最早也最快具有了自己较为鲜明的品牌形象。

二、第二阶段（2002—2004年）：打造中国传媒思想库

随着经营运作的扩展和深入，面对中国出版业的激烈变化，南方日报出版社进一步认识到，要在市场上争得一席之地，就得形成自己的特色，建立自己的核心竞争力，以做到不可取代。

出版社要做到不可取代，要么依赖规模，要么凭借特色。

规模之所以难以取代，是因为规模需要较长时间培育，它一旦建立，就拥有较大的市场号召力、较高的市场占有率、较为显著的品牌形象和相对稳定的市场地位，竞争对手一般不大可能在较短的时间内复制出同样的甚或更大的规模。但是，就算依赖规模，也要凭借特色。一个出版社不可能包打天下，垄断整个市场；它的规模，也只是建立在某一特定领域上的有特色的规模。国内有一定规模、做得比较好的出版社，像外语教学与研究出版社、清华大学出版社和电子工业出版社等，无不特色鲜明。国外的出版社，像汤姆森学习集团（THOMSON LEARNING），特色更加显著。

有规模的出版社尚且需要凭借特色，对南方日报出版社这样一个没有规模、既新且小的出版社而言，特色的意义更是不言而喻。特色是一个出版社生命之所在、活力之所由。有特色才有竞争力。没有特色，就没有差异；没有差异，就不能生存。创建特色，实在是出版社总体战略的逻辑起点。

中国的图书市场也越来越不是一个大而化之的所谓“大众”市场。随着社会多元格局的逐渐形成，随着由经济和文化的差异导致的社会阶层的分化与重组，随着读者阅读需求和审美趣味的日益多样化，“大众”图书市场正在分化，变成一个个“分众”市场。没有人有那么大的本事，能将这些“分众”市场全做了。弱水三千，独取一瓢。把其中一两个做好、做足，就很了不起了。

果敢舍弃，才能有所成就；有所不为，才能有所为。

取舍之后，就应该聚焦一点，集中用力。

在一个焦点上集中用力，显然比在多个方向上分散用力，更易于有成效，也更可能产生成功战略上所说的“集中的效应”：集中有利于质量的提升，有利于专业化效果的达成，也有利于往深处掘进，在一个窄的领域上累积成规模，从而成为市场的领先者，引起名牌效应，在消费者的心理上占据优势：读者一想到这个出版社，就会想到某类图书；或者反过来，一想到某类图书，就想到这个出版社。做到这种程度，一个出版社才算在市场上站稳了脚跟。

对南方日报出版社来说，应该聚焦何处？应该在什么地方上集中用力？

这就涉及出版社选题定位和发展方向这样一个根本的战略问题了。

定位至关重要。定位决定着力的焦点，决定做什么不做什么，也决定怎么

南方日报出版社背靠大众传媒，面向传媒大众。

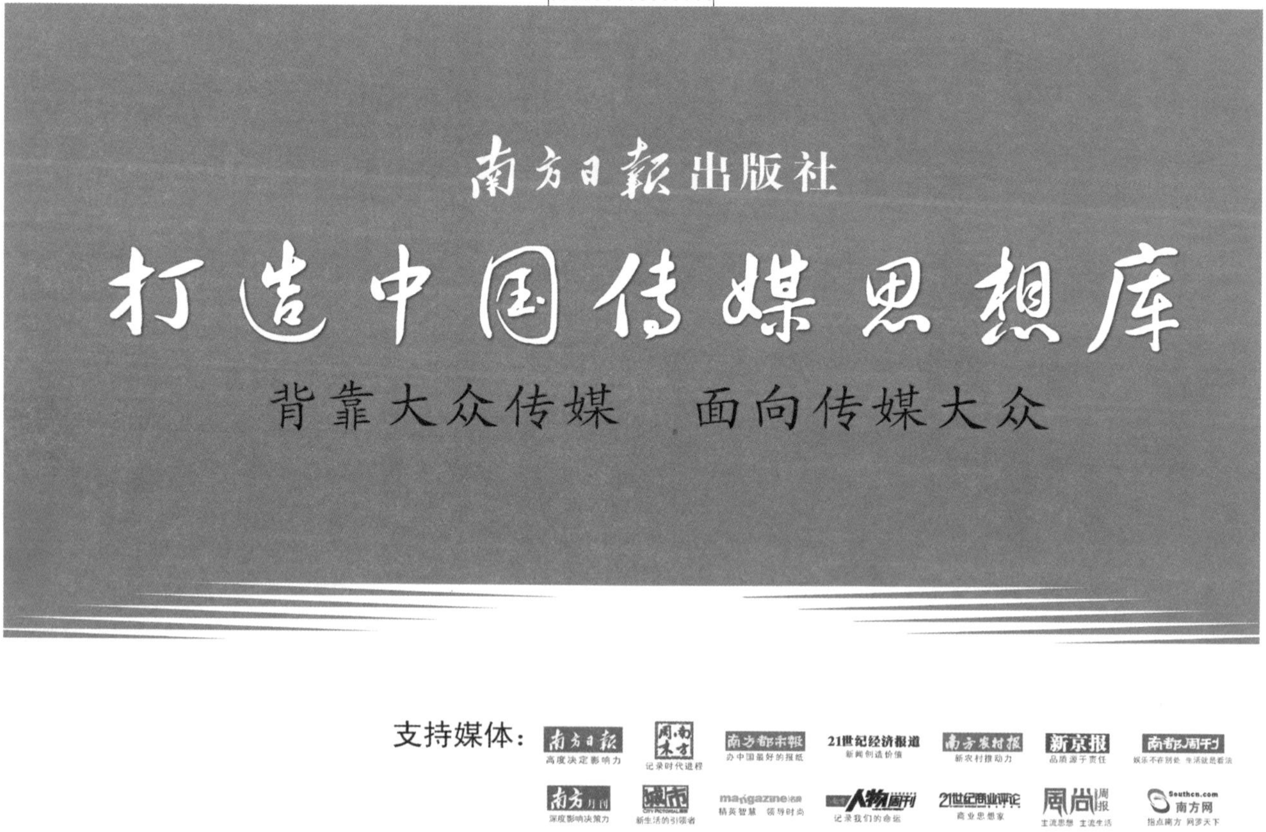

做，最终决定方向。

出版社的选题定位和发展方向，取决于市场的需求和出版社的资源优势。

从开始操作的新闻纪实类图书，出版社很自然地想到了整个传媒类图书。随着传媒产业的扩张和媒体之间竞争的加剧，媒体从业人员的队伍越来越庞大，他们也越来越需要经验的借鉴和思想的启迪，对传媒类图书的需求日益增长。这样的市场空间，足以支撑一个出版社的长远发展。出版社只要能够与中国传媒产业一起成长，通过自己的图书产品为这种成长作出不可替代的贡献，就能够在这一过程当中找到自身的社会价值和市场利润，扩大自己的影响，建立自己的形象。

南方日报出版社背靠强势的传媒集团，具有品牌、内容、人力和作者等方面的强大资源优势，最利于经营传媒类图书。而且，出版社主打传媒类图书，还可以与集团的整个产业链条建立更加有机的联系，也易于与集团整体的品牌形象共生共荣。

有鉴于此，南方日报出版社郑重提出了“打造中国传媒思想库”的战略选择。出版社的品牌建设，自此有了清晰的方向。

出版社将“打造中国传媒思想库”此一核心理念，分解为三个层次：实操经验、思想启迪和文化滋养；并进一步具体化为以下一些着力点，来组织、策划和生产图书产品：（1）足以激荡观念与思想的传媒理论；（2）具有借鉴意义的媒体实务；（3）成功个案，包括传媒机构和传媒人物；（4）媒体产品的整合与深加工；（5）非虚构作品，包括重大事件的调查性报道和人物传记；（6）传媒文化，包括传媒与各个文化门类关系的探讨，以及专为媒体从业人员度身定做的有利于开拓视野、积累素养的各类文化读物。围绕上述这些着力点，出版社在立足当下、立足本土的同时，还在一纵一横两方面进行开掘：纵的方面，梳理历史资源；横的方面，引进海外最新相关产品。

在日渐清晰的战略和日益有力的战术之下，南方日报出版社陆续策划、编辑和出版了《全球新传播》、《下一代媒体》、《新闻学核心》、《媒体的力量》、《走进美国大报》、《走进英国大报》、《解密国际传媒集团》、《美国电广传媒》、《日本报业集团发展研究》、《高度决定影响力》、《媒体的扩张》、《传媒影响力》、《解析传媒变局》、《比较新闻学》、《转型中的新闻学》、《转型中的俄罗斯传媒》、《媒体遭遇战》、《理解传媒的7个步骤》、《传媒营销管理》、《中国传媒资本市场运营》、《危机传播与新闻发布》、《影像中国》、《大师影像》、《城市影像》、《落棋无悔》、《铁本调查》等传媒类图书，拓展了此类图书的广阔天地，目标如一、扎扎实实地建立起初步的品牌形象，逐步引起传媒业界、学界和图书市场的关注。

传媒类图书之外，出版社于这一阶段还在经管、文化和生活三个方向上，进行了大力开拓。

经管类图书的经营，是对这一阶段广泛、猛烈而且强大的“经管启蒙”的市场需求，所作出的积极回应。出版社或通过开发本土原创，或通过引进台湾等地业已成功的图书产品，推出了包括多套丛书在内的一大批经管类图书，不仅在这个庞大的兵家必争的市场上争得一杯羹，而且让同业和市场强烈感受到南方日报出版社在大众图书领域的反应能力和运作能力。

文化类图书，重点在"传统经典的创造性传播"这一重要思路上进行探索。出版社认识到，在全球化和本土化复杂纠缠的文化语境当中，中国传统经典必获重生；但传统经典要重新绽放，必须经过时代的甚至时尚的创造性转换。沿着这一思路，出版社先后推出了"酒博士"丛书、"文化快旅"丛书和"同一首诗"系列。其中，"文化快旅"丛书中《唐诗地图》一书，大获成功：不仅发行量大，售出海外版权，还引爆了"地图类图书"的出版风潮。此外，"冯学成国学系列"也引人注目。文化类图书给南方日报出版社的品牌，注入了文化的底蕴。

三、第三阶段（2005年至今）：做强传媒图书，做大系统图书

如果说，在上一阶段，出版社主要是在寻找适合自己的核心战略，在寻找传媒类图书这个"一"的话，那么，在这一阶段，在确定了这个"一"之后，出版社便努力拓展这个"一"之上的"多"。出版社坚持"打造中国传媒思想库"的战略选择，在追求更专业、更前沿、更具高度的同时，以"大传媒"和"非虚构"的概念，朝着更大众、更通俗、更宽泛的方向挺进，着力推出一批面向"传媒大众"的调查性报道、人物传记等方面的图书，并从中制造了一些畅销书。在具体操作上，更加系统，更有章法，更加注重积累和延展系列性、连续性的丛书套书。出版社的品牌，于是更具专业形象；其影响力，在专业领域深入的同时，也扩展到了大众领域。

一方面，加大力度，继续推出一系列专业性的传媒类图书，比如："最传媒"系列——《办最赚钱的杂志》、《做最创意的节目》、《做最职业的记者》、《做最牛的主持人》；"如何"系列——《报道如何深入》、《记者如何专业》、《灾难如何报道》；"传媒前沿"系列——《媒介大融合》、《报业如何应对新媒体的挑战》、《西方传媒新秩序》；"引进"系列——《调查记者手册》、《美国当代媒体编辑操作教程》、《民主的看门狗？》；"图史"系列——《中国广告图史》、《中国广播电视图史》；《南方传媒研究》系列；"传媒体制创新丛书"；以及《南方报业战略》、《21世纪新闻炼金术》、《美国媒体与中国形象》、《对话美国报业总裁》、《走进日本大报》、《英国期刊产业前沿报告》、《电视变形计》、《媒介败局》、《发行中国》、《中国式调查报道》、《策划传媒》、《南方周末准记者培训教程》、《在追问中逼近真实》、《财经新闻道》、《新闻无穷动》、《传媒三十年》、《追求卓越新闻》、《传媒变革力》、《华南虎网事》等单本图书。另一方面，拓展宽度，推出了一批大众化的"大传媒"类图书，比如："中国新闻精华读本"年度系列；南方周末之《后台1》、《后台2》；《南方都市报》社论及时评精选系列；以及《原来如彼》、《口述大寨史》、《直逼真相》、《埃尔那产院》、《乱世飘萍》、《跟总统较劲》、《我怎样采访本·拉登》等调查性报道和人物传记方面的图书。

出版社还花大力气，强势挺进系统书领域。所谓系统书，简而言之，就是由政府或企业采购、在系统内部发行的图书。出版社充分利用集团的政治资源和人脉资源，配合省委、省政府的中心工作，积极争取，屡打硬仗，承接或开发了一大批系统图书。出版社以专业的品质、优良的服务和极高的效率，在此一领域逐步建立起自己的口碑和形象；良好的口碑和形象，又进一步带来了更多的项目，形成良性循环。出版社乘势追击，将系统书的操作，扩张到地方政府和越来越多的企业。系统书越做越大，已经成为出版社的半壁江山；它所带来的影响，也成为出版社品牌的重要成分。

这一阶段，出版社畅销书的运作也多有斩获。《废墟上的蓝马甲》、《后台1》、《后台2》、《中国巴菲特》等图书，发行量都达数万册；《读大学，究竟读什么》更是重印20多次，发行十几万册。对于品牌的打造来说，常销书是细水长流日积月累，畅销书则是一鸣惊人四两拨千斤。在成功经验的基础上，出版社畅销书的运作，可望有更丰硕的收获。

第一章 聚合战略

第一节 从多品牌战略到品牌聚合战略

一、多品牌发展战略打造出在各自领域处于领先地位的“十一报八刊三网站一出版社”

在全国的传媒行业里，南方报业传媒集团是最早引入战略管理并通过实施多品牌战略获得市场成功的媒体。20世纪90年代以来，我国传媒业在取得长足发展的同时，竞争也日趋激烈，为了避免走入同质化竞争的死胡同，各平面媒体纷纷创办子报，打造全新的品牌，以差异化赢得竞争。另一方面，读者和受众的阅读要求越来越高、需求越来越多样化和个性化，为适应读者的阅读需求，传媒业市场必须根据不同的标准区分为众多的细分市场，这就为塑造品牌媒体提供了良好市场环境，从而为实施多品牌发展战略提供了客观条件。由此，多品牌发展战略应运而生。一个成功的媒体品牌代表着媒体获得超额利润的能力，品牌越多，获利能力越强；成功的品牌所凝聚的无形资产集中体现了集团的综合竞争力。因此，多品牌发展战略也是提升和强化传媒综合竞争力的利器。

基于上述的背景，近10多年来，南方报业传媒集团积极实施“龙生龙，凤生凤”的多品牌发展战略。首先是培育出品牌报纸，以品牌报纸为龙头，以优质品牌的核心价值为遗传基因，除主报《南方日报》外，形成三个子报系列——南方周末报系、南都报系、21世纪报系，用优质品牌为龙头的报系来孵化新的子报子刊，打造了一系列成功的子品牌媒体。从《南方周末》到《21世纪经济报道》再到《21世纪商业评论》，从《南方周末》人物版到《南方人物周刊》，从《南方都市报》到《南都周刊》，从南方报业网到南方网，均是品牌培育成功的典范。目前，集团已达到“十一报八刊三网站一出版社”的规模，被同行誉为中国报业“定位最清晰、结构最合理、综合运营能力最强、在国内最具影响力”的报业传媒集团。

“十一报八刊三网站一出版社”中的报纸分别为《南方日报》、《南方周末》、《南方都市报》、《21世纪经济报道》、《南方农村报》、《新京报》、《南都周刊》、《风尚周报》、《云南信息报》、《理财周报》、《西江日报》，期刊分别为《南方》杂志、《城市画报》、《名牌》杂志、《南方人物周刊》、《21世纪商业评论》、《商务旅行》、《鞋包世界》、《第一消费》，网站分别为南方网、南方报业网、奥一网，出版社为南方日报出版社。目前，“十一报八刊三网站一出版社”在各自所处的细分市场中都处于领先地位。《南方日报》在省级机关报中连续24年在发行量、广告营业额和社会影响力上居于第一位；在全国所有的省级党报中，《南方日报》的品牌价值一直位列第一。在周报方面，《南方周末》一纸风行20年，一直稳居周报的头把交椅。在都市类报纸方面，《南方都市报》后来居上，是珠三角地区发行量最大的报纸，2008年和2007年被国家新闻出版总署评定为全国晚报都市类报纸综合竞争力排名第一。在财经类报纸方面，《21世纪经济报道》稳居首位，它是企业家、白领、经济研究人士非常喜欢读的一份有深度、有高度的报纸。在人物周刊类杂志方面，《南方人物周刊》居于前列。集团的其他报纸和杂志在各自的细分市场上也都有突出的表现。

多品牌发展战略的实施，使南方报业拥有了抵御市场风险的强大动能。尽管从2005年以来传统媒体的发展速度出现了拐点，但南方报业依然保持了两位数的增长。在2008年激烈的市场竞争之中，南方报业依然保持了社会效益和经济效益双丰收的良好势头。集团的经营工作又上了一个新台阶，集团的总收入、广告收入以及净利润都保持了高速增长态势。集团品牌影响力进一步扩大，在前不久出炉的2009年度“中国500最具价值品牌”排行榜上，集团旗下的《南方日报》、《南方都市报》、《南方周末》、《21世纪经济报道》四家报纸品牌价值达158.63亿元，比2008年增加33.99亿元，此四个品牌已连续6年入围“中国500最具价值品牌”；2008年，集团再次获得“全国最受尊敬企业”称号（自2002年起每年都入选“全国最受尊敬企业”50强）。

“龙生龙，凤生凤”的裂变式发展模式之所以能够取得成功，是因为那个时期的南方报业主要是在相对单一、熟悉的平面媒体领域进行耕耘与拓展；原有媒体与裂变出的子媒体在产品形态、产品定位以及运营模式等方面的相似性，使得南方报业旗下媒体能够驾轻就熟地将其拥有的核心资源与核心能力进行复制与共享。

市场压力下萌发的品牌意识，激烈竞争催生品牌战略，报系运营实现了媒体品牌到报业品牌的提升。南方报业传媒集团近10多年的发展是一种多品牌战略发展的结果，多品牌发展战略在集团的做大做强方面功不可没，对于南方报业在平面媒体上的多品牌发展起到了至关重要的作用。没有多品牌发展战略，就没有南方报业传媒集团今天的态势。然而，多年实施多品牌战略也带来了一些问题，如投资分散，资源利用效率不高，各子媒都是强势媒体，难协同作战等。这些问题如不能有效解决，势必影响集团的科学发展。

二、网络媒体裹挟其无所不能的强大力量强力冲击着传统媒体

比尔·盖茨在50岁生日当天预言：未来10年，纸张都将在事实上失去其作

为信息载体的意义，大量信息将通过电子途径送达个人信息终端。之后在接受记者采访时他断言："报纸的寿命还有50年，代替报纸的是电子写字板。"世界报业营销协会会长维尔舍森访问天津时预测：50年后报纸将走进博物馆。不管这些预言是否准确，一个不争的事实是，以互联网、数字技术等作为支撑的新媒体，挟其技术优势，并且包罗了传统媒体的所有功能以及传统媒体所不具备的新功能，正来势汹汹。新媒体以其内容的相对无限性和互动性、传播的及时性、网民的自媒体性以及媒介形式的包容性等等优势，以更低的成本、更高的效率、更大的规模、更快的速度，正越来越多地吸引着年轻一代阅读者，给传统媒体以极大的冲击。

在传播内容上，网络媒体会聚了足够的内容以吸引广大的人群，还有无限的延伸阅读功能，不像报纸和杂志仅能提供有限的内容。在传播时效上，网络媒体实现了实时播报，能对所报道事情的演变、发展进行滚动报道，不像报纸隔天报道。在传播策略上，网络媒体与民众共同参与信息的发布，成为真正的交互式的传播；互联网的搜索功能，意味着读者不再是被动地接受或者消费信息，而是他们自己进行信息的筛选；互联网的共享以及深入交流等属性也得到越来越多受众的喜爱。而且，相对于报纸的发行，网络没有疆界，准入门槛低。互联网媒体可以说是媒体的集大成者。对于互联网媒体而言，传统媒体的特点不再存在，报纸、杂志、广播、电视等所有的媒体内容形式都可以在互联网上尽情地表现出来，是一种可以包含以往所有媒体形式的媒体，网络兼具音频、视频、文字和图片于一身，不用花钱，还可以互动、发表你的读后感。

由于网络媒体的这些优势，网络传播为人们带来前所未有的感官体验和参与权利，它迅速地改变着人们尤其是年轻人的阅读习惯，日渐成为年轻一代习惯阅读的媒体。人们对于资讯越来越倚重互联网等新媒体，现代传播方式在新媒体浪潮的洗礼下得以重塑，进而使传媒业市场格局发生重大变化。新媒体作为一种全新的传播形态，只用了10年左右的时间就赢得了传统媒体用数十年甚至上百年才拥有的受众群。新媒体不仅不断蚕食着报纸媒体的读者市场，争夺报业人力资源，而且正在成为传媒广告市场的一支重要竞争力量。而报纸在某种程度上已经沦为身处网络传播链条最低端的分散内容提供商。摩根士丹利2008年7月发表的报告称，中国新媒体的增长远超过传统媒体，过去5年里，中国网络广告收入以60%多的年增速增长，而报纸和电视广告的增速只有百分之十几。一份来自中国人民大学传播媒介管理研究所的调查统计称，中国传统媒体中的报业集团，其广告收入正在面临10%—30%的行业性下滑。相关数据显示，2008年，全世界报媒的有效接受人群和订阅数都在缩小，一些欧美知名的报业公司也遭遇到了破产的困扰。在这样的冲击下，传统报业集团的发展必须找到一条新的路子，而聚合集团优势资源，形成发展合力，不失为现实的选择。

三、席卷而来的金融海啸重创传统传媒业，与新媒体一起形成夹击之势

2008年下半年以来，产生自华尔街的金融危机从美国波及世界，从金融系统传导至实体经济的各行各业，造成了全球性的经济危机。经济危机使全球经济增长明显放缓，外部需求急剧减少，中国经济由此受到较大影响，出口大幅下降，2009年GDP增幅的预期已经下调到8%。对于国内微观经济而言，金融危机带来的最直接的影响是企业资金短缺、金融资产贬值，市场萧条，消费者购买力严重下降，企业销售困难，不得不通过降价的方式促进销售，严重地影响了企业的盈利能力。作为普通老百姓，人们手中的财富大幅缩水，纷纷节衣缩食，消费欲望萎靡不振。

报业经济是典型的依附性经济，依赖于国民经济以及所在区域经济的健康发展，与社会经济大环境和行业的发展息息相关，尤其依赖于主要广告客户所在行业的繁荣发展。当前国内经济增长速度明显放缓，广告投放大户所在的行业萧条，企业经济效益下降。这使传统传媒业承受着新媒体之外的再度冲击。根据平面广告投放的监测数据，京沪穗三地10家综合类报纸排名前四的广告投放行业，全部集中在房地产、零售及服务业、汽车、电子产品（含电脑）、文化娱乐休闲、公用事业（含电信）6个领域，其中汽车的广告投放在10家综合类报纸中全部进入前四名，房地产行业进入9家报纸的前四名，并且成为多数报纸排名第一的广告来源。而这次金融危机对报纸广告投放第一位的汽车行业、第二位的房地产行业已产生了极大影响。2008年以来国内汽车消费持续低迷，很多车企希望在出口市场寻求突破，然而金融危机的多米诺骨牌效应使我国汽车出口市场遭受重创，行业整体都比较艰难。随着全球第一大汽车厂商通用汽车的市价缩水到60年来的最低点，中国汽车消费的拐点也已到来。不仅是出口将受到很大影响，国内的需求也会下降，投资也会受影响。2009年汽车行业的增长可能降到10%以下，广告投放必将大幅减少。而2008年房地产业也进入了调整期，由此可以预料报业广告经营的重重困难。

受金融危机和新兴媒体的冲击，作为世界超级报业强国和金融危机的始发地，美国报业已繁荣不再，报业成为遭受金融危机蹂躏的重灾区。报纸发行量下降，广告收入大量流失，许多报纸尤其是地方性报纸难以为继。2008年12月，拥有《洛杉矶时报》、《芝加哥论坛报》和《巴尔的摩太阳报》等10家日报和23家电台、电视台的美国第二大报业集团论坛报业集团正式宣布申请破产保护。2009年3月，有146年历史的《西雅图消息邮报》宣布停刊，有150年历史的《旧金山考察家报》也宣告歇业。《华尔街日报》则被迫缩减版面。拥有《纽约时报》和《波士顿环球报》的纽约时报公司为缓解现金流紧张状况，已计划将位于曼哈顿岛的总部大楼作抵押，借款2.25亿美元。美国两份具领导地位的大报《纽约时报》和《华盛顿邮报》最近曾经分别推出新一轮的减薪和裁员行动，其中《纽约时报》已经落实裁员100人，削减非工会员工的薪酬，以求节省经营成本及抗衡广告收益下降造成的困局……

相比国外报业来说，金融危机对中国报业的影响相对较小。由于以广告收入为主要盈利来源，金融危机对中国报业的影响，主要通过企业广告投放的微妙变化来体现。据尼尔森调查公司对亚洲广告客户的一项最新调查，大多数企业预计他们2009年的广告预算会下降，其中1/4预计将比2008年下降20%以上。

金融海啸虽然对我国实体经济造成了严重的冲击，但总的来说我国经济发展长期前景仍然看好。因为，第一，经过30年的改革开放，中国经济已有了突飞猛进的发展，积累了极其可观的经济实力和物质基础。目前，我国外汇储备高达1.9万亿美元，再加上国内储蓄率较高，资金来源稳定、丰富、充裕。同时，中国目前的工业化、城市化水平离世界发达国家仍有不小差距，扩大内需市场的空间还极为广阔，这些都为经济长期增长留下了巨大潜力。第二，我国金融体系稳健，泡沫不大。通过连续多年的金融改革，国内金融行业已逐步走上规范发展的轨道，金融机构的竞争力不断提高，而且由于国内金融市场并未完全开放，尤其是资本项目下的外汇流动仍处于政府严格管制之下，无形之中使中国拥有了一道防范国际金融危机的防火墙。

从另一个角度看，金融海啸的冲击、蔓延，也可能阶段性地给传媒业带来一定的正面影响。比如针对我国受国际金融危机影响出口大幅下滑的情况，为了保持经济增长，在继续鼓励出口的同时，目前国家已出台了一系列的相关政策，千方百计扩大内需，刺激消费，这对媒体的广告经营将是一个利好消息。此外，金融海啸以及全球经济衰退还带来一个“副产品”，就是大宗商品的价格下跌。对平面媒体而言，其重要的生产资料——纸张的价格可能会在未来一段时间重新走出一波下跌行情（受经济危机的影响，2008年10月以来纸张价格开始下跌），这无疑将会缓解平面媒体的成本压力。

面对金融海啸背景下经济大环境出现的诸多变数，作为平面媒体集团的南方报业，一方面时刻准备着应对可能到来的困难局面，另一方面善于发现并抓住一切有利因素和有利时机，在不利条件下求得生存与发展，这正是聚合战略提出的时代大背景。

四、数字化时代媒介融合是大势所趋

尽管遭受着新媒体和国际金融危机的双重夹击，但是更多的人并不认同“报纸消亡论”，人们普遍认为，正如当年广播、电视的出现没能消灭纸媒一样，新媒体的出现也不会消灭传统媒体，新媒体的存在只是增加了一种媒体的形式而已，它将和传统媒体共生共存。因为报纸有不可替代的价值。在信息爆炸时代，人们在获取更多信息的同时更渴望获取可信的信息，而这正是报纸的优势所在。报纸长期以来沉淀在受众心目中的权威性与真实性，使得受众从内心里认同并且有依赖感。当互联网提供大量虚假信息让人感到无所适从时，人们往往选择回归报纸。权威性将会让报纸占得一席之地，新兴媒体将助力传统媒体重获生机。传统媒体必须紧追现代传播方式的变化，加快推进数字媒体建设，义无反顾地加入新媒体行列，抢占行业制高点。

在美国，5年前就有传媒学者敏锐地注意到了网络等新媒体对传统媒体格局的影响，提出Media Convergence一词，即媒介融合。这些学者认为，媒介融合将是大势所趋，新媒体和传统媒体不是非此即彼的关系，尽管在沙场上打得难解难分，但媒介融合是必然的。以后没有单一传播形式的媒体，每种媒体都将运用文字+视频、文字+音频、文字+视频+音频+图片等多种传播手段，同时一个记者也可能身兼多职，文字和摄影摄像的活都要干，或者是一个媒体集团赶到现场的记者可能不再是现在的几拨人马，而是一拨兼文字、图片和摄像的人马，采访回来后，整合到集团的各类媒体中。

有鉴于此，近年来，国内外一些先知先觉的传统媒体集团已积极寻求向新媒体的优雅转身，它们大举进军互联网领域，实施跨媒体转型。2005年7月，世界著名的传统媒体巨头默多克动用5.8亿美元收购了美国著名交友网站MySpace.com。外界视为媒体巨头进军互联网的标志性事件，也被形容为“一场豪赌”，因为互联网对新闻集团是一个全新领域，前景几何不得而知。但默多克决心把这场豪堵进行下去，誓将MySpace变成一个巨大的营销机器。就在新闻集团完成收购MySpace一周年前夕，美国互联网市场调研公司公布的一项调查显示，MySpace的点击率已经超过了Yahoo（雅虎），成为美国访问量最大的网站。2006年3月，NBC环球公司宣布以近6亿美元现金交易收购一家妇女网站和出版商iVillage。纽约时报在2006年2月收购了一家名为BlogRunner的公司及其网站，以开展自己的博客业务。报网结合正成为当今美国报纸的主流运作模式，也是新技术驱动下报业今后一段时期内的成长点。目前，报网结合已成为当今美国报纸的主流运作模式。

在国内，包括南方报业传媒集团在内的人民日报社、新华社、解放日报报业集团等众多报业媒体都纷纷创办新闻网站、手机报等新媒体，向数字化转型，并由此得以拥有更多的资源和更好的发展机会，取得了不俗的发展成绩，一些正成长为跨媒体巨无霸。例如人民日报，其旗下的人民网创建于1997年1月1日，是我国最早进入国际互联网的中央主要新闻单位网站，最初它还是每天更新一次的人民日报网络版，而现在它每天24小时滚动发布6000多条新闻信息；从当初的单一中文文字信息，发展到集图文、音视频、论坛、博客、手机、动漫、聚合新闻（RSS）、网上直播报道于一体，拥有中文（简、繁体）、英文、日文、法文、西班牙文、俄文、阿拉伯文和藏文、朝鲜文等9种语言10种版本；从仅有2兆带宽拨号上网，到使用千兆光缆专线。据艾瑞市场咨询有限公司2008年发布的《2007—2008中国网络广告行业发展报告》数据，人民网2007年网络广告收入3612万元，新华网2007年网络广告收入3001万元，较好地弥补了自身遭受其他新媒体冲击所带来的损失。2005年，解放日报报业集团联手当时中国最大的户外视频广告运营商分众传媒，成立了上海解放分众广告传播有限公司，开拓全新的“商务通渠道”。

2006年开始，解放日报报业集团频频出击，向新媒体转型。当年先后推出了专业上海生活服务门户网站嗨嗨网，联合中国移动推出手机报纸、斥资至少5000万元入股网络电子杂志运营商摩客网、推出了基于电子报纸阅读器的电子报纸、推出公共新闻视屏分布上海主要街道。这个“4I”的新媒体发展战略，即I-mook、I-news、I-paper、I-street，实现其从报业集团向新媒体集团的转型。南方报业传媒集团要实现向新媒体集团的转型，实施聚合战略是关键。

五、以聚合战略应对新形势的挑战，提升集团的核心竞争力与科学发展能力

企业战略管理的核心任务和最终目的是适应外部环境的不断变化，有效整合企业内部资源，培养强大的核心竞争能力，抓住外部环境中的机遇，抵御其中的威胁，获取持续的竞争优势。战略是随着外部环境和内部资源的演变而演变的。新的竞争环境呼唤新的发展模式和发展思路，要求南方报业传媒集团进一步反思和提升既有的发展战略。

走过了60年尤其是经过最近10多年大发展的南方报业，目前面临着在数字化时代相对陌生的业务领域进行跨媒体、跨行业、跨地域拓展的艰巨任务，要满足这种复杂任务对资源的要求，集团旗下原有单个媒体往往显得捉襟见肘，需要在整个集团范围内进行资源整合；跨媒体拓展所需要的组织能力和业务经验也需要在整个集团范围内进行有效的交融、复制和共享；在新媒体领域，技术发展与市场变革的规模和速度都远远超过平面媒体，特别是市场化的商业网站的快速发展，对传统媒体形成强大的挑战。南方报业作为一个平面媒体集团在涉足新媒体时，也必将会在更大的范围内面对更多强劲的竞争对手。

由此可见，集团原有的裂变式发展模式不一定能够保证南方报业以比对手更快的速度实现跨越式发展。只有顺应形势、转变战略理念、探索新的发展模式，才能产生更加强劲的发展能量。因此，在新的历史起点上，只有树立起强烈的忧患意识和长远的战略眼光，进一步解放思想、与时俱进，通过不断创新战略管理，才能迎来新一轮的大发展。

虽然以网络媒体和移动媒体为代表的新兴媒体迅速崛起，日益分化传统媒体的阅读人群，蚕食其盈利空间，给报业等传统平面媒体带来了前所未有的威胁，全球金融危机使得报业发展的外部环境雪上加霜，但与此同时，新媒体的崛起以及全球金融危机也带来了报业新一轮变革与发展的契机。

种种证据显示，中国报业仍然没有达到总体增长的顶点，仍然具有进一步增长的空间。这些证据包括：中国经济的总体向好，中国报业市场相对于欧美报业发展尚不充分，报业相对于新媒体的比较优势，报业传统市场的消费惯性，报业产品形态升级的空间，等等。

在报业外部替代品出现的同时，其行业结构呈现出加速分化的态势，不仅读者和广告商的注意力越来越集中在少数优质品牌媒体上面，资本市场对报业的关注和介入也在客观上加剧了行业内部的马太效应，优质资源向优势集团集中的趋势越来越明显。近年来广告投放在报纸行业内的集中度以年均两位数的速度递增，充分地说明了这样一个优胜劣汰的过程，这对于优势报业集团来说是一个进一步做大做强的机遇。

随着文化体制改革的深入，国家对媒体涉足资本市场的政策壁垒逐步放开，国内报业集团展开了一轮上市融资的竞争。起推手作用的是地方政府部门，哪个地方政府的支持与推动力度更大，哪家报业集团上市的步伐就更快，就更容易在资本市场上获得先发优势。近两年来国内一些报业集团的迅速上市充分说明了这一点。

综上所述，当前乃至今后一段时期报业内部的竞争，将更明显地从产品竞争向战略竞争提升，从单一能力的比拼向综合实力的比拼演变，从产品吸引力的较量向品牌影响力的较量发展，从单一媒体领域的争夺向多媒体领域的争夺延伸，从单个媒体之间的对垒向媒体集团之间的对垒转化。在这种全方位竞争的态势下，报业集团在竞争中要生存下来，发展下去，关键因素在于其整体竞争实力和竞争战略。南方报业传媒集团深知，要想赢得竞争，不仅取决于制定战略的正确性，而且取决于执行战略的坚定性；不仅取决于充分拥有集团资源，而且取决于有效动员和整合集团资源。

为适应新时期媒体变革与报业发展的需要，南方报业传媒集团经过认真系统的调研、总结与思考，提出了媒体聚合战略，就是要走出一条与“裂变”式发展模式相关但不同的“聚变”式发展道路，以获得更加充分的发展动能和更好的集团整体效益。实施媒体聚合战略，为集团全面协调可持续发展打下坚实基础，争当中国报业科学发展的排头兵。

第二节　聚合战略的主要内容

媒体聚合战略的基本涵义就是通过集团旗下不同媒体形态的聚合、不同媒体品牌的聚合以及不同业务单元的聚合，将南方报业打造成为数字化时代国内影响力最强、成长性最好、最具活力和国际竞争力的跨媒体、跨行业、跨地域的传媒集团。媒体聚合战略的核心内容有三个：一是整合资源，二是创新机制，三是强力扩张。

所谓整合资源，既包括整合动员集团内部资源，也包括整合吸收集团外部资源；既包括整合媒体资源、市场资源、渠道资源，也包括整合资本资源、人力资源乃至行政资源；既包括整合纸质媒体的资源，也包括整合新兴媒体的资源。在整合资源的过程中既要发挥集团层面的积极性与能动性，也要发挥各系列报刊的积极性和能动性。整合资源的目的在于发挥集团各个业务单元的战略协同作用，提高集团的整体业务能力。

所谓创新机制，不仅要创新报业治理结构，探索建立既符合党对新闻宣传事业的管理要求、又适应新媒体时代传媒竞争发展需要、激励与约束并举的现代企业制度，而且要创新集团管理体制，实现真正意义上的“控之有度，分之有序”的集团化管理。还要创新业务管理机制，探索在采编与经营两分开条件下充分发挥自身市场竞争优势的有效途径。创新机制的目的在于为集团实现长远目标提供强大动能。

所谓强力扩张，是指紧紧抓住媒体变革与报业发展给南方报业带来的宝贵机遇，通过进攻性的策略实现集团的跨越发展。集团要在原有平面媒体领域继续拓展，目标是确立和扩大在原有业务领域的竞争优势，成为在本区域和国内具有显著竞争优势的媒体集团；要在网络媒体、移动媒体等新兴媒体领域大力拓展，目标是占领媒体发展融合的先机，成为拥有国内最具活力新兴媒体的传媒集团；集团还要在相关多元化领域谨慎拓展，目标是分散经营风险，发现和培育新的业务增长领域，成为中国最具成长性的多元化传媒集团。强力扩张的最终目的，是获得国内乃至国际传媒市场上长期、持续、稳定的强大竞争优势，为传播和弘扬中华文化，提升中国文化实力作出应有的贡献。

2008年上半年集团党委会和管委会领衔的破解科学发展难题调研，进一步明确和细化了现阶段聚合发展战略，结合目前金融海啸导致经济社会出现深刻变化的大背景，明确以资源整合为先导，战略协同为手段，机制创新为保障，跨媒体发展为路径，重点在以下五个方面首先取得突破。

1. 积极稳妥地推进集团文化体制改革，探索建立采编与经营两分开的业务运营模式，妥善进行集团经营改制工作。改制工作对南方报业这个在业内有着重要影响力的集团来说，是一项非常紧迫的工作，无论是应对市场竞争与新挑战的需要，还是对集团自身的做大做强都具有十分关键的意义。南方报业的改制方案2007年已得到省政府批复同意，2008年2月集团召开职工代表大会，通过了人员安置与分流方案，集团领导班子联席会议经过认真讨论，通过了集团母子公司体制架构的设置方案，有关公司的工商变更登记也已结束，改制工作取得初步成效。通过改制和建立起规范的母子公司体制，实现了真正的公司化运作和集团化管理。

2. 加快集团资源整合的步伐。集团较早认识到了资源整合的重要性，认识到在集团内部的不同业务单元之间仅有资源的共享和转移是不够的，还要注意发挥集团各媒体的战略协同作用，搞好资源整合，使各子报之间、各品牌之间形成合力。近年来，通过不断探索，南方报业资源整合的可行途径越来越趋于成熟。几年前集团在北京创办《新京报》抽调了300多名业务骨干组成采编、经营和管理的庞大团队北上办报。而2007年集团控股《云南信息报》，则只是从南方都市报抽出担任社长、总编辑、总经理、财务总监的少数人员组成一支精干的小团队，由于紧紧依托南方都市报的采编、管理和经营资源，两家报纸之间资源整合的渠道畅通，业务共享充分，云南信息报在较短的时间里便取得了良好的办报业绩。这个例子说明，与当初办《新京报》的时候相比，南方报业整合资源的能力和经验都有了较大的提高。

3. 积极涉足新兴媒体。虽然目前新媒体的盈利模式尚不明朗，但对于报纸来说，新兴的媒体形态是一个早晚都要涉足的业务领域，如何实现平面媒体和新兴媒体之间的媒体融合，是一个有着十分重要意义的课题，因此对新媒体发展所持的态度应该积极慎重，宜早不宜迟。南方报业目前拥有南方网、奥一网和南方报业网三个专业新闻网站，包括主报《南方日报》在内的集团旗下多家报纸也都在纷纷尝试涉足新媒体，其中《南方都市报》和奥一网在报网互动方面进行了尝试，“岭南十拍”等一批新闻实践取得了良好的效果。

4. 慎重开展相关多元化业务。所谓相关多元化业务，不仅是产品与市场的相关，更重要的是与集团所拥有资源与能力的相关。例如南方报业依托在报业市场上所获取的资源和能力，将其复制到相关的杂志业，成功创办了《南方人物周刊》等一系列期刊。这样的业务对于原有的报业来说属于相关多元化的范畴；而报纸涉足会展、物流配送等产业，与原有报业所共享的是销售渠道和终端客户资源，也是相关多元化。

5. 加快进行资本运营。资本运营一方面是充分利用引进战略投资者和上市等融资手段，打通集团的资本通道，借助资本市场和外部资源获得深耕平面媒体、涉足新媒体以及发展相关多元化所急需的资金支持，另一方面也能够通过资本运营所带来的制度便利，加快建立现代企业治理结构的进程，为进一步建立“激励——约束”机制创造条件。

第三节 聚合战略的实施方式、手段和成效

最近两三年来，聚合战略在南方报业传媒集团进入了实际操作阶段，通过多种方式和不同的手段得到积极探索推行。首先在资源整合、业务协作、报网互动方面取得突破，目前集团的聚合战略已取得了初步效果。

一、从新闻采编联动开始初步实现了新闻资源共享和互补

首先，在重大的新闻采访中，集团整合各报刊网的力量出动采访。这是实施聚合战略最基础也是最容易操作的一步，它很好地节省了集团的人力物力，提高了采编工作效率和新闻质量。比如2007年党的十七大和省第十次党代会、近年的全国“两会”、2008年的北京奥运会等，集团均尝试建立了《南方日报》与《南方都市报》、《南方周末》等报纸的采编联动机制，由集团统一带队出征采访，大家采访回来的信息互相交流，最后根据各报的特点来整理出各自所需的新闻，效果非常明显，尝到聚合发展的甜头。这一做法被视为集团整合资源的实验田。

其次，整合报料平台。将南方日报、南方都市报呼叫中心合并、优化，以南方都市报呼叫中心为主角与班底，融合进南方日报原呼叫中心的业务。南方日报呼叫热线保持不变，呼叫业务由南方都市报呼叫座席混合接听、整理归类，挂在网上供双方选择使用。原南方都市报、南方日报呼叫功能与各项业务不变，两个呼叫中心报料资源实现共享，节约了人力成本，发展壮大了南方都市报的呼叫平台。

再次，整合集团的发行系统。原来集团各子报都有自己的发行系统，重复建设现象严重，通过对重叠资源的整合，对各子报发行资源实行共享和互

补，在保持现有经营目标的情况下节省了成本。

整合集团发行系统的工作2009年7月在深圳先行先试。集团在深圳地区的发行队伍原有南方都市报和南方日报两套人马，两报的发行现状基本一致，都是关内发行量高于关外发行量，都是征订量大于零售量，都是征订自主配送、零售主要依托邮局。这种发行现状的一致性客观上为两报在深圳地区的发行整合奠定了一定的基础。具体操作方式是：由集团、南方都市报和发行总公司出资，在深圳设立股份制子公司，隶属集团未来组建的股份制专业化发行公司管理。发行子公司以发行、销售南方都市报和南方日报等集团内部报刊，赚取销售差价的形式经营集团在深圳地区的发行业务；同时充分利用发行公司的网络资源与人员优势开展物流等其他创收业务，作费用的补充和利润的实现，从而达到自主经营、自负盈亏。发行子公司在服务好两报发行基础上的创新业务经营，重点拓展以投递为核心的创收业务，包括报刊代理业务，商场、超市宣传册投递业务，信封、拆页式的有址投递业务，物品、礼品配送业务，展示报架项目，集单张投放、杂志展示、报刊取阅于一体，企业DM单投递业务，网络购物的线下配送业务，社区DM整合推广业务等。两报发行系统整合后，实际减少人员52人，节省发行费用预计在250万—350万元之间。更为重要的是，整合后利用人力资源和发行网络资的优势来进一步扩大物流业务的创收，争取发行公司的利润最大化，那才是真正体现整合带来的价值与意义。

二、从报网互动开始加速南方报业向全媒体传播集团转型

2008年以来，南方报业传媒集团加快了整合传统平面媒体和新兴网络媒体资源的步伐，在进一步保证纸质媒体新闻质量、创新纸质媒体舆论引导工作的同时，紧追现代传播方式的要求，加快推进数字媒体建设，积极探索多种媒介形式融合的具体路径和形式，逐步进入网络媒体、移动媒体和其他新兴媒体以及广电媒体，加快从传统的平面媒体集团向定位明确、特色鲜明、功能互补、覆盖广泛的全媒体传播集团转型。

南方日报自2007年底推出第六次改版以来，组建了新媒体发展部，专责南方报网和南方日报手机报的运营。目前，南方日报手机报已拥有16万付费用户；南都手机报拥有35万用户，其中13万为付费用户。集团继2005年取得奥一网41.2%的股权后，2008年初又成功收购了奥一网另外近50%的股权，形成集团绝对控股的格局。2008年8月，省委宣传部正式批复同意把南方网整体并入南方报业传媒集团，这样，集团旗下已有南方网、奥一网和南方报业网等网络资源。集团抓住南方网整体并入集团的契机，拉开了南方报业整合全集团网络资源、打造网络“航母”的序幕，以此作为集团聚合战略的先行区和试验区。通过整合集团旗下的南方网、奥一网和南方报业网等现有网络媒体资源，建立统一的技术实现平台；并将网络媒体与传统平面媒体有机融合，将在传统平面媒体上积累的核心能力迅速转移到网络媒体领域，做强做大旗下网络媒体，形成

具有强大影响力的网络媒体集群。主要做法是，充分利用南方新闻网已经投入巨资建立起来的物理平台和拥有的优质证照资源，建设适应各类新闻媒体、形式创新的统一传播平台，在统一平台上整合旗下网络媒体资源，打通传统平面媒体与互联网新媒体的资源流动和增值复用渠道，实现报网互动、优势互补。超越数字报业视野，推动集团新媒体业务统一、有序发展。

在现有网络资源的基础上，集团各媒体在新闻报道中纷纷创新传播方式，通过报网互动扩大舆论引导的覆盖面和影响力，形成了多媒体传播格局。

2008年2月29日，南方都市报与奥一网网友精选10篇建言广东解放思想的网络“拍砖”文章，推出了《岭南十拍》特刊， 随后通过南方报业传媒集团的穿针引线，汪洋、黄华华同志在广州亲切约见26位南方网、奥一网网友，进行深入对话和问策，《南方日报》、《南方都市报》又对此进行了专题报道。

在纪念改革开放30周年报道中，南方日报重点策划了改革开放30年读者网谈，资深记者、专家与读者一起畅谈改革开放30年农村、特区、文化、经济、民生等方方面面的话题。

在北京奥运报道中，南方报业对外连横，对内聚合。集团携手奥运官方网提供商搜狐网，结成战略合作伙伴关系，在资源共享、优势互补方面，做出卓有成效的探索。并与集团内各大网站奥一网、南方报业网等强势打造奥运网络平台，各网站对奥运赛事进行24小时滚动报道，利用文字、图片、音频、视频等多媒体手段实现全媒体播报，让读者切身体验到奥运的脉搏。

在“神七飞天”报道中，南方网、南方报业网进行新闻即时发布实现网络互动，同时在报纸上推出“网视太空”栏目。

2009年高考期间，南方日报、南方报业网在报网互动方面又进行了一次成功的尝试，首次推出了“高校招生负责人在线访谈”栏目，邀请中山大学、暨南大学、华南理工大学、华南师范大学、华南农业大学、广东外语外贸大学等六大高校招生负责人，从6月29日至7月1日做客南方报业网，在线指导广大考生、家长填报志愿，并解答考生和家长疑问，受到了广大考及考生家长的追捧，既服务了广大考生，也扩大了南方报业品牌的影响力。

南方报业在向全媒体传播集团转型的探索中，最近又进行了“让报纸听得见、让广播看得见”的报纸与广播融合的新尝试。2009年6月25日，由南方都市报和广东人民广播电台合办的“南都视点·直播广东”栏目开播。这是一档与众不同的观点型新闻谈话节目，它不同于大多数在电台里听到的新闻类节目，它是南都时评、深度等的声音版、精华版、互动版、深度版，全力剖析新闻背景，挖掘观点资源，希望可以通过独特新颖的节目宗旨及编排，为听众奉献不一样的新闻谈话节目。在内容上，节目主要源于报纸，但不是照搬报纸内容，而是对报纸上相应新闻事实和观点进行深挖掘、深剖析。在节目元素上，除了主持人的声音，还包括嘉宾主持的观点阐述声音、南都记者现场采访音频、连线记者或做客直播室嘉宾声音、南都时评专栏作者音频以及参与热线的听众声音。这一新尝试开创了多种媒介融合的又一形式。

三、跨媒体跨地域合作拓展了党报集团的品牌影响力

南方报业传媒集团继2003年成功地与光明日报报业集团合办《新京报》后，2006年，集团又与肇庆市委合作办《西江日报》，西江日报加盟南方报业传媒集团，在全国首次真正实现省市两级党报的实质性合作。当年9月，双方合作正式开始，在当年余下的4个月时间内就已取得初步成果：西江日报办报质量明显提高，经营水平上了一个台阶，4个月的广告额超过500万元，相当于前8个月的广告总和；彰显了南方日报的办报实力和办报水平的领先地位，提高了南方日报在肇庆市场的影响力，收益模式变得清晰。目前这一合作在进一步拓展深化中，2009年5月，南方日报、西江日报从加盟合作走向资产合作，再开省市两级党委机关报合作的先河，以资产合作的方式扩大在采编、广告、发行、文化产业等领域的全方位合作，共同探索党委机关报做大做强的新路径。

2007年9月，南方报业传媒集团与云南出版集团合办并控股《云南信息报》，共同出资2000万元设立云南云信报业传媒有限责任公司，南方报业持股比例46%，云南出版集团公司持股比例44%，高层管理团队持股比例10%。两强联合打造的《云南信息报》全新改版，实现了成功转型，无论是新闻报道还是广告收入，都呈现良好发展势头。具体来说，就是对报纸内容进一步细化，强调报道最有价值的新闻，突出对读者有直接价值、体现服务性的“有用新闻”；提出广告“打价值战、不打价格战”的经营策略，广告定价也大幅提升；进一步突出特色，以高端、优质的时政报道赢得读者。改版后的《云南信息报》经过一年多运行，2008年广告收入比2007年增加5900万元；各类报道由于选题角度新颖、稿件质量较高，在读者中形成了良好口碑，为实现报纸的长远发展奠定了坚实基础。2009年6月29日的《人民日报》刊载理论文章，探讨南方报业跨地区发展和《云南信息报》成功转型的启示。

此外，2007年，经过充分的市场调研，集团批准了21世纪报系与中央人民广播电台第二套节目经济之声的合作项目计划，该报系在新闻采编、市场活动、广告经营等领域全方位进入经济类电台业务。这不仅为21世纪报系开辟了新的业务领域和盈利渠道，而且对于南方报业的战略布局具有重要意义。集团还与中国期刊协会合办了《商务旅行》，成为国内首家跨地域合办杂志的新试点。

这些跨地域、跨行业办媒体的新尝试都取得了较好成效，实现了南方报业跨地区办报的“成功落地”，使党报集团的影响力向更大范围拓展。

四、不同业务单元的聚合打造富有张力和活力的产业链和价值链

针对目前南方报业传媒集团的主要盈利来源过于倚重报刊广告收入，存在着较大的经营结构性风险，亟须开发出新的经济增长点这一迫切要求，集团近年来进一步整合资源，尝试多渠道跨行业延伸业务，在相关多元化领域谨慎拓展，主要注重发挥品牌传播优势，围绕其核心竞争力的能力范围适度进行相关多元化发展，如在图书出版、商务印刷、信息服务、物流、地产等业务领域形成对集团新闻主业有效补充的相关产业集群，以充分利用现有资源，拓宽盈利渠道，发现和培育新的业务增长领域，努力打造富有张力和活力的完整的产业链和价值链，推动自身从平面媒体产品生产商向媒体内容提供商与信息服务商的转变，从报业集团向覆盖全媒体的传媒集团转变。

五、加大资本运营力度进一步转变盈利模式

目前集团的主要盈利来源过于倚重报刊广告收入，存在着较大的经营结构性风险，亟须开发出新的经济增长点。集团所拥有的“十一报八刊三网站一出版社”中，《南方日报》、《南方都市报》、《南方周末》、《21世纪经济报道》等品牌一直在多个细分市场中处于领先地位，品牌价值不断攀升，但这种无形资产尚未转变为现实的生产力，暴露了集团投融资能力不强、资产变现不通畅的严重缺陷。

加大资本运营力度，一方面是充分利用引进战略投资者和上市等多种融资手段以及建立战略协作伙伴等形式，逐步打通集团的资本通道，通过借力资本市场和外部资源，积聚更强劲的发展能量，以获得深耕平面媒体、涉足新媒体以及发展相关多元所急需的资金支持，获得在国内乃至国际传媒市场上长期、持续、稳定的强大竞争优势；另一方面也能通过资本运营所带来的制度便利，加快建立现代企业治理结构的进程，提升集团的核心竞争力。

在运营模式方面，进一步整合集团资源和品牌优势，在现有单一的广告盈利模式之外，尝试多渠道跨行业的延伸业务。如2007年《名牌》杂志引入了战略投资者，通过成立股份制公司对《名牌》杂志进行改造后，2008年合资公司基本实现了盈亏平衡。《南都周刊》2008年6月引入战略投资者上海南都集团，签订了成立南都周刊传媒股份有限公司的协议，此项融资对《南都周刊》加快发展步伐发挥了积极的作用。此外，集团层面的融资工作也在进行之中。

第二章
人才战略

媒体竞争与其他领域的竞争一样，市场竞争的背后是人的智慧竞争。人的素质直接影响媒体产品的质量，影响市场拓展的决策和成效。人才优势是最重要的竞争优势，市场经营与人才聚集是一个互动关系，南方报业人力资源战略既是集团总体战略贯穿始终的有机组成部分，又是集团总体战略顺利实施的重要保障。

美国学者德鲁克曾提出“知识型员工”的概念，即“那些掌握和运用符号和概念，利用知识或信息工作的人”。南方报业的员工绝大部分属于知识型员工，集团的主营业务是进行新闻的采访和加工，并以新闻信息的方式传达给公众，其工作的性质和工作的过程都是需要创造性的劳动，同时也是需要较高的知识水平和知识储备，对知识型员工的特征的把握是对报社人力资源管理的基础，南方报业的员工一般具有以下的一些特征：

1. 具有相应的专业特长和较高的个人素质。

2. 具有实现自我价值的强烈愿望。知识型员工通常具有较高的需求层次，往往更注重自身价值的实现。

3. 高度重视成就激励和精神激励。由于对自我价值的高度重视，知识型员工同样格外注重他人、组织及社会的评价，并强烈希望得到社会的认可和尊重。

4. 具有很高的创造性和自主性。知识型员工更倾向于拥有宽松的、高度自主的工作环境，注重强调工作中的自我引导和自我管理。

5. 强烈的个性及对权势的蔑视。传统组织层级中的职位权威对他们往往不具有绝对的控制力和约束力。

6. 工作过程难以实行监督控制。知识型员工是在易变和不确定环境中从事创造性的知识工作，其工作过程往往没有固定的流程和步骤，而呈现出很大的随意性和主观支配性。

制定人力资源战略的目的在于根据集团总体发展战略的要求，规划集团人力资源的开发与管理，科学配置集团的人力资源，平衡集团内外部劳动关系，协调集团与员工之间、员工与员工之间、人力资源与物质资源之间的多重关系，为集团未来发展提供人才保障，促进集团整体战略的顺利实施。因此，集团在制定人力资源战略时，坚持以集团发展战略为导向，以集团人才队伍的特点和人力资源管理的现状为出发点，以集团内外部的人力资源供求环境为约束条件，确定了集团人力资源的战略愿景和目标，并制定切合实际的实施策略。

第一节　科学地确立了人力资源战略愿景

从南方报业的发展战略，到各个报系的发展战略，到各个品牌媒体的发展战略，脉络清晰，思路明确，既代表集团的整体利益和长远利益，又照应各市场主体的现时发展需求。早在集团推进市场化过程之际，集团领导层就认真分析和把握了报业市场竞争的趋势、形态、特点，从自身实际出发，在充分调研、论证的基础上集思广益，建立了科学的战略目标管理体系，明确有序地确立了南方报业的人力资源战略愿景：

> 利用5至10年的时间，通过建设具有竞争力的人力资源管理体系和人才选用育留机制，把南方报业建设成为传媒行业的人才高地！

通过集团全体上下的不懈努力，集团现在已基本达成了人力资源战略愿景规划目标，南方报业的人才高地建设体系已初具成果。在人力资源管理实践的过程中，集团有两大做法值得推广学习：

1. 集团人力资源管理系统注重强化专业服务角色，在完善日常性工作的基础上，加强人力资源管理中的指导性和基础性工作，花费较多精力进行深层次的人力资源研发工作，重视人力资源管理的效率和效用。

2. 集团在四个实践方向取得了较为成功的成果：完成了向“以战略为导向的专业增值服务型”角色转换，建立了“系统、信息化型”的人力资源管理系统，确立了“战略性的人才管理”的战略定位，完善了“规范有效的人力资源机制管理”。

第二节　初步实现了人力资源战略目标

南方报业的员工多为知识型员工，他们是组织里最富有活力的细胞体，受教育程度较高，有自己独特的价值追求和较强的成就动机，工作的目的不单纯是为了物质奖励，而是注重发挥自己的专业特长和成就自己事业的追求。同时作为社会中高素质、高层次的人才，他们不仅希望从工作中获得内在满足感，最大限度地实现自我价值，同时也渴望赢得他人的尊重和社会的认可。基于集团知识型员工的特点，通过平衡计分卡分析，南方报业在制定人力资源战略规划过程中，着重通过优化人力资源管理系统，进一步完善报业内部流程，强化财务管理意识，完善培训机制和信息化管理，不断提升报业员工的专业素质，实现员工的自我增值，最终提高和维持高水平的客户满意度，达到南方报业的可持续发展。

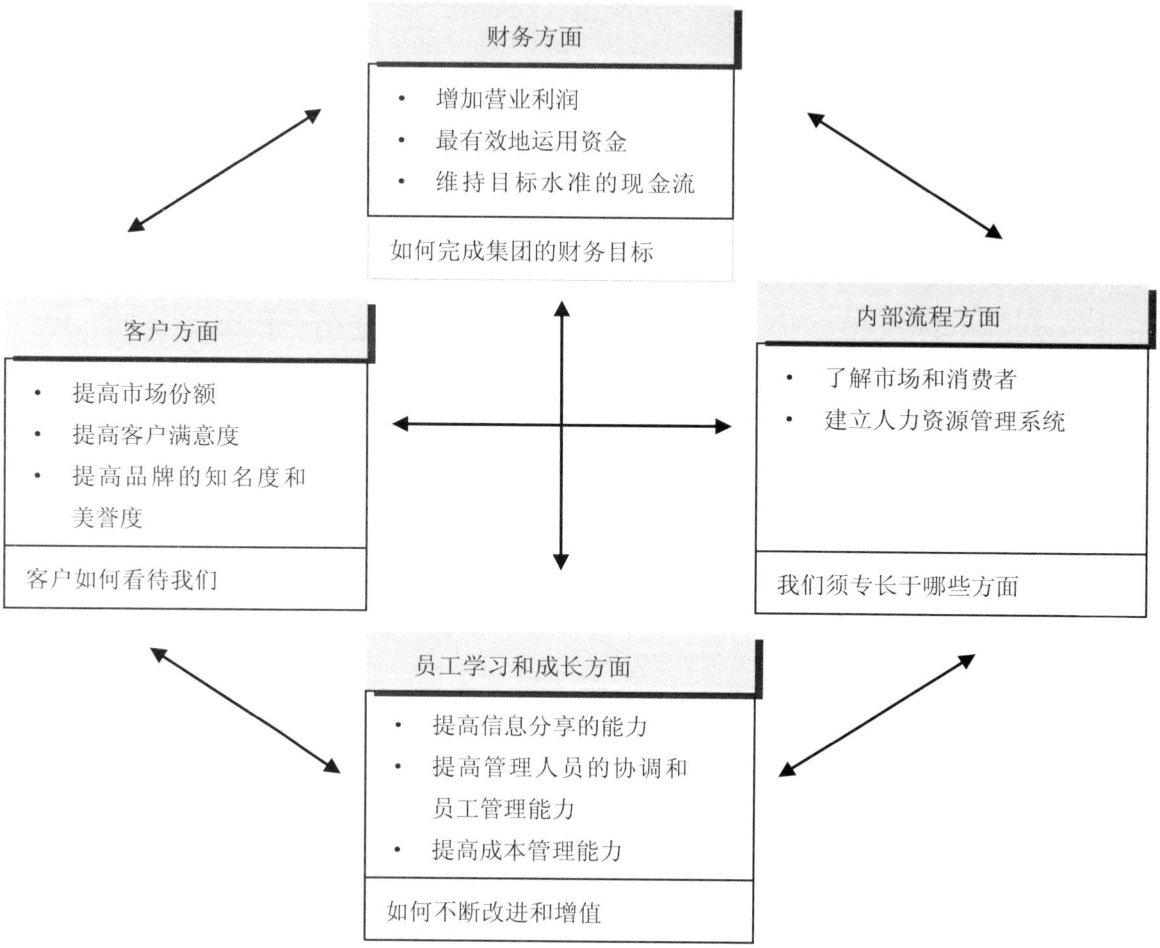
财务方面
· 增加营业利润
· 最有效地运用资金
· 维持目标水准的现金流
如何完成集团的财务目标
客户方面
· 提高市场份额
· 提高客户满意度
· 提高品牌的知名度和美誉度
客户如何看待我们
内部流程方面
· 了解市场和消费者
· 建立人力资源管理系统
我们须专长于哪些方面
员工学习和成长方面
· 提高信息分享的能力
· 提高管理人员的协调和员工管理能力
· 提高成本管理能力
如何不断改进和增值

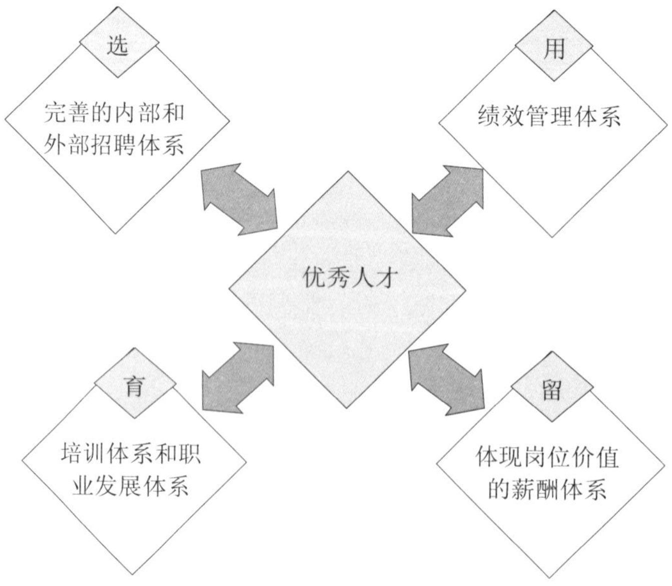
选
完善的内部和外部招聘体系
用
绩效管理体系
优秀人才
育
培训体系和职业发展体系
留
体现岗位价值的薪酬体系

为了与集团的整体战略相匹配，南方报业的人力资源管理系统根据各业务的不同管理模式，逐步强化了专业化服务能力和人力资源规划能力，完成了向战略性人力资源管理角色的转换，建立了合理的选用育留机制，吸引优秀人才，留住优秀人才。

按照制定人力战略目标时的规划步骤，集团在实践过程中有条不紊，逐步完成了原先制定的一系列人力资源战略目标：

1. 调整并完善了人才结构，打造出一支具有正确新闻理念和敏感新闻眼光的新闻采编队伍，一支具有企业经验、善于经营管理的职业经理人队伍，一支掌握专业知识、精通专门技术的专业人才队伍，一支具有熟练岗位技能、爱岗敬业的基层员工队伍。

2. 建立了南方报业的核心团队，培养和引进了一批在海外有一定知名度和影响力的名记者、名编辑、名评论员以及熟悉传媒经营中高层人才，重点培育了一批善于打造和运营品牌媒体并赢得市场竞争的报刊传媒企业家，造就10年乃至15年后堪当市场竞争大任的年轻一代传媒业领军人物。

3. 提升了集团人力资源开发与管理的水平，员工素质得到提高，员工发展空间也得以拓展，使得员工的专业水平和综合素质以及工作热情能够充分适应集团多品牌发展战略的需要。

4. 组织架构实现了稳定、合理的调整，使集团的组织架构能够保障集团在不断变化的环境中持续、稳定地发展。

5. 员工的经济收入和劳动福利得到稳定、持续增长，员工价值有所实现。在不断提升集团实力、品牌影响力和盈利能力的同时，给员工提供愉快的工作、满意的收入及较高的生活水平。

第三节　形成了基于报人文化的用人理念体系

南方报业培养了一大批职业报人，是业界公认的中国报业“黄埔军校”。一张成功的报纸，一家成功的报业集团，它的企业文化必定有自己的独到之处，神奇之处。如果说南方报业的企业文化有什么特点，那就是更加包容，更加理性，更加注重创新开拓。宽松和谐的内部关系，激发了南方报人对事业执著的理想和狂热的激情，在一个开放式的氛围里，一个开放式的平台上，强烈的社会责任感与专业精神得到最大限度的激活与迸发。这样一个充满活力的内在机制和精神气质，使事业的发展、个人的发展形成良性互动，造就了一个个独树一帜的品牌媒体，造就了一个个有着鲜明个性的职业报人，造就了南方报业独特的企业文化。

南方报业未来长远的战略目标是在媒体和文化传播市场上获得持久的竞争优势，竞争优势的获得需要依赖集团的人才队伍。人力资源工作的宗旨就是吸引、保留和发展优秀人才，南方报业在多年的人力资源管理实践中形成了具有南方报业特色的用人理念，同时把这些用人理念用来进一步指导人力资源的实践工作，形成了一个良性循环。

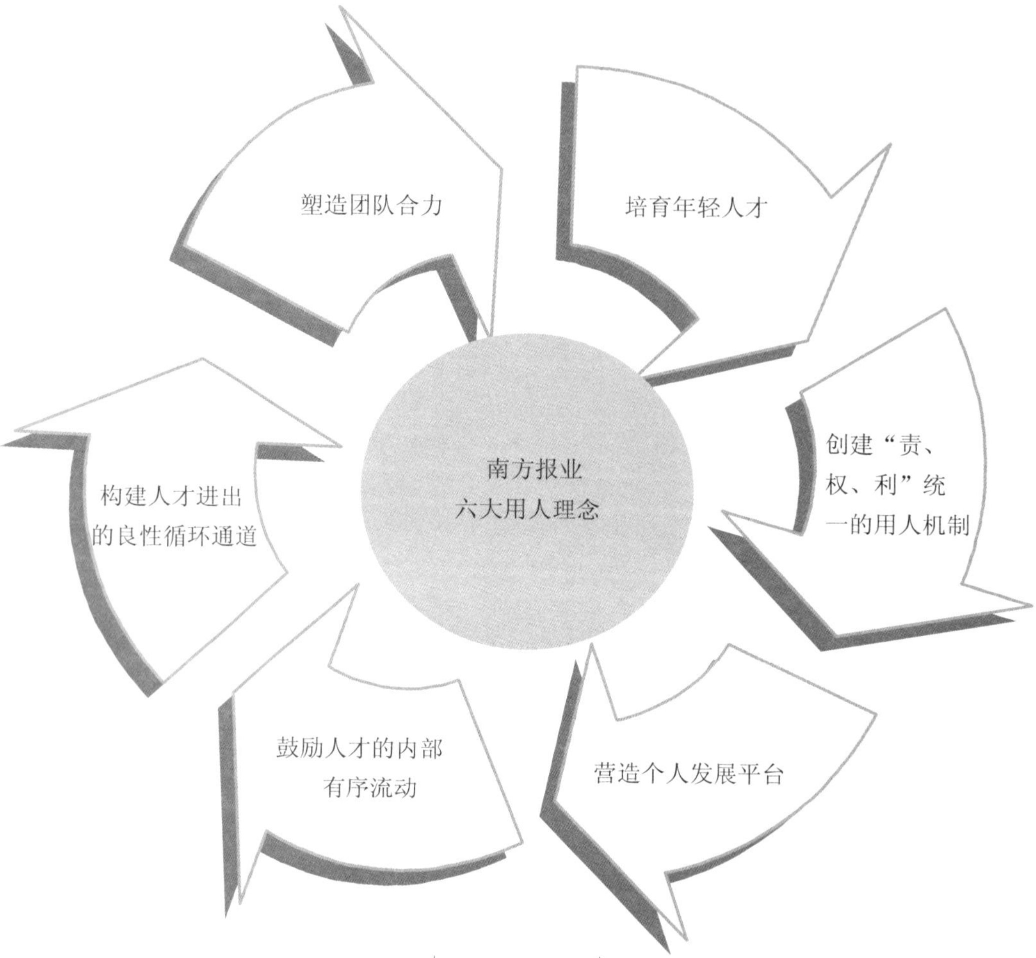

一、用人理念之一：塑造团队合力

实施市场扩张的过程中不能放松对核心能力的培育与强化，尤其要培育领导者的独特能力，以强势创新团队构筑强大的品牌。核心竞争力是核心业务与核心团队的总和。对报业来说，核心业务是采编、发行、广告和印刷。南方报业的核心竞争力是开发优质媒体品牌的创新能力，并以独特的营销手段把媒体产品推向市场、拥有客户“心智资源”的运营能力。运作一份成功报纸需要三种人才形成的合力：一是具备复合型的知识和能力、擅长报业经营的领军人物，二是通晓新闻规律、擅长办报的采编人才，三是具有敏锐市场意识、擅长营销的经营人才。这三种人抱成图，组成一个创新团队，就会发挥出强大的办报和运营能力，使报纸焕发出强势的市场竞争力。如果有品牌优势，有资本优势，加上有团队的创新优势，这张报纸就有极大的成功可能性。

南方报业几个媒体品牌的成功，都在于三种优秀人才组成的团队合力。没有优秀的人才，打造不出品牌媒体，优秀人才不能成为团队，不能产生合力也不行。集团在培育优秀人才的同时，更加重视培育他们的团队意识。正因为集团近年来从来没有放松过核心团队建设工作，可以自信地说，南方报业如果要扩展自己的业务领域，不管是创办一张新的报纸，还是创办一份新的刊物，都可在集团内找出所需要的总编辑，并迅速组建出阵容整齐的采编和经营队伍。

二、用人理念之二：培育年轻人才

自觉学习能够使大家进步，用好年轻人能够让集团进步得更快。集团在日常经营工作中，领导层不断抓学习、在教育培训中发掘优秀人才，大胆将德才兼备的人才放在重要岗位上，建立良好的用人政策，激励优秀人才不断成长发展。年轻人创新能力强，对德才兼备的优秀人才，在他们精力最充沛、最能发挥作用的时候就要使用起来。

目前活跃在南方报业采编和经营第一线的大多是年轻同志，其中不乏刚离开大学校门的年轻人。这些年轻人热情高、精力旺盛、思想活跃，但相对缺乏工作经验。对于年轻人才如何使用，反映了一个报业传媒集团的用人理念，也是反映集团的用人机制是否合理的一项重要指标。在南方报业内部，凝聚了一批年轻才俊。集团旗下各个报纸以及集团职能部门的管理人员，也大多以年轻同志为主，这在国内其他报业集团当中是不多见的。年轻骨干在集团发展过程中发挥了不可估量的重要作用。集团朝气蓬勃、勇于创新的品牌形象干部队伍和核心团队的年轻化是分不开的。

三、用人理念之三：创建“责、权、利”统一的用人机制

在南方报业的用人理念中，有这样一种观点：不同岗位和层面有不同的人才要求，人人可以成才；不同的人才有不同的能力结构，以及不同的人才使用标准。要做到人尽其才、才尽其用，谁在这个岗位上干得好，就让谁干。正是基于这样一种用人理念，集团在管理实践中，逐步摸索出一套基于岗位要求的人才素质与能力评价体系，并应用于选人用人的工作当中。例如，在集团创办新的报刊的时候，人才识别和使用标准就得到了体现。谁提出办报方案，集团领导层经过考察后觉得方案可行，提议人合适，就让提议人办，形成“责、权、利”统一的用人机制。《21世纪经济报道》的成功创办，正是这种用人理念的成功体现。

这种用人理念的成功之处在于三个方面。首先，前期调研策划与具体实施操作交给同一个团队来做。当一个新项目的前期策划者知道自己有可能成为该项目具体负责人的时候，责任感油然而生，在前期调研论证过程中就会慎之又慎，尽量摸清市场，提高项目策划的科学性和周密性。其次，由提议人担任创办人，反映了南方报业信任员工、用人不疑的用人原则，这反过来也增强了员工对集团的信任，提高员工创业的积极性。第三，这种用人理念有利于培养既懂采编又懂经营管理，既懂新闻运作又懂市场营销的复合型人才。

四、用人理念之四：营造个人发展平台

对于从事传媒行业的人才来说，薪酬只是一个保健因素，工作本身的挑战性、施展才华的平台以及在工作中得到的尊重感和成就感，才真正构成了对人才的激励因素。事实上，在目前国内媒体行业中，南方报业的薪酬水平并不是最高的，在广东本地媒体市场上，南方报业员工的平均工资收入大约处在中上的水平，然而南方报业在传媒人才市场上的吸引力，却远远超出它本身所能提供的薪酬水平。因为在传媒行业有一个普遍的看法：南方报业的用人机制十分灵活，在这里你将会受到尊重和信任，得到同自己能力相适应的工作平台，你的潜能将得到充分发掘，你的知识和技能将得到快速提高，因此你的职业价值能够得到充分体现。所以南方报业在传媒行业对于人才的吸引力很强，那些不甘平庸、渴望在事业上做出成绩的优秀人才不断汇集到南方报业的旗帜下。

五、用人理念之五：鼓励人才的内部有序流动

创新与进取的组织心态、宽松和谐的人际关系，使集团内部的人才流动成为一种“自然”现象。人才在集团内部合理流动，既体现了以人为本的用人理念，又有利于人力资源在集团内部的合理配置。在集团事业发展过程中，一些员工或是感觉到在原有岗位不适应，或是因为自己各方面素质提高而寻求发挥作用的更好平台，或是由于集团业务领域扩张而出现了新的工作岗位，因此员工存在着在集团内部流动的合理要求。

在集团内部，人才流动是有序的。从流动的个人目的和动机方面来看，分为自我保护性流动和发展性流动两种。随着报业经营层次和水平的不断提高，对从业人员的要求也越来越高，集团每年都要从高校和社会引进很多高素质的人才加盟，集团原有的一些员工由于年龄、学历、知识结构等方面的问题，面临着越来越大的工作压力，一些员工重新调整职业定位，寻找新的适合自己的职业道路，这是一种自我保护性流动。更多的是一种发展性流动，员工在原有工作岗位上知识不断丰富、能力不断提高，集团也通过培训等手段，帮助员工不断汲取先进知识，开发潜力，当员工各方面素质得到提高后，必然会寻求更高的职位和更大的发展平台，以求拓展职业空间，提升个人的人力资源价值。

六、用人理念之六：构建人才进出的良性循环通道

集团鼓励员工合理流动，这也是员工职业生涯管理的一项重要内容。与员工内部流动相呼应的，是集团员工的外部流动。无论是哪种流动，只要对集团事业有利、对员工个人发展有利，集团都会鼓励，并提供便利。对于一个企业来说，一定程度的人才流出是正常的。不少单位对南方报业培养出来的办报和经营管理人才情有独钟，用高薪和高职从集团挖人才，现在不少报界名人都是从南方报业走出去的。人才流出对南方报业的事业发展会不会有影响？答案是有影响，但不大。首先，与集团充足的人才储备相比，人员流出的数量很少，不足以对集团事业产生大的影响。其次，集团有良好的培养人才和吸引人才的机制，在少量人才流出的同时，大量新的人才不断从内部涌现出来，优秀人才不断从外部流入，可以保持集团人力资源的流动性，保持队伍的生机和活力。从另一个角度看，这些人才从南方报业流出去后，在提升兄弟报社的办报质量的同时，也宣传了南方报业，无形

之中使南方报业在市场上的名声更加响亮，对南方报业的品牌来说无疑是一个很好的宣传广告。这些人才通过在南方报业的工作经历提升自身价值的故事，也吸引了越来越多的优秀人才汇集到南方报业旗下，使集团的人才流动处于“顺差”状态。

第四节　制定并落实了人力资源战略实施策略

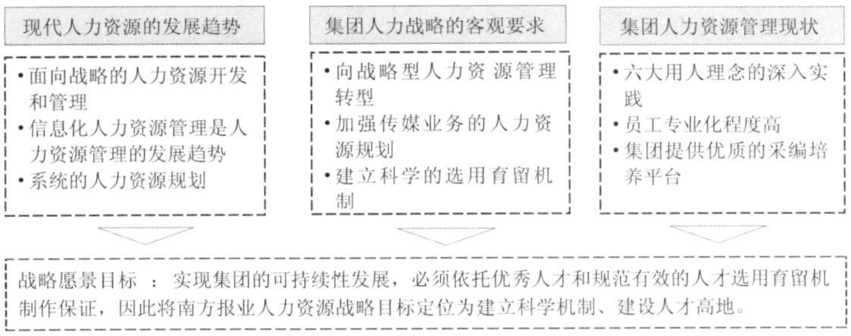

早年随着报业集团的相继建立和扩张，报业市场竞争日趋激烈，经过多年快速发展，目前我国报业处在一个相对稳定阶段。以南方报业为例，无论是内部的采编、发行、广告、印刷等运营管理水平，还是报业市场竞争的策略与手段，都达到了一个相对较高的水平。随之而来的是集团内部资源的有机整合，以及外部市场人力资源管理的发展趋势，要求集团制定出相应的人力资源管理策略。结合集团内部人力资源管理现状，集团人力资源管理工作制定了四个方向的人力资源实施策略，并按照计划有序实施，取得了一定的实践效果。

一、实现了“以战略为导向的专业增值服务型”的角色转换

任何人力资源管理必须以战略为导向，并致力于为公司创造更多的价值。人力资源管理在企业中一般有三种角色定位：事务处理型、专业服务型和战略导向型。不同的角色对企业贡献的价值有所不同。

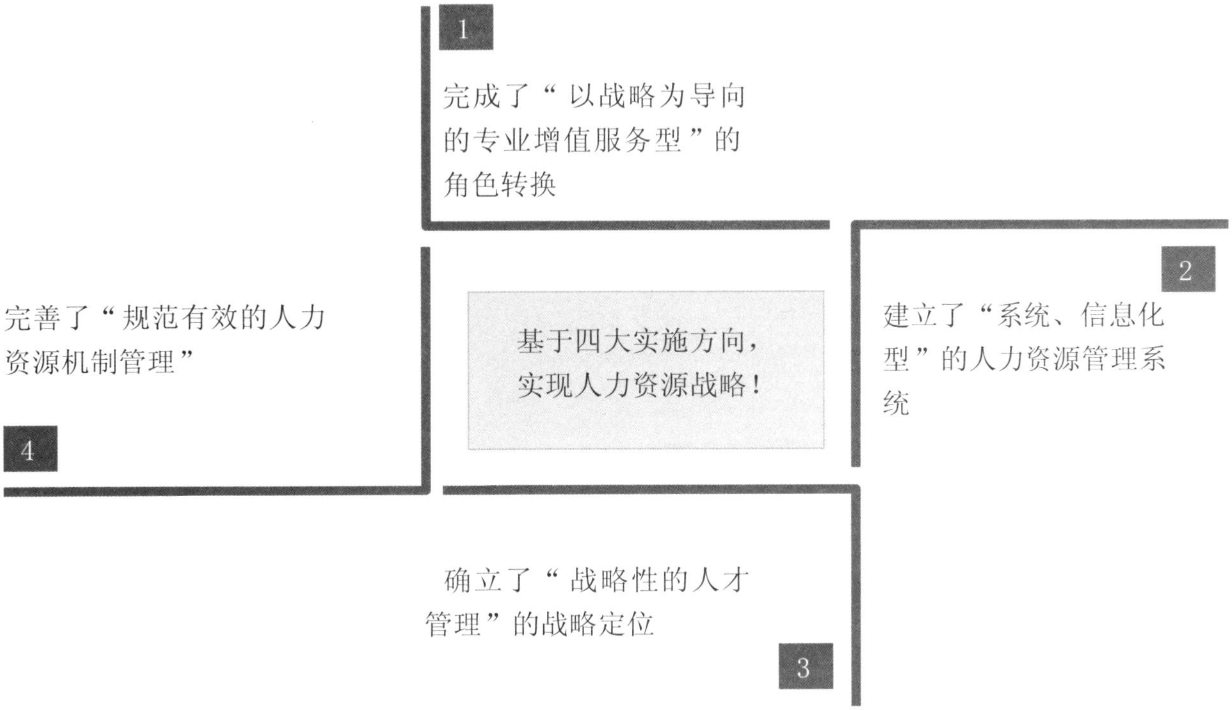

	事务处理型	专业服务型	战略导向型

价值贡献小　　价值贡献大

	事务处理型	专业服务型	战略导向型
工作范围	基本实务的执行与实施	设计方案解决现实问题	以战略为导向制定人力资源规划、政策、方案
主动性	服从导向	被动应对	前瞻性，主动采取行动改进公司绩效
角色定位	技术支持	指导者／专家	决策参与者
工作重心	重心在于操作技能	重心在于解决问题	重心在于公司发展

三种不同角色在人力资源管理的作用，如下表所示：

人力资源管理内容	事务处理型	专业服务型	战略导向型
职能战略	不涉及	不涉及	全面负责
人才规划	不涉及	不涉及	全面负责
制度与流程优化	不涉及	主要负责	进行方向性指导
岗位分析与价值评估	不涉及	主要负责	进行方向性指导
定岗定编	不涉及	主要负责	进行方向性指导
员工职业发展规划	不涉及	设计方案	进行方向性指导
员工信息管理	操作	编制信息标准	信息化规划
薪酬福利管理	操作	制订方案	进行方向性指导
绩效管理	操作	制订方案	进行方向性指导
人才招聘	操作	进行招聘规划	进行招聘规划
人力资源调配	操作	进行人才调配规划	进行人才调配规划
员工培训	操作	进行人才培训规划	进行人才培训规划
离职管理	主要负责	主要负责	不涉及

集团从过往的管理实践中认识到，过分侧重于事务处理的人力资源管理给企业带来的增值大大小于资源的投入，因此，在平时的人力资源管理实践中，集团在保证事务处理的顺畅运行前提下，适时转型，扮演价值贡献相对多的专业服务和战略导向的角色，将资源投入到专业服务与战略导向的角色扮演过程中，使人力资源管理为企业提供更大的价值。

二、建立了“系统、信息化型”的人力资源管理系统

信息化是人力资源管理增值的加速器，集团在实践中注意完善人力资源信息系统，建立信息共享平台，提高人力资源管理效率和辅助决策质量。信息化的人力资源管理，是将人力资源管理所涉及的基础信息、过程信息和决策信息全部通过网络系统进行收集、集中和分析的管理形式。各个人力资源分信息系统之间通过网络连接，相互之间的信息实现实时更新，为各人力资源分职能工作提供充分的信息保障，极大地提高了人力资源工作的效率和有效性。

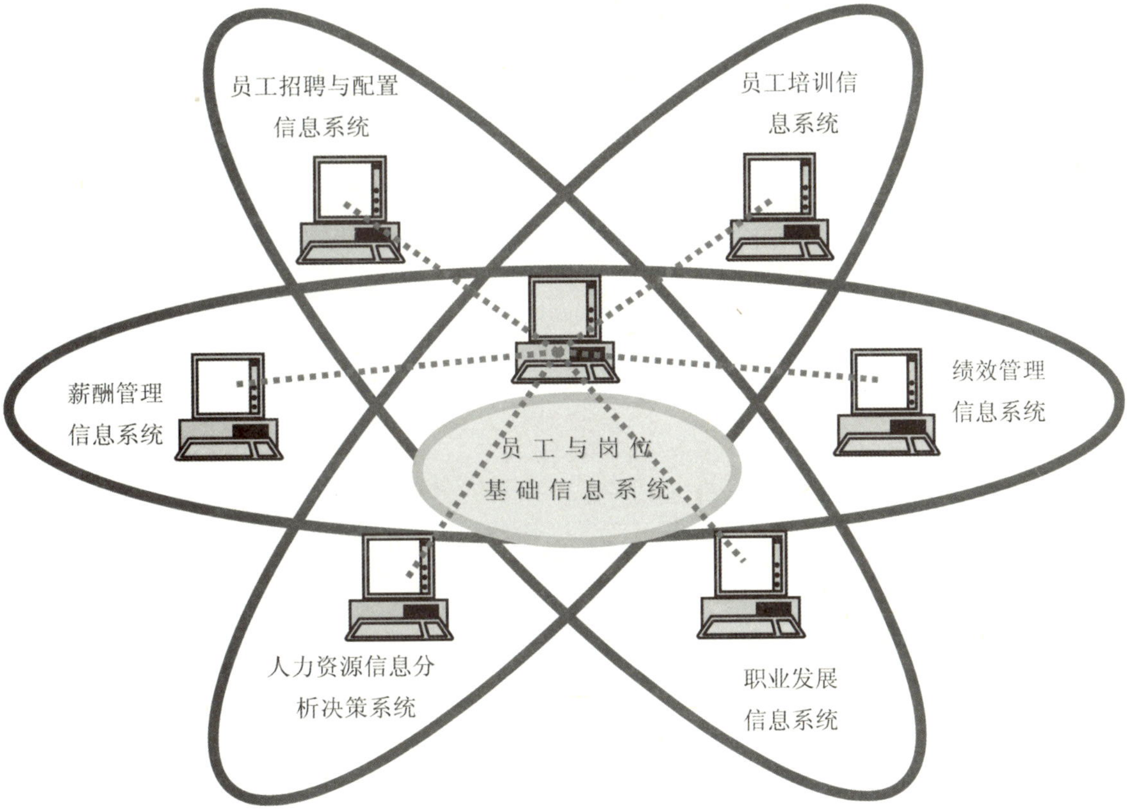

人力资源管理信息系统网络结构示意

为实现真正意义上的人力资源信息化管理，集团制定了人力资源管理信息系统的实施策略，整合人力资源信息系统，搭建并进一步完善了信息化网络。

人力资源管理信息系统实施过程

人力资源信息化规划

- 人力资源信息系统网络布局规划
- 人力资源信息系统数据标准规划
- 人力资源信息系统数据结构规划

人力资源信息化实施

- 人力资源信息系统软件开发
- 人力资源信息系统软件安装测试
- 人力资源信息系统试运行
- 信息系统应用培训

充分发挥信息化管理的加速器作用

信息更及时

- 网络连接，各人力资源子信息系统中信息实时更新

信息更全面

- 每个员工的基本信息、薪酬信息、绩效信息、培训信息、职业发展信息同时呈现
- 公司全体人力资源信息全面同步出现

三、确立了“战略性的人才管理”的战略定位

关键人才是人力资源管理的重点，集团针对关键性战略人才，重点完善了选用育留机制建设。加强对关键人才的人力资源管理，为集团创造了更大的价值。通过建立向关键人才倾斜的管理体系，不断培养关键人才，吸引关键人才，激发关键人才的潜能。

1 建立关键岗位评判体系，确定关键人才

关键岗位的评判因素：
1. 岗位的决策地位
2. 岗位的战略地位
3. 岗位的可替代性

建立关键岗位基础数据库：
1. 关键岗位目录
2. 关键岗位在岗人才状况

2 建立关键人才的储备和发展体系

建立关键人才储备体系：
1. 非关键岗位为关键岗位储备
2. 通过招聘新员工进行储备
3. 建立动态关键人才储备计划

建立关键人才发展体系：
1. 加强对关键人才的培训
2. 加强关键人才的职业发展规划

3 建立向关键人才倾斜的激励体系

薪酬体系：
1. 建立体现岗位价值的薪酬体系
2. 拉大不同岗位价值对应的薪酬差距
3. 加大薪酬与业绩挂钩的幅度

绩效管理体系：
1. 加强对关键人才的绩效管理
2. 建立量化的KPI考核体系

四、完善了“规范有效的人力资源机制管理”

针对当前人力资源现代化管理趋势和集团业务发展需要，集团建立起了适应市场与集团发展战略要求的人力资源管理标准及人力资源管理机制，对涉及的人力资源管理工作有机整合，合理调配各项工作内容，确立明确的工作目标和职责。整合后的人力资源管理机制涉及以下内容：

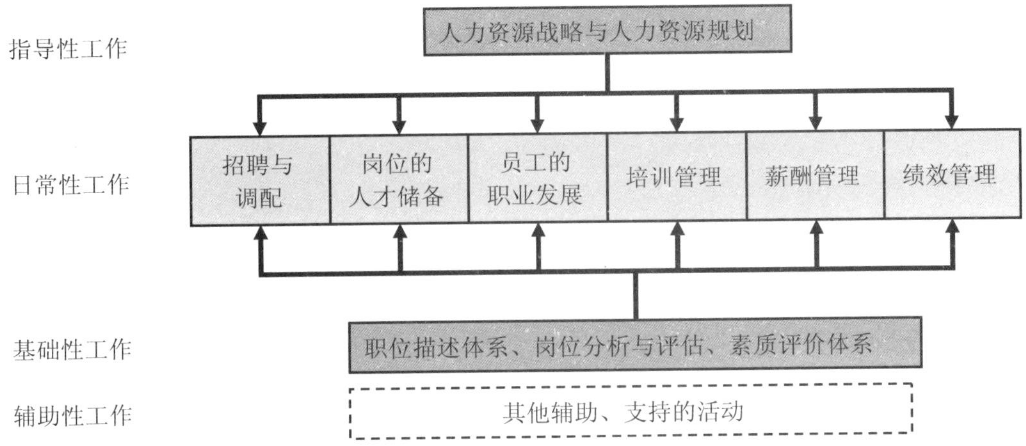

依据集团过往历史管理经验，集团在日常管理实践中，重视加强人力资源管理中的指导性工作和基础性工作，提高人力资源管理有效性。根据集团战略规划的要求，定期制定或更新人力资源战略和规划，并将人力资源战略和规划工作制度化，使日常的人力资源管理工作的目标更加明确，增加工作的有效性；逐步完善了人力资源战略和规划的制定方法和流程，健全了岗位标准体系，通过更加合理、涵盖范围更广的岗位标准体系，管理者在实践中提高了人力资源管理工作的准确性和可靠性。

1.健全了岗位标准体系

由于经过一段时间的快速发展，以及外部环境的变化，集团内部的岗位相对价值会发生变化，因此在间隔一段时期后集团会重新评估并健全岗位标准体系。完善岗位标准体系首先要完成职位分析工作，形成完备的职位说明书，职位说明书可为入职培训、业绩管理、职位评估、招聘等人力资源管理提供关键信息，是做好人力资源日常性管理工作的基础。

职位说明书是可接受的、统一规范的，以及书面性的对于职位的总结，设计职位说明书要注意确定在职位文本中需要陈述哪些方面的信息，并且根据公司文化及企业特性，制定适应的职位文本格式。

（1）完善了部门职位说明书

在制订岗位标准体系工作中，人力资源部逐步推进岗位标准体系的规划建设进程，首先完善各部门的职位描述体系，具体内容有：

◎完善职位分析的方法和流程。

◎通过面谈、调查问卷、员工日记等方法，有系统地确定、收集和组织职位的信息。

◎通过对职位的研究，确定该职位的任务、职责、与其他职位的关系以及该种职位的工作环境和任职要求。

（2）逐步推进了集团的岗位价值评估体系

在逐步完成集团部门职位说明书的基础上，进行岗位价值评估，通过一套具逻辑性和系统化的方法去分析职位的重要性，依据职位对组织的整体贡献，确定各职位的相对价值，为创建薪酬级别结构提供依据，实现薪酬管理体系的内部公平性和外部竞争力。岗位价值评估主要通过要素评估法实现。

◎确定一些在所有职位中普遍存在的要素，同时这些职位要素是与评估组织内每个职位的相对价值有直接联系。

◎普遍使用的要素包括工作环境、知识/技能、解决问题/制定决策、影响/责任、行动自由度、沟通技能等。

2.建立了以实现绩效与选拔人才为目标的绩效管理体系

绩效管理是员工管理和发展的基本工具，是沟通和促进公司战略实施的流程。实现绩效的绩效管理应该做到：针对员工和部门设计量化的KPI考核体系，将公司目标进行量化分解；定期对员工进行量化的业绩考核，并将考核结果与其薪酬挂钩，督促其实现业绩目标；在绩效考核过程中与被考核员工进行绩效面谈，寻找改进员工绩效的方法，保证员工绩效的持续改进，进而使公司整体的绩效持续改进。

选拔人才的绩效管理应该做到：通过业绩考核区分员工的业绩水平；通过能力考核区分员工的能力水平；选拔业绩水平和能力水平都优秀的员工作为提拔对象，承担更大的责任，为公司创造更多的价值；逐步淘汰业绩和能力都落后的员工。

年度考核工作是绩效管理的重要组成部分，在保持目前年度考核工作的基本操作框架的基础上，年度考核工作针对员工和部门设计量化的KPI考核体系，引入更多客观的量化指标，减少考核者评价依据的主观成分，设计的指标遵循“smart”原则：

◎具体的（Specific），指标要清晰、明确，让考核者与被考核者能够准确地理解指标。

◎可衡量的（Measurable），指标要量化，考核时可采用相同的标准准确衡量。

◎可实现的（Attainable），指标通过努力可以实现，不能过高或偏低，需要“跳一跳”才能达到。

◎相关的（Relevant），指标与集团和部门的工作重点一致，与岗位职责相关，可以满足员工发展需求。

◎时限性（Time-based），指标要在规定时间内完成，可通过设置里程碑来进行管理。

集团在设计和完善年度考核体系过程中，注意获取员工和其他人的反馈意见，除要求员工对工作结果进行自评之外，还要求对集团核心能力方面进行自评。年度考核工作最终目的是要帮助建立目标管理机制，将个人目标和部门、集团目标相联系，促进集团整体目标的实现；奖励员工为集团作出贡献，使员工获得工作成就感以激励和留住优秀员工；建立健全的内部监督机制，提高集团和个人的工作效率，优化资源配置。

3.建立了灵活的人员调配机制

（1）编制衡量人力资源状况的指标体系

人力资源状况指标体系		
中高层	采编人员	经营管理人员
年龄结构 离职率 学历结构 管理培训数量 干部继任计划覆盖率	年龄结构 学历结构 职称结构 经验结构 专业培训数量 高级人员流失率 核心岗位离职率 核心岗位后备人才计划覆盖率	年龄结构 学历结构 经验结构 专业培训数量 核心岗位离职率 核心岗位后备人才计划覆盖率
中高层、采编人员、经营管理人员组成结构		

指标解释：

干部继任计划覆盖率：实行继任计划的中高层管理人员人数占中高层管理人员总数的比例

核心岗位后备人才计划覆盖率：全公司（或某职系）存在人才储备的核心岗位的数量和全公司（或该职系）核心岗位总数的比例

（2）探索入职新员工轮岗制度

随着参与市场化竞争的程度越来越高，集团对复合型经营管理人才的需求将越来越大，人力资源部与各部门充分沟通，深入调研，探索员工的内部轮岗制度，在条件允许的情况下，对新员工在入职辅导期实行相关岗位的轮岗制度。

◎经营管理类新员工可安排在印刷、广告、发行、职能部门进行岗位轮换，以便了解各个经营管理岗位的工作环境和岗位职责。

◎采编类新员工可安排在各个采编中心之间的部门轮换，以便了解不同新闻领域的采写方式和技巧。

◎技术类新员工可安排在各自部门内部下属不同科室的岗位轮换，以便了解部门内部业务流程和规范操作。

4.建立了体现岗位价值与工作业绩的宽带薪酬体系

员工的薪资水平和薪酬制度是南方报业实力和人力资源政策的重要体现，它直接关系到集团员工的收入水平和生活水准，同时也是无可替代的有效激励因素。在控制人力成本的同时，集团稳步提高员工的薪资水平，并研究制定更加科学合理的激励制度，使集团的薪酬水平和薪酬制度在人力资源市场上具有较强的吸引力和竞争力，真正起到吸引和留住优秀员工的作用。

集团逐步推进集团的薪酬体系改革，建立了体现岗位价值与工作业绩的宽带薪酬体系，体现薪酬管理的内部公平性和外部竞争力。

◎根据专业咨询公司提供的相关行业及同类城市的薪酬数据来确定集团各职位的薪酬水平，了解本地及全国薪酬总体水平的变动情况和变化趋势，特别是了解传媒业员工的薪酬水平及变动趋势，使薪酬与岗位价值匹配，增强薪酬的公平性和激励性。

◎根据利益分享原则，参考国内外先进企业的成功经验，与专业人力咨询公司合作，对集团的薪酬体系进行诊断，改进集团薪酬分配制度。

◎根据现代企业制度的客观要求，借鉴国际先进经验，探索研究对集团管理层和核心员工的长期激励制度。

5.进一步完善招聘机制，引入素质测评工具

员工招聘是建立集团高质量的人力资源储备的有效手段和主要途径，目前集团的招聘渠道主要有校园招聘和社会招聘，其中校园招聘是集团重要的人才输入渠道。

（1）做好人力资源需求预测

做好员工招聘首先是制订完备的招聘计划，要求各部门每年根据集团发展战略和年度经营目标编制年度计划时，应同时制订本部门年度人员需求预测，人力资源部负责对各部门的人员需求预测进行审核。

人力资源部综合考虑集团发展、组织结构调整、员工内部流动、员工流失、竞争对手的人才政策等因素，对各部门人员需求预测进行综合平衡，分别进行年度人员需求预测，确定各部门人员编制并上报领导层审批。审批通过后，人力资源部确定各部门进人指标并通报各部门。

人力资源部负责根据需求和供给预测制订年度招聘计划和具体行动计划，招聘计划应包括招聘岗位、人数及资格要求（年龄、性别、学历、工作经验、工作能力、个性品质等），招聘渠道和方式，招聘测试内容和实施部门，招聘结束时间和新员工到位时间，以及招聘预算等。

（2）完善招聘细节

人力资源部在历年的校园招聘中已经积累了丰富的工作经验，有着完善的招聘流程和实用的招聘标准。近年来的校园招聘工作，在保证继续做好招聘的前期宣传、流程设计和校园推广等招聘环节之外，还逐步完善招聘细节，根据需求职位的工作要求，在一些特定职位的面试中加入压力面试和专业面试。按照知识互补、能力互补、气质互补、性别互补、年龄互补的原则组成面试小组，对应聘者是否能胜任岗位进行考察。

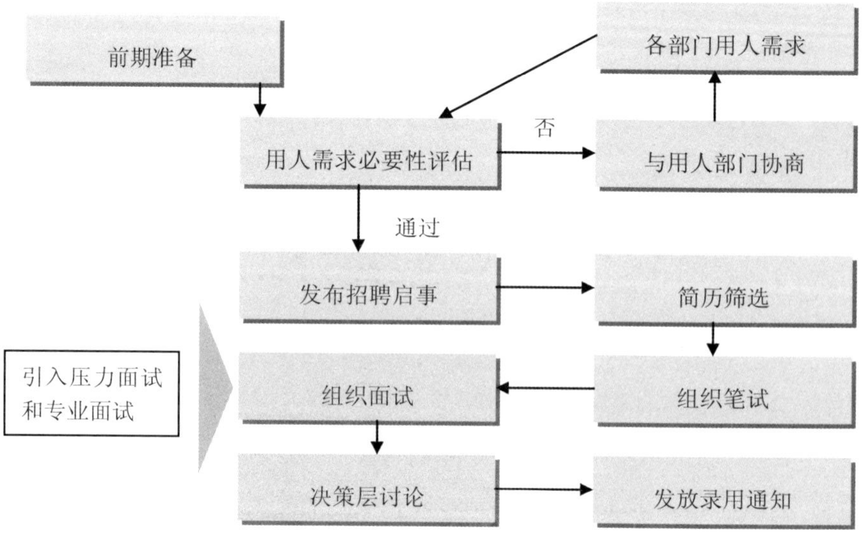

（3）引入素质测评工具

针对当前人力资源管理的发展现状，集团考虑在人才测评上取得突破，与专业的人力资源咨询公司合作，开发一套适合集团实际情况的素质测量工具，配合招聘活动，树立集团的专业形象。

素质测评可首先应用于校园招聘，在传统的笔试和面试环节基础上，对应聘者作行为趋向评估测试，了解应聘者的职业兴趣、行为风格、在企业中的适应能力等心理素质，为考评者进行准确的评估提供客观依据。在条件成熟的情况下，可对集团在职员工进行职业能力测试，帮助员工认知和提高岗位胜任能力。

（4）与各部门加强沟通合作

在校园招聘的前期流程中，人力资源部将继续与集团内部各部门一起，保持密切、实时的沟通，规划好信息反馈途径，发挥协同作战作用：与各用人需求部门密切沟通，做好年度人员需求统计；与信息技术部和新媒体部密切沟通，做好招聘网页的设计和网上职位申请系统的维护更新；与印务分公司密切沟通，做好宣传海报的设计和印刷工作。

未来的发展对传统报业的经营管理类人才、新媒体发展方向的运营人才需求更大，出于节省培养成本的角度，集团适当拓宽社会招聘渠道，从本行业包括竞争对手，或者其他行业相关工作性质的岗位招聘富有经验的专业人才。

6.建立了绩效和发展导向的员工培训体系

员工培训是提高员工素质的最重要的途径。培训的目的在于提高员工业务能力的同时，培养员工与企业文化相适应的价值观和行为方式。由人力资源部牵头统筹培训事项，做好员工培训的需求调查，培训计划制订、组织实施和效果调查，逐步改变了人力资源部对各个部门单位培训状况信息掌握不足的现状。

员工培训遵循几项基本原则：经常鼓励职工积极参加学习和培训，预先制订培训后希望达到的标准，积极指导员工的培训和学习，培训和学习应该是主动的而不是被动的，参加培训的人能从培训中有收获、有满足感，采用适当的培训方式和方法，培训方式多样化，对不同层次、不同类别的培训对象采用不同的培训方法。

培训的工作程序如图所示：

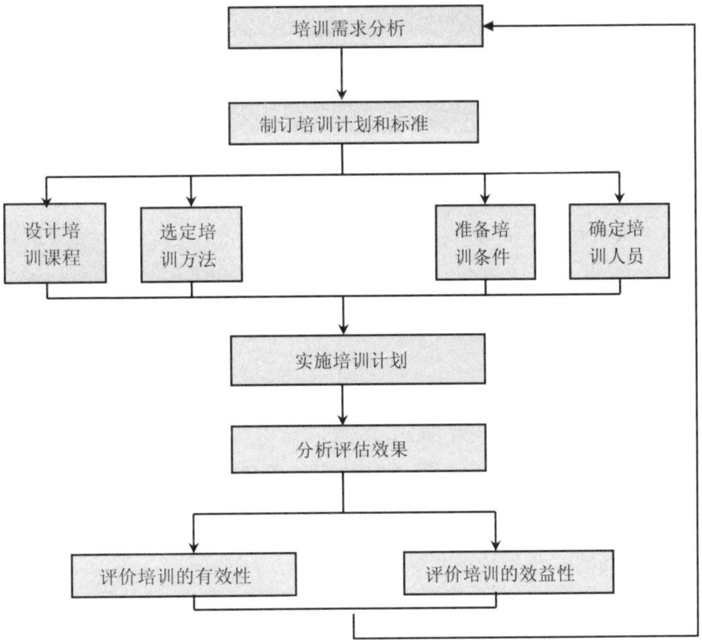

集团对入职新员工培训投入了很多资源，人力资源部在每年的新员工入职培训反馈中都获得很高的满意度，证明

提供的培训内容是适应实际需求的，今后将继续在培训的各个环节深耕细作，如户外拓展训练、企业文化教育、导师授课、社会调研和导师辅导等，争取保持高水平的培训反馈满意度。

在培训体系建设过程中，集团有几点好的成功经验值得推广：

（1）培训制度化

人力资源部在培训体系的建设中着重制定培训制度，重点做好年度培训预算和培训计划的整体规划。根据集团业务发展的岗位需要和市场经营环境的变化，结合近几年集团员工培训资金的投入使用情况，制定关键岗位的培训管理制度和培训预算，设计适合各层级经营管理人才技能提升的培训需求方案，尤其是中高层管理人员的培训需求方案，使集团的整体经营管理水平能紧跟市场发展步伐。

（2）建立绩效和发展导向的培训体系

培训对象主要是有潜能的员工：工作业绩突出但是能力有待提高的员工，工作能力强工作业绩有待提高的员工。培训类型：为提高员工工作效率而进行的技能培训，为提高员工工作能力而进行的能力拓展培训。培训应与员工的年度考核挂钩。根据员工的职业发展规划，设计针对性的培训。

（3）探讨建立内部培训教师师资网络

集团考虑在今后培训中建立培训教师师资网络，对所有可以授课的人员进行教师资格认定，持证上岗，授予很高荣誉。从企业成长起来的培训师，有着从外面聘请的培训师无可比拟的优势。在外部，与相关大学、培训机构、咨询公司建立起外部培训网络。注重上级对下级的培训：一个好的企业管理者同时也应该是一个好的培训师，他懂得并知道如何将好的技能教给员工。

7.引导和协助员工做好职业生涯规划

集团注重关注员工个人事业，引导和协助员工的规划，使其目标与组织发展目标一致，使员工从做工作变为做事业。职业生涯规划与管理，是指将个人发展和组织发展相结合，对决定员工职业生涯的主客观因素进行分析、总结和测定，并通过设计、规划、执行、评估和反馈，使每位员工的职业生涯目标与组织发展的战略目标一致。

职业生涯规划与管理包括两个方面：一方面是员工职业生涯发展的自我规划发展。员工是自己的主人，自我规划管理职业发展成功的关键。另一方面是组织协助员工规划其职业生涯，并为员工提供必要的教育、培训、轮岗等发展的机会，促进员工职业生涯目标的实现。

（1）遵循原则

员工的职业生涯规划遵循三个原则：系统性原则，针对不同类型、不同特长的员工设立相应的职业生涯发展通道；长期性原则，员工的职业生涯发展规划贯穿员工职业生涯的始终；动态性原则，根据组织的发展战略、组织结构的变化与员工不同时期的发展需求进行相应调整。

（2）责任划分

职业生涯规划涉及员工本人、上级管理人员（主管人员）和人力资源部，一个完整的职业生涯规划主要由三者共同完成，其相应责任如下——

员工本人的责任：进行自我评估；

设定个人职业生涯发展目标，通常包括理想的职位、工作安排和技能获取等目标；制订相应的行动计划，并在实践中不断修正；具体执行行动计划。

主管人员的责任：充当员工职业生涯规划的顾问，为其职业目标的设定和行动计划的制订提供指导和建议，帮助其制定现实可行的规划目标；对员工的绩效和能力进行评价，并反馈给员工本人，帮助其制订进一步的行动计划。

人力资源部的责任：制定相应管理制度，在集团内部建立系统的员工职业生涯规划制度；对员工和主管人员进行培训，帮助其掌握员工职业生涯规划的必要技能；向员工准确传达不同职业历程的相互关系，帮助员工确定合理的职业发展路径；及时向员工传达集团的职位空缺信息。

8.制订了组织文化体系建设的指导原则

组织文化是组织共同价值观的体现，具有“集体无意识”特征，体现并作用于组织气氛，在组织经营中起着不可替代的作用。组织文化体系包括本质体系和载体体系两大部分。本质体系主要包括组织价值观体系、组织精神、组织道德和伦理、组织作风，载体体系主要包括组织环境、组织形象、员工行为规范、文化设施、文化标志、文化活动。组织文化体系的建设遵循三个原则：

（1）融合的原则

组织要把文化建设体系的本质体系和载体体系有机地融为一体。如果只注重载体部分，即组织环境的改造、组织形象的设计和活动的开展，而不重视本质，就会形成一种没有灵魂的简单形式主义；反过来，如果不注重载体，只抓本质，就会使得员工和干部感到组织提倡的理论内容比较虚，所以二者必须紧密融为一体。

（2）层次性原则

所谓层次性，就是要注意本单位、本行业的历史特点、人员素质和管理水平，根据这些具体情况提出相关要求。如果要求过高，超过本行业现阶段现有人员的管理水平和层次，那就太抽象，达不到组织的目的；反过来，如果要求低于现有水平、人员素质、管理水平和结构状况的话，那么这种组织文化就发挥不了激励的作用。

（3）节奏性原则

组织文化体系的建设要有一个长远规划，把体系内容形成一个由载体到本质，由表层到内核的体系，要讲究层次和体系的结构性，一步一步地实施，并根据实际情况调整频率。

第三章 体制创新战略

南方报业传媒集团一直保持着高速健康发展的态势。但是，在发展的过程中，政企不分、权责不明、管理不科学、重采编轻经营无管理等体制性问题也日渐突出，成为集团进一步发展的突出瓶颈。如不尽快进行改革，既影响集团的资源整合，也将导致集团运转不畅、效益低下、市场化程度低与发展粗放，发展后劲不足。概括地说，集团以前所采取的“事业单位企业化运作”方式已经完全不能适应外部环境变化、市场和自身发展的需要，在极大程度上制约着集团进一步做强做大做优。此外，跨国传媒集团以及国内民营企业携现代企业制度之利与强大资本之力，对集团的生存与发展带来越来越大的挑战。为此，集团在文化体制、领导体制以及管理体制等方面进行了一系列创新，为集团的可持续发展创造了有利条件。

第一节 文化体制创新

党的十六大以来，我国文化体制改革全面推开，相关政策不断出台，取得了显著成效。十七大报告中进一步提出了“要深化文化体制改革，完善扶持公益性文化事业、发展文化产业、鼓励文化创新的政策，营造有利于出精品、出人才、出效益的环境”。这为集团带来了“通过改制建立起规范的现代企业管理制度与公司法人治理结构”的契机。对此，集团形成了统一的认识：文化体制改革一方面是贯彻和落实中央政策所提出的要求，但更重要的一方面，是集团自身发展所提出的内在要求，要在日益激烈的媒体竞争中继续保持领先，实现不断做大做强的宏伟目标，切实深化文化体制改革是唯一的出路。近些年集团将体制改革作为一项重大任务，也是未来一个时期的主要任务，还是集团奔向未来更大辉煌的关键和转折。只有机制理顺到位了，集团长期的健康发展才有保障，否则一两年的盈利多少，并不能保障集团的长治久安，因此改制的影响将是全方位的，也是有利于集团长远健康发展的大事。

一、集团文化体制改革整体思路

结合集团对文化体制改革工作的统一认识，集团改革的目标也就非常明确，就是把发展事业和壮大产业统一起来。无论是政策扶持、转企改制还是内部机制改革、人员分流等，改革的目的都是为了促进文化产业更快更好地发展，只有“发展才是硬道理”。因此绝对不能为了改革而改革，也不能摆花架子。

为了实现上述目标，集团在落实文化体制改革方面定下了总体思路：一是首先解决报业集团的体制和授权经营问题，进一步确立报业经营单位的市场主体地位，实现报业集团内部以产权和业务流程为纽带的公司治理结构，进而按照法人治理的要求建立和完善有关的管理制度和运行机制；二是转变集团经济增长方式，建立面向市场、适应竞争环境的报业集团运营机制，包括资源整合，建立科学的用人机制、激励机制、融资机制等；三是明确战略发展的方向，科学选择和优化集团产业发展模式，包括投融资领域和方式选择、价值链选择、产品战略、营销及创新模式选择等方面。

根据上述总体思路，南方报业传媒集团按照建立现代企业制度、采编经营两分开以及采取“一媒体一公司”的运营模式的指导原则来设计集团的转制方案，具体如下：

1.按照采编和经营两分开的原则，传媒集团转制后的组织架构为：南方报业传媒集团下设南方日报社（事业法人）、南方报业传媒集团公司（企业法人）、若干精干高效的职能部门、南方网与《南方》杂志两个成员单位。

2.传媒集团管委会作为集团的最高权力机构，履行出资人职责，对传媒集团的经营性资产和非经营资产全面履行相关的义务和享受相关的权利。同时，为了更好地坚持党管导向、党管媒体和党管干部的原则，传媒集团层面的管委会和党委会作为传媒集团的最高机构。

3.南方日报社作为事业法人，实施事业单位企业化运作，负责传媒集团所有的采编业务、采编人员的管理和非经营资产的运营。

南方日报社下设南方日报编辑部、南方都市报系编辑部、南方周末报系编辑部、21世纪报系编辑部等编辑部以及若干职能部门。其中，南方日报编辑部以及各报系编辑部下又设若干采编部门和职能部门。具体的职能部门按照实际需要进行设置，但是必须报传媒集团批准。

4.传媒集团公司作为企业法人，负责传媒集团所有的经营业务、经营人员的管理和经营性资产的运营。

5.按照“一媒体一公司”的原则设立若干经营公司，分属传媒集团公司管理。拟上市公司的组织结构按照《公司法》、《证券法》等相关法律法规的规定设置。

6.为了更好地实现“控之有序、分之有度”的集团化管理和提高管理效率，按照专业化原则和精干高效原则在传媒集团管委会下设办公室、财务部、战略运营部等职能部门。

7.在“采编经营两分开”这个问题上，集团有着极为清醒的认识。集团认为：坚持“采编经营业务两分开”原则就是要要坚持党管媒体，坚持党管干部，坚持正确舆论导向，始终确保党和人民喉舌的性质，而不是生硬地割裂报业的产品和产业链条。因此，在采编业务和经营业务的协调方面，集团将按照“分而不断、联而不乱”的原则建立起采编经营协调机制，特设计了采编经营协调负责人制度。在具体的操作中，由采编经营协调负责人负责采编业务和经营业务的协调，以保证正确的舆论导向和采编与经营业务的协调发展。

8.在采编业务费用分配方面，为了更好地保证宣传业务的稳定性和可持续发展性，按照充分保障性原则，由各经营公司按照其经营收入的一定的较高比例划拨给南方日报社，再由南方日报社划拨给各经营公司相应的采编部门，保证采编部门正常运作的经费来源。

9．为了更好地体现党管干部的原则，保证领导体制的权威性和统一性，传媒集团管委会主任、党委书记、南方日报社社长、传媒集团有限公司董事长、未来拟上市公司董事长、主要经营公司的董事长为一人担任。

10．在传媒集团公司的法人治理结构建设方面，按照《公司法》以及相关的法律法规建立和健全。在董事会建设方面，非主要经营公司的董事长由集团公司总经理兼任，董事会的规模以及具体人员的构成按照《公司法》和相应的法律法规的要求来确定和组成。

二、集团文化体制改革工作流程

2007年10月，广东省人民政府正式下文同意南方报业传媒集团的转制方案以及公司章程等。自此，集团的转制工作正式启动。

1.成立了转制工作领导小组，负责转制方案的研究和实施

集团领导对转制工作极其重视，抽调精兵强将组成转制工作领导小组。该小组提出了一整套的科学合理的转制方案，获得了有关领导和部门的批准。

2.进行集团公司、各媒体经营公司的工商登记以及传媒集团与南方日报社的登记

根据转制方案和各公司、事业单位、分支机构的组织结构设计进行具体的验资、注册、登记工作。这方面的工作既包括广东南方报业传媒集团公司的工商登记与南方日报社这一事业法人的重新登记，又包括集团原有公司因出资人南方日报社变更所需要的变更，还包括集团按照“一媒体一公司”的集团化管理的要求而需要相应新设的媒体经营公司注册。

3.进行资产分割，办理相关财务手续和建立新的核算体系

一是制订科学合理的资产界定方案。根据南方报业传媒集团的实际，按以下办法对集团所属单位和部门的经营性和非经营性资产进行界定：（1）经营性资产。按照宣传业务与经营业务分开的原则，剥离南方日报社所属报、刊、社的广告、发行、印刷以及实业等经营性单位和部门所占有和使用的经营性资产（即为传媒集团的经营性资产），合并后的资产作为国有独资的广东南方报业传媒集团有限公司的资本金。（2）非经营性资产。南方报业传媒集团所拥有的报纸、杂志的媒体刊号及报纸、杂志等媒体品牌，虽无法在账面列示反映，但作为传媒集团主要的非经营性资产，所有权保留在南方日报社。

按照采编和经营两分开以及确保非经营性资产质量的原则，南方日报社所属报、刊、社的采编部门所占有和使用的实物资产，均界定为非经营性资产，所有权保留在南方日报社。

二是确定切实可行的经营性资产与非经营性资产划分方法。按照某一特定日期的资产负债表，对每个资产负债类项目，按照其经营及非经营属性进行细分。凡属于采编类以及传媒集团总部性质的项目划归非经营性资产，属于印刷、发行、广告类以及传媒集团业务所

延伸的其他经营性项目如房地产、汽车修理等项目划归经营性资产。

三是办理相关财务手续和建立新的核算体系。在办理各项工商登记工作的同时，完成采编和经营性资产交割的准备，建立起适应新架构的传媒集团财务核算体系。变更原有银行账户户名及开设新单位的银行账户，完成税务变更及新公司登记工作和发票管理等工作。

4.制定科学的采编经营分配制度，确定合理的采编经营分配比例

在采编与经营业务两分开的情况下，为了保证新闻宣传业务的正常运行，必须建立科学合理的采编与经营分配制度和分配比例。

具体办法是南方日报社代表其下属的子报刊的采编部门与相应的经营公司签订委托代理协议，经营公司每年按其经审计的主营业务收入的一定比例向相应的采编部门支付委托经营收益。

5.积极稳妥地进行人员转制分流安置工作

集团制订了科学合理的转制人员分流安置方案。在转制人员分流安置中，本着既要有利于传媒集团的做强做大做优，又要切实保障集团工作人员的合法权利的原则，根据《劳动法》、《劳动合同法》等相关法律法规及政策规定的要求，将集团所属的各报、刊、社的采编人员和传媒集团职能部门人员划归南方日报社管理，其他人员划归集团公司（含子公司，下同）管理。目前，集团正在根据方案逐步进行人员安置工作。

6.完成转制工作，按照现代企业制度规范化运作

完成转制工作后，按照现代企业制度规范化运作，着力做好如下工作：建立起以产权为纽带的母子公司管理体制，实现科学有效的“控之有序、分之有度”的集团化管理，建立和完善有利于创新型人才脱颖而出的科学的用人机制，建立起长期激励和短期激励相结合、精神激励和物质激励并存的激励约束机制，建立起引进战略投资者等多层次、多渠道的融资机制等。

三、改制工作对集团发展的助益

随着改制工作的扎实推进，改制为集团的科学发展带来了实实在在的效益，也为传媒产业的长期可持续发展奠定了基础。

首先，改制解决了长期以来困扰集团发展的体制和授权经营等问题，从根本上确立了媒体经营单位的市场主体地位，使传媒集团得以按照法人治理的要求建立和完善管理制度和运行机制，通过现代企业制度和子公司专业化经营的制度安排，从而更好地参与市场竞争，壮大集团经营实力，从根本上提高了国有资产运营效率和效益。

其次，改制为集团进一步明确战略发展方向，科学选择和优化集团产业发展模式提供了保障，其中包括拓宽投资领域和方式选择、延伸价值链和竞争优势、创新产品、营销及管理模式等多方面内容；改制促进了集团从报业集团向全媒体集团转型、报业规模的扩大和跨地域、跨媒体、跨行业发展；改制也推动了集团初步实现从裂变式发展模式向聚合式发展模式转型、从“规模经济”到“影响力经济”的转变。

最后，改制为集团带来了良好的社

会效益和经济效益：2008年4月，中宣部、文化部、国家广电总局、新闻出版总署联合表彰了南方报业传媒集团，并授予其“文化体制改革优秀企业”称号；2007年，南方报业传媒集团第三次被北京大学企业管理案例研究中心授予“中国最受尊敬企业”称号。在由世界品牌实验室和世界经济论坛联合发布的2009年度“中国500最具价值品牌”排行榜上，集团旗下的《南方日报》、《南方都市报》、《南方周末》、《21世纪经济报道》四家报纸品牌价值达158.63亿元；集团经济效益连年呈上扬态势，广告收入和净资产每年以1.5亿元到2亿元速度递增，整体盈利能力也不断提升。

第二节 领导体制创新

为实现“采编经营两分开”，集团必须在领导机构方面进行创新，明确管理机构的职能和管理者的职责，用制度管人和管事。集团根据文化体制改革的需要，在领导体制改革中，组建了南方报业传媒集团管委会、党委会、编委会和南方报业传媒集团公司董事会。这几套机构分别在经营业务和采编业务中发挥着不同的作用。

一、领导机构的主要责任和任职设置

集团党委会和管委会作为集团的最高领导机构，总体把握集团报刊的舆论导向和集团资产的保值增值。集团的重大决策，必须经集团管委会和党委会讨论批准后方能付诸实施。编委会具体承担保卫集团舆论导向的任务。集团公司根据《公司法》的要求，建立规范的法人治理结构。集团的日常经营业务和经营管理决策，由集团公司董事会决定；属于重大的经营决策和投资决策，在董事会通过后，还必须经集团党委会和管委会讨论批准。

从最初的社委会一套班子变成几套班子后，为了避免内耗，集团党委会和管委会的一部分成员可以通过法定程序进入南方日报社编委会和集团公司董事会，但从事采编业务领导工作的成员不能进入；同样，从事经营业务领导工作的党委会和管委会成员不能进入编委会。这种机构设置，比较清晰和充分地体现“两分开”的特点，实现集团党委领导和法人治理相结合的领导体制，从而为“两分开”创造了新的运作平台，做到到位而不越位。

二、领导机构的议事规则

为充分发挥集团几套班子的作用，集团党委会、管委会、编委会和经委会分别制订了《南方报业传媒集团党委会议事规则》、《南方报业传媒集团管理委员会议事规则》、《南方报业传媒集团编辑委员会运作规则》和《南方报业传媒集团经营委员会运作规则》。这四个规则的贯彻执行，对于完成从报办集团到集团办报的战略性转变，使南方报业传媒集团沿着现代报业的科学轨道发展，起到了积极作用。

1.南方报业传媒集团党委会议事规则

为了进一步建立健全南方报业传媒集团党委工作规范程序，更好地坚持集体领导制度和民主集中制原则，保证决策的民主化、科学化，提高决策水平和

办事效率，集团制订了党委会议事规则。

党委会的议事范围包括：传达学习中央、省委和中宣部、省委宣传部重要会议、文件精神以及领导同志的重要批示和交办的重要事项，并结合实际研究提出贯彻落实的意见；讨论研究党的建设的重大事项，就加强政治思想建设、组织建设和党风廉政建设提出落实举措；审定集团主报及系列报刊、出版社、网站的重大新闻宣传报道计划和重大改革、改版方案；审定以集团或党委名义报送省委和省委宣传部等机关的重要文件或材料；讨论决定本集团的干部人事问题；研究决定其他需要党委会议讨论决定的事项。

党委会的议事原则包括：一是坚持以马克思列宁主义、毛泽东思想、邓小平理论、“三个代表”重要思想为指导和以科学发展观为统领的原则。二是坚持“政治家办报”的原则。三是坚持解放思想、实事求是的原则。四是坚持民主集中制的原则。五是坚持集体领导与个人分工负责相结合的原则。六是坚持积极稳妥推进党务公开的原则。

2.南方报业传媒集团管理委员会议事规则

南方报业传媒集团管理委员会，是广东省人民政府授权经营南方报业传媒集团国有资产的责任承担主体，是集团组织结构设置、公司治理机制、国有资产经营管理和行政事务的最高决策机构。

管委会的议事范围包括：传达学习省委、省政府的会议和文件精神，研究贯彻执行办法和措施；讨论决定集团采编、经营、管理、投融资体制，集团治理、激励和约束机制，以及上述体制机制相关的运行管理制度、规定和决议；审议批准集团公司章程，修改集团公司章程；审批集团公司运作机制的相关事宜，包括行政组织架构设置、公司治理机制、经营管理业务和行政事务等事项；讨论决定集团公司治理结构、中长期发展规划、资本运营、财务控制，专业分工和协作，国内外市场战略等重大事项；审议批准集团公司董事会报告；审定集团公司经营管理重大决策以及重大投资项目方案；审定以集团名义与外单位合作的重要事项；讨论决定管委会年度工作计划及各项责任指标或目标；审定集团公司年度财务预、决算方案和利润分配方案、弥补亏损方案；审议批准集团公司增加或减少注册资本、分立、合并、终止变更集团公司形式和清算等重大事项；审议决定集团公司发行公司债券；讨论决定集团公司层面的经营管理、人事管理、信息网络管理、工资福利、奖惩等制度事项；审议批准二级核算单位的年度承包项目和经营指标；听取集团总经理的工作报告并作出决议；讨论处理集团重大财务收支问题；讨论决定须提交管委会研究决定的其他重大事项。

3.南方报业传媒集团编辑委员会运作规则

为规范南方报业传媒集团编辑委员会的运作规则，加强采编业务建设，提高舆论引导能力，确保新闻宣传始终坚持正确的舆论导向，集团制定了编委会的运作规则。

编委会的职能定位包括：负责集团

新闻采编业务的运作，向集团党委会和管委会负坚持和把握正确舆论导向之责；认真抓好新闻战线的“三项学习教育活动”，学习教育效果要体现在新闻报道工作中，转化为新闻宣传成果；负责统筹、指导集团所办报刊、新闻信息中心、出版社和网站的新闻采编业务，确保集团所办报刊、出版社和网站严格执行新闻宣传纪律，坚持正确的舆论导向；制订、健全集团采编工作制度，监督集团所属报刊、新闻信息中心、出版社和网站履行职责、执行采编制度；组织、策划、协调重大新闻报道，不断提高所办报刊、出版社和网站的质量与水平；统筹集团新闻信息资源，推动各报刊、出版社和网站之间的资源共享。

编委会的工作内容包括：传达学习上级有关新闻宣传的文件、会议和领导讲话精神；传达中宣部、省委宣传部新闻通气会精神、新闻报道通知或禁令，并提出贯彻落实的要求和措施；抓好采编工作制度的贯彻落实，督促检查集团所办报刊、出版社和网站贯彻执行采编工作制度；对集团所办报刊、出版社和网站布置半年或全年度新闻宣传工作任务，研究、策划和部署重大新闻报道；认真组织新闻阅评，包括对产生正面或负面影响的新闻稿件进行点评；及时通报集团所办报刊、出版社和网站的导向情况，及时总结和推介集团新闻宣传中的好做法和好经验。

4.南方报业传媒集团经营委员会运作规则

为规范南方报业传媒集团经营委员会（以下简称经委会）的运作规则，确保经委会有序高效运作，根据《公司法》的有关规定，结合集团的实际，集团制订了经委会运作规则。

经委会是集团经营管理业务运作的执行机构，负责管委会（或董事会）发展战略、年度经营计划的实施，并接受管委会（或董事会）的监督和控制。成员由分管经营的管委会成员、集团总经理、副总经理、相关职能部门和主要经营业务单位负责人组成。经委会围绕广告、发行、印刷、信息、实业等支柱产业业务开展经营活动，以及财务、审计管理工作。

经委会的主要工作内容包括：拟订集团公司章程、变更公司注册内容以及集团公司的基本管理制度；拟订集团公司的相关经营管理、合同管理、资金管理、投融资管理和财务审批权限制度；拟订集团公司的经营计划、投资方案以及各子公司的年度经营指标；拟订集团公司的年度财务预决算方案、利润分配方案和弥补亏损方案；拟订集团公司各经营单位或经营部门及办事处等机构的设置方案；拟订按集团审批权限规定的工程项目、招投标、物资采购、会展及其相关项目的实施方案；提出经营管理机构的设置及人事任免方案；提出集团各类人员的薪酬分配方案；提出员工年终薪酬奖励方案；其他需要议定的事项。

第三节　管理体制创新

为配合文化体制改革，集团在管理机构设置、管理制度等多方面实施了创新，目前已经取得了多项成果，有力地推进了集团事业的发展。

一、管理机构设置创新

集团在2008年下半年对职能部门进行了改革，设置了行政管理中心、党群监察中心、战略发展中心、资产管理中心和经营管理中心，将原先的职能部门分别置于这五大中心之下，比如集团办公室、人力资源部、公共事务部以及法律事务部就隶属于集团行政管理中心。同时，根据各个中心的职责不同，分别安排由不同的集团领导负责。中心的设置，既使各自的分工更加明确，管理更加清晰；也使得分管的领导责任更加明确，这样，有利于集团公司治理结构的改善，也有利于改善职能部门的运作效率。

除了设置中心以外，集团还根据业务的需要，新增设了市场拓展部、投融资管理部、监察审计部、公共事务部等部门。其中，市场拓展部的主要职责是积极对外开拓广告和发行渠道，争取大客户的支持；投融资部主要职责一是对其他单位的投资项目自行或组织专家进行可行性论证，二是对外开展投资业务；监察审计部的主要职责一是纪律监察，二是对下属部门和子报子刊进行审计监督；公共事务部的职责则主要是对外交流。这些部门的设置，较好地解决了集团因改制而出现的一些经营问题，从而有利于集团真正的市场化运作。

二、管理制度创新

集团除了在管理机构方面进行改革创新外，在具体管理制度方面也进行了大力创新，近年来先后出台了多项管理制度，对加强集团管理、提高运作效率起到了积极作用。

1.九项制度的出台促进了集团公司化运作

集团改制后，集团公司作为下属公司的投资人，对集团所属的媒体建立起了“一媒体一公司”的组织架构。这些媒体公司作为子公司，成为市场竞争主体，按照所有权和经营权分离的原则，独立进行规范的公司化运作。为促进集团内部形成以产权为纽带的母子公司治理结构，集团在2007年制定了一系列的管理制度，对于清晰界定集团和各级机构的管理职责和权限起到了重要作用。

（1）二级核算单位负责人绩效考核制度

自1992年以来，二级承包体制一直是集团经济管理工作的基本内容，对集团的经济发展起到了积极作用。后来经过几次调整，但是，仍存在一些缺陷。主要表现在：业绩指标单一，指标内容有局限性；考核周期不够合理；考核执行力度不足。为此，集团参考了国资委对国有企业负责人经营业绩考核办法，总结了近几年的考核实践，制定了新的考核制度。该制度体现了年度考核与任期考核相结合、结果考核与过程评价相统一、业绩考核与奖惩罚相挂钩，较好地衔接了企业短期发展和中长期发展目标，实现了考核和薪酬的挂钩。

（2）集团预算管理制度

全面预算管理，是保障企业战略得以贯彻执行的工具。它把企业的长短期目标以及资源配置预先加以量化，成为一种协调的工具、控制的标准、考核的依据。目前来看，国内外很多大中型企业，包括一些报业集团，已经在适应这种国际通行的管理办法，并取得了较好效果。目前，集团的战略管理正逐步成型，为保障战略规划的实现，需要一系列配套的管理制度，预算管理正是这一系列制度中非常重要的一环。考虑到集团的特点，南方报业传媒集团先制定了针对集团公共架构的预算管理办法；各二级单位根据自身业务的需要，制定各自的预算管理办法。

（3）集团投资管理制度

随着集团经营规模的扩大和事业发展的需要，集团多元化经营趋势日益明显，集团对内对外的投资项目也逐渐增多。为此，集团制定了专门的投资管理制度对此进行约束。其主要内容包括：在决策论证方面，由专门部门负责进行事前的可行性研究以及事中、事后的评价；在立项程序方面，明确了项目具体的审批环节；在审批权限方面，明确了经营班子和管委会的具体职责。

（4）广告互换物资管理制度

近年来，集团广告互换业务总量不小。对集团而言，它可以在一定程度上弥补广告不足的问题，特别是2009年受金融危机影响的情况下。但是，如果对互换物管理不好，则可能造成双重损失。因此，集团非常重视广告互换管理，并制定了该制度，其主要内容包括：互换广告的必要性审查；互换广告与互换物的价格应以市场价为基础；注意对互换物的账务操作，防止税务问题；交换物资的使用监督等。

（5）利润分配制度

这个制度主要是出于资金集中管理、提高资金利用率的考虑来制定的。在没有这个制度前，集团个别二级单位对定期上交利润的做法还不是很理解；而且对二级核算单位的拨补亏损没有统一规定，处理上也不够规范。这个制定规定了二级核算单位实行利润上交、统筹使用，并对相关的会计处理进行了统一。

除以上制度外，集团还制定了集团固定资产管理制度、集团基础设施建设管理制度、集团总部费用报销管理制度、集团二级单位会议费以及招待费开支管理规定。

总体而言，这一整套制度，围绕着集团管控的主要环节，分别制定相应的管理制度，每个制度虽然都有所侧重，但相互之间又有比较紧密的联系，实际上是一个有机的整体，那就是要搭建适应集团需要的层级管理体系。

2.财务审批权限制度的制定进一步完善了集团公司治理

为了进一步完善集团的公司治理结构，集团在2009年制定了包括集团公司、全资子公司和南方日报社的财务审批权限；同时，为配合该权限的顺利实施，集团2009年进一步完善了集团预算管理制度。

集团制定审批权限，是由于原来的审批权限是按报系来制定的，审批内容涵盖了采编和经营业务。根据“采编经营两分开”的原则，集团分为南方报业传媒集团公司和南方日报社，前者是企业法人，后者是事业法人，两者在不同的法律主体内运作，需要分别制定财务审批制度。同时，集团以前的内部财务审批依然按照企业化管理的事业单位模式运作，集团领导肩负太多日常经营活动的审批事项，客观上造成了决策流程过长、效率不高的现象，无法保证足够的精力和时间去思考集团发展的战略问题。随着集团经营规模的扩大，财务审批权限也需要作相应的调整。新审批权限的主要变化是：

第一是理顺了集团公司及子公司间的责、权、利关系。集团公司作为各报系经营公司的全资母公司，履行出资人的责任，主要监管和审批各子公司的投融资行为、利润分配方案及股权变动和持续性经营等重大事项；具体的经营决策权下移到各子公司董事会，这样，母公司与子公司的审批权限比较明确，二者在各自的权限范围内进行审批，可以形成较好的母子公司管理体系。

第二是明确了管委会、董事会和经理层的审批职责。新的审批权限明确了管委会、董事会和经理层的权限分离，其中：管委会审议批准公司的年度财务决算方案、利润分配方案和弥补亏损方案；董事会批准公司的年度财务预算方案，决定公司的经营计划和投资方案等；经理对董事会负责，主持公司的生产经营管理工作，组织实施董事会决议。明确了审批权限后，三者在各自的权限范围内，对相应的事项进行审批，不需要再上报，从而避免了审批流程过长的问题。

第三是在增加约束的前提下适当加大了子公司的经营决策权。在实施新审批权限前，子公司的审批权限较小，涉及子公司的经营问题，比如小额的办公用固定资产采购、小型装修项目甚至是金额稍大的差旅费等都要上报集团处理，有些问题甚至要集团管委会决策。此次对这些问题都进行了必要的修改，根据母子公司的管理关系，以子公司的全面预算为基础，适当地加大了子公司的经营决策权，属于子公司的经营问题完全可以由子公司的经理层和董事会进行决策而无须上报集团。

新的审批权限与原有的审批权限相比，会有“审批权和审批责任”下移的表象，这是集团经营公司化、法治化的必然要求。同时，为防止新审批权限的实施不当导致管理上的漏洞，集团还采取了预算管理的配套措施。

预算管理是对公司的投资活动、经营活动和财务活动的未来情况进行预算和控制的管理行为。如果集团公司及子公司实施了全面科学的预算管理，各部门也就有了相应的责任范围，在预算范围内的审批也就比较容易。因此，全面预算制度是新审批制度执行的基础。2009年，集团对以前的预算管理办法进行了修订，现在各单位和部门都已逐步按预算实施经营和管理。

财务审批权限和预算管理办法的推行，对于集团及二级单位的责任、权利和利益有了进一步明确的划分，对于集团提高经营效率起到了较好的作用，同时，也为集团创造效益奠定了基础。

编后记

经过近8个月的辛勤劳动，《南方报业之路》终于可以付梓。

作为一家培育出众多在国内具有重大影响力的媒体的传媒集团，南方报业引起了广泛的关注，南方报业旗下的媒体更成为新闻学术界的重点研究对象。但遗憾的是，南方报业对自身的研究却非常不够。正是有鉴于此，在集团的旗舰南方日报迎来60岁生日之际，南方报业传媒集团管委会决定出版《南方报业之路》一书，回顾60年走过的历程，全面总结近30年来改革发展的经验，探讨集团未来的发展路向。

可以说，这是一本南方报人集体省思的书，凝聚着所有南方报人的智慧，其中记录了他们的光荣与梦想、艰辛与快乐、实干与思考。本书不仅对本集团文化的传承有着重大意义，相信对国内其他媒体也有一定借鉴作用。

本书的出版得到集团各部门及其领导的大力支持，参与撰写的人员有：金强、吴自力、姚伟新、王长庚、华俊锋、刘玉梅、陈枫、徐林、邓红辉、陈志、郭珊、王溪勇、姚燕永、韩浩、胡念飞、朱淑萍、郑君、柳剑能、陈仕相、谢思文、晏浩萍、姜晖、郑丹晖（南方日报），任武、黄惊涛、李丽、马剑飞、杨昌玉、杨海斌、刘晨、周一萍、陈斌、向阳、马克（南方周末报系），庄慎之、谭智良、王棱、丁林（南方都市报），沈颢、刘洲伟、陈东阳、李戎、代波、吉江红、宋长风、丁泽煌、李俏彬、郑文静、康燕乔、姜贵珍、奚春华、黄月仪、余静、刘志鹍（21世纪报系），赵媚夏（《南方》杂志），汪蓉、杨云飞(南方网)，毛志勇、钟怡群、麦倩明（南方农村报），李晖、黎文、刘琼雄（《城市画报》），周洪威、谭庭浩（南方日报出版社），郭全中（战略运营部），王鸿涛（经营管理部），陈坐习（财务部），徐秋生（人力资源部），张时光（印刷厂），陈志勇（实业总公司），方钟仪（传媒产业基地），韦科帆（投融资管理部），刘学东（南方房地产公司）。本书第一篇和第二篇由雷渡桥统筹，第三篇由柳剑能统筹，第四篇和第五篇由郭全中统筹。张翼飞参与了南方日报采编改革部分的统筹，王鸿涛、罗兴等同志也参与了部分稿件的统筹。至于其他对本书的出版也有贡献的人员，在此就不一一列举了。

本书虽然力图全面总结南方报业传媒集团在新闻采编、报刊发行、广告销售、品牌经营、战略管理等方面的经验，但由于时间关系，也由于我们水平有限，疏漏之处和不足之处难免，敬请读者原谅。

编者